■中国现代文学社团史研究书系
陈思和　丁　帆／主编

古典诗歌的最后守望
——清末民初宋诗派文人群体研究

杨萌芽／著

武汉出版社
WUHAN PUBLISHING HOUSE

(鄂)新登字 08 号

图书在版编目(CIP)数据

古典诗歌的最后守望:清末民初宋诗派文人群体研究:1895~1921/杨萌芽著.一武汉:武汉出版社,2010.11

(中国现代文学社团史研究丛书/陈思和,丁帆主编)

ISBN 978-7-5430-4446-3

Ⅰ.①古… Ⅱ.①杨… Ⅲ.①同光体-研究

Ⅳ.①I207.209

中国版本图书馆 CIP 数据核字(2009)第 147584 号

主　　编:陈思和　丁　帆

著　　者:杨萌芽

责任编辑:徐建文

装帧设计:刘福珊

出　版:武汉出版社

社　址:武汉市江汉区新华下路 103 号　　邮　编:430015

电　话:(027)85606403　85600625

http://www.whcbs.com　　E-mail:zbs@whcbs.com

印　刷:武汉精一印刷有限公司　　经　销:新华书店

开　本:880mm×1240mm　1/32

印　张:12.375　　字　数:248 千字　　插　页:3

版　次:2011 年 1 月第 1 版　　2011 年 1 月第 1 次印刷

定　价:37.00 元

目录

Contents

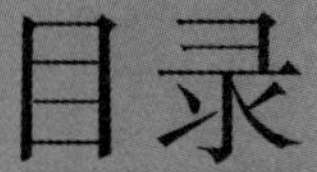

古典诗歌的最后守望——清末民初宋诗派文人群体研究（1895—1921）

总 序

陈思和

《中国现代文学社团史研究书系》是南京大学中国现代文学研究基地承担的教育部哲学社会科学研究重大项目，共两辑。第一辑七种，分别是《新青年》为核心的文学团体、文学研究会、创造社、语丝社、南社、台湾栎社以及施蛰存、刘呐鸥等文人为核心的文学团体。由我和丁帆教授联袂主编。2006 年完成。最初计划远不止七种，因为教育部要在规定期限内检查成果，于是将已经定稿的著作编成第一辑，由上海东方出版中心出版。第二辑八种著述基本延续了第一辑包罗万象的风格，既有新月社、狂飙社、以《七月》《希望》为中心的胡风派文艺社团、延安地区的文艺社团、台湾创世纪社，也有台湾—厦门的菽庄诗社、以《东方杂志》为中心的宋诗派诗人群体等等，还有当代文学史上的"探索者"冤案。其实，即使新加了这八种研究成果，中国现代文学社团史的课题还远远没有穷尽，因此我们仍须努力，脚踏实地，一步一步走下去。

在现代文学研究领域里，有关文学社团的研究成果积累并不多。据范泉教授主编的《中国现代文学社团流派辞典》一书所收辞目，有关文学社团的 1035 条，文学流派的 47 条（其中不少流派也是有影响的"文人群体"，应属社团之类）。而在 20 世纪 80 年代中国社科院文学所领衔编撰的大型资料丛书《中国现代文学运动·论争·社团资料丛书》里,真正成书的只有文学研究会、创造社等十来种,连语丝、新月、南国这样一些重大社团的资料也付之阙如;20世纪90年代,上海华东师范大学出版社也曾推出一套颇有规模的现代文学社团流派研究丛书,分研究、资料两个系列,但最后也只出版了《新青年》和《新潮》、文学研究会、新月社、弥洒社、浅草社和沉钟社等几种资料汇编(包括作品集和评论集),研究方面似乎只有一本浅草社和沉钟社的论著,其他都似不了了之。有关文学社团的整体性研究,除了陈万雄先生的《"五四"新文化的源流》、朱寿桐先生的《中国现代社团文学史》、王晓明先生的论文《一份杂志和一个"社团"——重评"五四"文学传统》等少数论著,以及关于创造社、浅草社等少数研究成果外,大多数文学社团都缺少专门的研究。倒是在相关作家传记研究中有一些涉及社团的资料积累,也有不少真知灼见,但这些研究成果与现代文学学科建设和发展的需要相比,显然是不相称的。

而且,中国现代文学社团的内涵也在不断扩大。"中国现代文学社团"准确的理解应该是"中国——现代——文学社团",既然是"中国",就不能仅以大陆地区为限,近代史上割让为日本殖民地的台湾,作为英国殖民地的香港,都产生过许多文学社团。尤其是日据时期的台湾,出现了大小古典诗社多达三百余个,可说是每一个村落就有一个诗社,这样一种壮观的诗社现象,如果不进入我们的研究视野,真是谈不上研究中国的现代文学社团史;而且,既然"现代"指的是一种时间概念,"现代文学"还包括了新文学运动以外的各种文学现象,如南社——清末民初的重要社团,由于它不属于新文学,便被摒弃在现代文学视野以外,这都是不合理的现象。

所以,现在要真正做一部《中国现代文学社团史》还没有具备成熟的条件。为此,我们对这个项目重新做了课题论证,从实际出发,完成力所能及的研究工作。作为第一步,就是逐个地对文学史上的重要文学社团给以资料搜集梳理，总结前人的研究成果，并在此基础上完成一系列个案研究。或者说，整体上的现代文学社团史暂时无法完成，但我们可以通过对一些重要文学社团的“史”的梳理和书写，综合成一套内容多样、各自独立的现代文学社团的个案史。这就是目前这套研究书系的大概面貌。在已经完成的十五个子项目中，文学社团的表现形式不一样：第一种是传统文人社团的形式，如南社、宋诗派诗人群体、台湾栎社等，其成员主要是接受传统教育的知识分子，在民族危亡之际，以诗会雅集的形式来抒发情怀，交流心声。诗文创作似乎是他们从事社会活动之余高雅消遣的文学活动。第二种形式是依托现代知识分子的公共活动空间，如文学研究会、创造社、新月社等，他们利用结社活动来聚集力量，向社会发出抗议或改革的声音。在他们看来，文学创作与社会活动是一体的两面，文学如同生活。第三种社团形式，是以同人刊物为核心聚集起一批作者队伍，因为是“同人”，作者队伍也就是另一种形式的文学社团。如新青年社与语丝社，这个“社”本身意指“单位”、杂志社，但也可以转喻为社团。它的标志是刊物，刊物存在社团也就存在，刊物停办，社团也就不存在了。第四种模式是文人的小团体，虽无明确的结社意识，但因为经常性聚集在一起而含有了社团意义。如施蛰存、杜衡、刘呐鸥等人，他们之间的交往聚集经历了多种形式，但始终代表了某种倾向性的审美意向，因此也可以算作某种特殊形式的文学社团。现代文学社团的模式远不止以上四种，如有以政党意识为核心的知识分子组织，还有纯粹的演剧组织等等，暂时都不在本系列研究之中。

以往的研究，往往将文学社团与文学流派混为一谈，其实两者所反映的文人群体面貌是不一样的。前者研究的是文学社团的兴衰聚散，重点在人事，后者研究的是作家艺术风格的流变，重点在创作，两者混在一起研究，往往是流派因素压倒社团因素，理论概括压倒作家活动。这套书系偏重在人事，这是事先就规定好的，强调社团是如何形成、各个成员之间的关系又是如何相处、社团与社团之间的冲突又是如何展开,等等,人物的行状、言论、个性都作为描述的对象,这样,以便把研究的关注点集中到现代文学最原初的起点——个人的文学活动。朱寿桐教授在审读本丛书中的一本"创造社研究"时指出:这本著作"坚持'以人为本'的原则寻绎创造社这一风格独异的文学社团的发生机制和运作历史,体现出一种精彩而务实的社团研究学术自觉。文学社团是由人构成的,其所体现出来的各种特质和各种复杂性都与人员构成密切相关。以前的创造社研究,主要从大致的理念和情感取向着手,对于创造社的内部人员结构、权力结构常常取模糊姿态,致使许多问题只能流于语焉不详,如创造社的方向转换到底是一个怎样的过程,创造社小伙计与元老派的实际关系到底如何。这本著作从创造社人员构成及其权力构成的角度很好地解决了这些问题"。这段话虽然是针对创造社研究而言的,但也说出了每一个社团研究所希求的努力方向。

二十年前,前辈学者曾华鹏教授和范伯群教授曾经协助贾植芳先生主编了一部《中国现当代文学社团流派》的论著,编撰了关于文学研究会、创造社等二十几个文学社团流派的研究论文。曾、范两位前辈是贾植芳先生在 1950 年代的学生,我是贾先生在 1980 年代的学生,我们同门两代,也可以说,我现在做的工作,正是在前辈学者所奠定的学术基础上的努力推进。记得有一次我向两位前辈汇报了这套书系的编写情况后,范教授听了哈哈大笑,说:"我们当年要求每个社团流派研究是一篇论文,你们现在要求每个文学社团研究是一部专著,这就是进步了。"是啊,应该说是学科发展的进步,但是,这个进步前后竟相隔二十年,实在也是太久了一些。我感慨。

绪 论

清流、维新与遗民——宋诗派文人群体政治文化身份初探

一、概念的界定

从清代光绪中叶开始，诗坛上出现了一个以宗宋为主的诗歌群体，代表人物有陈三立、郑孝胥、沈曾植、陈衍、陈宝琛等，在光绪中后期到民国初年创作活跃，文学史家称之为“同光体”、“同光派”、“西江派”、“闽赣派”、“宋诗派”、“江西派”、“宋诗运动”、“闽赣派诗团”等。

“同光体”的概念由这一群体的理论家陈衍所提出。在《沈乙庵诗叙》(1905年)中，陈衍谈到自己和沈曾植初次相见的情形说：“初投刺，乙盦张目视余曰：‘吾走琉璃厂，以朱提一流购君《元诗纪事》者。’余曰：‘吾于癸未、丙戌间，闻可庄、苏堪诵君诗，相与叹赏，以为‘同光体’之魁杰也。‘同光体’者，苏堪与余戏称同光以来诗人不墨守盛唐者”。[①]在《石遗室诗话》(1912年)中陈衍再次写道：“丙戌在都门，苏堪告余，有嘉兴沈子培者，能为‘同光体’。‘同光体’者，余与苏堪戏目同、光以来诗人不专宗盛唐者也”。[②] 但是，对于哪些人属于同光体、哪些人不属于同光体，陈衍并无明确界定。

① 《庸言》第二年第一、二号合刊，民国三年二月十五日。

② 《庸言》一卷一号，民国元年十二月一日。

"同光派"、"西江派"的概念至迟在1917年出现。是年柳亚子发表文章,激烈批评了闻野鹤等人对宋诗派的鼓吹,指出:"国事至清季而极坏,诗学亦至清季而极衰。郑、陈诸家,名为学宋,实则所谓同光派,盖亡国之音也……政治坏于北洋派,诗学坏于西江派。欲中华民国之政治上轨道,非扫尽北洋派不可;欲中华民国之诗学有价值,非扫尽西江派不可。反对吾言者,皆所谓乡愿也"。[①] 在柳亚子的表述中,"同光派"和"西江派"为同一内涵,指以陈三立、郑孝胥为核心的宗宋诗派。

"宋诗运动"的概念由胡适率先提出。1922年,胡适应《申报》邀请作《五十年来之中国文学》一文,首次提出"宋诗运动"的概念,认为晚清以来大多数的诗人都属于"宋诗运动"。胡适认为宋诗运动中最有成就的诗人是陈三立和郑孝胥,但"《散原精舍诗》离实在很少可以独立的诗",而"郑孝胥虽然也不脱模仿性,但他的魄力大些,故还不全是模仿"。胡适为宋诗派的定位是:晚清以来学古诗派的主流,有一些佳作,但整体上属于模仿,成就不大。这种观念对后来的以进化论为主导,以新文学为主流的文学史描述有很大影响[②]。1929年陈子展在《最近三十年中国文学史》中亦采用"宋诗运动"的名称来囊括曾国藩以迄民国年间的宗宋活动。但在具体论述中以"同光派"为主:"继承满清中兴以来诗国的正统,而仍想握着这个时期诗界的权威的,就是所谓'同光体'[③]",他认为陈衍是宋诗派理论家,而陈三立、郑孝胥是这一流派最重要的诗人。

---

① 《民国日报》,1917年6月30日—7月3日,转引自《南社史长编》,第451—452页。

② 原载1923年2月《申报》五十周年纪念刊《最近之五十年》,1924年3月《申报》馆出版单行本。收入1924年11月亚东图书馆初版《胡适文存二集》。

③ 陈子展:《中国近代文学之变迁·最近三十年中国文学史》,上海古籍出版社,2000年版,第138页。

钱基博在出版于1932年的《现代中国文学史》中将清末“宋诗”单列一节，附于“唐诗”之后[①]。

“闽赣派”、“江西派”、“同光派”的概念在汪辟疆笔下交替使用，1930年代，他在《近代诗派与地域》一文中说：“闽赣派或有迳称为江西派者，亦即《石遗室诗话》所谓同光派也。宋吕居仁尝谱陈师道以下二十五人，为《江西诗派图》。以诸家皆受法山谷，而探源杜甫。或有议其平品失当；且所列二十五人，多荆、扬、兖、豫之产，不皆著籍江西。前人论列甚备，兹不复及。要之吕氏所列诸家，皆思深体峻，不落恒径，其风格固从同也。江西派之称，当即沿此。同光派者，陈石遗、郑太夷目近贤学三元体者之戏称。三元者唐开元、元和，宋元祐也。此派以杜甫、韩愈、苏、黄为职志，而稍参以李白、王维、白居易、柳宗元、孟郊、梅尧臣、王安石、陈师道诸家，以其人并生三元前后，共拓疆宇，颇有西方探险家觅殖民地开埠头本领。沈子培诗所谓‘开天启疆宇，元和判州郡’，及‘勃兴元祐贤，夺嫡西江祖’者，即指此也。近人以同光派称闽赣者，即源于此。此名称之由来也[②]。”可见在汪辟疆的描述中，“闽赣派”、“江西派”、“同光派”为同一所指。“闽赣派”侧重于从人员的地域分布上来讲，因清末民初诗坛宗宋者以福建和江西为多，故汪辟疆称之为“闽赣派”；“江西派”系从师承对象上来谈，因这一群体的主要师法对象是宋代的江西诗派，因此沿用旧称；“同光派”则根据陈衍、郑孝胥提出“同光体”的说法而来，从文学风格角度着眼。这三种提法，角度有所不同，内容则并无区分，因此汪辟疆时常混用[③]。

钱仲联在80年代所作《论“同光体”》一文中认为，“同光体”是近

① 钱基博：《现代中国文学史》，中国人民大学出版社，2004年版，第222页。

② 汪辟疆：《近代诗派与地域》，《汪辟疆文集》，上海古籍出版社，1988年版，第297—298页。

③ 汪辟疆：《近代诗派与地域》，《汪辟疆文集》，第299页。

代宋诗运动的代称，专指光绪年间以来以杜甫、韩愈、苏轼、黄庭坚为师法对象的文学思潮。

还有一种说法是"闽赣派诗团"："昔年北政府盛时，闽赣派诗团优游于江亭后海，或沽上中原酒楼，往来频数，酬唱无虚[①]。"

上述说法中，谈论对象大体一致，但具体称呼有所不同，"同光体"、"宋诗派"、"江西派"概念侧重于文学风格角度；"宋诗运动"侧重于文学思潮方面；"闽赣派"侧重于成员的地域构成；"闽赣派诗团"侧重于文人群体的活动。其中，"同光体"的使用最为广泛。

由于本文以这一流派的人际交往、具体文学活动为研究对象，故尝试提出"清末民初宋诗派文人群体"的概念，在以前所出现过的说法中，与"闽赣派诗团"最为接近。其实汪辟疆所用"闽赣派"、"江西派"、"同光派"三个概念中，连用"派"而不用"体"，多少已觉察到这是一个联系密切、活动频繁的文人群体。而"闽赣派诗团优游于江亭后海，或沽上中原酒楼，往来频数，酬唱无虚"更是当时人对这一文人群体成员之间联系密切的直接感受。

本文认为，这是一个相对独立、联系密切、活动频繁的诗人群体。这一群体的性质，介于传统文学流派和现代文学社团之间，呈现出一种过渡的复杂状态。所谓相对独立，是指他们虽在文学精神上自觉承继了道光、咸丰年间的宗宋诗风，但他们和这些前辈们没有任何交往，他们有自己的精神领袖和自己的理论；此群体成员之间联系密切，有着亲缘、地缘和学缘上的诸多联系，而几个重要成员之间更有着相似的经历和共同的历史体验，呈现出一种复杂的结构状态；他们在民初频频结社、雅集，形成一个个小的关系网络，这些小的网络又由几个核心人物串联起来，构成了一个更大的文人网络；更重要的是，他们还有

---

① 徐一士:《论陈三立》,《一士类稿·一士谭荟》,重庆出版社,1998年版,第110页。

意识利用期刊来扩大影响，他们有自己稳定的发表作品的阵地，围绕期刊这种现代传媒的聚集使他们拥有了和古典诗派不同的异质性因素。

对这一群体具体的文学活动，以往并未有系统性的研究，对人物之间的关系也缺乏细致的了解。笔者认为，陈三立和郑孝胥是这一团体的精神领袖，不仅因为他们在文学上成就最高，影响最广，也由于他们周围有一批稳定的同盟者和坚定的追随者，通过小团体的努力而在文坛上掀起了宗宋诗风。他们有意标举宋诗的行为常为人们所忽略，这其中不仅包括个人的文学示范和理论倡导，还有以期刊为中心的聚拢等。

之所以选取1895—1921年为研究中心，是因为：

光绪二十年(1894年)爆发的甲午战争对近代文学产生了巨大影响，对宋诗派文人群体的影响也十分巨大。此前，宋诗派诗人处于相对松散的状态，光绪二十一年(1895年)之后通过张之洞幕府宋诗派群体开始聚合。尤其是光绪二十年年末沈瑜庆、郑孝胥进入张之洞幕府，陈书、林旭、叶大庄、陈衍等聚集于南京，开始有了日益密切的诗艺探讨。光绪二十四年，随着沈曾植、陈衍加入张之洞幕府，“同光体”理论开始形成，创作上也日益活跃。另外，陈衍在《奚无识诗叙》中说：“自吾友陈散原、郑海藏以五七言提倡于大江上下且三十年，江表为诗者日益众[①]。”陈衍此文作于1923年，按“且三十年”往前推的话，也就是1895年左右。

从1921年起，宋诗派文人群体全面退出《东方杂志》、《小说月报》；1922年，宋诗派重要成员沈曾植病故；1923年之后，郑孝胥日益热衷于复辟，来往于上海、天津之间，文学活动锐减。最重要的是：自

---

① 陈衍：《陈石遗集》，福州：福建人民出版社，2001年版，第680页。

1921 年起,随着宋诗派退出《东方杂志》、《小说月报》,这一群体的阵地日益狭窄,重新回到一个较小的范围内传播。

鉴于 1895—1921 年是清末民初宋诗派文人群体创作最为活跃、影响最为广泛的时期,本文以此为中心展开论述。

对一个文学群体成员的界定,总是一件费力不讨好的事情。现在先让我们来基本确定一下这个群体的成员。

汪辟疆在其《近代诗派与地域》一文中认为,宋诗派的成员主要有:

> 闽赣派近代诗家,以闽县陈宝琛、郑孝胥、陈衍、义宁陈三立为领袖,而沈瑜庆、张元奇、林旭、李宣龚、叶大壮、何振岱、严复、江瀚、夏敬观、杨增荦、华焯、胡思敬、桂念祖、胡朝梁、陈衡恪羽翼之,袁昶、范当世、沈曾植、陈曾寿,则以他籍作桴鼓之应者[①]。

钱基博在其《现代中国文学史》中"宋诗"一节里列出的成员有:

> 陈三立、陈衍、郑孝胥、胡朝梁、李宣龚、张之洞、范当世、陈衡恪、陈方恪、沈曾植、陈宝琛、郑孝柽、夏敬观、诸宗元、奚侗、罗惇曧、罗惇 、何振岱、龚乾义、曾克耑、金天羽等[②]。

钱仲联在其《论"同光体"》一文中认为,宋诗派的成员主要有:

---

① 汪辟疆:《近代诗派与地域》,《汪辟疆文集》,第 299 页。

② 钱基博:《现代中国文学史》,第 210 页。

陈衍、郑孝胥、沈瑜庆、陈宝琛、林旭、李宣龚(以上闽派);陈三立、夏敬观、华焯、胡朝梁、王易、王浩(以上江西派);沈曾植、袁昶、金蓉镜(以上浙派)[①]。

以上可见,上述三家对这一文人群体的核心成员的界定基本相似,有陈三立、郑孝胥、沈曾植、陈衍、陈宝琛、范当世、袁昶、沈瑜庆、夏敬观、林旭、李宣龚等。本文将精力相对集中于宋诗派成员中 1860 年以前出生的一代,主要有袁昶(1846—1900 年)、陈宝琛(1848—1935 年)、沈曾植(1850—1922 年)、陈三立(1853—1937 年)、范当世(1854—1904 年)、陈衍(1856—1937 年)、沈瑜庆(1858—1918 年)、郑孝胥(1860—1938 年)、俞明震(1860—1918 年)等。其中,除袁昶、范当世早卒外,多数成员经历了甲申、甲午、戊戌、庚子、辛亥等几次大的历史事件,有着共同的生命体验和相似的政治立场,这是他们后来能够紧密结合在一起的一个重要的条件。而比他们年青一代的宋诗派成员,则缺乏相似的政治经历和心路历程,其政治立场和人生出处也复杂得多,有待以后深入研究。本文以 1860 年前出生的诗人为研究对象,上述文学史家提及的其他宋诗派成员也有涉及,但不作重点探讨。

二、研究方法与研究重点

本文的研究,属于陈思和师主持的"中国现代文学社团史"课题的一部分。研究对象虽然为古典文学,但正如陈老师所言:"所谓'中国现代文学社团',准确理解应该是'中国—现代—文学社团'……既然'现代'指的是一种时间概念,现代文学就应该包括新文学运动以外的

① 钱仲联:《论同光体》,《梦苕庵论集》,中华书局,1993 年版,第 419、423、424 页。

各种社团现象,如南社,是清末民初重要的文人社团,但由于它不属于新文学,在以往的研究中便被摒弃在现代文学视野以外。这显然都是不合理的现象。"这种构想显然打破了传统的"古代"、"近代"、"现代"的人为区分,为现代文学研究者进入传统的"近代"领域提供了有益启迪和具体思路。关于具体的研究方法,陈老师提出:"以往的研究往往将社团与流派混为一谈,其实两者所反映的文人群体风貌并不一样。前者研究的是社团兴散,重点在人事;后者研究的是创作风格,重点在创作。两者混在一起研究,结果往往是流派因素压倒社团因素,理论概括压倒作家活动。这次我们组织人力撰写社团史书系,重点在人事,这是事先就规定好的,强调社团是如何形成的,各个成员之间的关系是如何相处的,社团与社团之间的冲突又是如何展开的,人物的行为、言论、个性都是我们描述的对象,把研究的关注点集中到现代文学最原初的起点:个人的文学活动[①]。"宋诗派文人群体和现代社团的存在状态有异,但却同是近现代所发生的文学事件,与新文学所处的历史空间有交叉之处,人物上也有一些渊源。宋诗派的几个重要人物,陈宝琛去世于 1935 年,陈三立、陈衍去世于 1937 年,郑孝胥去世于 1938 年,均在新文学出现以后生活了相当长的时间,其文学活动并未中止,且有相当一部分年轻诗人受其影响而进行旧体诗创作。因此,对宋诗派的研究来说,上述研究构想依然适用。

在具体研究中,本文有意对从特定意识形态立场出发、以进化为主线的研究方法进行反思[②]。一位当代学者在感叹沈曾植身后的寂寂

---

① 见陈思和为"中国现代文学社团史"研究书系所作总序,中国出版集团东方出版中心,2006 年版。

② 马卫中教授在研究近代诗歌流派时指出单一的政治标准的局限性:"只是建国以后,由于片面地以创新与否来评价近代诗派,片面地以政治标准来评判近代诗人,而这种标准又被无限制地拔高,因此,近代诗歌,特别是一些坚持传统的诗歌流派的价值,便几乎被一笔抹杀了。"见《光宣诗坛流派发展史论》,苏州大学出版社,2000 年版,第 198 页。

无闻时说:“其实,无论是思想史还是学术史,用法国年鉴学派史家布罗代尔的术语来说,如果不是站在当下的立场或王朝的角度进行选择,如果不是用简单的进化或狭隘的价值进行评价,而是在一个‘长时段’中来估量他们的历史意义,从一种‘文化’的观念来分析他们的思想学术,也许我们会有新的发现[①]。”笔者非常赞同这位学者的论断,而“站在当下的立场或王朝的角度进行选择”、“用简单的进化论或狭隘的价值进行评价”恰是长期以来宋诗派研究的主导价值取向。近些年来,一些文学史家注意到了以前研究的局限性,能够以一种全新的眼光来考量宋诗派,取得了一些可喜的进展。袁进教授在最近的一篇文章就提醒人们注意宋诗派作家在近代历史空间内所产生的积极作用,尤其是谈到陈寅恪对王国维之死所表现的“殉文化”时感慨道:“这个论述实际上通过殉纲纪把殉清和殉中国传统文化连在一起,陈寅恪之所以会得出这个结论,其背后是有着对他父亲陈三立的理解作后盾的。只是‘同光体’作家的这一面,至今未被人们所认识,人们只看到他们是逊清遗老,没能理解他们在面临中国千古未有之奇变时,面对中国传统文化失落的痛苦[②]。”这些感悟发人深省,也为宋诗派研究打开了一条新的思路。

在某种程度上对郑孝胥的评价成为宋诗派文人群体研究中的一个瓶颈。因其晚年政治行为所造成长时期以来不能正视郑孝胥的文学贡献,这种状态制约了对此一群体研究的深入。现代文学对有“历史问题”人物的研究方面提供了有益的启示,例如周作人对新文学的贡献并不因其晚期“附逆”而降低。相反,因能够以平心静气的态度来重估周作人的思想贡献,现代文学研究在某些问题上才取得一些可喜

① 葛兆光:《世间原未有斯人——沈曾植与学术史的遗忘》,《读书》,1995年第3期。

② 袁进:《重新理解“同光体”作家的思想和创作》,《社会科学》,2006年第9期。

的突破。对郑孝胥研究也应逐渐克服讳言其历史贡献的心理障碍[①]。宋诗派中人数最多、力量最强的是闽派,郑孝胥在闽派中居重要位置。他和闽派前辈陈宝琛关系密切,对闽派年轻诗人李宣龚、林旭、黄秋岳、梁鸿志等影响甚巨,甚至陈衍的许多诗学理论也颇受郑孝胥启发。近代宋诗运动中的"王安石热"[②]、"梅尧臣热"、"郑珍"热,均与郑孝胥有直接联系。创作上郑孝胥也有很大影响,他和陈三立一起成为宋诗派在诗歌实践上的典范。陈寅恪曾言,近代诗人中他最喜欢郑孝胥的诗[③],多少反映出郑孝胥诗作影响之巨。民初文坛对郑孝胥有着极高的评鉴,对其评价的逆转始自30年代,和郑孝胥参与伪满洲国活动有关。不正视郑孝胥对近代宋诗派的贡献,就无法深入探讨宋诗派文人群体的复杂关系,也就无法客观、全面地重估宋诗派在20世纪的文学贡献。

对这个文人群体的"现代"特征的研究,也是本文的重点,如宋诗派和现代期刊的关系,就值得充分关注。本文并非将清末民初宋诗派视为社团的"主题先行"的研究,然而在资料整理和人物关系梳理中还是惊奇地发现,这一群体并非纯粹古典意义上的文学流派,他们不仅有相似的文学追求,而且有意识倡导宋诗,其中还利用现代媒体来传播宋诗。可以说,没有《庸言》、《国闻周报》、《小说月报》、《东方杂志》、《学衡》、《青鹤》报纸杂志等刊登的大量宋诗派作品,宋诗能否成为20世纪上半叶最声势浩大的古典诗歌潮流,还是一个疑问。在20世纪

---

① 刘世南先生坦率承认他自己愿多谈郑孝胥的心理,参见《从著述看学识》,《博览群书》,2005年第8期;《清诗流派史》,人民文学出版社,2003年版。

② 陈衍:"自海藏提倡荆公诗,李壁注本为之腾价。"《石遗室诗话续编》卷二,《石遗室诗话》,第577页。

③ "宓按,昔在美国一九一九年陈寅恪自言:在中国近世诗人中,最佩爱郑苏堪之诗,以其意思明显,句句可译成英文(或其他外文)也。"吴宓:《吴宓诗话》,商务印书馆,2005年版,第302页。

初期的文学场域[①]中,如果说期刊是一种重要的"文化资本"的话,那作为传统诗歌流派的宋诗派,则依然占据着相当数量的文化资本。本文的研究兴趣在于,以宋诗派为主体的传统力量是如何渗透到这些公共资源中去的?如何占有这样的文化资本,在现代公共话语权空间的争夺中获得一席之地?宋诗派文人群体对期刊的成功利用,和其作品在一个精英小圈子内私下流传的方式有了质的差异,因此也颇具"现代"意味。此外,通过对期刊上所发表的诗作、比较固定的创作队伍的研究,也可为初步界定这一群体的成员提供一个参数。诚然,和任何文学群体研究所面临的困难一样,为其确定身份是一件费力不讨好的事情,有着较大的风险。历史上"江西诗派"的研究就存在诸如此类的问题,其研究进程中"有无江西诗派"和"哪些人属于江西诗派"的问题一直伴随着对这一流派研究的进程。

本文有限度地引入社会学方法来加以研究。尤其是运用法国社会学家布尔迪厄的文学场域理论,来分析清末民初复杂的文学现象。场域是一个复杂的概念,与"资本"、"实践"、"权力"、"关系网络"等概念结合在一起使用。布尔迪厄也提到了文学场域的问题。在他看来,当社会科学家研究某一特定的文学场域时,研究者是为了研究文学的特性而特地将某一个实际存在的社会关系网界定为一个研究对象;但这种被界定的文学场域,实际上又离不开与之相交的权力场域、经济场域和教育场域等。所以,在阅读被研究的特定文学场域的时候,除了注意到文学场域自身所特有的特殊结构和运作逻辑外,还要充分考

① "场域"由法国哲学家布尔迪厄在1960年提出,与"资本"、"习性"、"实践"等概念相联系,构成了一个整体。"场域"概念所要表达的,主要是在某一个社会空间中,由特定的行动者相互关系网络所表现的各种社会力量和因素的综合体。"场域的灵魂是贯穿于社会关系中的力量对比及其实际的紧张关系"。各个场域中行动者之间的斗争,决定于各个行动者所占有的社会地位,决定于各个行动者的"习性"结构和实际活动能力,也决定于各个行动者在斗争中所采用的策略。

虑它同其他场域之间的密切关系[①]。本文也力图超越单一的文学视域,从政治、文化、新闻、教育等多种场域来分析评价宋诗派。

三、研究现状与资料来源

近年来,宋诗派研究渐趋升温。尤其是新世纪以来,上海古籍出版社陆续出版了“中国近代文学丛书”,其中包括《散原精舍诗文集》、《海藏楼诗集》、《范伯子诗文集》、《沧趣楼诗文集》、《觚庵诗集》、《樊樊山诗集》、《琴志楼诗集》、《江山万里楼诗集》、《偶斋诗草》、《东洲草堂诗集》等,为宋诗派研究提供了极大的便利。

目前还没有见到一部专门研究这一群体人事关系的著作,但一些流派研究和个案研究积累了一批有益的资料。蒋天枢的《陈寅恪先生编年事辑》、汪荣祖的《史家陈寅恪传》、张求会的《陈寅恪的家族史》等都不同程度地描绘了作为“名子之父”的陈三立的生平。马卫中、张修龄所著《陈三立年谱》较为细致地勾勒了陈三立的生平传记资料,给笔者提供了许多极有价值的线索[②]。徐临江的《郑孝胥前半生评传》是近年出现的一本较为细致的研究郑孝胥生平的专著[③]。该书从正面勾勒了一个郑孝胥形象,以“文化保守精英”的身份来界定郑孝胥,肯定其在近代社会变迁中的积极作用。该书给予人们很多有益的启迪,为如何评价像郑孝胥这样有过“污点”的近代历史人物提供了迥异于以往的视角。许全胜《沈曾植年谱长编》详细考论了沈曾植的生平,征引参考文献资料甚多,其中相当一部分未经公开刊布,是一部有着较大价值的宋诗派人物研究资料,对本文写作有相当大的帮助。贺国强的博

① [法]高宣扬:《布尔迪厄的象征性实践和权力运作》,《后现代主义哲学讲演录》,第246页。

② 收入马卫中、张修龄《近代诗论丛》,安徽人民出版社,1995年版,第178—253页。

③ 徐临江:《郑孝胥前半生评传》,学林出版社,2003年版。

士论文《近代宋诗派研究》是一部比较扎实的流派研究论著。作者阅读了大量宋诗派著作，也较为细致地分析了一批不太受人们关注的宋诗派诗人的作品，其“同光体的地域渊源”一章与笔者所论有不谋而合之处，对笔者多有启发。[1] 值得一提的是，魏泉的《论陈衍的“学人之说”》一文从都市研究的独特视域出发，对宣南的文人交游进行了细致考论，尤其注意到了陈衍小秀野草堂生活经历与其诗学主张的关联之处，是少见的细致而深入的对宋诗派人物的个案研究，对本文某些章节的写作颇有启发。[2] 此外，近年来越来越多的硕士、博士论文以宋诗派为研究对象，都说明学界对这一领域的日益重视。

本文的研究资料主要有：

1. 相关的诗文集、诗话著作。由于清末民初宋诗派群体的主要活动中心在江南，近代的图书资料保存又比较完备，笔者从上海图书馆、复旦大学图书馆查阅了大量此一群体相关的诗文集。而近期上海古籍出版社出版的“中国近代文学丛书”，福建人民文学社出版的《石遗室文集》、《陈衍诗话合集》均最大程度地收录了诗人的作品，为本课题研究提供了极大的便利。《石遗室诗话》、《民国诗话丛编》、《今传是楼诗话》、《兼于阁诗话》、《平等阁诗话》等诗话著作，也为研究人事关系、人物活动提供了大量线索。

2.《郑孝胥日记》、《艺风老人日记》、《郭嵩焘日记》、《湘绮楼日记》、《越缦堂日记》、《张謇日记》、《张元济日记》、《文廷式日记》、《沈曾植年谱长编》、《陈三立年谱》等日记年谱资料。对本文写作尤其重要的是《郑孝胥日记》、《艺风老人日记》。其中，郑孝胥是宋诗派重要成员，缪荃孙是宋诗派重要友人，这两部日记为研究此群体的活动提供

① 苏州大学2006届博士论文，承李玲女士提供线索，马亚中先生惠赐论文，谨表谢意。

② 魏泉：《论陈衍的“学人之诗”说》，《文艺理论研究》，2006年第4期。

了大量资料。

3.《庸言》、《小说月报》、《东方杂志》、《学衡》等期刊。宋诗派成员在这几个刊物上发表了大量作品,但很少见到有关这几个刊物与宋诗派作品的研究。本文主要以《庸言》、《东方杂志》为个案来分析宋诗派文人群体与现代传媒的关系。

4.《广清碑传集》、《辛亥人物碑传集》、《民国人物碑传集》、《碑传集补编》、《碑传集三编》。上述碑传集提供了大量宋诗派及其有关人物的传记资料,为研究宋诗派人物以及其他和这一群体有关的人物提供了大量资料。

第一章

几个宋诗派成员早期的文学活动

第一节　碧湖诗社:陈三立在湖湘的交游

钱锺书在《围城》中借董斜川之口谈到:“当然是陈散原第一。这五六百年来,算他最高。我常说唐以后的大诗人可以把地理名词来包括,叫‘陵谷山原’。三陵:杜少陵、王广陵——知道这个人么?——梅宛陵;二谷:李昌谷,黄山谷;四山:李义山,王半山,陈后山,元遗山;可是只有一原,陈散原[①]。”尽管钱氏言语中带有调侃的成分,但多少道出了陈三立在民国年间的巨大影响。

陈三立(1853—1937),字伯严,号散原。江西义宁(今修水)人。光绪十二年中进士,授吏部主事,不久即辞官,随侍其父陈宝箴。陈宝箴于光绪二十一年至光绪二十四年任湖南巡抚,陈三立襄助其父推行新政。戊戌政变后,陈氏父子均被革职,回江西,居西山。光绪三十年,陈三立参与创办江西铁路公司,先后任经理、名誉经理等。辛亥革命后避居上海。1933 年迁居北京。1937 年卢沟桥事变爆发后,拒绝进食与就医而卒。著有《散原精舍诗》二卷、《散原精舍诗续集》三卷、

① 钱锺书:《围城》,北京:三联书店,2002 年版,第 101 页。

《散原精舍文集》一十七卷[①]。

有关"义宁公子"陈三立,维新运动以前的历史记录不是很多,但通过一些零星的材料还是可以窥见年轻时陈三立的风貌。他在为友人所作的墓志铭中略带悔意地谈到:"君恂恂儒雅,颜温而气肃,而余意态暴露,酒酣或益恣,语不检,对君未尝不自愧也。"[②]从中可以看出陈三立年轻时的意气风发、心高气傲。他在《故妻罗儒人状》中忆及夫妻相处的情况时,亦颇为自惭:"余尝醉后感时事,讥议得失,辄自负,诋诸公贵人,自以才当出诸公贵人上。入辄与孺人言之,孺人愀然曰:'有务为大言对妻子者耶?'余为面惭,不能答。然酒酣耳热,中郁发愤、复不禁,往往为孺人言之也[③]。"据陈三立好友文廷式在《闻尘偶记》中记载:"陈伯严吏部曰:举五千年之帝统,三百年之本朝,四万万人之性命,而送于三数昏妄大臣之手[④]。"这段记述可以看出陈三立对晚清腐败政治的极端不满。正因如此,他才在任吏部主事后不久即挂冠归去,襄助其父进行变法,与其他维新志士一起,掀开了中国近代历史上最波澜起伏的一章。

维新变法中,陈宝箴、陈三立父子成为这场革新运动地方上的最有力的支持者。一位历史学家在研究湖南现代化的进程时认为:"新政运动的起因是时势逼成的,同时也是几个人物因缘聚会的结果。巡抚陈宝箴是中心人物。如果不是他有开明的态度,新政是无从发生的……当然他的长子陈三立的影响亦不无关系。散原诗人固然以诗名,就他的时代而言,却是新秀中的佼佼者,当时所谓的'时务'他是有

---

① 见吴宗慈:《陈三立传略》,《散原精舍诗文集》,上海古籍出版社,2003 年版,第1195—1199页。

② 陈三立:《清故民政部咨议江苏候补道许君墓志铭》,《散原精舍诗文集》,第 940 页。

③ 陈三立:《故妻罗孺人状》,《散原精舍诗文集》,第 762 页。

④ 文廷式:《闻尘偶记》,《青鹤》第 1 卷第 23 期,1933 年 10 月。

认识的。梁启超谓陈三立是新政的幕后主持者,不是凭空的臆测[①]。”变法中,陈三立是其父亲最有力的助手,和梁启超、黄遵宪、谭嗣同等成为十分要好的朋友。变法失败后,陈氏父子遭受沉重打击,以“招引奸邪”的罪名而“永不叙用”。维新变法对陈三立的打击极其沉重,一度有轻生的念头。新近出版的《陈宝箴集》里收录了陈宝箴写给俞明震的一封信,里面谈到陈三立维新变法失败后欲自杀的过程[②]。由此可以看出陈三立性格的刚烈以及变法失败对其精神的严重挫伤。

光绪二十六年(1900 年)的陈宝箴之死,对陈三立又是一个沉重打击。关于陈宝箴之死,有些学者认为是慈禧太后下的毒手,有的学者还结合陈三立的诗作进行了分析。在没有新的资料出现之前,学界还不能有所定论。我所感兴趣的是陈三立认为自己对父亲之死抱有不可推卸的责任,他起码将自己在维新活动中的激进行为视为父亲之死的原因之一。当时的一个传闻也许有助于理解这一点,“及至宝箴父子同遭罢黜,一日,王闿运与友人于酒座中论及义宁父子之旧事,众人皆曰:‘陈中丞讲求吏治,刚直不挠,亦迹近贤督抚,但不应聘梁启超主讲时务学堂,败坏湖南风气。’座中当即有人替陈宝箴辩解道:‘此非中丞之过,缘其子三立朋游太滥,不择人而交友,为所误,亦千虑之一失也。’争论不休之际,惟独王闿运默不作声,只是捻髭微笑。群以此语相质,闿运因叹息曰:‘江西人好听儿子说话,中丞亦犹行古之道耳!’座客瞠目结舌,不解所谓。闿运徐徐曰:‘公等疑吾言,亦尝读史乎?王荆公变法时,遇事多由子雱处理;严嵩当国,唯世蕃之言是从。今中

① 张朋园:《湖南现代化的早期进展(1860－1916)》,长沙:岳麓书社,2002 年版,第 138 页。

② 光绪二十五年(1898 年)陈宝箴致俞明震函:“立儿自经此家国巨变,痛疾万状,虽病不肯服药。日前进药,竟要将碗咬碎,誓不贪生复活……昨日余往青山,师曾孙侍病在侧,立儿忽下床冥立曰:‘我要走! 我要走!’师曾孙夙慧,跪言曰‘公公不在此,你老人家不要走!’”汪叔子、张求会编:《陈宝箴集》,北京:中华书局,2003 年版,第 1680－1681 页。

丞亦然,固江西惯例也,何怪焉?'闻者莫不倾倒。王闿运'江西人好听儿子说话'一语流传最广[①]。上面这段话能从侧面理解陈三立崝庐诗中的忏悔与沉痛。在王闿运和时人的印象中,三立在湖南维新运动中的作用相当大,比陈宝箴更为激进,且影响到了陈宝箴的政治态度,从而间接导致陈宝箴的悲剧。青年时的陈三立恃才自傲、特行独立,以天马行空的姿态在变法维新的政治舞台上频频亮相。戊戌变法失败既终结了陈三立的政治理想,又在不久以后带来了家庭的惨剧。痛定思痛的陈三立认为这一切和自己的桀骜与狂妄有关,因此在崝庐诗中才有如此多的自责。有些自责远远超出了以往诗歌在父亲去世后的传统性自谴,而显得尤为沉痛。

戊戌维新失败,陈氏父子被贬黜以后,来到江西南昌附近的西山。西山,《水经注》作散原山,陈三立遂以"散原"自号,寓樗散之意[②]。光绪二十六年(1900年)四月,陈三立移家江宁,从此长期居住于此,和金陵的一批诗友相唱和,诗名远扬。庚子以后,有几次复出的机会,陈三立"来作神州袖手人"意志已绝,未再出仕[③]。

光绪三十年(1904年),释敬安从上海寄诗陈三立,勾起了三立对往事的回忆:"碧湖花雨照迷津,十五年前挟老筠。石火光中吾未死,乾坤毁后汝何人[④]?"在"老筠"句后,诗人自注道:"客湘时,屡与郭筠仙侍郎诸公同集碧浪湖诗社"。碧浪湖,亦称碧湖,是十余年前陈三立、释敬安等人在湘时经常雅集的场所。碧湖诗社是光绪十一年到十四

---

① 张求会:《陈寅恪的家族史》,广东教育出版社,2000年版,第225页。

② 宋慈抱:《陈三立传》,李开军校点:《散原精舍诗文集》,第1207页。

③ 陈寅恪:"清季各省初设提学使,先君挚友乔茂先丈树楠为学部尚书容庆所信任,故拟定先君为湖南提学使。是时熊秉三丈希龄适在京师,闻其事,即告当局谓先君必不受职,遂改授其时湖南学政吴子修庆坻。"《寒柳堂记梦未定稿》,三联书店;钱基博:"端方将具疏复其官。三立坚辞……。"《现代中国文学史》,中国人民大学出版社,2004年版,第215页。

④ 陈三立:《次韵答寄禅上人海上见寄》,《散原精舍诗文集》,第130页。

年左右郭嵩焘、王闿运、陈三立、释敬安等在湖南所结的诗社。

有据可考的碧湖雅集情况如下：

1－1 碧湖雅集一览表

时间	参加成员	主持者	雅集内容	资料来源
光绪十一年六月十三日	陈三立、释敬安、曾广钧、陈锐、王启原、刘北固		碧湖上林寺雅集	《八指头陀诗文集》①
光绪十二年六月十五日	王闿运、释敬安等		碧湖看月	《八指头陀诗文集》②
光绪十二年九月十九日	陈三立、郭嵩焘、文廷式、释敬安、荔云、曾广均、罗正钧、曾广镕	释敬安、荔云开	碧湖诗社	《郭嵩焘日记》卷四，第659页；《八指头陀诗文集》③
光绪十三年三月初三	陈三立、郭嵩焘、王闿运、释敬安、涂次衡、罗正钧、曾慕陶等30余人	陈三立、涂次衡	修禊	《郭嵩焘日记》卷四，第694页；《八指头陀诗文集》，第113页
光绪十三年六月初三	陈三立、郭嵩焘、王闿运、释敬安、张祖同、曾广钧、罗正钧	王闿运	宴集开福寺	《郭嵩焘日记》卷四，第718页；《湘绮楼日记》，第1383页

① 释敬安：《六月十三日，与刘北固、王君豫、曾重伯、陈伯严、陈伯涛雅集上林寺》，《八指头陀诗文集》，第99页。

② 释敬安：《六月十五日，碧浪湖看月遇雨，用王壬秋社长韵》，《八指头陀诗文集》，第105页。

③ 释敬安：《九月十九日，玉池老人招集碧浪湖展重阳，因赋》，《八指头陀诗文集》，第106页。

续表

时间	参加成员	主持者	雅集内容	资料来源
光绪十四年三月二十三日	陈三立、郭嵩焘、余肇康、陈程初	陈程初	宴集开福寺	《郭嵩焘日记》卷四,第776页
光绪十四年五月二十四日	陈三立、郭嵩焘、王闿运、释敬安、曾广钧、陈锐、曾广镕、罗正钧			《郭嵩焘日记》卷四,第788页;《湘绮楼日记》,第1461页

从表1—1中可看出这是一个由地方名士结成的诗社,人员较为固定,在光绪十一年(1885年)到十四年(1888年)间有过多次雅集活动。通过对这个诗社的研究,可以较为细致地了解陈三立早期的文学思想。碧湖诗社的成员主要有陈三立、王闿运、郭嵩焘、释敬安、曾广钧、陈锐、曾广镕、罗正钧等[①],这些人也是陈三立早年最要好的师友。

郭嵩焘[②]对陈宝箴、三立父子影响甚大。郭氏是近代洋务派领袖、

① 以上人物与陈三立之关系亦可参见:"是岁馆罗氏。时义宁公父子居蜕园,相距甚近。罗顺循、曾舨庵、杜元穆、王伯亮、陈伯涛、文道希常来陈宅,文酒之会,几无虚日,每会必驰函相招。"《廖树衡自定年谱》,"光绪十三年"条目下,《谈廖树衡》,徐一士:《一士类稿》,沈阳:辽宁教育出版社,2003年版,第105页。

② 郭嵩焘(1818—1891),字伯琛,号筠仙,晚号玉池老人。湖南湘阴人。少年时游学湖南岳麓书院,与曾国藩、刘蓉等友善,以文字相切磋。道光十七年(1837年)中举。道光二十七年,成进士,改翰林院庶吉士,丁忧归里。咸丰二年(1852年),协同曾国藩办团练,在江西与太平军作战。咸丰七年,授编修,回京供职,入直上书房。同治元年(1862年),特授苏松粮储道,擢两淮盐运使。同治二年,署广东巡抚。同治五年,解任。光绪元年(1875年),授福建按察使。寻命以侍郎候补,在总理各国事务衙门行走。次年,充任驻英国大臣。两年后,复任驻法国使臣,补兵部右侍郎。归国抵沪,谢病归里,主讲城南书院,兼辟思贤讲舍。光绪十七年卒。著有《养知书屋文集》二十八卷、《诗集》十五卷、《礼记质疑》四十九卷等。生平事迹见:《清史稿》第466卷;王先谦《兵部右侍郎郭公神道碑》、缪荃荪《书郭筠仙侍郎事》(《续碑传集》第15卷);梁淑安主编《中国文学家大辞典·近代卷》,中华书局,1997年版,第376—377页等。

中国最早放眼世界的士大夫之一。在湖南期间，陈宝箴和郭嵩焘经常来往，有时还诗文唱和[1]。陈三立也经常拜访郭嵩焘，听其纵论天下大事。陈三立对郭嵩焘极为敬重，郭嵩焘也经常给予陈三立以文章方面的指导，正如陈寅恪兄弟所言"先君壮岁所为文多与湘阴郭筠仙侍郎嵩焘、湘潭罗顺循提学正钧辈往复商榷，故去取独谨"。[2] 郭嵩焘生命中的最后几年，陈三立经常前往拜访，无所不谈。光绪十年(1884 年)六月十五，陈三立拜访郭嵩焘："伯严出示吴蕢阶信，直谓粤防无一可恃，虎门亦无险，甘心弃之[3]。"光绪十一年(1885 年)的一天，陈三立等访郭嵩焘："李瑞南、丁次谷、陈伯严枉谈。卞公闻之李香缘，以陈伯严优于文，谋致之幕府。伯严以其先施也，往见之。出而见语，所言虚浮无实，无适听者，于洋务尤远。彼此言论不能相入，而可以共事乎！因悟国家遇有事变，聚讼盈廷，无与辨其是非，相率为冥行而已。明者视之，真不直一噱。故曰：'谈言微中，可以解纷。虚浮无实之言盈天下，能辨知者谁哉？'"[4]从这段话中可以明显感受到陈三立和郭嵩焘思想的一致性，作为洋务运动前辈的郭嵩焘，已经影响到了陈三立的人生选择，言谈中所传达出的默契，源自长期而深入的交往。而若干年后经历了岁月沧桑的磨砺，陈三立愈加认识到郭嵩焘思想的敏锐与深刻："往者三立从湘阴郭筠仙侍郎游，侍郎以为中国侈行新政，尚非其人、非其时，辄引青城道人所称为国致太平与养生求不死，皆非常人所能，且当守国使不乱.以待奇才之出，卫生使不夭，以须异人之至。郑

---

① 陈三立："(府君)与郭公嵩焘尤契厚，郭公方言洋务，负海内重谤，独府君推为孤忠闳识殆无其比。藉巡抚湖南，郭公已前卒，遇设施或牴牾，辄自伤曰：'郭公在不至是也。'"《皇授光禄大夫头品顶戴赏戴花翎原任兵部侍郎都察院右副都御史湖南巡抚先府君行状》，《散原精舍诗文集》，第 855 页。

② 陈三立著、钱文忠校点：《散原精舍文集·前言》，沈阳：辽宁教育出版社，1998 年版。

③ 《郭嵩焘日记》卷四，第 488 页。

④ 《郭嵩焘日记》卷四，第 558 页。

重低回,以寄其意,侍郎世所目为通中外之略者也,其所守如此。时少年盛气,颇忽而不察,今而知老成瞻言百里,验苦蓍蔡,为不可易[①]。”足见三立对郭氏思想的推崇。历经几十年的风霜。日渐老成的陈三立目睹时代的沧桑巨变,更加钦服于郭嵩焘的洞幽烛微,“老有不可忘,褰裳饮文字。绮岁游湖湘,郭公牖我最。其学洞中外,孤愤屏一世。先觉昭群伦,肫怀领后辈。破箧拾遗幅,俯仰几流涕”[②]一诗,表达了对郭氏道德文章的高度推崇。

郭嵩焘在诗歌创作方面并不擅长,碧湖诗社中另有一位全国一流的诗人,这就是湖湘诗派的领袖王闿运[③]。王闿运久负盛名,是晚清汉魏六朝诗派、湖湘诗派的领军人物。汪辟疆《光宣诗坛点将录》将其誉为“托塔天王晁盖”,意为旧诗坛头领,冠于晚清诗人之首[④]。王闿运和郭嵩焘在湖南期间也经常来往,在他们身边围绕着一大群年轻诗人,陈三立即是其中之一。名满天下的王闿运显然对这时的陈三立有巨大影响,汪辟疆的描述便透露出了这样的信息:“至陈散原先生,则万口推为今之苏黄也。其诗流布最广,功力最深,有井水处多能诵之。盖散原早年习闻湘绮诗说,心窃慕之。颇欲力争汉魏,归于鲍谢,惟自揣所至,不及湘绮,乃改辙以事苏黄[⑤]。”汪辟疆所述,颇接近美国学者

---

① 陈三立:《〈庸庵尚书奏议〉序》,《散原精舍诗文集》,第 885 页。

② 陈三立:《留别墅遣怀》,《散原精舍诗文集》,第 436 页。

③ 王闿运(1833—1916),字壬秋,号湘绮。湖南湘潭人。咸丰七年(1857 年)举人。咸丰九年会试报罢留京,寓山东巡抚署中。后入曾国藩湘军中,参与擘画,因自负奇才,多所不合,遂退归林下。光绪六年(1880 年),应四川总督丁宝祯聘,监督成都尊经书院。又应兵部尚书彭玉麟聘,经营船山书院。亦曾任两湖书院山长。光绪三十四年,授翰林院检讨、礼学馆顾问。1914 年被袁世凯聘为国史馆馆长,不久即辞去,仍归隐长沙。著有《湘军志》十六卷、文集八卷、诗集十四卷、别集三卷。生平事迹见《清史稿》第 482 卷;汪辟疆《近代诗人小传稿》,《汪辟疆文集》,上海古籍出版社,1988 年版,第 423 页;梁淑安主编《中国文学家大辞典·近代卷》第 26—27 页,等。

④ 汪辟疆:《光宣诗坛点将录》,《汪辟疆文集》,第 326 页。

⑤ 汪辟疆:《近代诗派与地域》,《汪辟疆文集》,第 300—301 页。

布鲁姆所提出的"影响的焦虑"理论,即凡文学史上欲有所建树的"强力诗人",必思改弦更张,另树新帜,不愿笼罩于前人的阴影之下[①]。其实,宋代诗人面对强大的唐诗传统时,未尝不具有此种心理。无论如何,王闿运对陈三立早期的影响确实存在。

碧湖诗社中,以下几位都是陈三立毕生的知交。

释敬安[②]早年从郭嵩焘、王闿运游,和陈三立过从甚密,均为碧湖诗社的重要成员。释敬安一生与陈三立相交甚笃,光绪十五年(1889年),邓辅纶[③]受聘主讲金陵曾文正书院,邀释敬安同舟而下。时陈三立、俞明震自京师还湘,会于金陵,把觞登临,一时盛会[④]。光绪二十九年(1903 年)以后释敬安多次游江宁,与三立诗文唱酬。在《暮秋阅报奉怀》一诗自序中,他追忆了碧湖雅集的昔日风流:"暮秋阅报纸,见义宁公子由金陵返豫章九江舟中之作,因以曩与君陪郭筠仙侍郎于长沙碧浪湖作展重阳会,弹指十五年矣。故人存殁之感,一时横集,次韵奉

① [美]布鲁姆:"所谓诗人中的强者,就是以坚忍不拔的毅力向威名显赫的前代巨擘进行至死不休的挑战的诗坛主将们。"《影响的焦虑》,北京:三联书店,1989 年版,第 3 页。

② 释敬安(1852-1912),亦名寄禅,人称八指头陀、白梅和尚、三影和尚,湖南湘潭人。同治七年(1868 年)入湘阴法华寺出家。次年赴衡阳仁瑞寺充苦行僧。光绪三年(1877 年)秋,在四明山阿育王寺烧两指燃灯供佛,自此号称八指头陀。历任上封寺、万福禅林、天童寺主持。光绪三十四年(1908 年)宁波成立僧教育会,被推为会长。1912 年 4 月,筹组中华佛教总会,被选为首任会长。同年 9 月赴北京,要求内务部保护寺产遭拒绝,同日晚回法源寺病逝。杨度将其著作搜集汇刻成册。释敬安二十岁始学诗,中岁识王闿运、邓辅纶,名遂大著。喜咏白梅,号"白梅和尚"。著有《八指头陀诗集》。见王培军:《汪辟疆〈光宣诗坛点将录〉笺证》(博士论文);梁淑安主编:《中国文学家大辞典·近代卷》,第 442 页。

③ 邓辅纶(1828-1893),字弥之。湖南武冈人。咸丰元年(1851 年)中乡试副榜。以助军饷叙官内阁中书。太平军兴,请假赴南昌,佐父守城。后以城工劳叙官得浙江道员。晚颇嗜酒,以贫困终。著有《白香亭诗》三卷。其诗宗法魏晋六朝,与王闿运齐名,被视为汉魏六朝诗派之中坚。

④ 释敬安:《寄怀俞恪士观察江南,并柬陈伯严吏部十二首》诗序,《八指头陀诗文集》,第 290 页。

怀,不知涕之何自也!"[①]释敬安与郑孝胥、俞明震亦有交往。光绪三十二年(1906年)八月初一,释敬安访郑孝胥;初五,郑孝胥宴释敬安、陈诗、朱祖谋等,释敬安赋诗答谢。[②] 可见释敬安和郑孝胥此间交往颇密。释敬安与宋诗派另一重要成员俞明震亦为湘中旧友,光绪二十九年(1903年),释敬安游江宁,与俞明震、陈三立、顾云等诗酒唱和[③]。次年,释敬安寄诗俞明震:"紫薇山上碧湖边,往事依稀在目前。一十七年如电掣,西风吹鬓各苍然[④]",碧湖是他们之间友谊的见证,象征了一段永远消逝的美好时光。

江西名士文廷式[⑤]也是碧湖雅集的参与者。文廷式是深受光绪帝

---

① 释敬安:《八指头陀诗文集》,第319页。

② 释敬安:《八月五日,海藏楼主人招余及陈布衣奉陪朱侍郎晚斋,赋此致谢》,《八指头陀诗文集》,第345页;"夜,古微、寄禅、子言来共饭,寄禅献诗一首"。《郑孝胥日记》,第1058页。

③ 参见释敬安《与俞恪士观察重登扫叶楼》;《俞恪士观察招集后湖,次顾石公韵》;《白下别陈伯严考功》;《六月十八,夜访俞恪士观察新居,坐池上纳凉即事》,《八指头陀诗文集》,第301、303页。

④ 释敬安:《再寄恪老二绝句》,《八指头陀诗文集》,第325页。

⑤ 文廷式(1856－1904),字道希,号芸阁,别号纯常、纯常子、叔子、匡庐山人等。江西萍乡人。生于广东。幼入广东学海堂,季课大考均第一。年十七,从陈澧门下,为菊坡精舍高材生。后以科场不售,先后入吴长庆、吴长善、张树声幕。光绪八年(1882年)应顺天乡试,中式第三名,才名渐著。孜孜研究西学,尤注重研究中西文化异同和世界形势。光绪帝亲政后,文廷式因与瑾、珍二妃之季父长善、兄弟志锐及志钧过从甚密,得以结识帝党。光绪十五年,考取内阁中书。光绪十六年会试,成进士,殿试一甲第二。旋授翰林院编修、国史馆协修、会典馆纂修。光绪十九年(1893年),充江南乡试同考官。次年大考第一,擢翰林院侍讲学士兼日讲起居注官。甲午战事起,慷慨主战,上疏弹劾李鸿章,反对签订《马关条约》。光绪二十一年(1895年),参与倡导创办强学会与强学书局,支持光绪皇帝亲政,被视为帝党中坚。光绪二十二年(1896年),由于后党人物上书弹劾,革职永不叙用,并驱逐回籍。光绪二十六年应邀赴日本,暮春回国。光绪三十年卒于里。著有《云起轩词抄》一卷、《纯常子枝语》四十卷、《知过轩随录》一卷、《闻尘偶记》等。生平事迹参见:沈曾植《清翰林院侍读学士文君芸阁墓志铭》,钱仲联主编《广清碑传集》,苏州大学出版社,1999年版,第1163页;胡思敬《文廷式传》,《碑传集补》第9卷;王叔子《文廷式》,《清代人物传稿》下编,辽宁人民出版社,1988年版;梁淑安主编《中国文学家大辞典·近代卷》,第37－38页。

宠爱的珍妃的老师，和珍妃的哥哥志锐[①]为好友。甲午战后以弹劾李鸿章、反对签订《马关条约》而闻名朝野。胡先骕对文廷式的为人及人生遭际有一段描述，颇为贴切，"芸阁之为人，风期隽上，不拘阑行。以少年高第，因缘时会，得明主之宠任。不数载而跻高位，居清要……放逐后豪情犹在，终其身无幽忧之语，不得不谓旷达高人一等也[②]。"

文廷式与陈三立相识于光绪八年(1882年)，此年江西乡试，两人同时中举。两人气类相投，一见如故。光绪十一年，两人又一同赴京，参加丙戌会试，和易顺鼎、杨锐、顾印愚、曾广钧、袁绪钦等文酒唱和[③]。光绪十二年四月二十八日，两人一同出都，五月初六至上海。在上海游张园、申园，至虹口阅外国马戏[④]。光绪十四年三月，文廷式到湖南，曾广钧招陈三立、文廷式、王闿运、梁鼎芬、俞明震、罗正钧等饮于寓宅。文廷式和王闿运言语发生了冲突，时陈三立站在王一边，引起文的不快，但并未影响两个"少年之相知"的交谊[⑤]。文廷式自日本归国

---

① 志锐(1852—1912)，字公颖，又字伯愚。满族正红旗人。光绪皇帝珍妃、瑾妃之兄。光绪六年(1880年)中进士，选庶吉士，散馆，授编修。光绪十八年，擢礼部右侍郎。中日甲午战事起，上疏万言筹战守之策，被派赴热河练兵。旋以其妹珍、瑾二妃贬为贵人，被降职为乌里雅苏台参赞大臣。又数年，改授宁夏副都统。宣统二年(1910年)，迁杭州将军。次年，调伊犁将军。武昌起义后，新疆义军推为都督，严词拒绝，被杀。著有《廓轩竹枝词》、《穷塞微吟》各一卷。生平事迹见《清史稿》卷四百七十。志锐与宋诗派人物沈曾植、袁昶、陈三立均有交往。

② 胡先骕：《评文芸阁〈云起轩词钞〉王幼遐半塘定稿剩稿》，《胡先骕文存》上卷，江西高校出版社，1995年版，第228页。

③ 易顺鼎：《诗钟说梦》，《庸言》，第一卷第九号。

④ 文廷式：《南旋日记》，赵铁寒编《文芸阁(廷式)先生全集》，台北：文海出版社，1975年版。

⑤ 王闿运："夜得重伯片，言文道溪无礼，众皆不然，未知何故。"《湘绮楼日记》，长沙：岳麓书社，1997年版，第1448页；文廷式："偕星海入城。重伯招饮，王壬秋、俞恪士、陈伯严、罗顺循在座。壬秋语不离势利，余面斥其鄙，罗、王诸人王氏之仆隶也，闻之极为不平。席散后仍与星海宿伯严家。伯严词多悖谬，余以故交聊优容之，然兰枯柳衰咏渊明之诗，诚欲多谢少年之相知耳。"《湘行日记》，《文廷式全集》。

后，时常过金陵，居陈三立散原别墅，诗酒流连[①]。文廷式与宋诗派另一重要成员沈曾植为至交。两人亦相交于丙戌会试时期[②]。光绪十四年文廷式南下，沈曾植与袁昶、黄绍箕、蒯光典、王仁东等于松筠庵置酒为其饯行[③]。光绪二十一年文廷式又与沈曾植等开强学会于京师，可谓志同道合。沈曾植在为文廷式所作墓志铭中谈到："余以言论文字与君契，相识廿年，上下古今，无所不尽。"[④]足见交谊之深。沈曾植极为欣赏文廷式在史学方面的造诣："君才于史部为优长，穷其所至，亭林、竹汀不难鼎足"[⑤]。文廷式与宋诗派成员俞明震亦有交谊。光绪十三年，文廷式由江宁入都，俞明震策马追至下关，为其送行。光绪十四年文廷式重过江宁，有诗纪之："才士谁如恪士清，一生惆怅为多情。晓风残月江头路，长忆骖驹送我行[⑥]"，诗中充满了惺惺相惜之意。

文廷式也是碧湖诗社成员，光绪三十年(1904 年)，释敬安得知文廷式卒讯，十分难过，为诗社社友的渐次凋零感到悲伤："十五年前碧浪湖，展重阳会记还无？侍郎白发曾携酒，野寺黄花共饭菰。沪犊停云劳汝忆，潇湘落月渺愁吾。凄凉旧社几人在？支许神交老益孤。"诗后自注："丙戌秋，郭筠仙侍郎于长沙碧浪湖作展重阳会，一时英耆俱集，公与予均与斯会。去年，公在沪上作《怀人》诗，尚齿及余。"后释敬安得文廷式子寄示文廷式怀己之作，再次赋诗追怀往事："碧浪湖边携

---

① 陈三立：《文道希先生遗诗序》，《散原精舍诗文集》，第 1066 页。

② "都中胜流，宗室盛伯熙、桐城袁爽秋、嘉兴沈子培、子封兄弟，皆与先生游。伯熙家有意园，饶林亭之盛，一时英才计偕入都者，多主伯熙家。先生及李仲约、沈子培、张季直、梁节庵、王正孺、志伯愚等，皆意园座上客。"钱仲联：《文芸阁先生年谱》，赵铁寒编《文芸阁(廷式)先生全集》。

③ 文廷式：《湘行日记》。

④ 沈曾植：《清翰林院侍读学士文君芸阁墓表》，钱仲联主编：《广清碑传集》，苏州大学出版社，1999 年版，第 1163 页。

⑤ 同上。

⑥ 文廷式：《湘行日记》。

手日，漫天花雨演真乘。前尘影事依稀在，肠断云山旧衲僧[①]。"碧浪湖边的前尘影事已成为无比珍贵的回忆。

曾国藩之孙曾广钧也是碧湖雅集的参与者。曾广钧（1866—1929），字重伯，号觙庵，别号旧民，湖南湘乡人。幼有异秉，王闿运叹为神童。髫龄时谒李鸿章于天津节署，呈以诗，为李所激赏。光绪十五年（1889年）成进士，授翰林院编修，官至广西知府。戊戌变法时，同情康、梁，在湖南助陈宝箴推行新政，负责湖南洋务局。辛亥革命前后，对革命党人多有赞同。入民国，对袁世凯、张勋复辟，多有讥讽。著有《环天室诗集》、《环天室外集》、《环天室文集》等[②]。吴宓深喜其诗，称："《环天室诗》学六朝及晚唐，以典丽华赡、温柔旖旎胜。用典甚丰，典多出魏晋书、南北史[③]。"曾广钧少从郭嵩焘、王闿运游，受湖湘诗风的影响颇大。陈三立与俞明震为姻亲，俞明震又和曾广钧为姻亲[④]，曾广钧与陈三立、俞明震均有深交。

陈锐（1859—1922），字伯弢，一作伯涛，号抱碧。湖南武陵（今常德）人。少以高才选长沙校经堂肄业，为王闿运弟子，又从邓辅纶游。光绪十一年（1885年）拔贡，游京师。光绪十九年中举。三应会试落第。光绪二十七年以同知衔官江苏试用知县。宦途不顺，晚境寥落，卒丁故里。著有《抱碧斋集》八卷[⑤]。陈属湖湘派后起之秀，诗作专攻五言，胎息汉魏。陈锐与陈三立为"少壮之俊游"，两人相识于光绪初

---

① 寄禅：《文公达寄示其尊人芸阁学士己亥怀予七绝一章，有怆于怀，因次其原韵二首追述前游》，《八指头陀诗文集》，第327页。

② 参见陈衍：《近代诗钞》，1923年商务印书馆刻本；钱仲联：《近代诗钞》，第1418页。

③ 吴宓：《空轩诗话》，《吴宓诗话》，商务印书馆，2005年版，第212页。

④ 俞大维："我的母亲是曾文正公的孙女，我的伯父俞明震（恪士）先生，舅父曾广钧（重伯）先生（均是前清翰林），与陈氏父子祖孙皆是好友。"《怀念陈寅恪先生》，张杰、杨燕丽选编《追忆陈寅恪》，北京：社会科学文献出版社，1999年版，第3页。

⑤ 梁淑安主编：《中国近代文学家大辞典·近代卷》，第255—256页。

年,时陈锐为校经堂学生,才华横溢,与三立一见如故。其性格坦率,多愁善感,颇与世凿枘,一生落魄,三立深为惋惜①。

罗正钧,字顺循,号劬庵,晚号石潭山农。湖南湘潭人。年逾弱冠,负笈长沙岳麓书院,从郭嵩焘学,与张伯纯等号"东山十子"。光绪十一年(1885年)中举。历官天津府、保定府知府、山东提学使。宣统元年(1909年),于山东提学使任内广置图书,创办山东图书馆。著有《劬庵文稿》、《诗稿》、《船山师友记》、《官书拾遗》、《辛亥殉节录》等。罗正钧"器宇英毅,治剧能断,究习掌故兵略,为文章精实劲健"。正钧为陈宝箴弟子,与陈三立道艺切磋,相交"最夙而尤挚"②。

上述陈三立早年师友中郭嵩焘、王闿运、易顺鼎、文廷式、陈锐、释敬安、曾广钧等均受湖湘诗风的影响,并无明显宗宋倾向③。其中,王闿运为晚清汉魏六朝诗派领袖;易顺鼎为晚唐诗派魁首;曾广钧为唐诗派代表诗人;陈锐早年师从王闿运,为汉魏六朝诗派成员。

只有隆观易是陈三立早年师友中为数不多的诗风宗宋者。

隆观易,字无誉,别号卧侯,长沙宁乡人。年十二以诗拜见曾国藩,遂从曾国藩游。其父被劣豪所害,遂谢绝人世,集中精力于诗歌。隆曾上书左宗棠言边事,"观易少负奇气跅驰,喜言大略,议论踔厉纵横,机牙四应,无不人人细伏。后更摧错抑敛,恂恂如处子④。"著有《禹贡水经考》、《经义新知录》、《西征续觚》、《西征续集》、《罘罳草堂诗集》

① 陈三立:《抱碧斋遗集序》,见《抱碧斋集》,民国十九年铅印本。

② 陈三立:《清故提学使罗君墓志铭》,《散原精舍文集》,第165—166页。

③ 汪辟疆《近代诗派与地域》称:"荆楚文学……远绍风骚,近开唐体,渊源一派,灼然可寻……湖湘派近代诗家,或有目为旧派者。其派以湘潭王闿运为领袖,而杨度、杨叔姬、谭延闿、曾广均、程颂万、饶智元、陈锐、李希圣、敬安羽翼之。"《汪辟疆文集》,第294页;"近诗人多祖宋祧唐,惟湖湘守八代初唐不变。湘绮而外,若重伯、实甫、陈梅根、饶石顽、李亦元、寄禅诸家,多尚唐音"。《光宣诗坛点将录》,《汪辟疆文集》,第370页。

④ 陈三立:《隆观易传》,《散原精舍诗文集》,第758—759页。

等，诗风宗宋，瓣香黄庭坚[①]。隆观易与陈宝箴、陈三立父子善，陈氏父子极推重之。陈宝箴为其刊行诗集，并作序云："既而取阅其《罘罳草堂诗卷》，则逢源杜与韩，语言之妙类大苏，而似归宿于吾乡山谷老人，世之号为能诗者未易而有也。"陈宝箴亦酷嗜黄庭坚诗，因视隆观易为知己，倍加推重："往尝论今之为诗者，大抵气矜而辞费，否则病为貌袭焉，而窃喜子瞻称山谷御风骑气以与造物者游之言，谓为得其诗之真，而颇怪世少知之而为之者，盖乡先辈声响歇绝，殆千数百年于兹矣。读无誉诗，其庶几遇之也[②]。"陈三立亦称："观易即归，益放其意为诗，自比于苏轼、陈师道[③]。"从陈三立早期的交游中可以看出，湖湘诗坛在光绪初年并不崇宋，其师友中只有少量的宋诗爱好者。

郭嵩焘在日记中留下了当时诗人们文酒觞咏、联韵叠唱的记载，光绪十六年正月二十五日，郭嵩焘记道："晚次，熊兆松见示初六日约同诸人小集，王壬秋题其请客单一律，鹤村及陈伯严相与叠韵，俞确士继之，连成巨册。予亦叠韵书其后……""鹤老与王壬秋、陈伯严、俞确士四人相与叠韵，而伯严与鹤老并叠韵至二十首[④]。"熊鹤村是和郭嵩焘、王闿运、陈三立均有交往的一位湖南诗人，当时已年逾花甲。近二十年后，饱经沧桑的陈三立从旧箧中捡得熊鹤村的遗墨，回忆前辈的眷顾、旧日的意气风发，不仅感慨万千："九十老人挥手别，花飘雨断岁华深。初看对客有佳句，敢尔玩世忘机心。文武道尽况今日，死生大矣谁赏音。独公提携谓我好，想得落笔从沾巾[⑤]。"碧湖雅集给陈三立留下了难以磨灭的印记。

---

① 徐一士：《谈隆观易》，《一士类稿》，沈阳：辽宁教育出版社，1997年版，第114－117页。

② 徐一士：《谈隆观易》，《一士类稿》，第114页。

③ 陈三立《隆观易传》，《散原精舍诗文集》，第758－759页。

④ 《郭嵩焘日记》，卷四，第910页。

⑤ 陈三立：《检旧箧得熊鹤村光禄遗墨感题》，《散原精舍诗文集》，第2页。

从新近发现的陈三立佚诗来看[1],早年陈三立确受汉魏诗风的影响,诗稿中有《六月三日湘绮翁招集碧湖消夏作呈同游》、《王先生闿运招集碧湖诗社以弟丧未与补赋一首》两诗,均与碧湖雅集有关。陈正宏也认为,大约以光绪十七年(1891 年)左右陈三立诗风发生了一次明显的变化,相比于前此的流美婉转,显现出一种阔大的境界、罕见的孤傲、寒冽尖细的刻画和对字句的刻意择取,"这样的诗风,无疑已经脱离了汉魏六朝,而转向中晚唐一路。其追求心异与陌生化效果的遣词造句方式,又令熟悉《散原精舍诗》的读者,很容易将其与陈三立戊戌以后被人视为宋诗派的诗格相联系[2]"。黄遵宪评点陈三立所作《送赵翰林启霖黄优贡忠浩还湖南》云:"真山谷诗"[3],也说明了陈三立诗风以后逐渐摆脱了湖湘诗风的影响,另立新帜,成为宋诗派的领袖人物。

陈三立早年佚诗的发现,佐证了汪辟疆所言"盖散原早年习闻湘绮诗说,心窃慕之。颇欲力争汉魏,归于鲍谢,惟自揣所至,不及湘绮,乃改辙以事苏黄",也说明了宗宋诗风在光绪初年一度低迷,而非像人们想象的那样从曾国藩、程恩泽、何绍基那里一直承续下来。在道咸宋诗派和同光体诗人之间,存在着一个"断裂",其间汉魏六朝诗风盛行,"宋诗"成为一股暗流。陈宝箴酷嗜黄庭坚诗,亦未能影响到少年陈三立,只有随着年龄的增长,不断遭遇的挫折、时代氛围的改变、对汉魏诗风的厌倦这些因素叠加在一起,才逐渐成就了一个"宋诗派"领袖陈三立。

---

① 陈正宏:《新发现的陈三立早年诗稿及黄遵宪手书批语》,《文学遗产》,2007 年第 2 期。

② 同上。

③ 同上。

第二节　宣南旧侣:郑孝胥早期在京师的交游

1895年以前,当陈三立在湖南和一批名士频繁雅集、迭相唱酬的时候,宋诗派的另一位领袖郑孝胥在京师也逐渐文名远播。

郑孝胥(1860—1938),字苏戡,亦作苏堪、苏龛,号太夷,福建闽县(今福州市)人。光绪八年(1882年)以乡试第一名中举。光绪十一年,赴天津,入直隶总督李鸿章幕。李鸿章与郑孝胥岳父、督办福建船政大臣吴赞诚有旧,故颇礼遇之。光绪十五年,考取内阁中书。次年,充镶黄旗学堂教习。光绪十七年,随李鸿章之子、出使日本大臣李经方东渡日本,任筑地副领事。光绪十九年,调任神户兼大阪领事。光绪二十年,甲午战争爆发,回国。郑孝胥先以报捐同知,归国后入湖广总督张之洞幕,充督署洋务文案,旋充洋务局提调。光绪二十四年受张之洞保举,至京引见,在总理各国事务衙门章京上行走。变法失败后南下,再入张之洞幕,任芦汉铁路南段总办,又委办湖北全省营务处。光绪二十六年,义和团运动爆发,佐张之洞镇压会党,并参与东南互保。光绪二十九年由两广总督岑春煊奏调,率湖北武建军督办广州边防事务。光绪三十一年,自请解职,在上海筑"海藏楼",参与教育、路矿、金融、工商、新闻、出版等新兴事业,其书法、诗歌尤为时人所重。光绪三十二年,参与预备立宪,曾三任预备立宪公会会长。后入两江总督端方幕。宣统二年(1910年),应东三省总督锡良和奉天巡抚程德全之聘,督办锦瑷铁路。宣统三年,任湖南布政使。到任不久即赴京参与厘定官制。未几,武昌起义爆发,局势陡转,归上海。民国成立后的十几年,隐居海藏楼,韬光养晦,静观待变,暗中与日本朝野结纳,广通声气。1923年,赴北京见溥仪,深为溥仪倚重,派为内务府大臣。1931年,同溥仪出关。次年,伪满洲国成立,任"国务总理"。1935年解职[①]。

郑孝胥生平自负有经世才,好奇计,喜谈兵,雄辩,能折人于广座之中[②]。郑的仕途之路应该说开始于光绪十七年(1891年)。这一年,跟随李经方出使日本,开阔了郑孝胥的视野,使他对世界局势有了一定的了解,也锻炼了他的政治才能。甲午战争爆发后,郑孝胥回国,入张之洞幕府,长期的幕府经历,极大地丰富了他的政治经验。他深为张之洞所倚重,[③]后又和晚清重臣岑春煊、端方、程德全等建立了密切联系,这一定程度说明了郑孝胥有相当出色的政治才能。晚清局势每况愈下,郑孝胥的仕途却在走着一条上升路线。当清室覆亡之际,恰是郑孝胥志得意满之时。湖南布政史一职本可以让政治上极度自负的郑孝胥有所作为,但辛亥革命的突然爆发让他瞬间失去了一切。革命对郑孝胥所造成的创伤要超过一般遗老。相比之下,他的好友严复、张謇、张元济等都很快适应了政治变革的阵痛,郑孝胥却一直耿耿于怀,视民国为"敌国"[④]的心态使他最终走上了政治歧途。

青年时代对郑孝胥影响较深的两个人物是郑世恭和沈葆桢。郑世恭,字虞臣,郑孝胥叔祖,咸丰二年进士,改户部主事,归里授徒不出。左宗棠督闽期间,慕其人品学问,聘为风池书院山长十年。王凯

---

① 参见中国国家博物馆编,劳祖德整理《郑孝胥日记》;许临江:《郑孝胥前半生评传》,上海:学林出版社2003年版。

② 邵镜人:《同光风云录》,郑孝胥著,黄坤、杨晓波校点:《海藏楼诗集》,上海古籍出版社,2003年版,第561页。

③ 除《郑孝胥日记》中所记载的郑孝胥和张之洞的密切关系外,还可参见陈瀚一在《记郑孝胥》中的描述:"鄂督张之洞耳其名,招入幕。具疏称其才堪大用,得旨赏道员。但是湖北官场,言必称郑总文案,其势可见矣。"汪辟疆:《光宣以来诗坛旁记》,《汪辟疆文集》,第551页。

④ 1918年1月18日,南洋公学建图书馆,欲由东南各省绅士联名呈请内务部发《四库全书》一部藏图书馆,唐文治欲使郑孝胥列名,郑以不承认民国政府辞之:"余与民国乃敌国也,吾弟乃为安徽政务厅长,以彼列名则可。"《郑孝胥日记》,第1705页。

泰督闽，改聘为致用书院山长十年。郑世恭工制举文，能背诵十三经及注疏。毕生布衣，素食，枯坐一室如老僧[①]。郑孝胥4岁时从郑世恭读书，13岁能背诵十三经，及后来能高中乡试第一名，都和叔祖的教育和熏染有很大关系。郑孝胥在《冬日杂诗》中深情地回忆了叔祖："猗嗟我从祖，高行世所独。有时闻微言，终身在初服……"，可见郑世恭在郑孝胥心目中的崇高地位。郑孝胥十余岁丧父，唯师叔祖一人，郑世恭对郑孝胥有很大影响。

另一位对郑孝胥影响较大的人物是沈葆桢[②]。沈为林则徐之婿、沈瑜庆之父。沈葆桢是晚清近代化的一个重要人物，其思想也非传统士大夫所能比。晚清另一位开明士大夫郭嵩焘在写给李鸿章的一封信中提到："往与宝相论今洋务，中堂能见其大，丁禹生(日昌)能致其精，沈幼丹(葆桢)能见其实，其余诸公在位竟无知者[③]"，足见郭嵩焘对沈葆桢极为推崇。沈葆桢对郑孝胥的影响颇类似于郭嵩焘之与陈三立。光绪八年(1882年)六月，沈氏子弟请郑世恭为沈葆桢祠堂书楹联，叔祖命郑孝胥代笔，郑写道："乡曲说平生，用世能完不朽事；岩阿此终古，入山犹近故人祠[④]"，透露出对这位乡贤的崇敬之意。光绪十八年(1892年)的一天，郑孝胥到沈葆桢祠来祭奠这位前辈，赋诗称颂这位前辈："一见斯人怅永藏，病中犹自意堂堂。流风可但兴吾党，后起谁当望雁行？"[⑤]诗中既表达了对这位前辈的钦慕之意，又俨然以沈

---

① 参见陈衍：《石遗室诗话》卷十三，第212页。

② 沈葆桢(1820－1879)，字翰宇，谥号文肃。福建侯官人。道光二十七年(1847年)进士。曾入曾国藩幕。官至两江总督兼南洋通商大臣。曾主福州船政局，又以钦差大臣办理台湾海防，并与李鸿章主持筹建海军。沈葆桢生平可参见连横：《沈葆桢评传》，钱仲联主编：《广清碑传集》，第883－884页；[美]庞百腾著，陈具译：《沈葆桢评传》，上海古籍出版社，2000年版。

③ [美]庞百腾著，陈具译：《沈葆桢评传》，第1页。

④ 《郑孝胥日记》，第17页。

⑤ 郑孝胥：《二月廿七日集沈祠文肃公生日》，《海藏楼诗集》，第19页。

葆桢的精神继承者自居。郑孝胥认为沈葆桢才能不亚于曾国藩、李鸿章，可谓推崇备至[①]。如果说叔祖郑世恭给予郑孝胥的是较为坚实的传统文化根基，那沈葆桢带给郑孝胥的则是在乱世里建立功勋的豪情壮志。

郑孝胥其人，兼有诗人和政客的特点。思想中既有很纯粹的一面，有时又很复杂，“见于文者，往往为与我周旋之我；见于行事者，往往为随众俯仰之我。皆真我也。身心言动，可为平行各面，如明珠舍利，随转异色，无所谓此真彼伪；亦可为表里两层，如胡桃泥笋，去壳乃能得肉。古人多持后说，余则愿标前论。是以有自讳自污之士，有原心原迹之谈[②]”。钱锺书先生的这段话，使用于郑孝胥再恰切不过了。毕竟，在钱锺书撰写《谈艺录》的年代，类似郑孝胥这样的人物不在少数。相当有才华而趟进了政治的浑水以致身败名裂，郑孝胥在近代历史中可谓一个典型了。

郑孝胥的少年时光多半在北京度过，直到十六岁左右才返回福州从叔祖郑世恭习制艺之学，当时里居的陈宝琛对郑孝胥一生影响颇大。

陈宝琛（1848—1935）字伯潜，号弢庵。福建闽县（今福州）人。同治七年（1868 年）进士，选翰林院，散馆，授编修。同治十二年（1873 年），充顺天乡试同考官。光绪元年（1875 年），擢为侍讲，复充顺天乡试同考官。光绪五年（1879 年），任甘肃乡试正考官，授学政。光绪六年以侍讲充日讲起居注官，八月授右春坊右庶子，旋授武英殿协修、纂修、总纂、提调等。光绪七年，授侍讲学士，参与草拟诏书、政令等中枢机要事宜。光绪八年，简放江西乡试正考官，后转江西学政。光绪九年，升内阁学士兼礼部侍郎衔。入朝后，敢直谏，与张之洞、张佩纶、宝廷等号称“清流党”。光绪十年，中法战事起，与张佩纶疏论和战利害。

---

① 郑孝胥在诗表达了这种思想：“不带湘淮恶习来，眼中此老自崔巍。道因碑外儒酸味，君实原来是秀才。”《海藏楼诗集》，第 561 页。

② 钱锺书：《谈艺录》卷四十八，2001 年版，第 502 页。

光绪十七年，被黜返乡。宣统元年(1909年)，复起用，命掌礼学馆。寻补内阁学士、充资政院硕学通儒议员、实录馆副总裁。宣统三年，简放山西巡抚，未就，更命以侍郎候补，兼任弼德院顾问大臣、正红旗汉军副都统等。1931年，于伪满洲国任职，后南归。著有《沧趣楼文存》、《沧趣楼诗集》等①。

陈宝琛在宋诗派文人群体中年岁较长，对许多年轻诗人都有提携与眷顾。郑孝胥与陈宝琛相识于同治七年(1868年)左右，陈氏时学诗于郑孝胥父亲郑守廉②。有了这重渊源，他对郑孝胥亦提携有加③，郑孝胥入李鸿章幕府，就和陈宝琛的推荐有关。光绪九年(1883年)年郑孝胥进京参加会试，陈宝琛将其推荐给自己的好友宝廷，④信中对郑孝胥大加赞赏⑤。

对日后郑孝胥和陈三立这两位宋诗派领袖的交往来说，陈宝琛还有另外一重意义。他是陈三立的乡试座师，对陈三立有知遇之恩，“岁

---

① 参见张允侨:《闽县陈公宝琛年谱》，陈宝琛著，刘永翔、许全胜校点:《沧趣楼诗文集》，上海古籍出版社，2006年版，第695－775页。

② “予之见君，实同治七年，考功公由翰林改官部曹，萧然外名利，顾以伯兄早丧，有妹殉难苏州，不能豫为之地，则引撼终其身。益以悼亡，故所为诗词，幽峭凄厉。晚乃自祓以内典，然抚接后进，必诱之规范于儒先。宝琛以年家子时就请业，预读书会，每游名园古刹，未尝不从。”陈宝琛:《郑苏龛布政六十寿序》，《沧趣楼诗文集》，第338页。

③ 《沧趣楼诗集》中收有《十一月十四日夜听水斋同苏龛待月即送北行》(1889)、《二月十八日夜泛月入山道得苏龛江南寄诗苏龛竹坡试闽举首也感赋以答》(1891)诗，可以略窥陈宝琛、郑孝胥早期的交往情况。陈宝琛:《沧趣楼诗文集》，第7、9页。

④ 宝廷(1840－1890)，姓爱新觉罗氏，字竹坡，号偶斋，别号奇奇子。同治七年进士，选庶吉士，散馆，授编修，累迁侍读。光绪七年迁礼部右侍郎，授内阁学士。居官甘言事，负直声，与张佩纶、黄体芳、张之洞、陈宝琛等合称“清流”。光绪八年典福建乡试时，归途纳江山船女为妾，返京后上书自劾。九年正月罢职，筑室西山，诗酒自娱。晚年贫甚，靠借贷为生，卒后无以为葬。著有《偶斋诗草内集》、《偶斋诗草外集》等。生平事迹见《清史稿》卷四百四十四;梁淑安主编:《中国文学家大辞典·近代卷》，第308－309页。宝廷为郑孝胥、陈衍、林纾座师。

⑤ “(宝廷－引者)因曰陈伯潜昨有书来，盛称吾兄少而歧嶷，欲仆以气节相历……”。《郑孝胥日记》光绪九年二月十七日，第34页。

寒松柏”成为流传民国文坛的佳话[①]。陈宝琛对郑孝胥和陈三立都极为欣赏,推崇备至,无形中起到了沟通闽派和赣派的作用。多了这层渊源,日后郑孝胥和陈三立的关系更近了一层。

除和上述人物有密切联系外,也有一些人物在郑孝胥早期文学活动中占重要地位,这些人物和宋诗派其他成员也有交往,值得一提。郑孝胥赴京,经常借宿宣南下斜街王仁堪、王仁东氏兄弟寓所。宣南是晚清汉族士大夫云集的地方,郑孝胥在此结识了许多京师名士,对其以后的文学活动大有裨益。

王仁堪是研究宋诗派不可忽视的一个人物。王仁堪(1849—1893),字可庄、忍庵,号公定。福建闽县(今闽侯)人。同治十三年(1874 年)举人,考取内阁中书。光绪三年(1877 年)以一甲一名进士及第,授翰林院修撰。光绪五年,充武英殿协修,上书弹劾崇厚擅订《中俄伊犁条约》丧土辱国。光绪六年,督山西学政,又历充贵州、江南乡试副考官。光绪十四年,应诏陈言,极论时政,言尤切直,旋擢会典馆总纂。光绪十六年,补授江苏镇江知府,兴修水利、兴办文教,政绩

---

① “岁寒松柏”为陈宝琛、陈三立师生间的一段佳话。孙雄《诗史阁诗话》录张仲昭描述云:“光绪乙亥,又与洪文卿同任顺天乡试分校,文卿戏语弢老,谓衡文应娶少年文字,气象峥嵘,他日桃李成荫,罗列鸾台凤阁间,师门得以食报,无再取老师宿儒、迂疏寡效之松柏为也。弢老颇不为然。洎壬午典试江右,洪适督学,弢老询以士风如何,洪戏对曰:‘来此三年,尽载桃李,无一松柏’。弢老入闱后,遂以‘岁寒松柏’命题,所取多章江硕彦。陈散原即是是科获隽。此为立雪所闻。”“弢庵壬申(民国二十一年),有《散原少予五岁今八十矣记其生日亦九月赋寄庐山》诗云:‘平生相许后凋松,投老匡山第几峰。见早至今思曲突,梦清特地省闻钟。真源忠孝吾犹敬,余事诗文世所宗。五十年来彭蠡月,可能重照两龙钟?’挚语可诵。首句本事,即回顾五十年前赣闱试题一段文字因缘也。甲戌(民国二十三年)散原北上,皤然二老,聚首北京,翌年乙亥弢庵卒(寿八十有八)。散原挽以联云:‘沆瀣之契,依慕之私,幸及残年偿小聚;运会所适,辅导所系,务摅素怀见孤忠’。又诗云:‘一掷耆贤与世违,猥成后死更和依?倾谈侍坐空留梦,启圣回天竢见机。终出精魂亲斗极,早彰风节动宫闱。平生余事仍难及,冠古诗篇欲表微。’语极沉着凝练。老门生年亦八十三矣(越二年继卒)。师弟互以诗谐相推许,均精卓为后学所宗。”陈宝琛:《沧趣楼诗文集》,上海古籍出版社,2006 年,第 676—678 页。

焕然。光绪十九年，调苏州知府，以积劳成疾卒。存有《王苏州遗书》十二卷[①]。王仁堪为晚清清流党重要成员[②]，与郑孝胥、沈曾植、陈宝琛等情投意合，相知甚深。郑孝胥光绪十一年(1885 年)进京，借居下斜街王仁堪寓所，朝夕过从，如影随形。王仁堪某种程度上搭建了郑孝胥和京师诗人往来的通道，他和当时京城的其他优秀诗人都有交往，沈曾植、沈曾桐、文廷式、梁鼎芬等均为其好友，而借居在王仁堪家中的郑孝胥也得以遍交京师名流。还有一点值得注意，"同光体"概念的提出，也和王仁堪有关，陈衍在《沈乙盦诗叙》中谈到初晤沈曾植的场景："乙盦张目视余曰：'吾走琉璃厂肆，以朱提一流，购君《元诗纪事》者。'余曰："吾于癸未、丙戌间闻可庄、苏堪诵君诗，相与叹赏，以为'同光体'之魁杰也[③]。"可见王仁堪也是当时"同光体"概念的酝酿者。郑孝胥使日期间，王仁堪病卒镇江，郑闻讯悲痛欲绝："包封至，闻可庄于二十日丑时疾殁，惊绝哀恸，叹曰：天道之不可恃若此耶！余十八《望月》诗，气象萧飒，颇自怪讶，乃知天剪吾党，哀象之先感也。王介甫《哭王逢原》曰：'百年相望济时功，岁路何知向此穷，'涌泪之下，又拊床大叫[④]"，可见郑、王交谊之厚，王仁堪之死对郑孝胥是一个沉重打击，后郑孝胥作《伤仁盦》诗，是其诗作中最被人称道的作品之一。王仁堪为官清廉，去世后，张謇曾亲往吊唁，睹其身后萧条之状，不胜慨叹："身后公私并负七千余金。公负七十金，督、抚代筹，私负则渺然无著，下有七子，归无一椽寸陇也。高科荣进，修志清名，其终如此耳，可胜慨也[⑤]。"

---

① 梁淑安主编：《中国文学家大辞典·近代卷》，第 14 页。

② 详见后文《清流、维新与遗民：宋诗派文人群体政治文化身份初探》一章。

③ 陈衍：《沈乙庵诗叙》，《石遗室集》，福建人民出版社，2001 年版，第 507 页。

④ 《郑孝胥日记》，第 385 页。

⑤ 张謇：《张謇日记》，第 356－357 页。

仁堪之弟仁东与郑孝胥也是好友。王仁东(1852—1918)[①],字旭庄,性格豪爽,"少褊狷自好,长乃接人以乐易,辇下士夫多愿与之游,急人事如己,往往代人举债,虽负累不悔也[②]"。郑孝胥与王氏兄弟为至交,与王仁东一生保持了密切联系,王仁东卒后,郑孝胥赋诗痛悼:"期许从童稚,君家伯仲间[③]。"

"城西朋好谁相忆?定是丁陈与沈黄[④]",郑孝胥诗句中"丁"——丁立钧,"陈"——陈与冏、陈与同兄弟,"沈"——沈曾植,"黄"——黄绍箕,均为郑孝胥宣南挚友。

丁立钧(1854—1902),字叔衡,号衡斋、云樵、小跛道人。江苏丹徒人。光绪六年(1880 年)成进士,授编修。二十一年(1895 年),发起强学会。官至沂州知府。尝主南菁书院,编有《南菁文钞》。寓居京师期间,郑孝胥与丁立钧朝夕过从,殆无虚日。

陈与冏,字弼臣,号缄斋。陈宝廉子。十岁卒业,《十三经》背诵如流。光绪六年(1880 年)成进士,以编修历充国史馆协修、功臣馆纂修。工古文辞,尤长于诗,在史馆修《食货志》,未脱稿,卒官。有《读经说约》、《读鉴随笔》、《缄斋杂辑》、《疏纳草》凡若干卷。郑孝胥在京期间曾和陈与冏、陈与同、王仁堪、王仁东结诗社唱和。郑孝胥使日期间陈与冏病逝,郑氏无比悲痛,有诗悼之[⑤]。

黄绍箕(1854—1908),字仲弢,号穆琴、鲜庵。浙江瑞安人。黄体芳之子,张之洞侄婿。少承家学,工骈体文、金石书画,精于鉴别。光绪六年(1880 年)成进士,改庶吉士,散观钦定一等第一,授编修。光绪

---

① 其出生年份据陈宝琛《王旭庄妻弟五十寿序》:"君少余四岁……"推算;卒年据《郑孝胥日记》。

② 陈宝琛:《王旭庄妻弟五十寿序》,《沧趣楼诗文集》,第 353 页。

③ 郑孝胥:《哭旭庄》,《海藏楼诗集》,第 287 页。

④ 郑孝胥:《杂诗》,《海藏楼诗集》,第 12 页。

⑤ 郑孝胥:《追怀陈缄斋》,《海藏楼诗集》,第 54 页。

十一年五月充四川乡试副考官，十一月充武英殿纂修。尝入张之洞幕，执弟子礼。光绪十四五年间，游京师，与康有为交。甲午战起，国势濒危，乃有志经世，欲求自强。《马关条约》签订时，尝与文廷式等上书抗议。光绪二十一年，黄绍箕参与发起上海强学会。次年返京，充会典馆提调。光绪二十三年充湖北乡试正考官。光绪二十四年授翰林院侍讲。同年十月，奏派京师大学堂总办。光绪二十五年二月迁翰林院侍讲学士。戊戌变法期间，以张之洞《劝学篇》。后派充京师大学堂总办，出为湖北体学使。光绪三十二年，赴日本考察教育，归国后辑《中国教育史长编》。著有《汉书艺文志辑略》、《楚辞补注》等。其诗文后人辑有《鲜庵遗文》一卷[①]。黄绍箕为黄体芳之子，黄体芳是晚清清流党领袖，和张之洞、宝廷、陈宝琛等以直言敢谏著称。黄绍箕和王仁堪、王仁东兄弟相交甚笃。光绪十一年郑孝胥进京后，也很快和黄绍箕成为好友，经常来往。黄绍箕为张之洞弟子，张之洞幕府时期，也是郑孝胥和黄绍箕交往最密切的时期，两人关于维新变法的看法和张之洞较为相似，不满于康有为、梁启超等人的激进操切。郑孝胥与黄绍箕的交往建立于相似的政治见解上，较长时期内保持着稳定性。

郑孝胥早年在京师也结识了袁昶。袁昶是宋诗派的重要成员，陈衍称其为"浙派后期巨匠"[②]。袁昶（1846—1900），字爽秋，一字重黎，晚号芳郭钝叟、钝椎、浙西村人。浙江桐庐人。同治六年（1867 年）中举，从刘熙载肄业于上海龙门书院。同治八年，应聘为杭州书院总校。同治十三年，捐资为中书舍人，历充方略馆、国史馆校对。光绪二年（1876 年）中进士，授户部主事。光绪九年，补总理各国事务衙门章京。

---

① 生平事迹见《清史稿》第 444 卷；宋慈抱：《黄绍箕传》，钱仲联主编《广清碑传集》，第 1146－1147 页，苏州大学出版社，1999 年版；汤志钧《戊戌变法人物传稿》；梁淑安主编《中国文学家大辞典·近代卷》，第 394 页等。

② 钱仲联：《近百年诗坛点将录》，《梦苕庵论集》，中华书局，1993 年版，第 362 页。

光绪十五年,记名御史。光绪十八年,充礼部试分校官。同年十二月,奉旨出任安徽徽宁池太广道员,次年四月赴任,访问民进疾苦、扩充中江书院、督修水利设施,著有政声。光绪二十四年五月,授江宁布政使。九月,调直隶布政使,旋以三品京堂调总理各国事务衙门行走。次年二月,补光禄寺卿。六月,改太常寺卿。光绪二十六年,义和团运动起,主张镇压。八国联军攻陷大沽,袁昶与许景澄反对围攻外国使馆和对外宣战,开罪于慈禧太后,被杀。著有《浙西村人诗初集》、《安般簃诗集》、《安般簃集诗续》、《于湖小集》、《于湖文录》、《袁太常戊戌条陈》、《袁太常奏稿》等。

光绪九年(1883 年)正月,郑孝胥以乡试第一名的身份入京参加会试。此次京师之行,郑孝胥初晤袁昶。郑孝胥结交袁昶的经过颇富戏剧性,郑氏在赴京舟中晤薛慕淮,慕淮系薛时雨[①]之侄,郑的乡试同年。两人一见如故,极为投缘。而袁昶是薛慕淮的姐夫,薛入京后,居袁昶宅。郑孝胥往访薛慕淮,第一次踏进袁宅,但郑此次并未见到袁昶。十余天后,会试开始,郑孝胥方晤来此送薛慕淮入场的袁昶[②]。光绪十一年(1885 年)郑孝胥赴京参加会试之前,袁昶和郑孝胥好友王仁堪、王仁东兄弟也经常来往。郑孝胥在京师寓居王仁堪、王仁东兄弟下斜街,沈曾植寓所也在附近,袁昶、沈曾植、沈曾桐兄弟经常造访王仁堪兄弟。郑孝胥和袁昶很快成为好友,时常聚会。袁昶是张之洞门下士,郑孝胥与袁昶在张之洞幕府时期更有频繁交往。以后的岁月中,郑孝胥和袁昶逐渐成为挚友。

---

① 薛时雨(1818—1885),字慰农、澍生,晚号桑根老人。安徽全椒人。道光二十三年(1843 年)中举,咸丰三年(1853 年)中进士,任浙江嘉兴知县。曾入李鸿章幕。同治三年(1864 年)补杭州知府。历主杭州崇文书院、江宁尊经书院、惜阴书院凡二十年,一时吴下文人,多其弟子。郑孝胥好友顾云,即薛门弟子。

② "袁硖秋为慕淮姊夫,供职户部,是日亦来送场"。《郑孝胥日记》,第 38 页。

郑孝胥与这些京师才俊的交游，使其能逐渐摆脱狭隘的地域观念，为日后成为诗坛领袖人物打下了基础。“宣南”也成为郑孝胥后半生时常魂牵梦绕的地方，“城西朋好谁相忆？定是丁陈与沈黄”，“宣南气类今难问，楼上诗魂欲我招”[①]等诗中回忆的就是这些难忘的宣南旧侣。

第三节　福州支社：陈衍早期在福建的文学活动

当陈三立、郑孝胥和当时文坛名士建立密切联系时，日后的宋诗派理论家陈衍正在福建与一批地方文士结福州支社唱和。

陈衍(1856—1937)，字叔伊，号石遗，小名尹昌，福建侯官人。九岁从伯兄陈书学习诗词。十四岁开始习举业，光绪八年(1882 年)中举。次年，赴礼部试未售。光绪十二年九月，赴台湾刘铭传幕府，光绪十三年归。光绪十四年应湖南学使张亨嘉之邀，至湘为总襄校。光绪十六年后连应礼部试皆不利。光绪二十四年，入张之洞幕府，任湖北官报局总编纂，办理一切新政笔墨。光绪二十八年，张之洞保荐其为“经济特科人才”，赴礼部试，因书写格式不合格而未售。光绪二十九年，担任两湖师范学堂的国文兼伦理学教授。光绪三十年，仍在官报局任职。光绪三十三年赴京，供职于学部，并任职京师大学堂、礼学馆等．宣统三年(1911 年)年武昌起义，携眷归里。1912 年，应北京大学校长严复邀请任经史学讲席，从此以教书为生。1916 年，回乡编纂《福建通史》，1921 年告竣，计六百余卷，一千万言。1923 年，开始选编《近代诗钞》。1926 年，《石遗室诗话》初集十三卷、续集十八卷发行。1923 年至 1925 年，担任厦门大学文科教授。1931 年，应无锡国学专科学校校长唐文治邀请，任文科教授。晚年的陈衍寓居苏州，与章炳麟、金天

① 郑孝胥：《听水楼偕伯潜夜坐》，《海藏楼诗集》，第 9 页。

羽创办国学会。著有《石遗室诗集》、《石遗室诗话》、《近代诗钞》等[①]。

陈衍是宋诗派重要理论家。他早期和福建诗人组成福州支社，诗文唱酬，与社友中许多人物日后都保持着密切联系。

福州支社是一个地方性诗社，成立于光绪八年（1882年），其活动持续近10年，光绪十七年（1891年）结集出版《福州诗社诗拾》。支社主要成员有：陈衍、林纾、黄敬熙、林葵、李宗言、李宗祎、方家澍、高凤歧、高而谦、高凤谦、何尔璸、欧骏、卓孝复、王允晳、黄春熙、周长庚、方昆玉、李宗典、刘蕲等[②]。每月三四次聚于玉尺山坊的辛夷楼聚集，在竹林中置砚即兴赋诗，专以七言歌诗唱和[③]。其主要成员情况如下：

黄敬熙，字子穆，永福人，咸丰巳未举人，曾任四川安县知县。

何尔璸，字玉瑜，闽县人，光绪戊子举人。

林葵，字怡庵，侯官人，善画花卉，著有《鸳鸯藤馆诗钞》。曾入吴长庆幕。

欧骏，字熙甫，闽县人，廪贡生。

卓孝复，原名凌云，字芝南，又字巴园，闽县人。光绪壬午举人，乙未进士，官浙江杭州知府、湖南岳常沣道、湖南按察使。善画。有《双翠轩诗词》[④]。

---

① 陈声暨：《侯官陈石遗先生年谱》，《陈石遗集》，第1937－2087页。

② 孔庆茂在《林纾传》中称："除了林纾、陈衍、郑孝胥、方家澍外，还有几位朋友如卓孝复（芝南）、周长庚（辛仲）等19人在这里聚会赋诗，宗言、宗祎兄弟倡议在此成文诗社——'福州支社'，每月必四五次在玉尺山坊的辛夷楼聚集，炷香开帘，在竹林中置笔砚即兴赋诗，专以言诗歌唱和。"许临江《郑孝胥前半生评传》亦沿袭此说，有误。郑孝胥并非福州支社成员。见孔庆茂：《林纾传》，北京：团结出版社，1998年版，第23页；许临江《郑孝胥前半生评传》，上海：学林出版社，2003年版，第31页。

③ 参见黄濬：《花随人圣庵摭忆》，山西古籍出版社、山西教育出版社，1999年版，第675页；孔庆茂《林纾传》，第22－23页；薛绥之、张俊才编：《林纾研究资料》，福建人民出版社；许临江：《郑孝胥前半生评传》，第33页。

④ 陈衍：《近代诗钞》，商务印书馆1923年刻本。

李宗言，字畬曾，又号偿园，闽县人，光绪壬午举人，官户部郎中、江西广信府知府、安徽候补道。

高凤歧，字啸桐，又号愧室，长乐人。光绪壬午举人。官广西梧州知府。

李宗祎，字次玉，又号佛客，闽县人。官候补员外郎。善画，工草隶。著有《辛夷楼词》。

王允皙，字又点，又号碧楼，长乐人。光绪乙酉举人。官安徽婺源县知事。

黄春熙，字曜庭，闽县人，副贡生。

周长庚，字莘仲，侯官人。同治壬午举人，官建阳教谕、台湾彰化教谕。著有《周广文诗》。

黄育韩，原名桑，字欣园，永福人，光绪乙未举人，官广西县知县。

方家澍，字雨亭，侯官人，光绪壬午举人，官浙江秀水知县、桐乡知县等。

林珩，字葱玉，闽县人。附生。为李宣龚塾师。

方昆玉，字筱轩，侯官人，光绪乙酉举人，考取内阁中书。

李宗典，字唐臣，闽县人，附生。

刘蘄，字楚渔，侯官人，光绪甲午举人①。

可见，福州支社为一批有功名的福建地方诗人结成的诗社，其中林纾、陈衍、周长庚、卓孝复、方家澍、李宗言、高凤歧还是壬午同年。这个诗社和陈三立等在湖南结成的碧湖诗社有相似的地方，均为地方名士的诗文雅集组织，不同之处在于，后者中的成员在当时已名满天下，而福州支社的成员只是一些在地方上有一定影响的诗人。不过，这个群体的一些成员在清末民初的文坛上逐渐崛起，发挥了举足轻重

① 以上介绍均见《福州支社诗拾》，民国刻本。

的影响。从《福州支社诗拾》中选录的诗作来看,这个诗社并未有明显的宗宋倾向。但这个团体中的多人与后来宋诗派的渊源较深。林葵系郑孝胥舅父,曾入吴长庆幕府。郑孝胥早年受林葵影响较大。林葵与张謇、周家禄等人交谊颇深,郑孝胥通过林葵结识张謇,和后者成为知交,长期保持密切联系。高梦旦[①]和郑孝胥、陈衍、林纾等人日后也保持着密切联系,高后来作了商务印书馆的编译所所长,和李宣龚成为商务的重要负责人,成为宋诗派的重要支持者。李宗祎为李宣龚之父。李家先祖为宦,父辈经商,曾厚积家私,在福州光禄坊玉尺置有园林,在园林中还别筑“吟台”,日招待诗流唱和,为一时韵事。李氏之家藏书甚富。林纾自与李宗言结识后,遂一一借读,总计不下三四万卷[②]。

清末民初著名翻译家林纾[③]此时也是福州支社成员,只不过此时他还没有什么文名。福州支社对林纾具有非同寻常的意义。在壬午中举之前,林纾和福州名流的交往较少。通过福州支社,林纾和福州一批才华横溢的诗人建立了稳固的友谊。正像一位研究者指出的那样:“林纾是三十一岁中举后,通过参加李宗言(畬曾)、李宗祎(佛客)兄弟倡组的福州支社开始自己的文学活动的[④]。”陈宝琛与林纾座师宝

---

① 高梦旦(1870—1936),原名高凤谦,号梦旦,晚年以字行。福建长乐人。1903年加入商务印书馆,为商务重要领导者。

② 张俊才:《林纾评传》,南开大学出版社,1992年版,第29页。

③ 林纾(1852—1924),原名群玉,字琴南,号畏庐,别署冷红生,福建闽侯(今福州市)人。光绪八年(1882年)中举。后数赴礼部试,皆报罢。终身惟仕,以授书、著译、绘画为业。先后执教于福州沧霞精舍、杭州东城讲舍、北京金台书院、五城书院、京师大学堂、北京闽学堂、高等实业学堂、正志学校、励志书院、孔教大学等校。教书之余,为商务印书馆、京师大学堂译书局翻译西洋小说。甲午战后,曾参与维新运动。辛亥革命后,以遗老自居。五四时期反对新文化运动。著有《畏庐文集》、《畏庐诗存》、《闽中新乐府》、《春觉斋论文》、《春觉斋论画》、《文微》、《韩柳文研究法》、《畏庐漫录》、《畏庐琐记》等,并有所译外国作品一百八十余种。参见张俊才:《林纾评传》。

④ 张俊才:《林纾评传》,第30页。

廷私交甚深，林纾亦极为敬重陈宝琛[①]。宣统元年（1909 年），陈宝琛结束长达二十余年的乡居生涯，奉旨进京，林纾与之登山临水，文酒觞咏。林纾与陈衍、郑孝胥同为宝廷弟子。光绪二十四年，林纾曾与陈衍、林旭、李宣龚、高凤歧等同游杭州[②]。宣统二、三年，林纾和陈衍、郑孝胥、陈宝琛等结诗社，文酒酬唱。林纾对郑孝胥评价甚高，《酬夏剑丞》诗中说："海藏类杜陵，临老触严武[③]。"将郑与杜甫相提并论。1922年，林纾致函郑孝胥："语之同调之郑海藏，而海藏复不谓然。以为一学即非亭林，然弟于亭林之考订，不愿学；于亭林之理财，又不能学，本无取法亭林之心……弟自始至终为大清之举人，谓我好名，听之；谓我作伪，听之；谓为中落之家奴，念念不忘故主，则吾心也[④]"，可见林与郑常就一些问题展开私下讨论，林纾也十分看重郑孝胥的想法。林纾与陈三立亦惺惺相惜，其《金陵城外怀陈伯严》诗云："廿载倾心陈散原，石城永日闭柴门。诗源远溯孟贞曜，文境纯如虞道园。""不仕自然全晚节，得名何必过高轩。海藏楼下饶花竹，果否能来共一樽。"林纾对元代诗人虞集的文章十分赞赏，曾编选过《虞道园集选》，此处以虞的文章来称赞陈的文章。

这种以同乡好友为主结成的诗社，既锻炼了诗人们的诗艺，也加深了彼此间的感情，很多诗社成员的关系保持终生。以地缘为纽带的人际关系网络在日后发挥出了巨大力量[⑤]。在不同岗位工作的诗社成

---

① 张允侨：《闽县陈公宝琛年谱》，《沧趣楼诗文集》，第 746 页。

② 陈声暨：《侯官陈石遗先生年谱》，《陈石遗集》，第 1977 页。

③ 林纾：《畏庐诗存》，第 54 页，民国刻本。

④ 《贞文先生年谱》，《林畏庐先生年谱》，台北：文海出版社，1975 年。

⑤ 光绪二十一年，陈衍与方家澍、林纾、卓孝复、高凤歧为辽南割地事同上书都察院，几人皆为福州支社同人。见陈声暨：《侯官陈石遗先生年谱》，《陈石遗集》，第 1970 页，福建人民出版社，2001 年版。再如民国三年，林纾在京结晋安耆年会，陈衍、李宗言、卓孝复为其成员。《贞文先生年谱》，《林畏庐先生年谱》。

员为闽派倡导宋诗提供了有力的支援,这其中尤以高梦旦和李宗祎之子李宣龚在商务印书馆中对宋诗运动的积极配合为最著。

从陈衍在福州支社中的地位来看,他这时还没有什么名气,但已和地方精英文人建立了稳固联系。这些人日后虽非宋诗派成员,但极大地支持了陈衍的活动,对近代宋诗运动有一定的推动作用。陈衍和全国文坛名流的广泛接触,要到其入张之洞幕府以后。

第四节　丙戌会试:几个宋诗派文人的初晤

光绪十二年(1886年)丙戌会试,是近代宋诗运动中的一个重要事件。这一年,众多名士云集都下,曾参加丙戌会试的易顺鼎描述道:"丙戌会试入都,四方之士云集,如陈伯严、文芸阁、杨叔峤、顾印伯、曾重伯、袁叔舆辈。友朋文酒,盛极一时[①]。"

宋诗派成员陈三立、郑孝胥、陈衍也来到京师。光绪十一年(1885年)年十一月,郑孝胥入京会试。在京期间,他和张謇、沈瑜庆、王仁堪等老朋友朝夕相处,把酒言欢。其中,张謇[②]是郑孝胥舅父林葵的好友,张謇和林葵曾在朝鲜同客吴长庆幕府,结下了深厚友谊。郑孝胥

① 易顺鼎:《诗钟说梦》,《庸言》第一卷第九号。

② 张謇(1853－1926),字季直,号啬庵。江苏南通人。同治七年(1868年)中秀才。光绪二年(1876年),入吴长庆幕,任文书。光绪十一年,应顺天乡试,中举人。光绪二十年,赴京会试,取一甲一名进士,以状元入翰林院,授修撰。时中日甲午战争,力主抗战。光绪二十一年,列名上海强学会。次年,与两江总督刘坤一议兴通州纱厂。旋主讲南京文正书院。光绪二十四年,赴京补散馆试。光绪三十二年,清政府预备立宪,与江、浙立宪人士组织预备立宪公会。宣统元年(1909年),任江苏咨议局议长。武昌起义爆发,与章太炎组织中华民国联合会。1912年,任南京临时政府实业部总长,后任熊希龄内阁农林、工商总长等职。1915年,辞职南归,于南通兴办实业及教育。著有《张季子文录》十九卷、《张季子诗录》十卷。见梁淑安主编《中国文学家大辞典·近代卷》,第232页。

经常从舅父那里听到张謇的消息[①]。张謇极为欣赏郑孝胥的才华。光绪十五年(1889 年)七月,蒯光典写信告诉郑孝胥考取内阁中书后日事游冶的情况。张謇却认为:"在礼卿,以为苏龛久屈获申恣意自纵之行为,此不足知苏龛,苏龛或激而逃焉。以为与庸庸公卿游,不若与若曹作无聊之晤语,岂与他荒逸者同耶?然固不愿苏龛之出于是也。"[②]张謇为郑孝胥辩护的背后,是对郑孝胥人品的深信不疑,建立在两人较为深入的交往基础上。

最值得一提的是,郑孝胥在京应试期间,见到了日后宋诗派的另一位领袖人物陈三立。两人初次相见是在光绪十一年(1885 年)十二月初七文廷式的宴会上。这天午后,郑孝胥去拜访张謇,在张謇寓所遇到了文廷式,文廷式邀其赴义和盛宴集,座中晤陈三立[③]。但郑孝胥在日记中并未记述和陈三立晤谈的情况,之后近十年也没有关于两人见面的记载。是时陈三立已名满天下,是风流倜傥的"义宁公子",和郭嵩焘、王闿运等政坛、文坛老辈时相交往,与梁鼎芬、文廷式等名士建立了相当深厚的友谊。郑孝胥虽是福建乡试的解元,但只是一个地方才子,在京师并未有太大影响。两人相当长时间内没有实质性交往。无须夸大这次会面的意义,郑孝胥在日记中也只是淡淡记了一笔。不过这种交往倒是说明,郑孝胥通过王仁堪、张謇、文廷式等已进入一个关系网络,而陈三立也是这个关系网络中的重要成员。光绪二十年(1894 年)年末郑孝胥进入南京张之洞幕府时,陈三立在武昌。同年,梁鼎芬至湖北,携郑孝胥诗示陈三立,陈三立盛誉郑孝胥诗作[④]。

① 如《郑孝胥日记》光绪八年(1882 年)七月二十日:"晨,往怡舅处,见张季直来信,吴小轩统领已率队赴朝鲜,嘱怡舅场后即行东上。"《郑孝胥日记》,第 22 页。

② 张謇:《张謇日记》,第 302 页。

③ 《郑孝胥日记》,第 85 页。

④ "得梁星海来书,云'至鄂,携君诗示陈考功,叹为绝手'。陈,谓陈伯严也。"《郑孝胥日记》,第 464 页。

两人对彼此诗作都有很高评价。郑孝胥其人恃才自傲、自视甚高,很少无保留地颂扬别人的诗作,对陈三立却是格外推崇:"义宁贤父子,豪杰心所归[①]";"旧学商量今有岁,终让义宁陈君耳[②]";"论诗君勿谬见推,此事散原真杰作[③]";"摛辞散原叟,奥旨匪轻作[④]",以上诗句既可见对陈三立人格的称许,亦可见对其诗作的高度评价。两个人一直保持着密切联系,在民国以后的漫长岁月中建立起了深厚感情。直到1937年,身在辽东的郑孝胥还在诗中表达了对陈三立这位老朋友的思念之情:"一世诗名散原老,相哀终古更无缘。京尘苦忆公车梦,新学空传弟子贤。流派西江应再振,死灰建业岂重然?胡沙白发归来者,会有庐峰访旧年[⑤]。"

郑孝胥和另一位宋诗派的重要人物沈曾植也相识于丙戌会试期间。沈曾植弟曾桐[⑥]亦是李鸿章幕宾,和郑孝胥相识于天津李鸿章幕府。郑孝胥来京之后,沈曾桐登门拜访,后沈曾植、沈曾桐兄弟还准备宴请郑孝胥,郑因故未赴[⑦]。沈氏兄弟和王仁堪、王仁东兄弟关系至笃,和郑孝胥也一见如故,极为相契。郑孝胥结识沈曾植的另一重因素可能是张謇。张謇和沈曾植同出翁同龢门下,两人相识于光绪十一年五月,之后频繁往来[⑧]。总之,沈曾植和郑孝胥很快成为要好的朋友。光绪十七年(1891年),郑孝胥随李经方出使日本后,沈曾植寄诗问候,郑孝胥十分感动,赋诗答谢[⑨]。沈曾植曾语汪康年:"尝语郑苏庵

---

① 郑孝胥:《海藏楼杂诗》,《海藏楼诗集》,第191页。

② 郑孝胥:《答夏剑丞》,《海藏楼诗集》,第172页。

③ 郑孝胥:《春阴简李审言》,《海藏楼诗集》,第242页。

④ 郑孝胥:《陈仁先南湖寿母图》,《海藏楼诗集》,第262页。

⑤ 郑孝胥:《海藏楼诗集》,第470页。

⑥ 沈曾桐:字子封,曾植弟。曾入李鸿章幕府。后文详述。

⑦ 《郑孝胥日记》,第84页。

⑧ "沈子培比部曾植来,读书敦行人也"。《张謇日记》,第246页。

⑨ 郑孝胥:《望月怀沈子培》,《海藏楼诗集》,第31页。

君，极言变法，不愿君得道府，愿君得一邑试之”，“苏庵远志，无意于斯，筱村心许此意，计将来必有足慰吾党者也[①]”，沈曾植引郑为同道，且对其期许颇高。郑、沈关系在日后的发展，某种程度上超越了地缘、血缘关系而显得稳定且深厚。在以后漫长的岁月中，两人成为政治上的密友和文学上的知交。光绪二十四年，郑孝胥入京参与维新，沈曾植将其引荐给座师翁同龢。维新变法失败后的一段时间，经历了政治上严重挫败的沈曾植来到武昌，和郑孝胥一起居张之洞幕府。这一段时间的相与论诗，奠定了宋诗派的基本理论，“三元说”即形成于这一时期。郑孝胥和沈曾植更是政治上的密友，辛亥以后，两人共同参与了清室复辟的秘密活动，而且充当了重要角色。

光绪十一年，陈衍和福州支社好友林纾、卓孝复、高凤歧也一同进京参加丙戌会试，寓五道庙旅馆[②]。通过郑孝胥，陈衍的诗名在京师有一定程度的传播。陈衍和王仁堪、王仁东、张謇、宝廷等有所交往，但其亲密度远远不如郑孝胥。

这次会试的结果，陈三立中式，郑孝胥、陈衍落第。他们几人在仕途上都不太顺利，不久以后，陈三立因看不惯官场陋习而辞职归里，襄助其父进行变法；这次科场失败对郑孝胥的打击很大，之后的半年多时间里，他连一向坚持写作的日记也无心再写了；经历这次打击，陈衍逐渐也对举业冷淡起来。他们日后逐渐致力于诗文，在文学领域开拓自己的天地。

小　结

丙戌会试本来提供了一个宋诗派人物联合的历史契机，但除了郑

---

① 《汪康年师友书札》，第1141页。

② 陈声暨：《侯官陈石遗先生年谱》，《陈石遗集》，第1957页。

孝胥和陈衍、郑孝胥和沈曾植的"单线联系"外,几个日后的宋诗派领袖并未聚合在一起谈诗论文,他们依然像一颗颗运行在各自轨道上的小行星,偶尔擦肩而过。宋诗派成员没有聚合在一起的原因大致有两个:其一,他们对政治的兴趣远远超过文学,士大夫当以立功、立德为首要选择,立言则次之;其二,这时对"宋诗"的爱好还是一种个人的、潜在的状态,并未形成一种风气。就第一点来讲,陈三立当时是名满天下的"义宁公子",虽然他这次金榜题名,但并未将仰人鼻息吏部主事放在眼里,更看不惯官场陋习,不久就挂冠归去了。十余年后,他参与了维新变法的活动。在那场轰轰烈烈的政治变革中遭受重创,才将全副精力寄托于诗文。郑孝胥的"立功"心态更为明显,抱着"人定胜天"的不屈不挠的意志,他从未放弃建功立业的念头。沈曾植一生无意于诗文,要不是好事如陈衍在张之洞幕府时期撩拨起他创作的念头,恐怕天下没有几个人知道沈曾植还是个诗人。陈衍也缺乏一个大的平台来实现自己的才华,一直在江湖上漂泊,他虽然诗歌造诣不如其他几位,但他富有杰出的组织才华,善于激发人的潜能、鼓动别人的创作欲望。令人失望的是,丙戌会试这样一个千载难逢的机遇被白白浪费了,历史给予陈衍的是一个舞台上跑龙套的角色,他只是在京师文坛上露了一个背影,便消失在茫茫人海中了。[①]

十年以后,宋诗派诗人有了一个频繁接触的"平台",几乎所有的清末民初宋诗派诗人都和一个名字联系了起来——张之洞。随着陈三立、沈瑜庆、郑孝胥、沈曾植、陈衍进入张之洞幕府,宋诗派人物有了前所未有的密切接触,同光体理论逐渐形成。

---

① 陈声暨在《侯官陈石遗先生年谱》中"光绪十二年(1886 年)"条目下写道:"时都下所知,多能诵家君近诗,盖苏堪丈传之也"。这句话说得很勉强,且找不到其他佐证,十二年后,沈曾植见到陈衍的第一句话说的是陈衍《元诗纪事》的事,而没有谈到久仰陈衍诗名的话。"多能诵家君近诗"多少有些夸大陈衍的影响。

第二章
幕府论诗:张之洞幕府与宋诗派文人群体的聚合

光绪二十年(1894年),中日战争爆发,这是近代史上的一件大事,深刻影响到中国近代历史的进程,甲午战争对宋诗派文人群体来说也有很大意义。是年湖广总督张之洞移署两江,檄调沈瑜庆入幕府,办理督署总文案兼总筹防局营务处。而时任驻大阪领事的郑孝胥也降旗回国,在无所事事的状态下进入张之洞幕府。和沈瑜庆密切关系的林旭、陈衍、陈书等也常依沈瑜庆居筹防局①。郑孝胥、沈瑜庆、林旭、袁昶、陈书宋诗派力量开始在张之洞幕府聚合。时另一位宋诗派重要成员、张之洞门生袁昶也常往南京。光绪二十四年(1898年),沈曾植、陈衍相继入张之洞幕府,与郑孝胥在武昌经常来往,昕夕论诗,宋诗派在创作上日趋活跃。因此,对宋诗派成员来说,光绪二十一年以后在张之洞幕府的聚合是一个极为重要的事件。本文拟通过宋诗派人物的幕府经历与交往情况来探讨这一群体在晚清的活动与人际网络的建立。

在清朝光绪中后期的政治舞台上,张之洞是一位重要的人物。张之洞(1837—1909),字孝达,号香涛,晚号抱冰,直隶南皮(今属河北

① "张文襄移督两江,檄公随节,延办督署文案兼筹防局营务处。时中东战事起,南北征调,事萃一身,延接批答,昕夕不遑。同居幕府者,柯熏庵(逢时)、袁爽秋(昶)、梁节庵(鼎芬)、黄公度(遵宪)、郑太夷(孝胥)、叶损轩。而陈冯庵甥、李次玉婿、林暾谷皆从公于筹防局。"《沈敬裕公年谱》,《涛园集》,沈云龙主编《中国近代史料丛刊》第六辑,台北:文海出版社,1967年版,第210页。

省)人。历任四川学政、山西巡抚、两江总督、体仁阁大学士兼军机大臣等,是清末洋务派首领。张之洞以儒臣自居,幕下延揽了大批名士,其中有多人成为晚清民初宋诗运动的中坚人物。从1889年8月调任湖广总督到1907年入京参军机为止,张之洞在武昌度过了十几年的督鄂生涯(期间两度署理两江总督1年零8个月)。张之洞身兼官僚与学者的双重身份,入仕后曾任十年学官,收录门生众多,又与学界名流时相过从,在士大夫中间有广泛影响。张之洞十分重视对人才的网罗,在他的努力下,湖北聚集了当时学界的一大批精英,其中也包括晚清宋诗运动的重要人物郑孝胥、陈三立、沈曾植、袁昶、陈衍、沈瑜庆等,本文尝试探讨张之洞幕府与宋诗派的关系。

晚清达官中,张之洞在诗歌创作上成就很高①。张之洞与晚清诗坛有着重要关系:"自宣统帝嗣位,不但曾国藩已故,即何子贞、郑子尹、莫子偲、张佩纶、盛昱、文廷式诸名家亦均先后逝世,其时居高位而足以领袖诗人者只有张之洞一人,故欲论北京四十年来之旧诗,必认张之洞为其前导。盖太平天国后,政局已呈外重内轻之势,张以名督开府武昌,在戊戌变政以后,励行新政,为中外所仰望,其幕僚多一时贤隽,而尤多诗人②。"张之洞对晚清诗坛风气也产生了重要影响。张

---

① 胡先骕:"张文襄独以国家之柱石,而以诗领袖群英,颉颃湖湘两江派之首领王壬秋、陈伯严,而别开雍容雅缓之格局,此所以难能而足称也。"《读张文襄〈广雅堂诗〉》,张大为、胡德熙、胡德焜合编:《胡先骕文存》上卷,南昌:江西高校出版社,1995年版,第181页;钱仲联:"此时风雅坛坫主持者为张之洞。"魏中林整理:《钱仲联讲论清诗》,苏州大学出版社,2004年版,第140页;林庚白:"同、光诗人什九无真感,惟二张为能自道其艰苦与怀抱,二张者,之洞与謇也。之洞负盛名,领重镇,出将人相,而不作一矜夸语,处新旧变革之际,危疑绝续之交,其身世之感,一见于诗,视謇尤真挚。""之洞于各体诗并工绝,其五七言古体诗,直可与荆公抗手,无能高下"。《丽白楼诗话》,《丽白楼遗集》,中国人民大学出版社,1996年版,第977—978页。

② 胡先骕:《四十年来北京之旧诗人》,《胡先骕文存》上卷,江西高校出版社,1995年版,第471页。

之洞不仅诗学造诣很高，而且喜网罗名士，其幕府人才之盛，为晚清之最。

第一节　陈三立与张之洞幕府

“文襄督鄂，士流多归之[①]”，张之洞幕中延揽了大批文士。他喜欢和幕僚一起频繁雅集、谈诗论文。身为张之洞门生的谭献[②]光绪十九年(1893 年)曾短暂停留武昌，在其日记中写道：“赴南皮先生之招，同星海、伯严、穰卿、香骢集饮。自午正至酉初，谈宴始终[③]”，从谭献的描述中可看出，至少在光绪十九年，陈三立便经常参与张之洞幕府雅集。

关于陈三立是否入过张之洞幕府，可谓众说纷纭，迄今尚无定论[④]。陈隆恪在《四致吴宗慈书》中坚决否认此事：“……如先君随侍先祖于武昌藩臬任内，与梁鼎芬、易顺鼎诸公，为张南皮所器重，时以文

① 郭则沄：《十朝诗乘》，福建人民出版社，2000 年版，第 1013 页。

② 谭献(1832—1901)，原名廷献，字涤生，更名后字仲修，号复堂，自号半厂居士。浙江仁和(今杭州)人。同治六年中举。次年会试报罢，选署秀水教谕。光绪十六年，张之洞延主湖北经心书院，越二年，病辞。有《复堂类集》二十一卷。其弟子徐珂辑其论词言辞为《复堂词话》。生平事迹见《清史稿》卷四八六。谭献为近代词学名家。

③ 范旭仑、牟晓朋整理：《谭献日记》，河北教育出版社，2001 年版，第 370 页。

④ 正如一位研究者所说：“令人费解的是，三立任教于两湖一事几乎从未经人提及。事实上，此事并非无紧要。两湖书院开办时，恰逢新学方兴，书院为造就新式人才计，紧随潮流，课程除经史词章外，另开设有天文、地理、数学、测量、化学、博物学、兵法、史略学及兵操等新学科。不数年后，陈宝箴父子在湖南创设的时务学堂就曾部分地参考两湖书院的办学思路和课程设计。如能细加推敲，其中必有待发之覆。仅就三立诸子的教育而吉，甲午战败之后，陈三立与谭嗣同几乎不约而同地重新关注起子侄辈的教育，以冀图谋于将来。这其中除了一连串奇耻大辱的强烈刺激之外，无疑也是受到了两湖书院大力倡导新学的影响。”张求会：《陈寅恪的家族史》，广州：广东教育出版社，2000 年版，第 219—220 页。研究者注意到了幕府经历对陈三立的重要性。

字交游,从未涉及政事,更无入幕之事[①]。"而和晚年陈三立有过密切来往的胡先骕则确凿不疑地指出,陈三立曾经入过张之洞幕:"当其督鄂督粤时,幕府中网罗之盛,可拟曾文正。其最著者如陈伯严、郑太夷、郑伯更、梁节庵,其弟子则有樊樊山、易实甫、袁爽秋、杨叔峤、顾印伯,皆一时俊彦。方之苏门之盛,不多让焉[②]。"钱基博也认为陈三立曾入张之洞创办的两湖书院[③]。当事人又是如何认为的呢?陈三立对维新变法以前的往事均不愿提及,这使研究他早期的活动困难重重,但在为好友余肇康所作的墓志铭中,还是留下了一些线索:"当是时,张文襄方督湖广,竞新学,建两湖书院,选录湖南、北高才数百人,设科造士,海内通儒名哲就所专长延为列科督讲,特置提调员,拔君董院事。余以都讲或阙,谬承乏备其一人焉[④]。"这就是说,陈三立曾经入两湖书院,参过张之洞的"学幕"。张之洞于光绪十五年(1889 年)十一月抵鄂任湖广总督,并于次年四月创办两湖书院[⑤]。综合胡先骕、钱基博的旁述和陈三立的自述,陈入张幕应该在张创办两湖书院后不久,也就是说,在光绪十六年以后的一段时间,但是具体是何时呢?

从谭献在日记中所记录的情况看,当在光绪十九年(1893 年)左右。谭献曾在光绪十九年(1893 年)应张之洞之邀游武昌,在日记中记录了和陈三立等文酒唱酬的场景:"范仲林来,倾怀谈艺,不觉移晷。以诗词日记写本质之,并与陈伯严礼部(当为"吏部"之误——引者)商

---

① 陈隆恪:《四致吴宗慈书》,《国史馆馆刊》创刊号,转引自马卫中、张修龄《陈三立年谱》,《近代诗论丛》,合肥:安徽文艺出版社,1995 年版,第 198 页。

② 胡先骕:《读张文襄〈广雅堂诗〉》,《胡先骕文存》上卷,第 181 页。

③ 钱基博:"然之洞督鄂之日,尝聘三立校阅经心、两湖书院卷,先施往拜,备极礼敬。"《现代中国文学史》,中国人民大学出版社,2004 年版,第 213 页。

④ 陈三立:《余尧衢诗集序》,《散原精舍诗文集》,上海古籍出版社,2003 年版,第 956 页。

⑤ 胡钧:《张文襄公年谱》,转引自马卫中、张修龄《陈三立年谱》,《近代诗论丛》,第 198 页。

榷也。”[①]“易实甫、梁西园、陈伯严先后来，綮谈良久。客中得同气数辈倾谈，文行非他邦所可得也[②]”。“赴南皮先生之招，同星海、伯严、穰卿、香骢集饮。自午正至酉初，谈宴始终。虽文酒清集，究非多事封疆之所宜也[③]”。通过谭献的描述既可略窥张之洞幕府雅集之盛，又知在光绪十九年，陈三立已经开始频频参与张之洞幕府的雅集。光绪二十年(1894 年)六月，张之洞门生、陈三立好友缪荃孙来到湖北，记录了张之洞幕府雅集的一些情况：光绪二十年(1894 年)七月四日，梁鼎芬招饮陈三立、沈瑜庆、余肇康、志锐、缪荃孙、杨锐等并作诗钟；[④]七月六日，沈瑜庆约陈三立、余肇康、缪荃孙、杨锐等至安徽会馆作诗钟[⑤]；十二月十八日，陈三立、缪荃孙、志锐等宴集[⑥]。从《艺风老人日记》的记录来看，缪荃孙光绪二十年到湖北时，陈三立和张之洞幕府文士已相当熟稔，时有文酒之会。

综上可知，陈三立曾入张之洞幕府，任两湖书院教习，时间应在 1890—1894 年之间。

陈宝箴、陈三立父子与张之洞关系极为密切，直到陈三立之子陈寅恪，依然对张之洞极为推崇。陈宝箴和张之洞早有交往，张之洞对陈宝箴甚为欣赏。光绪十二年，时任两广总督的张之洞奏调陈宝箴至广东，主缉捕局，治群盗。后陈宝箴任湖南按察使，总督为张之洞，对其深相倚重[⑦]。光绪十六年(1890 年)四月，陈宝箴、陈三立父子来到

① 谭献著，范旭仑、牟晓朋整理：《谭献日记》，河北教育出版社，2001 年版，第 367 页。

② 《谭献日记》，第 367、370 页。

③ 同上。

④ 缪荃孙：《艺风老人日记》，北京大学出版社，1986 年版，第 659、660、697 页。

⑤ 同上。

⑥ 同上。

⑦ 陈三立：《皇授光禄大夫头品顶戴赏戴花翎原任兵部侍郎都察院右副都御史湖南巡抚先君行状》，《散原精舍诗文集》，第 850—851 页。

武昌。湖广总督张之洞因仰慕陈三立文名,“竟枉驾光顾”[①]。陈三立回谒张之洞,自此时相过往,与张之洞幕府中的其他诗人也频相来往。陈三立此时已是名满天下的“义宁公子”,深受士林推重,早有人想请陈三立出来办教育[②],但若非张之洞这样礼贤下士、“枉驾光顾”,义宁公子岂会轻易出山?据说张之洞极为欣赏陈三立的才干,曾欲纳为门生,心高气傲的陈三立却无意于此:“(之洞)独赏散原,颇想修门生座主之礼,散原却佯装不知”[③],按照陈三立的个性,的确会有这样的行为。在政治思想上,陈宝箴、陈三立父子和张之洞属于“同路人”,都反对康梁等人的过激行为。在《瞻园燕集次抱冰宫保韵兼呈花农布政》、《燕子矶奉和抱冰宫保同游韵》、《九日从抱冰宫保至洪山宝通寺饯送梁节厂兵备》、《十桂堂坐雨赋呈抱冰宫保》、《连夕诗会戏呈抱冰宫保》、《抱冰宫保七十赐寿诗》诸诗中,都可以看出陈三立和张之洞等人诗文唱和的情景。是时陈三立虽已不在张之洞幕府,但也经常从张之洞游。在《抱冰宫保七十赐寿诗》中,陈三立高度评价了张之洞的文治武功:“其学浑无涯,百家撷精英。夙综汉宋说,抉剔益证明。”“是时环外侮,机牙竞怒张。千纪积敝陋,势待扫以更。群言乃不揣,淆乱杂披猖。公其斟酌之,践取加维防。于世有砥柱,于国有干城。于民有衽席,于士有津梁。于古保纯粹,于今开辟康庄[④]。”在陈三立看来,张之洞是乱世里中流砥柱式的人物,能够力挽狂澜。几十年以后,陈三立之子陈寅恪这样写道:“寅恪平生思想囿于咸丰同治之世,议论近乎曾

---

① 胡先骕:《与吴宗慈论陈三立传略意见书》(一),《胡先骕文存》上卷,第 383 页。

② 屠寄致缪荃孙函:“南菁乃吾乡育才之本,必不可听其糟,阁下总须妥为交代,若陈伯严(分吏部,告假不干)刘慈民(现在版浦掌教)并品学兼优,足以启迪吾乡士者。”见顾廷龙校阅:《艺风堂友朋书札》上册,上海古籍出版社,1980 年版,第 480 页。

③ 高拜石:《古春风楼琐忆》,台湾新生,1997,转引自黎仁凯:《张之洞督鄂期间的幕府》,《史学月刊》,2003 年第 7 期。

④ 陈三立:《散原精舍诗文集》,第 198—199 页。

湘乡、张南皮之间[①]”，可见义宁陈氏和张之洞思想的相通之处。

从缪荃孙《艺风老人日记》的记载来看，陈三立在张之洞幕府时期极为活跃，是一个核心性的人物(见附表2—1)。仅在1895年的不到10个月的时间里，笔者共统计陈三立参与的雅集24次，其他参与者有：邹代钧(14次)、叶瀚(14次)、汪康年(11次)、张通典(9次)、梁鼎芬(7次)、夏曾佑(6次)、黄遵宪(5次)。雅集的地点大多为两湖书院、自强学堂等，这里面的大部分人物在这两个地方工作。从缪荃孙的记载中已可略窥陈张之洞幕府时期文酒之盛与陈三立交游的大致情况。陈三立和这些名士相与论诗，文酒流连，其经常交往的文士有：梁鼎芬、沈瑜庆、易顺鼎、杨锐、余肇康、缪荃孙、汪康年、夏曾佑、黄遵宪、范钟、志锐、邹代钧、张通典、叶浩如、况周颐、蒯光典、刘世珩、徐乃昌等[②]，旧雨新知，相得甚欢。择其重要者略述如下：

缪荃孙(1844—1919)，字炎之，一字筱珊，晚号艺风。江苏江阴人。同治三年中举。光绪初，执贽于张之洞门下，代张撰《书目答问》，始为目录之学。光绪二年(1876年)，成进士，改翰林院庶吉士。散馆，授编修，应张之洞聘，修《顺天府志》。光绪八年，任国史馆协修。光绪九年，任纂修。光绪十四年，任总纂，撰成儒林、文苑、循吏、孝友、隐逸等五传二百余篇。同年，丁母忧，里居数月，主讲南菁书院。光绪十七年，主讲山东济南栎源书院。光绪十九年，充国史馆提调。光绪二十二年至二十七年，主讲江宁钟山书院，兼领龙城书院。后钟山书院改为高等学堂，充监督，兼领中山学堂。光绪二十九年，赴日本考察学务。归国草创教育改革。未几，辞学堂监督，专办江南图书馆。宣统

① 陈寅恪：《金明馆丛稿二编》，上海古籍出版社，1980年版，第252页。

② 张求会在《陈寅恪的家族史》(第218页)一书所开列的此时和陈三立经常聚首的名单中有沈曾植，笔者未见到资料显示，沈曾植直到1898年才进入张之洞幕府，而此时陈三立已离开武昌。

元年(1909年),充京师图书馆正监督。宣统二年至京,诏以学部参议候补。1914年,任清史馆总纂。著有《艺风堂文集》、《艺风堂续集》、《艺风堂文漫存》、《艺风堂藏书记》等[①]。缪荃孙为清末民初著名藏书家,与宋诗派中沈曾植、陈三立、郑孝胥都有长期而密切的交往。其《艺风老人日记》是研究宋诗派成员交游的宝贵资料。缪荃孙为张之洞弟子,张之洞去世后,缪荃孙异常悲痛。缪荃孙于光绪二十年(1894年)六月至武昌拜谒张之洞,张留其修湖北通志。十月,张之洞署两江总督,缪荃孙赴鄂修志。光绪二十一年(1895年)缪荃孙兼自强学堂商务科分校[②]。张之洞幕府时期是陈三立与缪荃孙交往最密集的时期。

易顺鼎(1858—1920),字实甫,又字实父、中硕。别号哭庵、一厂、一厂居士等。湖南龙阳(今汉寿)人。光绪元年(1875年)恩科举人。六应会试不第。光绪十三年,改官河南候补道。光绪十四年,监河南乡试。居二年,辞归。在庐山筑琴志楼。张之洞聘主两湖书院经史文课。中日甲午战事起,刘坤一奏请参戎幕,力主对日作战。光绪二十六年,督办江阴防务。光绪二十八年,简任广西右江道,调署太平思顺道。被岑春煊弹劾罢官。光绪三十四年,授云南临安开广道。辛亥革命后隐居上海。袁世凯当政时期,任印铸局秘书。易顺鼎与樊增祥齐名,并称为晚清诗坛中晚唐诗派中坚。有《琴志楼编年诗集》、《琴志楼游山诗集》等。陈宝箴曾入易佩绅幕府,易顺鼎与陈三立为总角之交,顺鼎殁后,三立十分感伤:“忆始浮湘,分屋东西,谊敦二父,提挈谐嬉,交子总角……中间奉母,插庐匡山,余系于鄂,从子登攀,穿霓握瀑,五峰堆颜,肉破榛菅,出子吟篇”,文章追忆了两人从少年时代开始的友谊。两人诗歌主张虽然不同,友谊却保持了终生。

---

① 参见:夏孙桐:《缪艺风先生行状》,《碑传集补》卷90;《艺风老人年谱》,《艺风老人日记》附录;梁淑安主编:《中国文学家大辞典·近代卷》,第468—469页。

② 《艺风老人年谱》,《艺风老人日记》,第3398页。

汪康年(1860—1911)，字穰卿、毅伯。浙江钱塘(今杭州市)人。光绪十五年中举。光绪十八年，赴京会试，中式第二十七名。光绪二十年，补殿试。光绪二十二年，于上海设《时务报》，任经理。光绪二十三年，赴日本考察。光绪二十四年，于上海设《时务日报》，后易名为《中外日报》。光绪三十年，赴京补应朝考，授内阁中书。光绪三十一年，学部聘充谘议官。宣统二年，在北京创办《刍言报》。存有《汪穰卿遗著八卷》、《汪穰卿笔记》等。光绪十六年，汪康年入张之洞幕府，课其孙刚孙、道孙兄弟，旋在自强书院任编辑，又充两湖书院史学斋分教，与陈三立等多有往来①。

杨锐(1857—1898)，字叔峤、钝叔。四川绵竹人。年十九始应童子试，为诸郡县冠。时任四川学政的张之洞邀入幕，命一意读古书，毋事帖括。光绪元年(1875年)入尊经书院肄业。张之洞升两广总督，招其办奏牍文字。后又随张之洞入楚佐湖广总督幕。前后十余年，为张之洞所倚重。光绪十一年，中顺天乡试举人。光绪十五年，授内阁中书。后又授总理衙门章京。甲午战起，感愤国事，与康有为过从甚密，参与强学会。光绪二十四年，首开蜀学会于京师，又创蜀学堂。戊戌变法中，以陈宝箴密荐，加四品京衔充军机章京。戊戌变法失败，遇难。存《杨叔峤先生文集》一卷，《说经堂诗集》二卷②。杨锐为张之洞门生，也长期在张之洞幕府，和陈三立多有往来。

张之洞的得意门生、同时身为幕府成员之一的易顺鼎也生动记载

① 汪诒年《汪穰卿先生年谱》："光绪十六年庚寅。先生三十一岁。会试报罢，应两湖总督张孝达尚书之洞之招，课其孙刚孙、道孙兄弟。旋在自强书院任编辑事，又充两湖书院史学斋分教，一时名流之在张之洞幕中及官于武昌者，先生皆与纳交。时则有若武进屠敬山寄、无锡华若溪世芳……江阴缪筱珊荃孙、归安钱念劬恂、瑞安黄仲弢绍箕、石棣杨仁山文会、绵竹杨叔峤锐……皆先生至好也。"上图藏本。

② 参见：《清史稿》卷四六四；梁启超：《杨锐传》；梁淑安主编：《中国文学家大辞典·近代卷》，第161页。

了陈三立等在幕府时期的热闹情况:“南皮师为海内龙门,怜才爱士,过于毕沅。幕府人才极盛,而四方宾客辐辏。余与伯严追逐其间,文酒流连,殆无虚日。其与于诗钟之会者,幕府则杨叔乔、屠竟山、华若溪、杨范甫、宋芸子、汪穰卿、范仲林秋门兄弟。过客则文芸阁、曾重伯、缪小山、王子裳诸君,而闽派入郑肖彭、沈爱苍亦同集会,洵一时之盛已[①]。”从易顺鼎的描述来看,当指光绪二十、二十一年间张之洞的幕府而言,其时陈三立亦是幕府文学活动中的活跃分子。就陈三立在张之洞幕府中的交游来看,有些是早已相识的老朋友:易顺鼎为有着通家之谊的挚友;梁鼎芬也是在京师会试期间频繁来往的密友;余肇康也是少年时代的好友,也是乡试、会试同年。陈三立与其他文士大多相识于武昌,有些在以后的漫长岁月中保持了密切联系,结下了深厚友谊。

陈三立在张之洞幕府期间,最值得注意的是其与宋诗派另一重要成员沈瑜庆的交往。沈瑜庆(1858—1918),字志雨,号爱苍,别号涛园,福建侯官(今福州)人。父沈葆桢,官至两江总督兼南洋通商大臣,为晚清洋务运动的领导者之一,对中国近代化进程做出了重要贡献。沈母为林则徐之女。沈瑜庆年十一,即由母口授《资治通鉴》。光绪十一年(1885年),顺天乡试中举。分发刑部,寻改江南候补道,委办江南水师学堂。光绪二十一年,受两江总督张之洞聘,主持南京筹防局营务处。庚子事变后历充淮北盐道、淮北海兵备道、顺天府知府、山西按察使、贵州布政使、贵州巡抚。民初隐居上海。著有《涛园诗集》。[②]沈瑜庆是宋诗派文人群体中的重要成员,与其他诗人联系密切。他是此群体另一重要成员、“戊戌六君子”之一林旭的岳父;他和宋诗派重要

---

① 易顺鼎:《诗钟说梦》,《庸言》第1卷第10号,1913年4月16日。

② 参见陈三立《诰授光禄大夫贵州巡抚沈敬裕公墓志铭》,《散原精舍诗文集》,第978—980页;《沈敬裕公年谱》,《涛园集》,台北:文海出版社,1967年版。

成员陈衍为姻亲；其女沈鹊应曾从陈书学诗；他是宋诗派后起之秀李宣龚的舅祖；此外，沈瑜庆在乡较早结识了郑孝胥，和其常有来往。光绪八年（1882年）六月，沈瑜庆请郑世恭为沈祠书楹联，郑世恭命郑孝胥代作，“傍晚爱村来，适叔祖已出，爱村为余诵郭嵩焘、林颖叔、李次青等所作文肃祠中楹联，皆俗[①]。”从这段描述中可见沈、郑已极为熟悉。两人的友谊保持了一生。沈瑜庆民初又与陈三立、沈曾植等在上海发起超社。沈瑜庆和陈三立为世交，陈三立之父陈宝箴甚为推崇沈瑜庆之父沈葆桢[②]，曾调停沈葆桢和曾国藩的冲突[③]。沈葆桢也极为欣赏陈宝箴，据郭嵩焘描述：“沈文肃公巡抚江南，奇其（陈宝箴—引者）才，事有疑，必咨而后行。”[④]沈瑜庆署顺天府尹时陈三立有诗相贺：“酒边余二子，江海震惊之。各有攀天梦，宁为此世知。汹汹安所定，耿耿果能奇。士气支天地，吾言未敢私。”[⑤]为友人的仕途升迁感到由衷高兴。沈瑜庆性格豪爽，不拘小节，据其晚辈林庚白[⑥]描述：“遗老中，亦有慷爽可喜者，沈瑜庆其一也。岁庚戌，瑜庆迁贵州巡抚，将‘之官’偶游金陵，则闽人士之三吴者，醵资饯之。时方溽暑，众皆衣冠翎顶以迎，瑜庆仅葛衣，不衫不履，出而周旋，其全无官僚之习气如此[⑦]。”

---

① 《郑孝胥日记》，第17页。

② 陈三立：“府君学宗张、朱，兼治永嘉叶氏、姚江王氏说，师友交游，多当代贤杰。最服膺曾文正公及沈文肃公，两公以茶厘事交恶，用府君言得俱解。”《皇授光禄大夫头品顶戴赏戴花翎原任兵部侍郎都察院右副都御史湖南巡抚先府君行状》，《散原精舍诗文集》，第855页。

③ 黄濬：《花随人圣庵摭忆》，太原：山西古籍出版社，山西教育出版社，1999年版，第373页。

④ 郭嵩焘：《送陈右铭廉访序》，《郭嵩焘诗文集》，岳麓书社，1983年版，第278页。

⑤ 陈三立：《喜郑苏龛迁四品京卿沈爱苍除顺天府尹遂有此句》，《散原精舍诗文集》，第73页。

⑥ 林庚白（1897—1941）：福建闽县人。南社重要成员，与柳亚子相交甚笃。林为郑孝胥表侄，和宋诗派成员陈宝琛、沈瑜庆均有亲戚关系，见后文详述。

⑦ 林庚白：《庚甲散记》，《丽白楼遗集》，第958页。

郑孝胥和沈瑜庆为“数十年亲爱之交”[①],沈瑜庆性喜热闹,又不善治生,[②]辛亥以后,郑孝胥尝恐其不保晚节,好在沈瑜庆自始至终未再出仕,以遗老终。[③]

沈瑜庆于光绪二十年(1894 年)进入张之洞幕府。沈瑜庆之父沈葆桢曾任福州船政大臣,晚清海军中不乏沈葆桢的旧部,这是张之洞颇为器重沈瑜庆的一个重要原因。从《艺风老人日记》中所记的情况来看,陈三立和沈瑜庆在光绪二十年(1894 年)关系已十分密切:七月四日,梁鼎芬招陈三立、沈瑜庆、余肇康、杨锐、缪荃孙等作诗钟;七月五日,沈瑜庆约陈三立、余肇康、缪荃孙、杨锐等作诗钟[④]。可见此时陈三立和沈瑜庆一起多有来往、切磋诗艺。

沈瑜庆是陈三立较早交往的一个闽派诗人,而沈瑜庆在闽籍诗人中处于一个核心的位置,因此沈瑜庆架起了陈三立和闽籍诗人交往的桥梁。

第二节 幕府论诗与宋诗派人物的聚合

沈瑜庆在 1894 年进入张之洞幕府以后,和沈有着各种关系的叶大庄、陈书、陈衍、郑孝胥等福建诗人逐渐聚集在金陵,这批诗人成为以后宋诗运动的积极倡导者。而郑孝胥进入张之洞幕府,则标志着近

---

① 《郑孝胥日记》,第 1747 页。

② 张謇曾称:“爱苍不耐寂寞,又不会经营;子培颇耐寂寞,亦不会经营;苏戡既耐寂寞,又会经营。”见《郑孝胥日记》,第 1730 页。张謇与沈瑜庆、沈曾植、郑孝胥均有深交,当为知言。

③ 郑孝胥:“闻爱苍昨夜已卒,即往哭之,虽非同志,亦数十年亲爱之交也。革命后恐其不能守节;然闻其夫人以其不出恒诟厉,又傲不礼,爱苍由此愤悒而得疾,犹为贤矣。”《郑孝胥日记》,第 1747 页。

④ 缪荃孙:《艺风老人日记》,第 659—660 页。

代宋诗运动进入了一个新的时期。

郑孝胥在光绪十四年从日本回国后，就受到张之洞的邀请，十月二十二日正式加入其幕府[①]。在日记中，他生动记载了和张之洞见面的一幕："香涛制军问余：'于文，谁师？'对曰：'喜子厚之无障翳。'制军笑曰：'闽人固多好子厚也，其文实矜炼。'余曰：'桐城派极贬子厚。'制军曰：'彼虚字甚多。然子厚云：参之太史以取致其洁，此言何哉？'余曰：'子厚出于孟坚。班多骈，马多散，此所以取其洁欤。'制军嗟讶曰：'然，子言甚有理致。'又言：'诸子多近于骈，独庄子散行。《庄》之文多虚诞，何也？'余曰：'《庄子》之文皆反言以讥切当世之学，即太史公谈论六家要指之微意，实非无端之虚诞。'制军曰：'然'。余曰：'文无定体，要切于当时者为真，余皆伪体也。'制军曰：'理足事明，则真而非伪矣。'余曰：'有古人之理至允而非今日之理，有往代之事至正而非当世之事。'[②]"初次见面，张之洞喜问人所读何书，来窥探其人的学识。从郑孝胥日记中的描述可见郑孝胥和张之洞见面时气氛活跃，后来两人的相处也较为融洽。张之洞喜欢夜谈，经常和幕僚进行彻夜长谈。郑孝胥时常在夜间被招入督署和张之洞谈话。郑孝胥本是一个能言善辩之人，又喜纵谈时事，正合张之洞的胃口。张之洞在一些重大事情上也经常垂询郑孝胥，如晚清政局中至关重要的"东南互保"，郑孝胥在其中就发挥了相当重要的作用。张之洞不仅青睐郑孝胥的诗作，更欣赏他的为人，曾数次举荐。郑孝胥在张之洞幕府前后呆了八年时间。

---

① 《郑孝胥日记》，第448页。

② 《郑孝胥日记》，446－447页。

陈衍入张之洞幕府和其乡贤林绍年[①]有一定的关系。他与张之洞见面的一幕和郑孝胥颇类似,之后就被委任为《商务报》的编纂,这可能与陈衍之前有过办报的经历有关。但在张之洞心目中,陈衍一直是个"文人",不同与郑孝胥的政治和军事上都相当有谋略的身份,也不同与沈曾植的学者的身份。单纯的"文人"在张之洞这里是受一定歧视的。据说张之洞禁止陈衍和其诗作,在张之洞集中确实也见不到陈衍的名字。从《郑孝胥日记》中的记载来看,陈衍几乎未参加过张之洞的诗文雅集活动,而类似活动在张之洞督鄂期间相当频繁。因此可以说陈衍并未进入张之洞幕府的核心层,一直在边缘徘徊。但陈衍在张之洞幕府期间的办报经历,对其以后的生命历程有至关重要的影响。近代宋诗派的早期成员中只有他熟悉报纸期刊的力量,后来通过他的一些活动,宗宋诗风才发展成为一场规模较大的文学运动。

光绪二十四年(1898 年),另一位宋诗派重要人物沈曾植进入张之洞幕,标志着幕府论诗进入高潮。沈曾植(1850—1922),字子培,号乙庵,又号寐叟。初别号小长庐社人,晚号巽斋老人,东轩居士,又自号巽斋居士、瞿禅、寐翁、姚隶老民、乙龛、馀斋、乙僧等。浙江嘉兴人。祖父沈维(金乔),官至工部侍郎。"八岁读李义山诗,通音韵之学。弱冠通国初及乾嘉诸家之说,于史学尤深[②]。"同治十二年(1873 年),中顺天乡试举人。光绪六年(1880 年)成进士。官刑部贵州司主事,进为员外郎,后转江苏司郎中,在刑部约十八年,研究古今之律令,著有《汉律集

① 林绍年:字赞虞,晚号健斋,福建闽县(今福州)人。同治十三年进士,改庶居士,散馆,守编修。历官云南昭通府知府、贵州按察使、云南布政使、云南巡抚、军机大臣、邮传部尚书、度支部右侍郎、河南巡抚、民政部右侍郎、学部右侍郎、弼德院顾问大臣等。林绍年任御史时曾上书请罢颐和园工程,深为士林称许。见陈三立:《清故弼德院顾问大臣民政部右侍郎军机大臣上行走林文直公神道碑铭》,《散原精舍诗文集》,第 951－953 页。

② 宋慈抱:《嘉兴沈曾植传》,钱仲联主编《广清碑传集》,苏州大学出版社,1999 年版,第 1098 页。

补》、《晋书刑法志补》。光绪十八年，兼充总理衙门俄国股章京。光绪二十一年，中日和议成，请借英款，创办东三省铁路，未被采纳；复与沈曾桐、康有为、丁立钧、王鹏运、文廷式、袁世凯、徐世昌等开强学会于京师。光绪二十三年，丁母忧。光绪二十四年应张之洞邀，主讲两湖书院史席。光绪二十六年，义和团起，时居上海，与盛宣怀、张謇、沈瑜庆等谋东南互保。是年，任南洋公学(今上海交通大学前身)监督。光绪二十八年，回京师刑部，调外务部。光绪二十九年，外放江西广信府知府，调南昌府，历署督粮道、盐法道。光绪三十二年，擢为安徽提学使。是年，东渡视察日本之制度文物。光绪三十四年，署理安徽布政使，并护理巡抚。贝子载振至安徽，当道令藩库支巨款供张，不允，遂与当道忤。宣统二年(1910年)因病开缺，归里家居。宣统三年，归隐上海。1915年，受聘主修浙江通志。1917年7月，参与张勋复辟，被任为学部尚书。复辟失败后侨寓上海。著有《蒙古源流考》、《西北舆地考》、《法藏一勺》、《海日楼诗集》、《海日楼文集》《寐叟乙卯稿》等[①]。

沈曾植在宋诗派中较早师法黄庭坚，早年在京师和李慈铭[②]、袁昶等相交甚笃，李慈铭称其诗颇类黄庭坚。沈曾植劬学不倦、学识渊博，是宋诗派中典型的“学人之诗”的代表。袁昶在道德文章上都曾深受沈曾植的启发。但也由于其大量援佛入诗、考据入诗，过于生涩艰深，

---

① 参见王森然：《近代名家评传》(初集)，北京：三联书店，1998年版；《学部尚书沈公墓志铭》，汪兆镛辑《碑传集三编》，卷八，转引自钟碧容、孙彩霞编《民国人物碑传集》，成都：四川人民出版社，1997年版，第367－368页；王蘧常：《嘉兴沈寐叟先生年谱初稿》，《民国人物碑传集》，四川人民出版社，第368－377页；宋慈抱：《嘉兴沈曾植传》，钱仲联主编《广清碑传集》，第1098－1099页；许全胜：《沈曾植年谱长编》等。

② 李慈铭(1830－1894)，原名模，字式侯，一字法长；改名慈铭，字爱伯，号莼客；晚年自号越缦老人、莼老等。浙江会稽(今绍兴)人。同治九年(1870年)举人，光绪六年(1880年)成进士，补户部江南司郎中。十五年试御史，十六年补山西道监察御史，转掌山西道。不避权贵，数上封言事，切中时弊。著有《越缦堂诗初集》一十卷、《越缦堂文集》十二卷、《越缦堂读史札记》三十卷、《越缦堂诗话》三卷、《越缦堂日记》、《越缦堂读书记》等。

令人“钦其宝而莫名其器”（陈三立语）。他也较少参加张之洞的诗文酬唱活动，这可能与其晦涩奥衍的诗风有关。张之洞不喜过于艰涩的诗风，陈三立的“作健逢辰领元老”所引发的张之洞的不满就是一个典型。[①] 另外，张之洞在悼念袁昶的诗中也抒发了对江西诗派末流的不满，这倒可折射出宗宋诗风在当时已经酿成一种风尚。沈曾植和陈衍同居一处，相与论诗，郑孝胥也经常加入，“同光体”理论开始形成。

张之洞幕府期间，也是宋诗派诗人来往最频繁的时期。光绪二十年（1894 年），张之洞署两江总督时，沈瑜庆、袁昶、林旭等宋诗派诗人就时有文酒之会：“甲午，南皮移督两件，檄令（沈瑜庆——引者）随节。详询江南应兴应革诸务，条陈无遗。委总督署文案，兼筹防局营务处。时南北征调，运兵运械，事萃一身。延接批答，昕夕不遑。与嘉应黄公度、钱塘袁爽秋、同乡陈冯庵、叶损轩、林晚翠诸君唱和，亦未尝一日废诗也[②]。”

林旭（1875—1898），字暾谷，号晚翠，福建侯官（今闽侯）人。少有文名，沈瑜庆以道员需次南京，返里从塾师处见旭文字，惊其博赡，以女鹊应妻之。招赘于南京，同游武昌，得识陈宝箴、陈三立、梁鼎芬、蒯光典等。入都，与沈曾植、黄绍箕、康有为、梁启超等结交。光绪二十一年，应礼部试不售。上书反对对日议和与割让辽东半岛及台湾。光绪二十四年，与张亨嘉在京倡立闽学会。又与王仪通、张元济等成立通艺学堂。五月，应聘入荣禄幕。七月，荐于朝。光绪帝特旨召见，以四品京卿衔任军机章京，参与新政。政变作，与谭嗣同、杨锐等六人遇难，史称“戊戌六君子”。钱仲联认为林旭为宋诗派后劲：“五古如《马房沟》等篇，实为奇作，无愧为诗坛射雕手[③]。”李详则认为林旭诗风颇

① 陈衍：《石遗室诗话》，卷十一，第 170 页。
② 《沈敬裕公年谱》，《涛园集》，台北：文海出版社，1967 年版，第 350－351 页。
③ 钱仲联：《近百年诗坛点将录》，《梦苕庵论集》，第 360 页。

类郑孝胥："《晚翠轩诗》，侯官林旭暾谷著，暾谷之友李君宣龚，属梁公约赠余者。……诗大都类节庵苏堪，饶有生造之趣。"[①]值得注意的是，有人称林旭诗风的晦涩乃是学袁昶，可见张之洞幕府时期诗人之间的互相影响，而在诗中也出现了"闽派"的语汇[②]，说明人们已经感觉到以闽籍诗人为主的宗宋群体正在形成[③]。

郑孝胥和沈曾植是多年的老朋友了，但两人一直没有频繁地往来，幕府时期他们互访的频率相当高。以光绪二十六年(1900 年)为例，两人的交往就达 33 次之多[④]，可见郑孝胥、沈曾植往来之密切。这

① 李详：《药里慵谈》，江苏古籍出版社，2000 年版，第 59 页。

② 林旭："夫子论诗笑口开，叼逢目色却低回。涪翁不忘弦歌旨，杜老谁区排比才。底用为藩防楚舍，更羞酌水溯强台。似闻辛苦腻颜帢，要傍东家司寇来。"《写经居士赠诗盛道闽派而病予为涩体谓学芜湖袁使君因答及之》，《晚翠轩集》，民国二十五年铅印本。

③ 关于林旭和闽派诗人论诗的情况，徐珂也有描绘："光绪甲午、乙未、戊戌，(林旭——引者)三上公车，皆荐而不售，则发愤为诗。取径孟郊、贾岛、陈师道、杨万里，苦涩幽僻，喜从乡人郑孝胥、叶大庄、陈书、陈衍讨论。"《清稗类钞》，文学二。

④ 正月初五，沈曾植在武昌度岁，郑孝胥来谈，视新诗数首；正月十二日，郑孝胥访沈曾植；正月十四日，沈曾植访郑孝胥；正月十八日，沈曾植至琴台，与陈衍、梁鼎芬等同赴郑孝胥午宴；正月十九日，沈曾植与郑孝胥同谒张之洞夜谈；正月二十六，郑孝胥访沈曾植；二月四日，张之洞访沈曾植，遇郑孝胥；二月十一日，郑孝胥、陈衍访沈曾植；二月十八日，沈曾植宴郑孝胥、张之洞、梁鼎芬、钱恂、纪钜维等；二月十九日，沈曾植、郑孝胥、纪钜维、梁鼎芬等赴岑春蓂约；二月二十五日，郑孝胥访沈曾植，同赴张之洞约；三月九日，沈曾植、郑孝胥等诣张之洞夜谈；三月十二日，郑孝胥借沈曾植停云馆《怀素千文》帖；三月十四日，沈曾植渡江至汉口，过郑孝胥夜谈；三月十五日，沈曾植与郑孝胥同登晴川阁，上大别山，晚沈曾植登船离鄂赴扬；五月十二日，沈曾植自扬州抵汉口，访郑孝胥；五月十四日，沈曾植谒张之洞，郑孝胥、黄绍萁在座；五月十八日，沈曾植访郑孝胥示《同等大别山》诗二首；五月二十日，郑孝胥、李宣龚渡江访沈曾植；五月二十一日，沈曾植、郑孝胥同赴张之洞宴；五月二十四日，沈曾植离鄂，郑孝胥作诗赠别；九月十一日，沈曾植自扬州抵汉口，访郑孝胥；九月十三日，沈曾植谒张之洞，郑孝胥在座；九月十七日，郑孝胥过江访沈曾植；九月二十四日，郑孝胥访沈曾植；十月十八日，郑孝胥过访沈曾植，不值；十月二十一日，沈曾植访郑孝胥谈；十一月二日，郑孝胥渡江访沈曾植；十一月九日，郑孝胥访沈曾植，视疾；十一月十六日，郑孝胥访沈曾植；十一月二十三日，郑孝胥访沈曾植；十二月一日，郑孝胥访沈曾植；十二月十八日，沈曾植欲归扬州，郑孝胥、陈衍等为其饯行。《郑孝胥日记》，第 748－782 页。

期间还有两个月时间沈曾植不在武昌,郑孝胥也有一段时间外出。扣除不在武汉的时间,郑孝胥几乎每次渡江都要探访沈曾植,沈曾植也时常过江访问郑孝胥。早在光绪十二年(1886年),郑孝胥就告诉陈衍,京师诗人沈曾植能为"同光体"①。所谓"同光体",是指同、光以来不墨守盛唐的一批诗人。此时的郑孝胥、沈曾植、陈衍来往频繁,诗文酬唱,互相切磋诗艺,对宋诗的相同爱好拉近了他们的距离。

近代宋诗派的核心理论"三元说"就产生于他们的讨论之中,陈衍在《石遗室诗话》中记述到:"子培有《寒夜积闷杂书遣怀襞积成篇为石遗居士一笑诗》八十余韵,余与君论诗语,略具其中。诗云'……开天启疆域,元和判州部。奇出日恢今,高攀不输古。韩白刘柳骞,效岛贺籍仵。四河道昆极,万派播溟渚。唐余逮宋兴,师说一香炷。勃兴元祐贤,夺嫡西江祖。寻 薪火传,晳如斜上谱。中州苏黄余,江湖张贾绪。……沿元虞范唱,涉明李何数。强欲判唐宋,坚城捍楼橹。咄兹盛中晚,帜自闽严树。氏昧荀中行,谓句弦偭矩。持兹不根说,一眇引群瞽。从棘限墙闺,通途成蛆峿。谁开人天眼,玉振待君拊……郑侯凌江来,高论天五尺。划地说三关,撰策筹九府……'盖余谓诗莫盛于三元,上元开元,中元元和,下元元祐也。君谓三元皆外国探险家觅新世界、殖民政策、开埠头本领,故有'开天启疆域'云云②。从沈曾植的这首长诗来看,"三元说"完全是几个人讨论的结果,"郑侯凌江来,高论天五尺。划地说三关,撰策筹九府"生动描述了郑孝胥谈论"三元说"时的神态。后来人欲将"三元说"的发明权归诸其中一人的说法是

① 陈衍:《石遗室诗话》卷一,第4页。
② 陈衍:《石遗室诗话》卷一,第6—7页。

不可靠的。[①]

关于张之洞幕府论诗的情景，陈衍在《石遗室诗话》记述甚详："……又数年戊戌，客武昌张广雅督部所，子培、苏堪继至。夏秋多集两湖书院、水陆街、姚园、墩子湖安徽会馆，多言诗[②]。"陈衍居水陆街，沈曾植居姚园，他们经常在一起谈诗论文，"秋冬病虐寒困卧，遂日有所作，或一日数夸示之，或夜三四鼓，遂打门送诗。不两三月，已积百余首，多可存[③]。""余居武昌时，有所作必示苏堪、子培，必加品评[④]。"足见其创作活跃的情况。而自诩"诗学深、诗功浅"的沈曾植此时也愈发着意于诗歌创作，进入创作上的一个高峰期。

闽籍年轻诗人李宣龚在诗中也记叙了幕府时期宋诗派人物的交往情况："石遗小住藤为屋，无闷新居竹满庭。准拟过江寻一憩，午凉容我作诗醒[⑤]。""石遗"指陈衍，"无闷"是郑孝胥的号，此诗表现了郑孝胥、陈衍等人论诗所引起的年轻诗人的兴趣。据陈衍讲，李宣龚是最早的"海藏诗派"成员[⑥]。李宣龚(1875—1952)，字拔可，号观槿，晚号墨巢居士。福建闽县(今闽侯)人。十岁，从塾师林葱玉学。其父李宗祎工词，李宣龚自幼濡染家学。与林旭结为挚友，以经世之学相淬厉。光绪二十年(1894年)，举于乡。光绪三十一、三十二年间，为林旭编印《晚翠轩诗集》。光绪三十三、三十四年，由中书舍人试令江苏婺源(今淮安)，"淮西僻壤地，濒于洪泽，地瘠民贫。君下车，为民筹生

---

① 陈衍弟子王真1929年认为"三元说"系陈衍所创，"三元说"系沈曾植所创。(见陈步编：《陈石遗集》(下)，第1937页。沈曾植弟子王蘧常认为"三元说"系沈曾植、陈衍、郑孝胥三人所创。(见王蘧常：《沈寐叟年谱》，上海《民国丛书》第二辑)笔者倾向于后者。

② 陈衍：《石遗室诗话》卷一，第5页。

③ 同上。

④ 陈衍：《石遗室诗话》卷十一，第184页。

⑤ 李宣龚：《硕果亭诗》，民国八年排印本。

⑥ 陈衍：《石遗室诗话》卷八，第125页。

计。集款设工厂,教民以艺。又于城壕十里,种柳养鱼,为他年之利[①]。”时樊增祥任江宁布政使,慕其文名,檄署上元令,李宣龚厌迎送之烦,辞不赴。宣统元年(1909 年),引疾自免。1911 年夏入都。辛亥革命后,隐居沪上。1913 年任商务印书馆经理,此后一直供职于商务印书馆。1949 年后仍任商务董事,同时担任上海水泥公司董事长。著有《硕果亭诗》、《墨巢词》、《硕果亭文胜》等。[②] 李宣龚是宋诗派的后起之秀,其诗风颇受郑孝胥影响。张之洞幕府时期,李宣龚追随郑孝胥作掌书记,受郑孝胥诗风影响颇大,后来成为民国时期重要的宋诗派人物。

郑孝胥、沈曾植、陈衍等人倡导宋诗的影响甚大,梅尧臣诗在晚清的流行就和宋诗派诗人的倡导有关。陈衍写道:“初梅宛陵诗无人道及。沈乙庵言诗,夙喜山谷,余偶举宛陵,君乃借余宛陵诗亟读之,余并举残本为赠。时苏堪居汉上,余一日和其诗,有‘著花老树初无几,试听从容长丑枝’句。苏堪曰‘此本宛陵诗’。乃知苏堪亦喜宛陵。因赠余诗有:‘临川不易到,宛陵何可追。评君叹老丑,终觉爱花枝。’自是始有言宛陵者。”1907 年陈衍入都后,发现旧版《宛陵集》厂肆里售价高涨,上海书肆《宛陵集》每部价银元六枚,沈曾植、郑孝胥皆出资提倡。[③] 其实,《宛陵集》的资助者尚有朱祖谋、夏敬观、李岳瑞等。朱祖

---

① 陈诗:《尊瓠室诗话》,《民国诗话丛编·二》,上海书店出版社,2002 年版,第 110－111 页。

② 参见孝侯、公叔:《经济文章忆拔翁》,商务印书馆编《1897－1992 商务印书馆九十五年:我和商务印书馆》,北京:商务印书馆,1992 年版,第 108－111 页;陈诗:《尊瓠室诗话》《民国诗话丛编·二》,第 110－111 页;冒怀苏编著:《冒鹤亭先生年谱》,学林出版社,1998 年版,第 97 页;梁淑安主编《中国文学家大辞典·近代卷》,第 146 页。

③ 陈衍:《石遗室诗话》卷十,第 151 页;关于郑孝胥出资赞助《宛陵集》的情况,亦可参见《郑孝胥日记》1911 年 6 月 2 日:“交《宛陵集》印费一百元与何,取集四部,所任三百元已交足。”《郑孝胥日记》,第 1323 页。

谋和郑孝胥各资助300元，夏敬观资助100元[①]。朱祖谋既是清末民初重要词人，还和郑孝胥、陈三立、沈曾植等宋诗派成员来往密切，其诗作不多，也颇具宋风。夏敬观则是狂热的梅尧臣的爱好者，曾因梅尧臣和杨增荦发生激烈争吵。[②]

在张之洞幕府期间，郑孝胥、沈曾植、陈衍、沈瑜庆等倡导宋诗已有相当成效。而张之洞对郑孝胥诗作的好评，在一定程度上鼓励了宗宋的风气。张之洞最为青睐郑孝胥的诗作，多次在公开场合赞颂其诗作。郑孝胥在其日记中多次记载："1895年3月2日，爽秋邀饮，从南皮往。席间，余献《游彭杨祠》七律一首，南皮称赞久之，曰："子诗外清而内厚，气力雄浑，真佳制也[③]。"1895年12月18日：君重言，曾士元见南皮，南皮称："苏龛诗虽出宋人，然竟是苏龛之诗也。其诗胜于文[④]。"张之洞论诗唐宋兼容，也有学者将其纳入宋诗派的范畴，然其诗风和宋诗派明显不属同一路径[⑤]。

与此同时，郑孝胥的诗作也获得了幕府其他人员的好评，如：

---

① 新会梁氏藏：《梁任公（启超）先生知交手札》，沈云龙主编：《近代中国史料丛刊续编》第十辑，台北：文海出版社，1974年版，第502页。

② 陈衍：《石遗室诗话》卷十四，第222—223页。

③ 《郑孝胥日记》，第546页。

④ 《郑孝胥日记》，第581页。

⑤ 钱基博：《现代中国文学史》，北京：中国人民大学出版社，2004年版，第210页；深有意味的是，钱锺书早年受乃父影响，和陈衍争论究竟张之洞是否喜欢宋诗："张孝达之洞《广雅堂诗》下册《过芜湖吊袁沤簃》之四云：'江西魔派不堪吟，北宋清奇是雅音。双井、半山君一手，伤哉斜日广陵琴。'陈石遗丈谓斥江西派为魔道，而又撇开黄双井为北宋雅音，不免语病。余谓此即本'论诗宁下涪翁拜'一首之意，丈颔以为的解。"（《谈艺录》，卷44，中华书局，1984年版，第154页。）但若干年后，钱锺书又转而认同陈衍的看法，颇追悔年少时的论断："此余二十二岁时浅见妄言，石遗丈恕其稚骏，故妄听之耳。袁氏《浙西村人集》之学山谷，侪辈共见周知，无可讳饰。故张氏不得不道。观《广雅堂诗集》上册……其薄山谷诗甚矣，岂'宁下涪翁拜'者哉！"（《谈艺录》，补编，第495页）由钱锺书前后看法的歧异可知断定张之洞是否属宋诗派是一件很困难的事情。张之洞不喜生涩艰深的黄庭坚诗是真，深喜同光体诗人郑孝胥的诗作也是真。文学史的复杂性正在于此。

“1895 年 3 月 2 日,柽弟来,共观爽秋杂著。午后,回拜爽秋……夜,爽秋复来谈,出数诗示之。袁言,昔人称顾亭林无语不典,屈翁山无语不超,君诗在超与典之间矣[①]。”如果说袁昶和郑孝胥属诗学宗趣相同的桴鼓之应的话,那不同诗风的诗人也表达了对郑孝胥诗的较高评价:“戊戌至鄂,复遇彦升先生于武昌。而舅氏已殁,每见先生辄思吾舅。先生又盛称余所作诗,数于众中诵其‘百下羁心长儿女,草堂断句遍江湖’之句,以为不易得者[②]。”周家禄(彦升)诗风宗唐,但也由衷钦佩郑孝胥的诗作,其影响可见一斑。

张之洞虽不甚喜陈衍诗作,但陈衍却将张之洞视为知己[③]。陈衍生前刊刻的《石遗室师友诗录》中,张之洞赫然居首位[④]。可见,幕府经历给陈衍留下了难以磨灭的记忆。陈衍等标举江西诗风引起了广泛关注。吴保初光绪二十五年(1899 年)来到武昌后,和沈曾植、陈衍等时相过从,他在诗中表达了对宋诗的向往:“词妥极艰辛,语妙亦凄婉。始觉涪翁好,不逊临川锻。吾师擅风雅,薪传火未断。救衰虽已迟,振靡或未晏[⑤]。”吴保初和郑孝胥、陈衍同为宝廷弟子,这诚然是他们感情较笃的原因,但此时的吴保初显然已心仪于郑孝胥、沈曾植、陈衍等人倡导的宋诗风了。

---

① 《郑孝胥日记》,第 473 页。

② 郑孝胥:《寿恺堂诗序》,1923 年铅印本。

③ 陈衍参加张之洞幕府雅集的次数不是很多,且位居末流,“南皮广延名流,礼遇有差……而梁鼎芬、蒯光典、陈三立、易顺鼎,位在第一二名流之间,名曰宾僚,时谚呼为分缺间。他如陈庆年、陈衍、张世准之属,不过领官书局月费,时谚呼之未入流。”刘成禺:《洪宪纪事诗本事薄注》,转引自马卫中、张修龄《陈三立年谱》,《近代诗论丛》,安徽文艺出版社,1995 年版,第 198 页。

④ 陈衍:《石遗室师友诗录》,民国石印本,出版日期不详,复旦大学图书馆藏本。

⑤ 陈衍:《石遗室诗话》卷八,第 128 页。

第三节 幕府交游与宋诗派人际网络的初步建立

张之洞幕府时期，是宋诗派诗人聚合的高峰期，也是宋诗派人际网络初步扩展的时期。四方文士辐辏的张之洞幕府，不仅为宋诗派文人提供了难得的交流机会，也为宋诗派诗人扩大交游、散播影响提供了一个平台。

张之洞幕府中，和宋诗派交往密切的人士如下。

梁鼎芬(1859—1919)，字星海，又字心海、伯烈，号节庵。广东番禺人，少时失怙，但天资聪颖，光绪二年(1876年)以国子监生应顺天乡试中举。光绪六年(1880年)以二甲第三十一名中进士，授翰林院编修。光绪十年，弹劾北洋大臣、直隶总督李鸿章，言其可杀之罪有八。次年，降五级调用。返里，主讲丰湖书院与端溪书院。张之洞督粤，聘主广雅书院。之后追随之洞长达15年之久，从广州至南京，再至武汉，成为之洞手下最为得力的幕僚。光绪二十六年以端方荐，起用直隶州知州。后又授汉阳府知府，调武昌府知府，累迁湖北按察使、布政使。光绪三十二年，入朝弹劾袁世凯"朋比奕劻，行贿植党"。武昌起义爆发后，再入都，用直隶总督陈夔龙荐，以三品京堂候补。旋奉广东宣慰使之命，粤中已大乱，道梗不得达，遂病呕血。两至梁格庄叩谒景皇帝暂安之殿，露宿寝殿旁，瞻仰流涕。1917年张勋复辟，已卧病，犹强起周旋。后人辑有《节庵先生遗诗》六卷、《欵红楼词》一卷[①]。梁鼎芬历长广雅、两湖、钟山书院，是张之洞兴办学务之具体实施者，在文教领域颇多贡献。所至之处，建立书藏，制定约规。光绪十二年(1886

① 梁鼎芬生平见《清史稿》第472卷；汪兆镛《梁文忠公别传》(《碑传集三编》第10卷)；陈三立《祭梁文忠公文》；温肃《梁文忠公小传》，钱仲联主编《广清碑传集》，第1217－1218页；梁淑安主编《中国文学家大辞典·近代卷》，第420－421页，等。

年),鼎芬撰《丰湖书藏四约》,率先提出"今年书藏乃一府公物,非一人之私有。不借不如不藏,不读不如不借"的理论,可视为我国公共图书馆意识之滥觞[①]。梁鼎芬诗由王安石、苏轼、欧阳修上溯韩愈、杜甫,陈衍谓其:"时窥中晚唐及南北宋诸名家堂奥,佳处多在悲慨、超逸两种。"[②]

梁鼎芬与陈三立、沈曾植、郑孝胥等都有密切交往。陈三立早年慕梁鼎芬弹劾权臣的锐气,后相见于长沙,很快成为知交[③]。梁鼎芬读书焦山期间,陈三立与杨锐曾前往探望[④]。陈三立通医学,曾为梁鼎芬医喉疾[⑤]。郑孝胥在京师和梁鼎芬也有来往。光绪十一年(1885 年)郑孝胥进京会试期间结识了梁鼎芬,之后两人时相过从。

张之洞幕府时期,为梁鼎芬与陈三立、郑孝胥来往最密切之时。陈三立在《祭梁文忠文》追忆到:"气类获交,久敬称善。武昌之楼,金陵之馆。倒畅酣嬉,飞吟引满[⑥]。"描述了当时与梁鼎芬等人文酒觞咏之乐的场景。光绪二十年(1894 年)十二月,郑孝胥阅梁鼎芬诗稿,为其评诗数十首,并题诗一首:"若以声情论,君诗亦异才。老成深所爱,心胆不胜哀。正则惜往日,渊明归去来。道人阅诗久,净眼向谁开[⑦]?"是年,梁鼎芬携陈三立、易顺鼎所作《庐山诗录》示郑孝胥,这是郑孝胥

---

① 邸永君《末世孤忠梁鼎芬》http://iea.cass.cn/ygtd/html/mzs_2006061514230043838.htm

② 陈衍:《近代诗钞》,1923 年版。

③ 陈三立:《梁节庵诗序》,《散原精舍诗文集》,第 825 页。

④ 梁鼎芬:《伯严叔峤访予焦山雪中景状再用前韵为贶》,《节庵先生遗诗》,民国十二年刻本。

⑤ 梁鼎芬:"尚书思友招我至,有陈(三立)杨(锐)易(顺鼎)同追攀。"另:诗后自注云:"余病酒久咳声哑,伯严医治未愈。"《十二月二十日孝达尚书宴集凌霄阁有诗奉和》,《节庵先生遗诗》,民国十二年刻本。

⑥ 陈三立:《祭梁文忠文》,《散原精舍诗文集》,第 977 页。

⑦ 《郑孝胥日记》,第 449—450 页。

较早见到的陈三立诗[①]。

值得一提的是，梁鼎芬对清末民初宋诗运动有很大贡献。他曾任广雅书院山长，对岭南年轻诗人有很大影响："近代广东诗人，论者推梁节庵、曾刚父（习经）、黄晦闻、罗瘿公（惇曧）为四家。粤东诗学，本夙尚唐音，而节庵提倡宋诗最早，又好奖掖后进，曾习经即其广雅书院弟子，私淑节庵。后节庵见晦闻诗，大为赞赏，称之为'黄诗'，由是晦闻之名始大显。节庵既提倡宋诗，平日评陟课卷，亦劝人'于北宋王禹偁、欧阳修、梅尧臣、王安石、苏轼、韩驹、王令、陈师道诸家诗集，择其性近，实致苦功。'一时学者蔚然风从，对于粤中诗学之转变，影响颇巨[②]。"又如 1914 年 4 月，郑孝胥访黄节，视其所作律诗二十首，即认为其诗风颇类梁鼎芬[③]。梁鼎芬虽不属宋诗派文人群体，但将其视作外围成员亦无不可。

蒯光典，字礼卿，号季逑，又自号"金粟道人"。安徽合肥人。曾请业于冯桂芬、刘熙载。光绪八年中举，九年成进士，改翰林院庶吉士，丙戌散馆一等，授检讨。历充贵州乡试正考官、顺天乡试同考官。光绪十五年会典馆开，充协纂官兼图上总纂官。光绪二十年中日甲午战事起，发愤上书，不报，乞假归。光绪二十一年张之洞督两江，入幕府，主机要奏章。光绪二十二年刘坤一督两江，聘主尊经书院。光绪二十三年张之洞返湖广总督任，聘为两湖书院监督。光绪二十四年入都。旋以翰林院积劳改知府，复以会典馆叙劳积道员，分省补用，加二品衔。刘坤一奏派管理全省各学堂事务，兼领商务局。维新变法后，主江南高等学堂。宣统元年（1909 年），提调南洋劝业会，卒于江宁。蒯光典尤长辩议，以谈锋称海内。精鉴别，书籍、金石、书画、古玩，一见

① 《郑孝胥日记》，第 458－459 页。

② 周汉光：《张之洞与广雅书院》，台北：中国文化大学出版部，1983 年版，第 398 页。

③ 《郑孝胥日记》，第 1513 页。

即辨真赝,所藏名迹亦夥,自以并世惟缪荃孙堪与伯仲。兼精训诂、目录、算数之学。著有《金粟斋诗》、《金粟斋文》等。[①]

蒯光典与郑孝胥亦为旧友,两人相交于丙戌会试时的京师。蒯曾与张謇同访郑孝胥。张之洞幕府时期,亦是蒯光典与宋诗派诗人交往的密集期。如:光绪二十一年五月二十五日,沈瑜庆宴郑孝胥、蒯光典、梁鼎芬、文廷式、王秉恩等;五月二十七日,郑孝胥访蒯光典,坐良久;五月二十八日,郑孝胥、沈瑜庆、蒯光典、梁鼎芬、文廷式、黄遵宪、王秉恩等宴集[②];九月二十三日,梁鼎芬招饮陈三立、蒯光典、黄绍箕、况周颐等;二十四日,友人招饮陈三立、沈瑜庆、蒯光典等[③];光绪二十二年正月初七,顾云宴郑孝胥、陈衍、林旭、蒯光典、梁鼎芬等;三月初三,郑孝胥邀蒯光典、张謇、顾云游吴园;[④]三月十八日,张謇邀郑孝胥、蒯光典、顾云等宴集[⑤];四月初一,午后,郑孝胥、张謇与蒯光典于吴氏草堂畅谈,抵暮乃散[⑥]……足见两人关系之密切。

顾印愚(1855—1913),字印伯,又字蔗孙,号所持,四川成都人。光绪五年(1879年)中举。屡应礼部试不售。张之洞任湖广总督时,顾印愚入其幕。历任武昌府通判、武昌县知县。光绪二十九年,充湖北相识同考官。宣统二年(1910年),与程颂万在北京互相唱和。辛亥革命后穷困潦倒,卒于北京。后人辑有《成都顾先生诗集》[⑦]。顾印愚和

---

① 参见吴涑:《蒯公分巡淮扬海道事略》;陈三立:《清故四品京堂蒯公神道碑铭》,《散原精舍诗文集》,第1031-1033页;程先甲:《先师蒯礼卿先生行状》;李详:《蒯君别传》;金天翮:《蒯光典吴汝伦左宗棠传》;以上均见钱仲联主编:《广清碑传集》,第1179-1191页。

② 《郑孝胥日记》,第499页。

③ 《缪荃孙日记》,第786页。

④ 《郑孝胥日记》,第544、545、554页。

⑤ 《张謇日记》,第380页。

⑥ 《郑孝胥日记》,第558页。

⑦ 梁淑安主编:《中国文学家大辞典·近代卷》,第353页。

杨锐为张之洞在四川督学时所识拔之弟子,后追随张之洞数十年。[①]陈三立相交顾印愚于京师,及随父官鄂,三立与顾印愚相交亦密。陈宝箴提刑官署后小山有亭馆,中有梅树百余株,顾印愚尝留居两月许,与陈三立诗酒流连。陈三立盛称其诗:"始宗玉溪、玉局,故名其居曰双玉庵。务约旨敛气,洗汰常语,一归于新隽密栗,综贯故实,色彩丰缛,中藏余味孤韵,别成其体,诚有如退之所称谓能自树立不因循者也[②]。"

程颂万(1864—1932),字子大,号十发居士。湖南宁乡人。少孤,就学于从兄颂藩。后入湖广总督张之洞幕府,提调自强学堂。曾任湖南岳麓书院山长。辛亥革命后,遨游各地,诗酒自娱。曾与易顺鼎、袁绪钦、何维棣、王景峨等结湘社于长沙蜕园,辑社友诗词刊为《湘社集》四卷。生平著述数十种,合刊为《十发居士全集》[③]。

费念慈(1855—1905),字屺怀,号西蠡。江苏武进人。光绪十五年(1889年)进士,授翰林院庶吉士。散馆,授编修。光绪十七年,任浙江乡试副考官。"为言路指摘,遂弃官归",居苏州,与文廷式、江标等声气标榜。精鉴赏,工书法,善画山水,又兼诗歌。著有《归牧集》[④]。

幕府中幕客和幕主的关系是朋友、客人也是同事[⑤],幕客之间则是纯粹的朋友同事关系。正如一位研究幕府的学者所言:"在幕府内,最普遍的学术交流方式,就是就某些学术问题或某一方面的学术问题进行讨论,交换研究心得、研究信息或研究成果。""幕府内的学术交流,往往会对游幕学人的学术思想、治学方向和治学方法产生重要影响,

---

① 陈衍:《石遗室诗话》卷十,第161页。

② 陈三立:《〈顾印伯诗集〉序》,《散原精舍诗文集》,第1090页。

③ 梁淑安主编:《中国文学家大辞典·近代卷》,第437页。

④ 梁淑安主编:《中国文学家大辞典·近代卷》,第335页。

⑤ 参见[美]福尔索姆著,刘阅斌等译《朋友·同事·客人:晚清的幕府制度》一书,中国社会科学出版社,2002年版。

这一点较之具体学术问题的交流,更值得重视[①]。”诗歌技艺的切磋更是如此。张之洞幕府将分散在各地的诗人聚结起来,给他们提供了一个联络感情、切磋诗艺的平台。

从附表2—1可以看出,张之洞幕府的文士们有大量闲暇时间来游山玩水、文酒觞咏。以上诗人均为晚清著名学者、文人,宋诗派诗人和他们频繁交往,建立了一个稳固的关系网络,其中很多人的友谊维持了一生。由于这些晚清文化精英们来自四面八方,离开幕府后又活跃于其他地方,宋诗派成员的诗名开始向全国散播。

陈三立在诗中生动地描述了幕府论诗的场景:“藤棘垂丝桂拂廊,坐间微雨洗秋香。支颐啜茗忧危大,负手看花意思长。曾向池亭怜舞鹤,只今觞咏答寒蛩。宾僚久惯依迂叟,余事论文未可忘[②]。”此诗题为《十桂堂前雨赋呈抱冰公保》,诗中“迂叟”指张之洞,因张常以司马光自况。十桂堂是张之洞督署的名称,署园内有十株桂树,皆老干出云。张之洞自题额跋云:“树皆旧物,不知为郭华野、孙文定、阮文达、林文忠何人所植,名此以著封殖嘉树之意。”且书楹联云:“鸟鱼亲人濠濮想,桂山留客楚骚词[③]。”十桂堂、抱冰堂成为张之洞幕府文士觞咏的重要场所,给宋诗派诗人留下了难忘的记忆。

“知我至深,孰与文襄[④]”,郑孝胥十分感激张之洞的知遇之恩。郑孝胥诗中也多次追忆幕府论诗的情状,“槐荫掌故吾能说,半向南皮座上闻。”[⑤]客张之洞幕是郑孝胥最意气风发的时期。“久于南皮座,习闻

---

① 尚小明:《学人游幕与清代学术》,社会科学文献出版社,1999年版,第176—177页。

② 陈三立:《十桂堂前坐雨赋呈抱冰宫保》,《散原精舍诗文集》,第163页。

③ 龙顾山人纂:《十朝诗乘》,福建人民出版社,2000年版,第1013—1014页。

④ 郑孝胥:《山西巡抚丁恪敏公墓志铭》,卞孝萱、唐文权编《辛亥人物碑传集》,北京:团结出版社,1991年版,第654页。

⑤ 郑孝胥:《题张叔宪槐荫精舍夜话图》,《海藏楼诗集》,第294页。

樊山名。老矣始一见，赵璧真连城[①]。”当年诗人樊增祥也是张之洞的座上客，郑孝胥经常从张之洞那里听说樊樊山的大名，若干年后两位诗人才得以相见，但此时张之洞已经不在人世了。1909 年，张之洞去世之际，郑孝胥感慨万千：“汤赵走相语，南皮左已薨。郁郁此老翁，其意宁乐生。一生抱忠节，旧学颇殚精。栖哉如纨扇，秋至难施行。公尝称我诗，谓非世所能[②]。”诗中充满了对张之洞的怀念和惋惜之情。在郑孝胥诗中，张之洞幕府时期的生活是极其令人留恋的：“半生作诗多苦语，一见尚书便自许。弥天诗学几诗才，五百年间阙标举。寝唐馈宋各有取，挹杜拍韩定谁主。忽移天地入秋声，欲罢宫商行征羽。”“初日照廊霜后暖，烂漫秋花阶前满。抱冰堂上坐人豪，对酒论诗暂萧散。世难如山未易开，袖中短笔太清哀。黄图赤县看公在，乞取江湖放浪才[③]。”郑孝胥诗中回忆了在南皮张之洞幕府时期纵论诗文的场景，对昔日的美好时光充满了无限的慨叹。

小　结

黄濬在谈到其师陈衍时有一段话：“是岁（1898 年）适先生入南皮幕府，又适与沈子培相遇，在先生个人学术环境上，亦一大关键[④]”，其实，张之洞幕府的经历对沈曾植、郑孝胥何尝不重要？对宋诗派的发展来说何尝不重要？

如果没有进入张之洞幕府，郑孝胥还在以“候补同知”的身份苦苦等待新的机会；陈衍继续在上海办他的《求是》小报，他也许会成为一

① 郑孝胥：《答樊云门冬雨剧谈之作》，《海藏楼诗集》，第 227－228 页。

② 郑孝胥：《海藏楼杂诗》，《海藏楼诗集》，第 192－193 页。

③ 郑孝胥：《广雅留饭谈诗》，《海藏楼诗集》，第 102 页。

④ 黄濬：《花随人圣庵摭忆》，上海古籍书店，1983 年版，第 106 页。

个很专业的新闻工作者;沈曾植则在维新变法失败后徘徊在上海的街头……更重要的是,经由张之洞幕府,爱好宋诗的单个个体的文学风格逐渐汇聚成一个文人群体的自觉的艺术追求;"三元说"的理论概括反映了这一点。有了一个核心的概念,标志着一个文人群体在朦胧中已经成形。而郑孝胥、沈曾植等合资出版《宛陵集》,更是说明他们在行动上已经开始倡导宋诗。而更大规模的倡导,还在1912年以后。

张之洞幕府的共同经历,对宋诗派文人有着深远的影响。陈三立和沈瑜庆1894年左右在张之洞幕府的交往,无形中沟通了赣派和闽派的联络。郑孝胥、陈衍、沈曾植先后入张之洞幕,且几人时相过从、旦夕切磋,对宋诗派理论的酝酿起到了重大作用。宋诗派核心理论"三元说"名称的提出,就是在张之洞幕府时期[①]。张之洞相对开明的思想和"中体西用"的折中思路对宋诗派理论形成有一定的影响。沈曾植原本轻视诗文辞章,后来在陈衍的影响下开始致力诗文的创作并有较大影响,这件事情同样发生在几个人在武昌同客张之洞幕之时。

客居张之洞幕府是宋诗派成员联系最密切的时期,也是创作上最活跃的时期。郑孝胥、沈曾植、陈衍、沈瑜庆、林旭、李宣龚等因诗学宗趣相近而互相探讨诗艺,继之倡导宋诗,逐渐影响到其他诗人的创作,源自道咸年间的宗宋风气在他们手中得到了延续。

光绪三十三年(1907年)张之洞奉调进京入主军机,离开经营了十八个春秋的湖北,在此之前,沈曾植、郑孝胥、沈瑜庆、李宣龚等都因各种原因离开了张之洞幕府。陈衍也于同年离开武昌,到北京学部任职。对宋诗派诗人来说,盛极一时的幕府论诗拉下了帷幕。沈瑜庆在写给梁鼎芬的信中不无感慨:"广雅内召,武昌坛坫,风流云散。江潭

---

① 马卫中先生也谈到:"同光体的得名,就是郑孝胥、陈衍等在湖北张之洞幕府中提出的。"《光宣诗坛流派发展史论》,苏州大学出版社,2000年版,第198页。

杨柳，摇落生悲[1]”，“武昌人文聚会，二十年于兹。南皮内调，公又挂冠，鲜庵长化。名士过江，税驾无所，能无今昔之感乎[2]？”清末宋诗运动的中心转移至北京，在以后的几十年间宋诗派产生了广泛影响。

附表 2-1 光绪二十一年（1895 年）陈三立在张之洞幕府参与雅集的情况

时间	地点	人物	活动内容
正月十四日		陈三立、梁鼎芬、俞肇康、志锐、邹代钧、杨守敬、缪荃孙等	陈、梁宴客
正月二十五日		陈三立、梁鼎芬、缪荃孙等	友人招饮
正月二十九日	云自在龛	陈三立、梁鼎芬、缪荃孙	缪荃孙招饮
正月三十日		陈三立、梁鼎芬、缪荃孙、邹代钧、余肇康等	余肇康招饮
二月初四		陈三立、余肇康、缪荃孙、梁鼎芬	为梁鼎芬送行
二月初六	琴台	陈三立、梁鼎芬、夏曾佑、汪康年、缪荃孙、叶瀚	陈三立邀游琴台
四月五日	两湖书院水阁	陈三立、黄遵宪、夏曾佑、汪康年、邹代钧、缪荃孙、叶瀚	陈三立宴客
四月十三日	曾公祠	陈三立、汪康年、黄遵宪、邹代钧、夏曾佑、叶瀚	汪康年宴客
四月十七日		陈三立、缪荃孙、黄遵宪、邹代钧、夏曾佑、张通典、叶瀚	缪荃孙邀饮
四月二十八日	自强学堂	陈三立、黄遵宪、夏曾佑、缪荃孙、叶瀚、吴季清	宴集
五月初一		陈三立、黄遵宪、夏曾佑、邹代钧、张通典、缪荃孙、吴季清	黄遵宪招饮

① 沈瑜庆致梁鼎芬二函，见沈瑜庆：《涛园集》，台北：文海出版社，1967 年，第 283、286 页。
② 同上。

续表

时间	地点	人　物	活动内容
闰五月初五		陈三立、缪荃孙、谭献等	友人宴客
六月二十一日	自强学堂	陈三立、缪荃孙、叶浩如、邹代钧、张通典	邹代钧、张通典招饮
七月初六		陈三立、易顺鼎、缪荃孙、汪康年、邹代钧、谭献、叶瀚等	汪康年、邹代钧招饮
七月初七	自强学堂	陈三立、易顺鼎、汪康年、缪荃孙、邹代钧、谭献、叶瀚等	陈三立招饮
七月二十二日	自强学堂	陈三立、缪荃孙、杨守敬、叶瀚、邹代钧、吴德潇等	宴集
八月初七		陈三立、缪荃孙、汪康年、吴德潇、张通典、邹沅帆、叶瀚等	梁鼎芬招饮
八月初九	安徽会馆	陈三立、汪康年、邹代钧、缪荃孙、张通典、叶瀚、吴季清、吴铁桥	赏秋第一集
八月十一日	两湖书院	陈三立、汪康年、邹代钧、缪荃孙、张通典、叶瀚、吴季清、吴铁桥	赏秋第二集
八月十三日	洪山宝通寺、陈氏义庄	陈三立、汪康年、邹代钧、缪荃孙、张通典、叶瀚、吴季清、吴铁桥	赏秋第三集
八月二十七日	姚园	陈三立、汪康年、邹代钧、缪荃孙、张通典、叶瀚、吴季清、吴铁桥	赏秋第七集，照相
九月初六	云自在龛	陈三立、汪康年、邹代钧、张通典、叶瀚、缪荃孙、梁鼎芬	缪荃孙邀饮
九月二十三日		陈三立、梁鼎芬、宋伯鲁、黄绍箕、况周颐、蒯光典、刘世珩、徐乃昌、王木兰等	梁鼎芬招饮
九月二十四日		陈三立、沈瑜庆、康有为、况周颐、蒯光典、缪荃孙、徐乃昌、刘世珩、王木兰等	王木兰招饮

资料来源：《艺风老人日记》，第704—786页。

第三章
雅集与结社：宋诗派文人群体的文学活动

作为一个文人群体的宋诗派并没有明确的组织，更没有像新文学社团一样的宣言和固定的文学活动，表面看起来，这是一个松散的文人团体。但是通过对一些宋诗派主要成员参加的雅集和结社活动的考察，可以发现此群体之间是有着密切联系的，这里面包括陈衍、郑孝胥、陈宝琛等在京师的结社；陈三立在南京的频繁雅集；陈三立、沈曾植、沈瑜庆等在上海的结社等。通过雅集和结社，宋诗派成员结成了一个个小的人际网络，这些网络又通过其中核心成员的密切关系组合在一起，形成了一个庞大的文人网络。在以前的宋诗派研究中，这些诗社和雅集被隐隐约约的提到，但往往语焉不详，本章从梳理史料入手，初步探讨这些以宋诗派成员为中心的文学活动。

第一节　都下雅集：陈衍等宋诗派成员在京师的活动

"都下诗人，十余年来颇复萧寂。自余丁未入都，广雅相国入枢廷，樊山、实甫、芸子俱至，继而弢庵、右衡、病山、梅庵、确士、子言先后至。计余居都门五年，相从为五七言诗者，无虑数十人。讨论之契，无如赵尧生（熙）、陈仁先（曾寿）；进学之猛，无如罗掞东（惇曧）、梁众异（鸿志）、黄秋岳（濬）。尧生以诗名有年，所作无虑数千首。掞东诸子肆力为诗,不三数年也[①]",这是宋诗派理论家陈衍在《石遗室诗话》中对清末京师诗坛状况的一段描述,中间提到的陈宝琛(弢庵)、俞明震(确士)、梁鸿志、黄濬等,都是宋诗派的重要成员。

光绪二十四年(1898 年)维新变法失败以后,积极支持并参与变法的宋诗派成员也受到不同程度的打击,一度对政局失去信心,多数成员离开北京。直到光绪三十三年(1907 年)以后,这种创伤才有所愈合。尤其是张之洞入主军机,使这批精英士大夫看到了一线光明,他们纷纷北上,聚合于都下[②]。在清王朝夕阳残照的最后几年里,文人雅士们愈发致力于诗歌。酝酿于张之洞幕府时期的宗宋思潮开始逐渐扩散,影响到一些爱好风雅的年轻诗人,"宋诗"逐渐成为一种时尚,焕发出比道咸年间更为蓬勃的生机。

考察晚清最后几年的京师诗坛,陈衍是一个必不可少的人物。在湖北张之洞幕府时期还不甚知名的陈衍,此时的地位逐渐上升,成为宋诗运动的一个关键人物。雅好文事的陈衍此时供职于学部,不太重要的职位使得他有大量的时间来谈诗论文。此时他一方面与陈宝琛、樊增祥、易顺鼎、赵熙、杨增荦等诗坛名宿诗文唱和,扩大自己的影响;一方面为身边聚集的年轻诗人如罗惇曧、梁鸿志、黄濬、朱芷青、林庚白等说诗、改诗,俨然以诗坛宗师自居。梁启超请陈衍改诗,对陈衍地位的再次提升起到了重要作用,而 1912 年梁启超在其主编的《庸言》杂志上连载《石遗室诗话》,无疑标志着近代宋诗运动进入了一个新的阶段。借助现代媒介,陈衍的宋诗派理论迅速传播,在民国文坛产生

---

① 陈衍:《石遗室诗话》卷一,人民文学出版社,2004 年版,第 25 页。

② 光绪三十三年(1907 年),陈衍进京,入学部供职;宣统元年(1909 年),陈宝琛被荐还朝;宣统二年(1910 年)七月,郑孝胥进京。见陈声暨:《侯官陈石遗先生年谱》,《陈石遗集》,福建人民出版社,2001 年版,第 1999 页;张允侨:《闽县陈公宝琛年谱》,《沧趣楼诗文集》,上海古籍出版社,2006 年版,第 745 页;中国国家博物馆编、劳祖德整理:《郑孝胥日记》,中华书局,1993 年版,第 1272 页。

了重要影响。陈衍进京以后，于1910、1911年和其他诗人结成诗社相唱和，这是清末民初几年内京师诗人组成的重要诗社。我们通过这两个诗社来看一下宋诗派在京师的活动。

一、庚戌、辛亥诗社

宣统二年（1910年），陈衍与赵熙、胡思敬、江瀚、江庸、曾习经、罗惇曧、胡琳章等结庚戌诗社；宣统三年，陈衍又与陈宝琛、郑孝胥、林纾、胡思敬、曾习经、温肃等结辛亥诗社，逢佳日良辰，寻访胜迹，诗文唱酬，为一时盛会。有据可考的诗社雅集至少有十次，人数比较固定，活动相当有规律（附表3—1）。

这两个诗社带有很明显的传统诗社的特点，每逢佳日良辰，他们择一京师附近名胜，携茶点水果等前往，游览燕谈，至暮方归。晚则集于酒楼或某人寓宅，开怀畅饮，赋诗纪游。下次雅集另选一地，汇交前集之诗，互相品评。另外，每次雅集都由林纾绘图纪之，主人则有诗社同人轮流担当①。这是两个建立在私人友谊和共同诗学宗趣基础上的诗社。

庚戌诗社成员除陈衍、林纾外，其他人基本情况如下。

---

① 关于诗社雅集的情况，诗社成员温肃描绘道："春与陈弢庵乂、郑苏堪、胡瘦皇、赵尧生、曾刚甫、罗瘿公、潘若海、冒鹤亭、陈石遗、林畏庐诸君为游春之会，会必有诗，畏庐为图。"《温文节公年谱》，《温侍御（毅夫）年谱及檗庵奏稿》，台北：文海出版社，1975年版，第25页；陈衍："余言庚戌春在都下，与赵尧生、胡瘦唐、江叔海、江逸云、曾刚甫、罗掞东、胡铁华诸人创为诗社。过人日、花朝、寒食、上巳之类，世所为良辰者，择一目前名胜之地，挈茶果饼饵集焉。晚则寓于寓斋若酒楼，分纸为即事诗，五七言古近体听之。次集则必易一地，汇交前集之诗，互相品评为笑乐。其主人轮流为之。辛亥则益以陈弢庵、郑苏堪、冒鹤亭、林畏庐、梁仲毅、林山腴而无江氏父子。"《石遗室诗话》卷十二，第202页。另陈声暨："（陈衍）与江叔海、赵尧生、曾刚甫、杨昀谷、罗掞东、江逸云、林山腴、胡铁华诸君约，遇人日、花朝之等世所好良晨者，择一名胜地，挈茶果饼饵集焉。晚饮寓斋若酒楼，分纸为即事诗，古今韵均听。次集易一地，各缴前集诗，互相品评。其主人轮直之。"与陈衍描述相同，当本此。《侯官陈石遗先生年谱》，《陈石遗集》，第2012页。

赵熙(1867—1948),原名熹,字尧阶;改名熙,字尧生,号香宋。四川荣县人。光绪十七年(1891年)中举,次年成进士,选翰林院庶吉士。光绪二十年授翰林院国史馆编修。光绪二十三年至二十五年,主讲于东川书院。光绪二十九年返京,任国史馆协修、纂修。宣统元年(1909年),授御史。次年,转江西道监察御史。以敢于弹劾庆亲王、四川总督、为"戊戌六君子"昭雪而称名朝野。宣统三年,四川掀起保路风潮,任京官川南保路代表。辛亥革命后,以遗民自居,以卖文讲学为生。北洋政府及各路军阀屡次征召,皆辞不就。赵熙在文、史、艺术领域均有成就,诗、词、书、画皆有名于时,亦为近代川剧重要剧作家之一[①]。赵熙为晚清名御史,以敢于弹劾权贵而在士大夫中有着很高的声誉。梁启超在日本期间经潘博介绍拜赵熙为师,致书问候。赵熙除一度为御史外,未曾与政,一生事业在教育与学术,曾主讲荣县凤鸣书院、重庆东川书院,泸州川南经纬书院,并两次在重庆主持府考。其门生遍蜀中,早年有向楚、江庸、吴玉章等,郭沫若为其末代弟子,朱德、刘伯承亦曾拜门为私淑弟子[②]。

胡思敬(1870—1922),字漱堂,号退庐。江西新昌(今宜丰)人。光绪二十年进士。次年,补殿试,选庶吉士。散馆,改吏部主事。宣统元年(1909年),补辽沈道监察御史,转广东道。劾两江总督端方,有直声。辛亥后以遗老自居。张勋复辟,授副都御史,赴任道中,闻事败而返。著有《退庐文集》、《退庐诗集》、《戊戌履霜录》、《国闻备乘》等,合刊为《退庐全集》[③]。

---

① 参见梁淑安主编:《中国文学家大辞典·近代卷》,中华书局,1997年版,第314—315页。

② 唐振常:《直声在天地,诗名满人间——记香宋赵尧生先生》,《川上集》,北京:三联书店,1996年版,第278—279页。

③ 参见陈毅:《胡退庐墓表》,卞孝萱、唐文权编《民国人物碑传集》,北京:团结出版社,1995年版,第935—936页。

江瀚(1853—1935)，字叔海，别号石翁山民，福建长汀人。光绪十四年(1888年)，入易佩绅幕。易佩绅调任苏藩，随赴苏州。光绪十八年主持重庆东川书院。光绪二十二年赴致用书院讲学。光绪二十三年受聘于长沙校经堂。光绪三十年赴日考察教育。光绪三十一年任江苏高等学堂监督。翌年四月，任清政府学部总务司行走。光绪三十三年升学部参事官。宣统二年(1910)任京师大学堂分科教授，兼女子师范学堂经理。民国时期先后任京师图书馆馆长、北京政府政事堂礼制馆总编纂、参政院参政、总统府顾问、故宫博物院理事长等①。江瀚和陈三立为好友，曾前往南京探望陈三立，互相诗文唱和，度过了一段美好时光。

江庸(1877—1960)，字翊云，一作翼云，别号澹堂阁主。福建长汀人。江瀚之子。江庸为赵熙弟子。宣统二年郑孝胥进京后，江庸持赵熙函前往拜访②。江庸也常追随其父、其师参加都下雅集，有诗记录雅集的情况③。

曾习经(1867—1926)，字刚甫、刚父，号蛰庵。广东揭阳人。肄业于广雅书院，为梁鼎芬弟子。光绪十五年(1889年)举人，次年会试中式，光绪十八年，补殿试，成进士，授户部主事，迁员外郎。清末改官制，擢度支部左参议，晋右丞，历官税务处提调、印刷局总办、宪政编查馆学部咨议等。晚境窘迫。著有《蛰庵诗存》一卷。习经为梁鼎芬弟子，辛亥革命爆发后于清帝溥仪宣布逊位前一天先行引退，以示始终，购田于河北宁河县，从事垦辟，拒绝袁世凯的罗致。他人品高洁，为官

---

① 徐友春主编：《民国人物大辞典》，河北人民出版社，1991年版，第226页；江庸：《江庸自传》，《江庸诗选》，北京：中央文献出版社，2001年版。

② 郑孝胥："江叔海之子庸，字翊云，持赵尧生书来见，今为大理院推事，自言留学日本早稻田，尝与文虎同舍"。《郑孝胥日记》，第1275页。

③ 江庸：《花朝集陶然亭，赋呈赵尧生师、郑太夷、陈石遗丈，及曾刚甫、胡漱唐、温毅夫诸公》、《清明集天宁寺，迟石遗丈不至》等诗。《江庸诗选》，第7、9页。

清廉，辞官后以鬻书为活，晚境潦倒。[①] 曾习经有《花朝江亭宴集》、《清明日同社约访万柳堂遗址予到迟社散僧方掩楼扉独自登楼凝望苍翠然晚暮矣》、《法源寺丁香花下》、《花朝同陈弢庵郑苏堪林畏庐赵尧生陈石遗胡漱唐梁众异冒鹤亭温毅夫罗掞东潘若海诣花之寺》、《雪晴江亭社集》、《南河泊》、《弢庵先生招游净业寺》、《潘若海约极乐寺看海棠阻风未往晚饭西安楼》、《赵香宋同年约法源寺看丁香》、《天宁寺牡丹》诸诗，"以上皆庚辛两年，春游结社之作，十之六七也。"

罗惇曧，字孝遹，号掞东、退宾，世称瘿公，广东顺德人。其父罗家劭为翰林院编修。惇曧幼承家学，聪慧过人。早岁在广州万木草堂从康有为学，后又游张百熙门下。光绪二十六年（1900 年）赴北京，官邮传部郎中。入民国后历任总统府秘书、参议、顾问、国务秘书等职，又曾为袁克定师。袁世凯称帝，拒不受禄。纵情诗酒，流连剧场，与王瑶卿、梅兰芳相交甚密，与程砚秋交尤厚。晚年女死妻狂，贫病交迫，困窘而死。著有《瘿庵诗集》，叶恭绰为之刊行于世[②]。罗惇曧与梁鼎芬、黄节、曾习经并称"岭南四家"，其诗风均宗宋。黄濬对罗惇曧的人品评价很高："瘿宽厚敦笃，而有特操，与项城有故，而始终不受禄，其后尤望望然去之，以是贫病死[③]。"惇曧父家劭，同治乙丑进士，官翰林院编修，沈曾植、王仁堪为其庚午所得士。1917 年沈曾植参与张勋复辟，罗惇曧曾前往拜谒，苦口相劝，可见情深意切[④]。罗惇曧为庚戌、辛亥

① 生平事迹参见梁启超：《曾刚父诗集序》，陈引驰编：《梁启超学术论著集》，华东师范大学出版社，1998 年版，第 527－529 页；梁淑安：《中国文学家大辞典 · 近代卷》，第 445 页。《石遗室诗话》卷十二，第 198－200 页。

② 参见钱仲联：《近代诗钞》，江苏古籍出版社，2001 年版，第 1535 页；梁淑安主编：《中国文学家大辞典 · 近代卷》，中华书局，1997 年版，第 284－285 页。

③ 黄濬：《花随人圣庵摭忆》，山西古籍出版社、山西教育出版社，1999 年版，第 595 页。

④ 见罗惇曧《沈培老挽诗》，《瘿庵诗集》，民国十七年叶恭绰刻本；黄濬：《花随人圣庵摭忆》，第 596 页。

诗社的成员，都下雅集的积极参与者。

胡琳章，字铁华，四川人，赵熙弟子[①]。

庚戌诗社雅集次数不多，仅为辛亥诗社雅集之序幕。参与辛亥雅集的陈衍、赵熙、罗惇曧、胡思敬、曾习经亦为辛亥诗社主力。辛亥诗社除陈宝琛、陈衍、林纾外，还多了几张新面孔。

冒广生(1873—1959)，字鹤亭，号瓯隐，亦号疚斋。江苏如皋人。年十二，从外伯祖周星誉受词章学。又十年，从外祖周星诒受校雠、目录学。光绪二十年(1894 年)中举，考官黄绍第赏其才，选为婿。戊戌变法时期，与康有为、梁启超、林旭、徐珂等维新人士往来密切，列名“保国会”，参与“公车上书”。同年，应经济特科试，因策论中引卢梭《民约论》落榜。历官刑部、农工商部郎中。辛亥革命后，任瓯海(温州)、镇江、淮安等地海观监督、南京考试院考选委员、高等典试委员、国史馆纂修。三十年代末，任教中山大学。1949 年以后，被聘为上海文物保管会特约顾问。著有《小三吾亭文甲集》、《诗集》四卷、《词集》二卷、《冒巢民先生年谱》等[②]。冒亦工诗，钱仲联谓其：“虽与陈三立、陈衍诸人交游，而不染‘同光体’习气[③]。”冒广生与宋诗派人物陈三立、陈衍、郑孝胥、沈曾植、范当世、陈宝琛、沈瑜庆、林旭、夏敬观、李宣龚等都有交往。冒广生的岳父为黄绍弟[④]，黄绍箕、黄绍弟兄弟和宋诗派成员关系密切，冒广生因此遍交宋诗派人物。光绪二十三年，冒广生于上海结识林旭。时林旭依其岳父沈瑜庆居上海，之后两人来往频

① 陈声暨：《侯官陈石遗先生年谱》，《陈石遗集》，第 2012 页。

② 冒怀苏编著：《冒鹤亭先生年谱》；梁淑安主编：《中国文学家大辞典·近代卷》，第 322 页。

③ 钱仲联：《近百年诗坛点将录》，《梦苕庵论集》，中华书局，1993 年版，第 356－357 页。

④ 黄绍第：字叔颂，号缦庵，浙江瑞安人，黄绍箕弟。光绪庚寅(1890 年)进士，官湖北候补道。著有《缦庵遗稿》。

繁。是年九月,林旭有《丁酉九月泊舟烟台寄鹤亭》五律二首赠冒[①]。光绪二十四年,经林旭介绍,冒广生结识陈衍[②],与其多有往还,唱酬不断。后冒广生为陈衍赁居上斜街秀野草堂,园林雅盛,成为京师文人集会之地[③]。冒广生与宋诗派主将沈曾植还有姻亲关系,时相往来。光绪三十年(1904年),冒广生与另一宋诗派重要成员沈瑜庆在京师谈诗论文。沈瑜庆将赴粤东任所,冒作《沈爱苍陈臬粤东索诗赠行兼怀朱古微学使》七古送行[④]。同年十一月,冒广生、陈衍应沈曾桐招游苇湾,陈衍有《子封招同君直鹤亭游苇湾话别》诗纪之。[⑤] 冒广生与宋诗派另一成员范当世也有来往,当世弟范钟为广生乡试同年。光绪二十五年,广生在上海晤范当世,请范题《冒巢民手书菊饮诗卷》,范作《冒鹤亭以江建霞所赠辟疆先生菊饮唱和诗卷属题即用辟疆蕴题二首》诗赠之[⑥]。冒广生也多次参加辛亥雅集,1937年秋,应潘博之子潘叔玑之请,冒广生为当年极乐寺雅集图题诗云:"王城踪迹久成尘,地下多于地上人(社中弢庵、琴南、漱唐、刚甫、掞东、石遗均下世)。廿五年华真一梦,国花今日为谁春"[⑦],诗人回忆起当年都下雅集盛况,感慨万千。

潘博(?—1916),原名又博,字弱海,后改为若海。广东南海人。尝与黄节、任元熙、邓实、邓方等同问学于简朝亮。后师康有为,与梁启超、麦孺博相习。宣统年间,往来津沪,与陈三立、朱祖谋往还。又

① 《冒鹤亭先生年谱》,第84、89页。

② 陈衍:《石遗室诗话》卷四,第67页。

③ 《冒鹤亭先生年谱》,第93页。

④ 《冒鹤亭先生年谱》,第138页。

⑤ 《冒鹤亭先生年谱》,第140页。

⑥ 《冒鹤亭先生年谱》,第106页;又:光绪二十五年(1899年),江标以所藏《冒巢民手书菊饮诗卷》赠冒广生。冒在之后十年间,遍请名流题词,陈三立、沈曾植、范当世、夏敬观、梁鼎芬、易顺鼎、诸宗元等均有题诗。

⑦ 《冒鹤亭先生年谱》,第401页。

与赵熙、罗惇曧、罗惇㬊、诸宗元、梁鸿志等相交。民国四五年间，佐江苏军幕，与陈三立往还甚密。袁世凯帝制议起，潘博起兵抗之，遭袁世凯通缉，避居香港，匿康有为宅，悲愤呕血而卒。潘博也是都下雅集的参与者，辛亥以后的岁月里，与宋诗派诗人保持着密切联系。郑孝胥在阅读潘诗后写道："辛亥之春，余在京师，始识若海。是岁，大盗移国，久不相见。已乃闻友人诵若海'残劫何人覆败旗'之作。逾年，忽来视余，愤慨论世，顾谓余：'杜门绝俗，果忘世耶？'对曰：'实未能忘，然奔走营救有所不逮。'又年余，则君以奔走死矣。古微侍郎以遗稿示余，读之，俯仰雪涕，壮其志，哀其命，若海虽奔走无所就以死乎？吾侪自谓留命以有待者，盖甚愧于若海也。其诗真朴，晚学梅圣俞，假以岁月，必不止此。噫，若海一时师友，间有得天下大名而屡变其节，终以破坏名教不齿于世者，使其蚤死，不当为一名士耶[①]？"郑孝胥显然引潘博为同道，高度称许其特立独行的气节。陈三立和潘博在南京也有频繁交往。潘博卒后，陈三立心情极其沉痛，有诗悼之："鼙鼓声中数往还，就余弹泪倚钟山。帝秦孤愤天应鉴，走越奇踪梦与攀。落拓虞翻疑骨相，遨游陆贾补时坚。起衰二士移眸尽，忍过辛园话铸颜[②]。"诗中"起衰二士"指潘博与麦孟华，同为康有为弟子，且与陈三立过从甚密，在南京时常与陈三立游宴唱酬。[③]

林思进(1873—1953)，字山腴，号清寂翁，四川华阳人。光绪二十九年(1903 年)举人。次年，东渡日本，考察政教风俗，视野日阔，交游愈广。光绪三十三年，返国，授内阁中书。辛亥，睹国事无可为，告假

① 《郑孝胥日记》，第 1750－1751 页，1918 年 10 月 24 日。

② 陈三立：《挽潘若海》，《散原精舍诗文集》，第 528 页。

③ 陈三立在《蜕庵集序》中谈到："余于南海康先生入室弟子获交其乡以诗名者二人，曰潘若海、麦君蜕庵，皆才性人也。"陈三立：《蜕庵集序》，《散原精舍诗文集》，第 1152 页。陈三立有《答潘若海》诗："滔滔安所在，此士古之狂。喜得新传句，知仍溷卖浆。"《答潘若海》，《散原精舍诗文集》，第 400 页。

南归。民国初,友人蒲伯英、杨沧白迭主川政,邀其出,皆婉词拒绝,坚不肯出。后任成都府中学堂监督,又任四川省图书馆馆长。历教四川高等师范学校、成都大学、四川大学、华西大学。解放后,任四川省文史馆长。著有《清寂堂诗录》、《清寂堂文乙录》、《吴游集》、《华阳人物志》等。[①] 他与赵熙齐名,二人交谊最深,始终无间。汪辟疆称:"山腴与尧生唱和,清新俊逸,兼而有之。早年居旧京,与漱唐、畏庐、石遗尤密。文酒之会,罔不与焉。"[②]

梁鸿志(1882—1946),原名仲异,字鸿志,后以字行。福建长乐人。出身仕宦之家,其曾祖父梁章钜,是著名学者,政绩卓著的福建巡抚。梁鸿志六岁时,祖父任长崎领事,全家随同去日本两年。光绪二十九年中举,后入京师大学堂。毕业后历任山东登莱青道署科长、奉天优级师范学堂教员;法制院科员、法制局秘书、佥事、参事;参议院秘书长等职。因从段祺瑞游,故民初段任国务总理,梁为秘书长,成为皖系、安福系的重要成员。直皖战后,被指为安福系十大祸首之一,列名通缉,隐遁大连、上海等处,以诗酒自娱。八一三淞沪战起,东南数省沦陷,日人于华中制造"维新政府",梁鸿志出任行政院长。汪伪政权成立,取代维新政府,梁任监察院长。抗战胜利后,以汉奸罪判处死刑。著有《爰居阁诗》[③]。梁鸿志是宋诗派的后起之秀,与黄濬齐名,深受陈衍、郑孝胥、陈三立等器重。

温肃(1878—1939),原名联璋,字毅夫,号檗庵,广东顺德人。光绪二十八年(1902年)举顺天乡试第三名举人,光绪二十九年成进士,

---

① 见王仲镛《林思进传》,四川省地方志编纂委员会、省志人物志编纂组编:《四川近现代人物传》(第三辑),四川人民出版社,1987年版,第187—192页。

② 汪辟疆:《光宣诗坛点将录》,《汪辟疆文集》,第387页。

③ 参见秦孝仪主编:《中国近代史辞典——人物部分》,台北:近代中国出版社,1985年版,第318页。

廷试，授翰林院庶吉士，散馆，授编修。宣统二年授湖北道监察御史。宣统三年，梁鼎芬至京，居温肃宅。入民国，客张勋幕府四年。1917 年张勋复辟，任都察院副都御史。1922 年溥仪任命其于南书房行走。1929 年任香港大学汉文讲师。后追随溥仪于伪满洲国。著有《权山文录》、《陈独漉年谱》[①]。

从诗社成员的身份上来说，多为京师名士，其中赵熙和胡思敬以弹劾权贵而著称；陈宝琛则为晚清“清流党”领袖，早有直声于谏垣；曾习经为官也卓有政声，人品亦十分高洁。其好友梁启超描绘道：“自刚父之在官也，俸入外一介不取，且常以所俭蓄者周恤姻族，急朋友之难，故去官则无复余财以自活。刚父泊然安之，斥卖其所藏图籍、陶瓦之属以易米，往往不得宿饱。而斗室高歌，不怨不尤、不歆不畔者十五年[②]”；此外，郑孝胥、陈衍、林纾、江瀚、罗惇曧等均为当时文坛名士。

从诗社成员的构成上来说，庚戌诗社成员主要有陈衍、赵熙、胡思敬、江瀚、江庸、曾习经、罗惇曧、胡琳章等，以西蜀诗人、岭南诗人、闽赣诗人为主。其中，赵熙是西蜀诗人中的核心成员，不仅因为其德高望重，且江庸、胡琳章均为其弟子；岭南诗人有曾习经、潘博和罗惇曧；闽赣为陈衍、江瀚和胡思敬。但到了辛亥诗社，闽派和粤派诗人占了绝对优势。辛亥诗社是庚戌诗社的扩充，其中郑孝胥、陈宝琛、林纾系陈衍邀请入社；温肃、潘博乃曾习经邀请入社。诗社成员之一的胡思敬回忆道：“庚戌之春，予在京师与赵尧生、曾刚父、陈石遗、罗掞东诸君结访古诗社，月必数会，每会必游，每游必有诗。凡前朝遗迹，荒烟蔓草，人迹所不到之区，吟眺搜访殆遍，亦一时盛事也。次年辛亥，石

---

① 参见温必复等：《温文节公哀启》，卞孝萱、唐文权编：《辛亥人物碑传集》，北京：团结出版社，1991 年版，第 644—647 页。

② 梁启超：《曾刚父诗集序》，陈引驰编：《梁启超学术论著集》，华东师范大学出版社，1998 年版，第 528 页。

遗招陈伯潜、郑苏龛、林畏庐入社,皆福建人;刚父招温毅夫、潘若海入社,皆广东人也。予宦游累载,所交海内知名之士,闽粤人居多。而吴会英才荟萃之区,反不能与之并驾。地气迁移之渐,人才盛衰消长之机,往往由一二人倡之,传播浸广,风气为之一变。人可不自奋与?"[①]而这两个地域的诗人中宗宋者居多。诗社成员中,闽派的陈宝琛、郑孝胥、陈衍、梁鸿志等,皆为宋诗派中坚力量;而粤籍诗人中,曾习经、罗惇曧诗风亦宗宋[②]。曾习经工诗,且诗风亦宗宋,梁启超序其诗称:"刚父之诗凡三变:早年近体宗玉溪,古体宗大谢……中年以降,取径宛陵,摩垒后山……及至晚岁,直凑渊微,妙契自然,神与境会,所得往往出于陶柳圣处[③]"。赵熙传统上不被认为是宋诗派成员,但其诗风唐宋兼容,"亦不鄙薄同光体[④]"。因此可以说,这是一个以宗宋为主体的诗社。从林纾诗风的转变,亦知民初宗宋诗风已经颇为强大。林纾诗风本不宗宋,但此时已有转变,"(林纾——引者)少时诗亦多作,近体为吴梅村,古体为张船山、张亨甫。识苏堪后悉弃去,除题画外不复问津此道者殆二十余年。庚戌、辛亥,同人有诗社之集,乃复稍稍为之,雅步媚行,力戒甚嚣尘上矣[⑤]。"可见林纾已不像当初那样激烈地反对宋诗了。钱基博也谈到了林纾的"转型"问题:"是纾不惟不主宋诗;且

---

① 《题松筠庵话别图》,《退庐文集》卷六,《退庐全集》,台北:文海出版社,1975年版,第355—356页。

② 钱仲联:"梁、黄、曾、罗并称'粤东四家',并非由于他们代表广东诗最高成就,乃至诗学宗旨的相同——学宋"。魏中林整理:《钱仲联讲论清诗》,苏州大学出版社,2004年版,第144—145页;汪辟疆也认为"粤人而不落粤派者,有梁鼎芬、曾习经、黄节、二罗。能秀、能丽、能婉、能雅,似胜江左"《汪辟疆说近代诗》,上海古籍出版社,2001年版,第286页。

③ 梁启超:《曾刚父诗集序》,陈引驰编《梁启超学术论著集》,华东师范大学出版社,1998年版,第527页。

④ 唐振常:《直声在天地,诗名满人间——记香宋赵尧生先生》,《川上集》,三联书店,1996年,第382页。

⑤ 《石遗室诗话》卷三,第52页。

斥闽人之主宋者为‘妄庸’，如其以‘妄庸巨子’之斥章炳麟矣。及其老也，谓少作已尽弃斥；近年始专学东坡、简斋二家七言律。又称‘方今海内诗人之盛，过于晚明；而余所服膺者，则陈伯严，吾乡陈橘叟、郑苏戡而已’。陈伯严者，义宁陈三立，而橘叟则陈宝琛，苏戡则郑孝胥，皆西江派之健者而已[①]。”从林纾大骂江西派到心摹手追陈三立、陈宝琛、郑孝胥等“西江派之健者”，可见宋诗派在清末民初影响之大。从庚戌、辛亥诗社都下雅集的情况来看，其时宗宋诗风已逐渐成为京师文坛主流，如陈衍所言“近来致力为诗者，梓方、师曾、敷庵，大半瓣香黄、陈，而出入于宛陵、荆公，月率有新作数篇，远来请商酌[②]”。和张之洞幕府时期相比，此时陈衍终于从一个藉藉无名的地方诗人，转变为经常为别人说诗、评诗、删诗的著名诗人了。

都下雅集的另外一层意义在于，陈衍、郑孝胥、陈宝琛等宋诗派群体和岭南文人群体建立了密切联系。曾习经、潘博、罗惇曧诗风亦宗宋，且和宋诗派人频繁交往。实际上，他们对近代宋诗运动的发展也起到了至关重要的作用。岭南诗人所结成的网络紧密性也较强。1912年梁启超从日本回国后，就是经由曾习经、潘博、罗惇曧等和宋诗派建立了合作关系。两者结合，成为《庸言》诗文栏的主要力量。因此，都下雅集对宋诗派以后的发展产生了重要影响。

天下没有不散的筵席，尤其是在这样一个王纲解纽的时代。除了游宴唱酬，还有更关键的人生出处的问题在等待着这批末代士大夫们。随着胡思敬、陈宝琛、郑孝胥的先后离去，热闹非凡的都下雅集宣告终结。“宣武城南有古刹曰松筠庵，杨椒山先生故宅也。同社诸君以予之去国与朝局有关，相与祖饯于此。既宠以诗歌，又各影摩其像。

① 钱基博：《现代中国文学史》，中国人民大学出版社，2004年版，第174页。
② 《石遗室诗话》卷十九，第293页。

朋交难得易失，念之有足辈者。自予去后，伯潜入为帝师，苏龛出任湘藩，社事告终[①]。”

二、五载斜街旧草堂：小秀野草堂与都下雅集

光绪三十三年(1907年)陈衍到京以后，经由冒广生介绍，租住了上斜街的秀野草堂。之后五年，陈衍一直居住在这里，成为京师诗人聚会的一个重要场所。本节围绕来往于秀野草堂的一些人物来探讨陈衍与宋诗派影响的扩散。

小秀野草堂在宣南上斜街，丛林环绕，院内有数百年古槐一株，杂以朱藤、海棠、丁香诸花，间以湖石、枣树覆之，风景秀丽。据陈衍好友袁励准介绍，这里曾是清代名诗人顾嗣立居住过的地方。道、咸时期的宋诗派领袖何绍基为顾嗣立好友，曾为之题过楹联：“草堂小秀野，花市下斜街[②]。”顾嗣立也是一个雅好文事之人，曾编选过《元诗纪事》，陈衍亦于早年编过《元诗纪事》，加之何绍基和顾嗣立的交往，更令陈衍激动不已。仿佛冥冥中就注定要恢复承平年间的诗坛活跃气氛，陈衍更加热衷于主持一些诗文雅集。

京师诗坛长期郁闷消沉的氛围，小秀野草堂和顾嗣立、何绍基的渊源，陈衍的热情好客，各种因素叠加在一起，使这里逐渐成为京师名

---

① 胡思敬：《题松筠庵话别图》，《退庐文集》卷六，《退庐全集》，台北：文海出版社，1975年版，第355－356页。

② “余初至都，冒鹤亭(广生)为余赁居上斜街。群木绕屋，古槐夭矫拏空，是数百年物。层楹轩爽，稍具亭轩，缭以朱藤、海棠、丁香诸杂花，间以湖石、枣树覆之。袁珏生(励准)谓是顾侠君先生小秀野草堂。何猨叟题有楹联云：‘草堂小秀野，花市下斜街’者也。余居半载，遂赋悼亡，朋辈相慰藉者，时过从谈宴赋诗。樊樊山云：‘……老作斜街花市长，贫无背郭草堂资……’，又次韵云：‘善本枣梨同秀野，小园杨柳异江潭……’。掞东云：‘背城幽筑占春深，僵石疏花柳十寻。旧主尚闻尊酒帝，荒庵今已属诗淫。相从餔啜夸余子，每喜风骚得嗣音。更酹清觞慰猨叟，斜街花市未销沉。’……昀谷云：‘斜街记访侠君庐，小坐贪看月上初……’。”陈衍：《石遗室诗话》卷三，第35页。

流、诗人聚会的重要场所[1]。庚戌、辛亥诗社的活动中经常有一个重要的节目，就是这些诗人们在雅集结束后的晚上到小秀野草堂来宴集。辛亥诗社的最后一次雅集，是在这一年的六月初三。此次雅集，宾主尽欢："最后集公寓。寓中花木本极盛，中有单叶白桃花一株，忽变为千叶桃，烂漫千百朵，席设花下，花片时坠杯中。大有宋人飞英会之致。群公是日乐甚[2]。"这一次在小秀野草堂的聚会是都下雅集的尾声，大有盛极而衰的意味，这是这批士大夫在旧王朝里的最后一次盛会了。

陈衍也经常召其他朋友来聚谈诗文。宣统二年庚戌(1910 年)二月十六，陈衍召梁鸿志、黄濬、何震彝、朱联沅、曾念圣等集小秀野草堂。各赋五言律诗一首。何震彝云："草堂小秀野，花市小斜街。人意谁能适，天怀固自佳……"。朱联沅云"树阁花朝雨，杯分秀野春。诗图翻主客，茶梦破天人。数子湛冥意，高斋清净因。乾嘉旧风味，一往动心尘。"梁鸿志云："绝代嘉陵老，笺诗秀野堂。怜余能寂寞，刻意问行藏。微抱关朝局，闲身称酒场。残春花自好，聊复慰流芳。"黄濬云："……斜街留踯躅，佳节值长春[3]。"这批年轻诗人在小秀野草堂内和陈衍言谈甚欢，流连忘返。"斜街"、"秀野草堂"成为诗人们笔下常见的字眼。宣统二年十月初五，陈衍又召赵熙、胡思敬、王式通、林纾、马其昶、姚永朴、姚永概、陈诗、吴保初、冒广生等饮于小秀野草堂。这次的

---

① "旧诗人陈衍，与冒广生友善，逊清末叶，同官北平。衍所寓上斜街屋，相传为元顾侠君'小秀野草堂'故址，以是凡文酒雅集，名流咸乐就之。"林庚白：《丽白楼遗集》，第 923 页。

② 陈声暨：《侯官陈石遗先生年谱》，《陈石遗集》，第 2015 页。

③ 梁鸿志：《花朝后一日陈石遗先生招同何鬯威、朱芷青、曾次公、黄哲维、集小秀野草堂》，《爰居阁诗》；"庚戌花朝后一日，余招鬯威、芷青、仲毅、次公、秋岳数子集小秀野寓庐小饮，限各赋五言律一首。"《石遗室诗话》卷三，第 54 页；《侯官陈石遗先生年谱》，《陈石遗集》，福建人民出版社，2001 年版，第 2011 页。

阵容更为庞大,除辛亥诗社的几个成员外,还有京师其他知名文士。陈诗赋诗曰:"侠君秀野堂,今日石遗室。清流日骈罗,韵事未消歇①。"宋诗派成员俞明震亦曾拜访陈衍于小秀野草堂,且请陈衍为其删诗:"俞确士学使(明震)庚戌入都,访余于秀野草堂,云有近诗一册,在弢庵处,请余商定②。"另一位宋诗派成员陈曾寿③也经常到小秀野草堂和陈衍等人作文酒之会。在这里听陈衍谈论木庵先生(陈书),"余旧寓上斜街小秀野草堂,高林从杂,夜色最佳,仁先绝爱之。有怀余绝句云:'佳节从来忆兄弟,中年恨事更相参。何生重依斜街月,酒后论诗说木庵?'④"以上诗句足见小秀野草堂此时已成为京师文人雅集的重要场所。

陈衍自1907年进京至1912年下半年离京,在小秀野草堂生活了五年。这里给他留下了美好的回忆:"五载斜街旧草堂,遍栽桃杏共垂杨。坏垣未补犹山色,颓榭全倾只石廊。""陈迹履綦尘漠漠,归魂环佩月荒荒。夜阑秉烛分携处,佳句曾劳寄数行⑤。"

林纾回忆起秀野草堂也感慨万千:"累聚景常忽,暂离味弥长。石

---

① "庐江陈子言(诗)与确士为文字骨肉,屏绝世务,冥心孤往,一意苦吟,今之贾阆仙、李才江也。庚戌十月五日,余招引斜街寓庐,同集者杨昀谷、赵尧生、胡瘦唐、王书衡、马通伯、姚叔节、吴君遂、冒鹤亭、林畏庐。君归赋诗曰:'……侠君秀野堂,今日石遗室。清流日骈罗,韵事未消歇。'"《石遗室诗话》卷四,第64页;冒怀苏编著:《冒鹤亭先生年谱》,第166页。

② 《石遗室诗话》卷四,第63页。

③ 陈曾寿(1878—1949),字仁先,号耐寂、复志、焦庵等,今湖北浠水人。嘉道间诗人陈沆之曾孙。少肄业于武昌两湖书院,师从梁鼎芬。年十八,补县学生。光绪二十三年,以选拔贡于朝。二十八岁,与母弟曾则、曾矩,同中式乡举。光绪二十九年,成进士,官刑部主事。一度东游日本。是年,召试经济特科,入高等,寻调学部,累迁员外郎、郎中,最后官至学部右侍郎。辛亥革命后归湖北。1917年参与张勋复辟。后筑室于杭州南湖,幽居奉母。与俞明震为近邻,时相酬唱。1925年赴天津,追随溥仪,后又至长春。晚年南归。

④ 《石遗室诗话》卷二十二,第344页。

⑤ 陈衍:《重过秀野草堂故居追合哲维怀旧之作》,《陈石遗集》,第203页。

遗去秀野，桃柳荒深堂。柴车三过门，伏轼思琴觞[①]。”林纾当年也是都下雅集的参与者。每次雅集，林纾几乎都绘图纪念。他也是小秀野草堂的常客，因此每次经过这个地方，林纾脑海中都浮现出当年文酒觞咏的画面。

小秀野草堂对陈衍有着多重意义。首先，京师文士频繁在这里雅集，说明陈衍交游圈的扩大，逐渐进入文坛的中心。张之洞幕府时期，陈衍虽已有诗名，但基本上还属于边缘性诗人，和几个好友相唱和，追随张之洞参加高层雅集的次数不是很多。而秀野草堂时期的陈衍，通过诗社、雅集、为年轻诗人说诗等方式，已渐趋成为京师名士，诗名开始远播。其次，考察京师诗人们在小秀野草堂的活动，“陈衍说诗”成为一个重要内容，“何生重依斜街月，酒后论诗说木庵?”(陈曾寿)、“诗图翻主客，茶梦破天人”(朱联沅)、“绝代嘉陵老，笺诗秀野堂”(梁鸿志)这些诗句，都传达出陈衍说诗的信息。尤其从“诗图翻主客”的诗句可以看出，陈衍这时已经有了一定的群体意识。辛亥诗社解体一年后，陈衍应梁启超之邀作《石遗室诗话》。京师五年在小秀野草堂来往的诗人、陈衍和友朋谈艺所触发的灵感，都成为诗话的素材。陈诗就曾由读《石遗室诗话》而联想到小秀野草堂，可见陈衍的草堂说诗给他留下了深刻印象[②]。再者，来往小秀野草堂的，除了京师名士，还有一批年轻才俊，如梁鸿志、黄濬、何震彝、朱联沅、曾念圣等。这批人承续了陈衍的诗学思想，以陈衍弟子自居。这些年轻诗人的崛起，极大地提高了陈衍的诗坛地位，扩大了宋诗派的影响。

---

① 林纾：《辛亥除夕得石遗书却寄》，《畏庐诗存》，民国刻本；《石遗室诗话》卷五，第82页。

② “陈子言《岁暮读石遗室诗话奉寄》云：‘松舒夜叉背，枫蕴陆浑火。奇哉先生诗，妙论至繁夥。低回太山咏，寂寞秀野坐。有酒可浇愁，当年曾著我……’”《石遗室诗话》卷二十七，第415页。

辛亥前后局势的恶化,使得更多的士大夫将精力托付于诗歌,诗文酬唱、雅集等活动也空前热闹起来。雅好交游、不甘寂寞的陈衍广纳声气,极大地传播了宋诗派的影响。而1912年开始在《庸言》杂志上连载的《石遗室诗话》,更将近代宋诗运动推向了高潮。

第二节　金陵唱和:陈三立在南京的交游

南京,古称金陵,为中国历史上人文荟萃的地方。从明代以来,南京就有许多诗人结社,是文人活动的中心。近代以来,南京为南洋大臣两江总督所在地,士大夫欲建功名者,云集于此[①]。光绪二十六年(1900年)以后,陈三立移居金陵。当时金陵有大批诗人聚集,陈三立与之频繁酬唱,创作了千余首诗作,"盖三立居金陵最久,师友酬唱,山水登临,亦金陵作为多[②]"。从光绪二十六年至辛亥革命爆发,陈三立除每年抽出一段时间到江西谒墓、偶尔到上海访友外,大部分时间都是在南京度过。这是他最着力于诗文,诗名逐渐远播的时期。通过和其他在南京的诗人唱酬、雅集,陈三立度过了人生最晦暗的时光。

在谈及陈三立生平的时候,很少有人考虑这样一个问题:为什么陈三立在光绪二十六年以后会选择南京,而不是其他地方定居?

由于缺乏历史资料,研究者对陈三立在南京时期的活动很少论及。如张求会在《陈寅恪的家族史》、汪荣祖在《史家陈寅恪传》中都有大段涉及陈三立的地方,但对陈三立在南京时期的活动却鲜有提及。这位宋诗派领袖创作最活跃、著述最丰富的一段时期,因历史资料的匮乏而显得神秘莫测。笔者梳理了《艺风老人日记》、《郑孝胥日记》中

---

① 陈三立:《清故四品京堂蒯公神道碑铭》,《散原精舍诗文集》,第1031页。

② 宋慈抱:《陈三立传》,李开军校点:《散原精舍诗文集》,第1207页。

有关陈三立的地方，初步理清了他在南京的一些交游活动，虽然只是他这个时期众多活动中的一部分，但已多少可以了解一些这位诗坛领袖南京时期的生活与创作状态。缪荃孙《艺风老人日记》较为细致地记录了南京文人活动的情况。缪氏于光绪二十六年(1900年)在南京任钟山书院山长，兼领龙城书院；后钟山书院改为高等学堂，充监督，兼领中山学堂；光绪二十九年，赴日本考察学务；归国后不久，辞学堂监督，专办江南图书馆；宣统元年(1909年)，充京师图书馆正监督[①]。缪荃孙光绪二十六年至宣统元年的大多数时间在南京，与陈三立为挚友，两人往来频繁，从其日记中多少可以窥知陈三立在南京时期的活动。以《艺风老人日记》的记载为依据，笔者统计了陈三立在南京和朋友的宴集、雅集共69次(见本章附表3—2)。这只是缪荃孙参与雅集的情况，其中不包括陈三立和缪荃孙两人的来往。从表中可以看出，陈三立在南京的生活十分"丰富"，宴集、雅集的频率也相当高。其中重要参与者情况为：樊增祥19次，俞明震18次，王仁东14次，顾云11次，刘世珩10次，徐乃昌8次，薛华培7次，杨钟羲7次，朱祖谋6次，李瑞清6次，蒯光典4次，徐绍桢4次，濮文暹4次，陈庆年3次，易顺鼎3次，范当世2次，林开謩2次。这个交游圈基本上涵盖了陈三立在南京时期经常来往的好友，以上人物也经常出现在陈三立的诗中。这些人物中，相当一部分和宋诗派其他成员也关系密切。

范当世(1854—1905)，初名铸，后易名当世，字无错、铜士，号肯堂、伯子。江苏南通人。少孤贫，力学。补诸生。曾九试秋闱而不第，三十五岁后决意弃举业。与张謇、朱铭盘有"通州三生"之称，与弟范钟、范铠又称"三范"。吴汝伦主冀州，闻其名，邀北上，讲学于保定莲

① 参见《艺风老人年谱》，《艺风老人日记》，北京大学出版社，1986年版，第3404—3418页。

池书院。丧妻,由吴汝伦为之介,续娶桐城姚莹孙女为妻。其岳父姚浚昌曾参曾国藩幕。妻舅兄弟姚永朴、姚永概均为桐城文派嫡传,其继室姚蕴素为女诗人。范当世后入直隶总督李鸿章幕,以诗文课其子。后即南游,客鄂、沪。曾执教通州东渐书院讲席,后又任江宁三江师范学堂总教习。晚年归里,筹办南通小学。著有《范伯子诗集》、《范伯子文集》。汪辟疆在《光宣诗坛点将录》中譬之为"天明星霹雳火秦明"。钱仲联《近百年诗坛点将录》中以"天雄星豹子头林冲"譬之[①]。范当世为宋诗派成员,由于沉顿下僚和英年早逝,他在民国诗坛的影响远不如陈三立和郑孝胥,但陈三立对其极为推崇。他与陈三立为儿女亲家,两人诗歌观念有至为相契之处。两人都兼学黄庭坚与李商隐,追求"奥莹出妩媚"的诗境。陈三立对范当世诗推崇备至,是当世知音。范当世经常前往南京拜访陈三立,是雅集的重要参与者。

俞明震(1860—1918),字恪士,号觚斋,晚号觚庵。浙江山阴(今绍兴)人。光绪十六年(1890年)进士。以翰林改官刑部,外任道员。甲午中日战争时,在台湾佐唐景崧幕。后随唐景崧返大陆,居江南。光绪二十八年,为江南水师学堂总办。次年,赴上海参与查办《苏报》案。宣统二年(1910年)任甘肃提学使,署布政使。晚归江南,筑室南京西溪与杭州西湖,与陈三立、陈曾寿等诗酒酬唱。著有《觚庵诗存》四卷。陈三立对其诗评价极高:"觚庵诗感物造端,摄兴象空灵杳蔼之域,近益托体陈简斋,句法追钱仲文[②]。"俞明震也是宋诗派的重要成员,他和陈三立为姻亲,陈三立续娶俞明诗,为明震妹。从《郭嵩焘日记》的记载来看,俞明震光绪十六年(1890年)中进士之前的一段时间曾经在湖南,常和陈三立来往。陈三立居金陵时,俞明震亦筑宅于青

① 参见马亚中:《〈范伯子诗文集〉·序》,马亚中、陈国安校点:《范伯子诗文集》,上海古籍出版社,2003年版。

② 参见陈三立:《俞觚庵诗集序》,《散原精舍诗文集》,第944页。

溪畔，与三立为邻，他的“觚园”是陈三立经常光顾的地方。辛亥革命爆发后，俞明震移居杭州，和另一位宋诗派诗人陈曾寿比邻而居。陈三立时常到杭州散心，和俞明震、陈曾寿一起游览名胜，诗酒流连。

樊增祥(1846—1931)，字嘉父，号云门、樊山，别署天琴老人、身云居士。湖北恩施人。同治六年中举，张之洞荐其为潜江学院山长。其后与张之洞交往甚密，亦受张之洞影响，转向经世致用之学，悉焚其诗词旧作。光绪三年(1877 年)中进士。光绪二十六年，简授皖北道道员。累官至陕西布政使、江宁布政使、护理两江总督。辛亥革命后以遗老自居。袁世凯执政时期曾为参政院参政。著有《樊山集》二十八卷、《樊山续集》三十二卷。樊增祥为晚清名诗人，中晚唐诗派的代表①。樊增祥时任江宁布政使，与陈三立来往密切。其布政使官署瞻园为陈三立等南京诗人经常雅集的地方。

杨钟羲(1865—1940)，原名钟广，字愪庵、子晴、芷晴、子勤，号留垞，晚号圣遗居士。正黄旗汉军籍。出身世宦之家，为盛昱表弟。少随父宦居武昌。光绪十一年(1885 年)应京兆试，中举人，出翁同龢、潘祖荫门下。光绪十五年，成进士，改庶吉士。散馆，授编修。光绪二十年，充顺天乡试考官，光绪二十一年，充会试考官。光绪二十五年，保送知府，分发浙江。光绪二十九年荐试经济特科，不应。返湖北，授襄阳、安陆知府。光绪三十四年，补授淮安知府，又授江宁知府。辛亥革命后，避地沪上，与沈曾植、李宣龚、陈曾寿、金蓉镜等相唱酬。1923 年，谒见溥仪，与王国维等同被任命为南书房行走。1933 年东游日本，归国后被溥仪任命为“国立图书馆馆长”。1936 年后息影北京。著有《圣遗诗集》、《雪桥词》、《雪桥诗话》、《雪桥诗话续集》、《白山词介》

① 生平事迹参见：梁淑安主编《中国文学家大辞典·近代卷》，第 470－471 页。

等[①]。杨钟羲与盛昱为表兄弟,盛昱为晚清清流名士,与沈曾植、郑孝胥、王仁堪、王仁东等在京师期间交往密切。杨钟羲与沈曾植、郑孝胥庚子以后都有密切往来。宣统元年,杨钟羲任江宁知府,来到南京,和陈三立等频繁聚会。陈三立曾为其《雪桥诗话续集》作序,评价甚高[②]。

顾云也是陈三立在南京的重要诗友。这是一个和宋诗派人物交往广泛但被忽略的人物。顾云(1845—1906),字子鹏,号石公。江苏上元(今江宁县)人。少逢战乱,避地秦淮,舞稍盘马,豪侠自喜;继乃折节读书,工古文辞,亦豪于诗。归里,补县学生。假馆盋山薛庐,诗酒自娱。光绪十七年(1891 年)游吉林,为将军长顺修省志,事竣,获报教职,选宜兴训导,署常州教授。著有《盋山诗文录》。[③] 顾云性格磊落,雅好交游[④],他出门常骑驴,然体肥胖,驴不胜重负,压死数匹,成为朋辈取笑的素材[⑤]。顾云之死,据说是醉死于乌龙潭上。[⑥] 顾云寓宅之侧的薛庐为陈三立和友人经常光顾的场所。薛庐在南京西门内之盋山,为薛时雨故宅,冈峦拱抱,林木森蔚,远城市之嚣,具林壑之趣。顾云居薛庐之侧,每逢人日,以野菜果蔬宴宾朋,谓之挑菜会,主宾尽醉,谐嘲间作。顾云性格豪爽,喜饮,常醉酒后于座间大骂,座客不堪,以致遁去,而明日相见如常。顾云于光绪三十二年(1906 年)人日雅集

① 参见:《雪桥自定年谱》,《中和月刊》1940 年第 1 卷第 10－12 号、1941 年第 12 卷第 1—2 号;梁淑安主编:《中国文学家大辞典·近代卷》,第 157 页。

② 陈三立:《雪樵诗话续集序》,《散原精舍诗文集》,第 914 页。

③ 参见梁淑安主编:《中国文学家大辞典·近代卷》,第 353 页。

④ “上元顾君子鹏,振奇磊落人也。丙申荃孙来主钟山,始识君。君工古文辞,读书略观大意。家甚贫而口不言,天趣盎然。其立身行己皎然自拔于流俗,古人所谓意思深长者,其君之谓与?”缪荃孙:《送顾子鹏之荆溪训导任序》,《艺风堂文集》(一),第 622 页,沈云龙主编:《近代中国史料丛刊》,第九十五辑,台北:文海出版社,1975 年。

⑤ 见陈三立《过龙蟠里顾石公故宅》诗后小注,《散原精舍诗文集》,第 445 页。

⑥ 见寄禅《挽三公》诗序:“方悲悼间,忽闻江南顾石公亦于三月醉死乌龙潭上,”诗云:“我爱江南顾石公,苦吟终日坐松风。大瓢一醉龙潭月,便于刘伶荷锸同。”梅季点辑:《八指头陀诗文集》,长沙:岳麓书社,1984 年版,第 344 页。

后数月去世，陈三立有诗悼之。民国三年冬，陈三立过龙蟠里顾云故居，想起往日游宴之乐，不禁黯然神伤："踯躅过门寻断梦，跛驴骑出更谁看[①]。"顾云与郑孝胥相交至契，光绪十五年（1899 年）郑孝胥由内阁中书改官同知，分发江南，居南京青溪顾云寓所，益致力于诗，与顾云频频唱和。[②] 陈衍曾称：郑孝胥诗为顾云作者，无不工[③]。郑孝胥和顾云还有姻亲关系，郑孝胥内弟吴学廉和顾云为亲家。郑孝胥在南京期间，经常骑驴拜访顾云，文酒之会，殆无虚日。顾云所居在盋山下，以"深树读书堂"名其寓庐，郑孝胥题联云："门有五柳树，书成一家言。"郑孝胥《海藏楼诗集》初次刊行，即请顾云作序，相交之亲密可见一斑。

李瑞清也是陈三立南京时期的好友。李字仲麟，号梅庵，江西临川人。其貌甚魁伟，广颡丰颐，神志内湛而乐易近人。光绪辛卯（1891 年），举湖南乡试副榜第一人，以不合例注销。癸巳（1893 年），成进士。甲午（1894 年）殿试，授庶吉士。寻丁内艰，服阕，改官道员，分江苏，总办两江师范学堂及宁属高等学堂，三署江宁提学使。辛亥革命爆发时，布政使樊增祥逃逸，李瑞清署布政使。拒绝革命军江苏都督程德全的挽留，将库存银两悉数交付江宁士绅，孑身走沪上。临行前，将自己仅有的一辆马车卖掉，得到的钱全部赠给家境窘迫的学生。居沪后，易道士装，匿姓名，自署曰清道人，鬻书画自给。李瑞清文诗均宗汉魏，书备各体，传世者以北魏碑体具字画在民国享有盛誉。著有《清道人遗集》4 卷[④]。1915 年，两江师范学堂改为南京高等师范学校。为纪念李瑞清，特在校内六朝松下重建"梅庵"。解放后，中央大学改为

---

① 陈三立：《过龙蟠里顾石公故宅》，《散原精舍诗文集》，第 445 页。

② 叶参：《郑孝胥传》，《民国丛书》第一编，上海书店，1989 年版，第 2 页。

③ 陈衍：《海藏楼诗叙》，《石遗室集》，第 510 页。

④ 参见吴宗慈：《李瑞清传》，卞孝萱、唐文权编《民国人物碑传集》，团结出版社，1995 年版，第 879—881 页；朱祥清主编：《江西近现代人物传稿》（第二辑），南昌：江西人民出版社，1991 年版，第 276—280 页。

南京大学,又在校内专建“梅庵亭”一座,缅怀他的办学功绩①。李瑞清在晚清民国是一个传奇式人物。中国历史上易代之际总有一些遗民逃世,作道士是其中相当一部分人的选择。但清朝覆亡之后,并没有多少人选择这条道路,清道人李瑞清是其中独特的一个。郑孝胥曾经写诗赞颂过他,并自愧弗如。民国时期寓居上海的遗民中,和李瑞清关系最好的是陈三立和沈曾植。民初,陈曾寿、俞恪士在西湖边上筑有寓庐,陈三立、李瑞清以及其他一些朋友经常光顾,留下了大量诗篇②。

时在江楚编译局任职的陈庆年③与陈三立也经常来往,陈庆年曾客张之洞幕府,与陈三立、郑孝胥时相过从。郑孝胥诗中有:“鸥榭三陈隔江居,石遗室士可及善馀。士可健谈善馀病,石遗时时犹我俱④。”郑孝胥在汉口筑有盟鸥榭,陈庆年与陈衍、陈毅(士可)都是盟鸥榭里的常客。陈三立诗中也有多首和陈庆年有关⑤。

濮文暹,字青士,初名守照,晚号瘦梅子。江苏溧水人。补县学

① 朱祥清主编:《江西近现代人物传稿》(第二辑),南昌:江西人民出版社,1991年版,第280页。

② 陈三立诗集中为李瑞清所作者甚多:《横板桥步月偕仁先李道士》、《有忆李道士客金陵》、《横板桥北草场偕曹东寅李道士玩月》、《夜访李道士共其弟筠庵方留疾仁先恪士亦在座》、《携仁先李道士过太夷海藏楼赏晚菊》、《乙卯元旦仁先李道士见过》、《别墅闲居寄怀陈仁先李道士》等,均见《散原精舍诗文集》。

③ 陈庆年(1863—1929),字善馀。江苏丹徒人。光绪八年(1882年)补县学生员,是年秋乡试,与沈曾植交游。光绪十二年,肄业于南菁书院,又与唐文治、赵剑秋、孙师郑等为同学,并为王先谦、黄以周所器重。光绪十四年,中优贡生。后入张之洞幕,居武昌,任译书局总纂,兼两湖书院分教。后赴湘,任高等学堂监督,兼提调湖南全省学务。又赴江南,端方委以江楚编译局、江南图书馆差。1921年,唐文治创办无锡国学专修馆,延其主讲,以病未成行。著有《横山乡人类稿》十三卷、《古香研经室笔记》、《横山乡人丛钞》等。唐文治:《陈君善余墓志铭》,《碑传集补》第五十三卷;梁淑安主编:《中国文学家大辞典·近代卷》,第244页。

④ 郑孝胥:《酬石遗题盟鸥榭诗》,《海藏楼诗集》,第310页。

⑤ 陈三立:《过陈善馀编译局》;《题陈善馀横山草堂图二首》;《善馀侵晨相过值酣卧为门者所拒戏作以诒之》;《陈善馀过话》;《散原精舍诗文集》,第224、283、471、551页。

生。随父任至蜀。咸丰九年中举。同治四年成进士。分刑部主事，补提牢厅，迁至郎中。光绪九年简放潼关道，未至任，补受南阳府知府。在南阳十余年，积劳加三品衔，以道员在任升用。晚年守制家居，杜门不出，被延为府学堂总教习。淹通经史，工诗古文辞，并善鼓琴。有《见在龛诗文集》、《石话杂记》等[①]。陈三立居南京时，常从游。"光绪中，余始为侨人，获从先生游。于时先生垂七十矣，形貌清癯，神致疏朗，音吐坦率无城府。所居擅园池，高柳千株，每造先生，踯躅其下不欲去[②]"。在作于光绪三十年(1904 年)的《为濮青士观察丈题山谷老人尺牍卷子》中，陈三立写下了"我诵涪翁诗，奥莹出妩媚"的诗句，表达了对黄庭坚诗的追慕之意。

林开謩也是一个对宋诗派来说十分重要而又常被忽略的人物。林开謩(1862—1937)字诒书、贻书，福建长乐人。光绪二十一年进士，授编修。曾任河南学政、江西提学使、江西布政使、徐州兵备道等。辛亥革命爆发，绅民举为民政长，辞而未就[③]。林开謩与宋诗派人物关系密切。他是郑孝胥的表弟，陈宝琛的连襟，与王仁堪、王仁东兄弟为姻亲。林开謩与林旭亦为知交。林旭遇难后，亲故莫敢前，林开謩为其敛丧[④]。他性情豁达，不拘小节，与人无町畦，而严取舍、笃风义、急人所难[⑤]。林开謩与郑孝胥早年过从甚密，辛亥革命后，又与郑孝胥、沈瑜

① 陈三立：《见在龛集序》，《散原精舍诗文集》，第 936－937 页；王庚：《今传是楼诗话》，第 191 页。

② 陈三立：《见在龛集序》，《散原精舍诗文集》，第 936 页。

③ 徐凌霄、徐一士：《凌霄一士随笔》，山西古籍出版社，1997 年版，第 716－717 页；陈宝琛：《林君贻书六十寿序》，《沧趣楼诗文集》，上海古籍出版社，2006 年版，第 356 页。

④ 陈宝琛：《林君贻书六十寿序》，《沧趣楼诗文集》，上海古籍出版社，2006 年版，第 356 页。

⑤ 同上。

庆、吴鉴泉、王仁东、高而谦等在沪开"读经会",可谓密友[①]。林开謩后加入超社、逸社,为重要成员,和沈曾植、陈三立频频雅集,诗酒流连。

通过陈三立在南京雅集情况的考察,基本上可以回答本节开头提出的问题了。陈三立之所以选择南京定居,大致有以下几方面原因。首先,从政治上考虑,南京多故旧,其中两江总督端方[②]、江宁布政使李有棻[③]、樊增祥、江宁知府杨钟羲、新兵第九镇统制徐绍桢、江南陆师学堂总办俞明震均为故交好友,生活在这个环境中,不会有政治上的后顾之忧;其次,从环境上考虑,南京风景秀丽、名胜众多,是一个适合于"隐"的地方,便于三立放松心情,从国难家难的伤痛中恢复过来;再者,南京人文称盛,是文人雅士云集的地方,陈三立和友朋诗酒流连,内心的创伤得以平复;还有,南京位置适中、交通便利,三立无论从水路溯江而上到江西谒墓,还是到上海走亲访友,亦或到杭州游览散心,都必较便利。他在一篇文章中也提到:"国家自海通以来,南北洋屹然为国内重镇,南洋辖三巡抚四布政使,地尤广,士大夫欲发名成业,以才智效于时者,争趋江宁。江宁者,南洋大臣两江总督所驻地也。"可见他定居江宁既从风气上考虑,也从人文上着想[④]。事实上也说明了

---

① 读经会是辛亥以后郑孝胥和几个好友结成的小团体,旨在通过读经来坚定恪守儒家思想的决心,与新思潮抗衡。主要成员均为郑孝胥知交,见《郑孝胥日记》:"爱苍言'今日读经社已开,到者旭庄、贻书、宣甫'"。1912年7月15日条,第1424页;"辰刻,诣沈爱苍,为读经社第二集,到者旭庄、宣甫、怡书"。1917年7月12日条,第1425页;"赴读经会,仍读《礼记》、《孟子》。"1912年7月28日条,第1426页;"赴读经社,读《孟子·万章》篇、《礼记·玉藻》至《乐记》。鉴泉来入社,子益携其女君珈来听"。1912年8月4日条,第1427页;"旭庄、宣甫、小宋来,作读经会"。1912年9月15日条,第1432页等。

② 钱基博:"初三立之移家金陵也,日从两江总督端方游,品评书画,意气甚欢。"《现代中国文学史》,北京:中国人民大学出版社,2004年版,第215页。

③ 李有棻为陈三立姻亲,从陈三立在《清故太子少保江宁布政使护理总督李公墓志铭》中的描述中来看,李有棻出任江宁布政使在光绪二十八年(1902年)。《散原精舍诗文集》,第893页。

④ 陈三立:《清故四品京堂蒯公神道碑铭》,《散原精舍诗文集》,第1031页。

选择的正确，南京有那么多厌倦政治、潜心学术、人品高洁、爱好风雅的文士，三立遍游金陵名胜，与如此多的好友诗酒唱和，度过了人生最黯淡的时刻。即使到了辛亥以后，避居沪渎四年，陈三立重又回到江宁，在这里度过了八年的光阴。直到1923年，因继妻俞淑人和爱子衡恪先后病逝而移居杭州静养[①]，陈三立才离开了长期生活的南京。

从陈三立在南京的活动来看，他遍结当时南京名流，交游非常广泛，几乎和所有寓居南京的优秀诗人都有交往。他的朋友中更多是比较纯粹的学者型诗人或布衣型诗人，如缪荃孙、陈庆年、陈作霖等，均为"市隐的逸民性士大夫[②]"，所谓"市隐的逸民性士大夫"，指"生员层中，有很多是绝意于仕进，而土著于乡里，虽然在身份上具有地位，但是深爱其出生之故土，而愿意与乡里之民共苦乐"者。如被称为"江左大师"的陈作霖，世代居江宁，三应礼部试不售[③]，"益事著述，浩然有终焉之志。凡省府县志局、书院、学堂、官书局、官报局、图书馆之属，先

---

① 陈三立："淑人死，余遯而寄湖上"，(《继妻俞淑人墓志铭》)；"当是时，三女怵余以忧死，挟居杭之明圣湖上"，(《长男衡恪状》)《散原精舍诗文集》，第1025、1027页。

② 此处借用日本学者谷川道雄在《中国社会构造的特质与士大夫的问题》一文中所用概念，见刘俊文主编：《日本学者研究中国史论著选译》(第二卷)，北京：中华书局，1993年版，第194页。

③ 陈作霖(1837－1920)，字雨生，号伯雨。别号雨叟、可园、冶麓、重光耄道人等。江苏南京人。咸丰元年(1851年)中秀才。光绪元年(1875年)中举。三应礼部试不售。曾得候补教谕衔，终生不得实缺。曾受徐世昌之邀，参加晚清簃诗社，参与《晚清簃诗汇》的编选工作。著有《可园文存》十六卷、《可园诗存》二十八卷、《可园词存》四卷、《可园诗话》八卷、《寿藻堂文集》二卷、《养和轩随笔》二卷；编有《金陵通纪》十六卷、《金陵通传》四十九卷。徐世昌称"可园研精经史，留心乡邦文献，著述甚夥。江宁文物自汪晦翁后，允推硕果。……性好山水，淡于荣利。晚岁失明，犹口授子辈吟哦不辍，其孤怀高志，往往见于篇章。感事忧时，清而不激，出入于杜、韩、白、陆，而不袭其貌。晚年喜学山谷，不流偏仄。"陈三立谓："自余侨江宁，世所推汪先生士铎殁已久，继汪先生而起有声者，犹获接秦君际唐、邓君嘉缉、顾君云及可园陈先生。二十余年间，三君先后殂谢，独先生醇德劬学，岿然系东南之望，乱后人士，考道问业，依以为宗。"陈三立在《可园传易图为陈伯雨翁题》一诗中有"硕果可园翁，望与钟阜伍"句。其生平事迹参见卢前：《孝通陈先生别传》，卞孝萱、唐文权编：《民国人物碑传集》，北京：团结出版社，1995年版，第461页。

生皆互董其役，终其身亦因著书百数十卷，跻为通儒[①]”。这正是日本学者谷川道雄所说的市隐的逸民性的士大夫，缪荃孙、陈庆年、陈作霖均属此类，他们在音韵、训诂、目录、版本、藏书等方面上作出了杰出贡献，在乱世中坚守传承文化的立场，成为文化史上的杰出人物。而陈三立诗友中也有像范当世、顾云、陈诗、陈锐这样仕途坎坷、功名不遂者，多少有些魏晋名士的洒脱不羁，折射出陈三立内心未泯的风流情怀。物以类聚，人以群分。陈三立和这些较为远离政治的诗人交往无形中也强化了自己不再致仕的念头。陈三立诗中经常出现一个词——“江湖”[②]，他笔下的江湖，不是侠客世界里不受官方约束的自由之境，而接近屈原的自我放逐于草泽之畔。[③]“志存京洛江湖外，身在支离漂泊余[④]”，弟子胡朝梁的这两句诗，极贴切地描绘出了身在江湖的陈三立的心态。

二、从“义宁公子”到“散原老人”：陈三立与宋诗派影响的扩大

南京时期的陈三立完成了一个历史转型，从“义宁公子”到“散原老人”。前者为意气风发的晚清名士，后者为士林景仰的文坛泰斗。

---

① 陈三立：《江宁陈先生墓志铭》，《散原精舍诗文集》，第984页。

② 陈三立诗中有“江湖意绪兼率病，墙壁公卿问死生”（《人日》，《诗文集》，第2页）；“初有江湖属隐沦”。（《月亭》，《诗文集》，第3页）；“插足江湖心倔强”（《次韵答王义门内翰枉赠一首》，《诗文集》，第9页）；“藏舟夜半负之去，摇兀江湖便可怜”（《晓抵九江作》，《诗文集》，第41页）；“归去江湖残泪在”。（《赠别小鲁还武昌》，《诗文集》，第78页）；“但使江湖晚闻道，雕虫解出草玄人”（《书丹徒李生独诵堂遗稿后》，《诗文集》，第102页）等，涉及“江湖”处甚多。

③ 陈三立在为好友朱祖谋所作墓志铭中说：“晚处海滨，身世所遭，与屈子泽畔行吟为类。”移之描述陈三立，似无不可。见陈三立：《清故光禄大夫礼部右侍郎朱文直公墓志铭》，《散原精舍诗文集》，第1096页。

④ 胡朝梁：《次韵义宁师见贶》，《诗庐诗钞》，民国十二年铅印本。

“义宁贤父子，豪杰心所归[1]”，陈三立带有“隐”性质的避居南京，深为士林推许，为其带来了巨大声誉，不仅因为他在戊戌变法失败以后的悲剧性遭遇，更在于其“来作神州袖手人”的与政治绝缘的态度。陈三立的绝然放弃政治，源于其看透了政治的污浊和士大夫之不可为，是一种悲愤的放弃，而非超然的解脱。《庄子》在《刻意篇》中述及心境恬淡之人，分为“山谷之士”、“平世之士”、“朝廷之士”、“江海之士”、“道引之士”五种，其中“山谷之士”和“江海之士”都属于厌世的隐士，不过个性不同。山谷之士，是对现实采取批判态度的人，是努力表现自我的高尚、脱离世俗而高自标持的慷慨隐士；江湖之士，却是在水乡垂钓、悠然避世的闲暇隐士[2]。陈三立的“隐”是“山谷”之隐而非“江海”之隐，更接近于陶渊明的心态，这也是他在诗风上追慕五柳先生的心理动因。沈曾植谈到陶渊明诗时曾说：“‘去去百年外’二句，其辞果烈。朱子所以言隐者多是带性负气之人[3]”。陈三立何尝不是“带性负气之人”。也正由于士大夫/知识分子在20世纪中尴尬境遇，陈三立的决然疏离于政治，才成为知识分子最欣羡的行为、最钦慕的品格。

陈三立的宽容、对后辈不遗余力的奖掖，使宋诗派后继有人[4]。中国古典诗派在新文学的猛烈抨击下之所以不绝如缕，与陈三立等老辈诗人的努力有关。1928年龙榆生曾请郑孝胥、陈三立评诗：“我最初送诗给散原苏戡两位老先生去批评，散老总是加着密圈，批上一大篇叫人兴奋的句子，苏翁比较严格些，我只送过三四首诗给他看，只吃着二

① 郑孝胥：《海藏楼杂诗》，《海藏楼诗集》，第191页。

② 以上论述参见日本学者青木正儿《中华文人的生活》中的有关描述，见［日］清木正儿、吉川幸次郎著《对中国文化的乡愁》，上海：复旦大学出版社，2005年版，第33页。

③ 沈曾植：《海日楼丛札》，沈阳：辽宁教育出版社，1998年版，第260页。

④ 关于陈三立的奖掖后进，张求会在《陈寅恪的家族史》中也有论述，参见此书第319—326页。

十八个密圈子[1]”,此事足见陈三立为人宽和,汪辟疆誉陈三立为“天魁星及时雨宋江”就包含了这层意义。“见一善,常挂口”[2],正是陈三立奖掖后进、扶植新人的真实写照。

还有一点值得注意,陈三立、俞明震、缪荃孙、陈庆年、陈作霖、李瑞清等在南京的文学、教育活动影响深远,南京在20世纪20年代以后成为保守主义的重镇,多少和这批士大夫在南京的活动有关。陈三立挚友李瑞清经营的两江师范学堂是国立东南大学、中央大学的前身,李瑞清夙兴夜寐、惨淡经营,使两江师范学堂成为东南地区规模最大、声誉最高的学府。后来的学衡派即以此为堡垒与新文化势力相抗衡。这种精神上的传承,是研究20世纪文学者不可不注意的。

三、众口纷纭说陈郑:陈三立寓居南京时期与郑孝胥的交往

陈三立和郑孝胥相识于丙戌会试时的京师,但之后长期没有实质性交往[3]。光绪二十年(1894年),陈三立在武昌,郑孝胥则在南京张之洞幕府,等郑孝胥随张之洞至武昌时,陈三立已离开,到湖南襄助其父进行变法。光绪二十六年(1900年)后,陈三立定居金陵,其时郑孝胥在广西龙州任边防大臣,带兵靖边。直到光绪二十八年(1902年)三月,郑孝胥卸龙州任,回到上海,经常来往于沪、宁之间,与陈三立才有了频频晤面的机会。

从这时到辛亥革命爆发陈三立避地海上之前,两人经常在南京、上海来往,两位宋诗派巨擘开始了长期而稳定的交往。围绕这两位清

---

① 张晖:《龙榆生先生年谱》,上海:学林出版社,2001年版,第23页。

② 汪辟疆:《光宣诗坛点将录》,《汪辟疆文集》,第328页。

③ 关于陈三立和郑孝胥的交往,可参见胡迎建《郑孝胥与陈三立交游考》一文,文章结合诗作对郑、陈关系做了深入而细致的考证。见《闽江学院学报》第28卷第6期,2007年12月。

末民初宋诗派的核心人物，形成了一个比较稳定的诗人群体。下面让我们来看一下陈、郑从光绪二十八年到宣统三年的交往情况。以《郑孝胥日记》为依据，笔者共统计陈三立、郑孝胥自1902—1910年晤面27次（见本章附表3—3），次数虽不算多，但相对比较集中，仅光绪三十二年五月，就互访8次。另外，郑孝胥活动范围在上海，陈三立在南京，两人有时空上的距离，但是郑孝胥每至南京，几乎都要拜访陈三立；而陈三立至上海，也频繁拜访郑孝胥，足见陈郑极为投缘，已建立了稳固的联系。在人们的心目中，陈三立、郑孝胥逐渐并称文坛最优秀的诗人。其中，光绪三十四年（1908年）的一次聚会中，夏敬观宴陈三立、郑孝胥、严复于九华楼。严复谈陈衍在京师出诗人榜，无第一，以郑孝胥为第二，陈三立为第三，陈宝琛为第四。从这件事情可看出，在陈衍心目中，郑孝胥、陈三立已是当时文坛最优秀的诗人。

从这一时期的交往可以看出，陈三立、郑孝胥互相推崇、引为同调。陈三立称郑孝胥："苏堪诗，真后山复生也"，并请郑孝胥为其选诗、作序；郑孝胥则称陈三立："其恣肆自得处，非时贤所及也"。两人均有知音难觅、相见恨晚之意。陈、郑这一时期的交往中，还有一件很重要的事情发生——《散原精舍诗》的出版。这并不能单单看成陈三立一人的事情，实际上最少还有三个人参与了这部在近代宋诗运动中极为关键的诗集的出版。上文谈到，寓居南京时期是陈三立创作的高峰期，他在十年间创作了近千首诗作，可谓多产。而鼓励他出版诗集的，是郑孝胥、夏敬观、李瑞清三人。三立在写给友人的一封信中谈到了诗集出版背后的一些事情：

> 下走自侨居白下，约得诗千余篇，好事如郑苏堪者，挺任选政，而吾乡李、夏之徒，复抽资付排印。念此举便利，有可慰师友间如公辈之欲阅吾近稿者，亦遂听客之所为。大抵岁

杪可竣工,再寄公评论也。①

此文当作于1909年,此刻《散原精舍诗》正在筹划出版当中。根据陈三立这封信的内容,是郑孝胥、夏敬观、李瑞清共同策划了陈三立诗集的出版,其中郑孝胥负责删诗、选诗,夏敬观、李瑞清出资相助。郑孝胥在日记中也记载了这件事情:

> 夏剑丞送来陈伯严诗稿六本,伯严属于选定,将赴排印②。(宣统元年四月初七)
>
> 夜,《作陈伯严诗序》③。(宣统元年四月三十日)

可见陈三立所言不虚,陈三立诗集的出版,凝聚了郑孝胥和夏敬观这两位宋诗派人物的心血。

而郑孝胥在作于1909年的《〈散原精舍诗〉序》中称:

> 大抵伯严之作,至辛丑以后尤有不可一世之概,虽源出于鲁直,而苍茫排奡之意态,卓然大家,非可列之江西社里也④。

此段话可注意处在于:"大抵伯严之作,至辛丑以后尤有不可一世之概",而陈、郑交往开始于辛丑以后,这是陈、郑交往比较频繁的时期,此时双方互相钦慕、互有影响;而"卓然大家,非可列之江西社里

① 陈三立致廖树蘅书,见《散原精舍诗文集》,第1167页。
② 《郑孝胥日记》,第1193页。
③ 同上。
④ 郑孝胥:《〈散原精舍诗〉序》,《海藏楼诗集》,第545页,上海古籍出版社,2003年版。

也”，透露出陈三立、郑孝胥不愿寄人篱下，而思另立新帜的意图。如前所述，陈三立早年师友中尚唐音者多、宗宋风者少。而辛丑以后，陈三立已颇具自开户牖之魄力，身边又聚集了一批宋诗爱好者，共同探讨诗艺，共思倡导一种新的诗学风尚。

南京时期陈三立，日益成为宋诗派的精神领袖。侨寓金陵的陈三立致力于诗文，迎来了创作的高峰期。金陵十年，陈三立赋诗近千首，在郑孝胥、夏敬观、李瑞清等人得敦促帮助下付印，产生了广泛影响。陈三立成为南京雅集的中心人物，政界名流、名士、学者、年轻诗人争相与之交往，由敬慕其人品而推重其诗文者不在少数，陈三立逐渐成为宋诗派的领军人物，和郑孝胥并列为宋诗派之魁首。

第三节　海上结社：超社、逸社与宋诗派在上海的文学活动

辛亥革命爆发后，陈三立避居沪渎，另一位宋诗派重要人物沈曾植也在之前来到这里，和时在上海的郑孝胥、沈瑜庆、夏敬观、陈曾寿等宋诗派人物频繁往来。此外，陈三立、沈瑜庆、沈曾植共同参与了民国初年著名的遗民诗社——超社、逸社的活动。正像一位学者指出的那样，超社、逸社成为“同光体”诗人的活动中心[①]。由于以前很少有人对这两个诗社进行研究，让我们通过这两个诗社来探讨一下宋诗派诗人民国初年在上海的活动。

一、三年社帜树海曲：超社、逸社雅集情况

超社、逸社是民国初年由一群清遗民结成的诗社。超社，原名超

① 邱明正主编：《上海文学通史》，复旦大学出版社，2005年版，第446页。

然吟社,成立于民国二年二月二十二日,主要成员有:陈三立、沈瑜庆、沈曾植、樊增祥、缪荃孙、左绍佐、吴庆坻、王仁东、周树模、吴士鉴、林开謩等。逸社成立于民国四年正月二十五日,由瞿鸿禨发起,参与者为陈三立、沈曾植、沈瑜庆、冯煦、吴庆坻、瞿鸿禨、王仁东、陈夔龙、王乃徵、朱祖谋、杨钟羲、林开謩、张彬、缪荃孙十四人。看着超社和逸社的名单,我们会感觉比较熟悉,原来他们大多是陈三立南京雅集的诗友。其中,陈三立、樊增祥、朱祖谋、杨钟羲、缪荃孙、王仁东、林开謩、张彬等人辛亥革命前在南京就经常雅集,频繁唱和,他们仍是海上结社的主要力量。此外,还有几个新成员的加入。尤其是沈曾植和沈瑜庆,他们是宋诗派的主要成员。而左绍佐、吴庆坻、瞿鸿禨、周树模、吴士鉴、陈夔龙等均为达官,本不以诗名,辛亥后避居沪上,才开始着意于诗文创作。虽然这两个文学小团体是由瞿鸿禨发起的,但沈曾植、陈三立、沈瑜庆等宋诗派人物在这两个文学团体里发挥了重要作用。超社、逸社的成员固定,活动频繁。

超社、逸社的活动时间为 1913—1916 年,持续了 3 个年头,正所谓"三年社帜树海曲"①,固定成员有 18 人,活动至少在 30 次以上,为民初上海规模最大、层次最高的遗民诗社。诗社同人参与雅集的次数约为:瞿鸿禨 24 次,沈曾植 23 次,陈三立 22 次,缪荃孙 22 次,吴庆坻 21 次,吴士鉴 19 次,王仁东 19 次,林开謩 19 次,沈瑜庆 17 次,樊增祥 12 次,周树模 13 次,杨钟羲 7 次,梁鼎芬 5 次,王乃徵 5 次,朱祖谋 5 次,左绍佐 3 次,冯煦 3 次,张彬 3 次。(见本章附表 3—4、附表 3—5)

从上述统计中可以看出,陈三立、沈曾植、沈瑜庆参加雅集次数较多,是诗社的中坚力量。

从诗社成员的身份来看,大体可分为三类。一类为晚清达官,辛

---

① 吴士鉴诗句,见《石遗室诗话》卷十四,第 231 页。

亥后始着力于诗文。尤其是随着频繁参与雅集，诗作数量增加，水平有所提高，如瞿鸿禨、周树模、左绍佐、林开謩等；一类为学者/诗人型官僚，在文学、政治领域内均有建树，如樊增祥、杨钟羲、吴庆坻、吴士鉴等；一类为清室覆亡前即厌倦政治，致力于学术、诗文，如沈曾植、陈三立、缪荃孙、沈瑜庆、梁鼎芬、王乃徵、冯煦等。

第一类诗人中，瞿鸿禨[①]为晚清重臣，曾任军机大臣、外务部尚书。丁未政变中被袁世凯、张之洞联合推倒。瞿为郭嵩焘弟子，在湖南时与陈宝箴往来频繁，与陈三立为世交[②]。辛亥革命后，瞿鸿禨避地沪渎，为海上遗民领袖，超社、逸社的发起人。他与陈三立、沈曾植、沈瑜庆等宋诗派成员往来日益密切，以诗文自遣，文酒之会，殆无虚日。

---

① 瞿鸿禨(1850－1918)，字子玖，号止庵，晚号西岩老人。湖南善化(今长沙)人。年十七补诸生，肄业城南书院，何绍基、郭嵩焘激赏之。同治十年(1875年)进士，改庶吉士，授翰林院编修。光绪元年(1875年)，大考翰詹一等第二名，擢侍讲学士，年甫二十六。充日讲起居注官。先后典河南、福建、广西乡试，任河南、浙江、四川学政。光绪二十一年(1896年)，充教习庶吉士，转翰林院侍读学士，光绪二十三年，擢詹士府詹士，属刑部右侍郎，再擢内阁学士兼礼部侍郎。光绪二十五年，授礼部右侍郎，督江苏学政。光绪二十六年任满。八国联军入侵，慈禧太后、光绪西逃，瞿鸿禨奔赴行在，授左都御史、晋工部尚书，入值军机，兼充政务处大臣。旋充国史馆副总裁，改总理各国事务衙门为外务部，居各部之上，任尚书。光绪三十一年，清廷下诏预备立宪，参与筹划。光绪三十二年，任协办大学士。庆亲王唆使侍讲学士恽毓鼎劾其揽权恣纵，罢官归里。辛亥革命后迁居上海。袁世凯征为参议员，不就。著有《超览楼诗稿》六卷、《瞿文慎公诗选遗墨》四卷。其生平事迹参见《清史稿》卷四三七；陈三立《皇清诰授光禄大夫特谥文慎协办大学士军机大臣外务部尚书善化瞿公墓志铭》，《散原精舍诗文集》，第959－962页；刘宗向：《瞿鸿禨传》，钱仲联主编《广清碑传集》，苏州大学出版社，1999年版，第1106－1107页；梁淑安主编《中国文学家大辞典·近代卷》，第489－490页。

② 可考者如：光绪十年(1884年)七月十四日，郭嵩焘邀陈三立、瞿鸿禨、王先谦小酌。《郭嵩焘日记》，卷四，湖南人民出版社，1983年版，第494页。

陈夔龙[①],清末任直隶总督、北洋大臣。辛亥后避居沪上,筑"花近楼",诗酒自娱,不问世事。陈夔龙亦有诗名。林庚白称:"遗老陈小石先生,亦达官中之能诗者。其于诗,致力甚勤,晚岁所得,卓然成家。偶于坊间,见其《花近楼诗集》,于甲子及丙寅纪事之作,'属辞隶事',咸极精警[②]。"

周树模[③]亦为晚清达官中能诗者。汪辟疆在《光宣诗坛点将录》中誉之为"天空星急先锋索超",称其:"于奔放之中,有冲澹闲远之致韵。长篇险韵,尽成伟观,王梅溪评昌黎诗所谓'韵到窘束尤瑰奇'者也[④]。"夏敬观对其评价也很高:"天门周沈观中丞树模,晚岁居旧京,与其乡人樊樊山相唱和。国变后,达官中以能诗而又寄迹朝市,又皆鄂天门

① 陈夔龙(1847—1938),字筱石,别号庸庵居士。贵州贵阳人。光绪元年(1875年)中举,光绪十二年成进士。由兵部主事历迁郎中,兼充总理各国事务衙门章京,佐理外交。后以总理衙门保案擢内阁侍读学士。庚子事变时以顺天府丞兼署府尹,旋调太仆寺卿。外兵入京,又为顺天府尹兼留京办事大臣,并随办和议。后擢任漕运总督。光绪二十九年,移河南巡抚。光绪三十二年,署江苏巡抚,翌年擢授四川总督。光绪三十四年调两广总督。宣统元年(1909年)复调直隶总督。辛亥革命爆发,引疾去职,遂为上海租界之寓公。著有《水流云在图记》上下册、《梦蕉亭杂记》二卷、《花近楼诗存》等。徐一士:《一士类稿》;高震霄:《清授广禄大夫太子少师故自立总督北洋大臣陈公墓志铭》,卞孝萱、唐文权编《辛亥人物碑传集》,北京:团结出版社,1991年版,第676—679页。

② 林庚白:《孑楼诗词话》,《丽白楼遗集》,中国人民大学出版社,1996年版,第911页。

③ 周树模(1860—1925):字少朴,号沈观,又号孝甄,晚年自号泊园老人,湖北天门县人。十九岁檄调经兴书院肄业。二十六岁考取乙酉科选拔贡生,即以是科举本省乡试。丙戌会试报罢,留京,馆于屠仁守家。乙丑成进士,以二甲第二名选庶吉士,散馆授编修。历任辛卯年广东副主考、甲午会试同考官、癸丑山西副主考、乙未会试同考官、江苏提学使。前后主两湖书院、经心书院、江汉书院、蒙泉书院讲席。壬寅服阙入都,授御史。乙巳以五大臣出洋考察政治,以御史偕行。丁未(1907年)任奉天左参赞。戊申(1808年)授黑龙江巡抚。辛亥革命后避居沪上。甲寅(1914年)任平政院长。著有《沈观诗文集》。"于诗喜称'二陈',谓后山、简斋"。参见《清授光禄大夫建威将军黑龙江巡抚周公墓志》,钱仲联主编:《广清碑传集》,第1228—1229页。

④ 汪辟疆:《光宣诗坛点将录》,《汪辟疆文集》,第345页。

籍者，惟此二君”。[1] 周树模与樊增祥、左绍佐相交尤密，时称“楚中三老”。民国三年，周树模再次踏上仕途，做了民国政府的行政院长，成了“闻召即走”者。周树模和宋诗派诗人还有一层渊源，陈曾寿之弟陈曾矩为其女婿。

左绍佐[2]曾官刑部，与袁昶、沈曾植友善，以学术相切磨。辛亥后避居沪上，参与超社雅集，后出任民国官员，“辛亥鼎革，避居沪滨，与诸巨公结汐社，每一篇出，翕然传诵，友朋会聚，若将终焉。顾迫于家境，不得已复至京师，为祠禄计，居恒戚戚，屡以愧见海上遗老为言，其迹屈，其志苦已[3]。”由此可知左绍佐的出山经历了复杂的心理斗争。

此外，张彬，字篁楼，为张之洞之侄[4]，也为陈三立南京雅集旧友，后常参加逸社活动。

超社、逸社中还有几位在政治与文学之间游走的人物。樊增祥晚清即有诗名，为中晚唐诗派的领袖。樊任江宁布政使时，与陈三立等频频唱和，其瞻园为南京诗人唱和的主要场所。辛亥革命爆发，樊增祥弃城而逃，来到上海。不甘寂寞的他成为超社雅集的核心人物，其所居樊园风景秀丽，为诗社雅集的重要场所。后樊增祥也应召而出，做了民国的官员。

---

① 夏敬观：《忍古楼诗话》，张寅彭主编：《民国诗话丛编・三》，上海书店出版社，2002年版，第28页。

② 左绍佐（1846－1927），字芴卿、竹芴，湖北应山人。弱冠，受知于张之洞。调经心书院为高材生。光绪六年进士。授刑部主事。先后官法曹三十年。庚子，两宫西狩，随扈。旋转御史，掌福建监察道。简广东南绍廉道。辛亥后，避居海上。后出山，官民国。傅岳棻：《应山左芴卿先生墓碑》，卞孝萱、唐文权编：《民国人物碑传集》，北京：团结出版社，1995年版，第611－612页。

③ 傅岳棻：《应山左芴卿先生墓碑》，卞孝萱、唐文权编：《民国人物碑传集》，第611－612页。

④ 《艺风老人年谱》，《艺风老人日记》，第3423页。

吴庆坻[①]吴士鉴[②]父子也是超社、逸社的积极参与者。吴士鉴后应聘赴京修《清史稿》,与陈衍、俞明震、梁鸿志、樊增祥、周树模、左绍佐等结春社,时常雅集。吴士鉴至京后,亦与超社、逸社中人保持着密切联系。

超社、逸社中更多的是在清室覆亡以前即宦情黯淡、退出仕途者。其中大多有直声,为晚清士大夫中声名显著者。辛亥后有人参加复辟活动,但不再出任民国官员,恪守遗民立场。

王乃徵清末任河南布政使,汪辟疆称其为"晚近大官中不失书生结习者"。王乃徵宦囊甚薄,生活艰难,"病山辛亥后,闭门不出,攻苦食淡,为遗老中最能忍贫者[③]"。一次寓所遭窃,衣物都被盗走,几乎不能下床。郑孝胥、余肇康、陈夔龙纷纷给予资助,方才渡过难关。王乃徵在上海以鬻医为活,康有为家有病人,常招王医[④]。

---

① 吴庆坻(1848—1924),字子修,号悔余生,晚号补松老人。浙江钱塘(今杭州市)人。光绪二年(1876年)中举,光绪十二年成进士,改翰林院庶吉士。光绪十五年授编修,充会典馆帮总。光绪十七年充顺天乡试同考官。光绪二十三年简四川学政。光绪二十九年简云南学政。光绪三十二年授湖南提学使,东渡日本考察学制。在湘五年,兼署布政使、提法使。宣统三年(1911年)乞休。辛亥革命后移家至沪。著有《补松庐诗录》八卷、《悔余生诗》五卷、《补松庐文录》八卷、《蕉廊脞录》八卷等。姚诒庆:《清故湖南提学使吴府君墓志铭》,《碑传集补》卷二〇;梁淑安主编:《中国文学家大辞典·近代卷》,第170—171页。

② 吴士鉴(1868—1933),字絅斋,号公詧,吴庆坻子。光绪十八年进士,授编修。充武英殿协修、国史馆协修、会典馆协修、纂修。光绪二十三年,奉命在南书房行走。次年,充会试同考官。光绪二十五年,充武英殿总纂,简江西学政。光绪三十四年,补翰林院授读。宣统二年(1910年),充资政院议员。1914年,任《清史稿》总纂。寻归里,专心著述。著有《补晋书经籍志》、《含嘉室诗文集》等。佚名:《吴士鉴传》,钟碧容、孙彩霞编《民国人物碑传集》,第303页。

③ 王乃徵(1861—1933),字病山,晚年号潜道人。四川中江人。光绪十六年进士。后简放江西抚州府知府,查民生疾苦,修水利,惩滑吏,有政声。擢湖北布政使,宣统年间任河南布政使。辛亥革命后,侨寓海上,与陈三立、朱祖谋过从甚密。著有《嵩洛吟草》、《病山遗稿》等。汪辟疆:《光宣以来诗坛旁记》,《汪辟疆文集》,第489页。

④ 汪辟疆:《光宣以来诗坛旁记》,《汪辟疆文集》,第484—486页。

朱祖谋[①]早年以诗名，交王鹏运后，弃诗而专词，苦心孤诣，抗古迈绝，时人奉为词学宗匠，“少以诗名，孤怀独往，其蹊径在山谷、东野之间”。[②] 陈衍谓其“远追春海、子尹，近右伯严、右衡，又诗中之梦窗也，可以药近日之枵然其腹者[③]。”可见朱祖谋诗虽非其所长，但也诗风宗宋。

冯煦[④]与郑孝胥相识甚早，相知亦深。冯煦久寓江宁，与顾云齐名，酬唱至夥。[⑤] 陈衍初识郑孝胥，时郑孝胥侨寓南京，陈衍询江左诗

---

① 朱祖谋(1857－1931)：原名朱孝臧，字古微，号沤尹，又号彊邨。浙江归安(今湖州市)人。光绪八年(1882年)举人。次年成进士，改庶吉士，授翰林院编修，历充国史馆协修，会典馆总纂总校。光绪十四年，充江西乡试同考官。光绪二十四年，充会试同考官。擢侍讲，充日讲起居住官、侍讲学士。义和团运动起，两次上书请阻止攻击外国驻华使馆，以直言敢谏闻名朝野。光绪二十七年，迭迁少詹事、内阁学士、礼部侍郎兼署吏部侍郎。光绪三十年，出任广东学政。与总督龃龉，称病去职。宣统二年(1910年)，授弼德院顾问大臣，未就。辛亥革命后，以遗老自居。著有词集《彊邨语业》二卷、补刻一卷，编有《彊邨丛书》一七九种。参见陈三立：《光禄大夫礼部右侍郎朱公墓志铭》，《散原精舍诗文集》，第1095－1097页；梁淑安主编：《中国文学家大辞典·近代卷》，第80－81页。

② 夏孙桐：《清故光禄大夫前礼部右侍郎归安朱公行状》，钱仲联主编：《广清碑传集》，苏州：苏州大学出版社，1999年版，第1195页。

③ 陈衍：《石遗室诗话》卷九，第149页。

④ 冯煦(1843－1927)，原名熙，后改名煦，字梦华，号蒿庵，晚号蒿叟，辛亥后自称蒿隐公。江苏金坛人。先从成孺(心巢)治经学及天算，后从薛时雨(慰农)学于尊经、惜阴两书院。光绪乙亥中式副榜，太守蒯德模延主文峰书院。光绪八年，以副贡生举于乡。光绪十二年，成一甲三名进士，授翰林院编修。光绪十四年，典试湖南。返京，历充会典馆、国史馆纂修。光绪二十一年，以京查一等外简安徽凤阳府知府。光绪二十七年，擢山西河东道。光绪二十八年，迁四川按察使。光绪二十九年，署四川布政使。光绪三十一年，迁安徽布政使。翌年，兼署提学使。光绪三十二年，补授安徽巡抚。后卜居江苏宝应。宣统二年(1910年)，复起为赈灾大臣，五次出入灾区。民国后侨寓沪上，创义赈协会，以济灾民。著有《蒿庵类稿》三十二卷、《蒿庵类稿续编》三卷、《蒿庵随笔》四卷、《蒙香室词》二卷、《宋六十一家词选》等。参见《清史稿》卷449；蒋国榜：《金坛冯蒿庵先生家传》，钱仲联主编：《广清碑传集》，第1049－1052页；梁淑安主编《中国文学家大辞典·近代卷》，第72页。

⑤ 王揖唐：《今传是楼诗话》，第116页；冯煦集中有《答石公》诗云：“极目陪都万幕屯，顾侯杖策气无伦。诗宗南国风骚古，经证东荒地望尊。多病只今宜药裹，旧游终古恋桑根。吾衰五十君行及，争得同归白下门。”徐世昌：《晚清簃诗汇》。

人,郑孝胥首推冯煦及顾云①。冯煦与陈衍伯兄陈书为同年,曾相与谈艺②。冯煦与沈曾植早年亦有交往,其集中有《用可庄韵柬子培》诗③。辛亥革命后,冯煦与沈曾植、沈瑜庆、陈三立等文酒酬唱:“冯蒿庵与上元顾云齐名,而又出全椒薛慰农门下,夙以词名,而诗歌亦清丽绵远,颇近新城。其运词入诗,凄婉之音,读之有怅惘不甘者,盖于吴下词人郑文焯氏同其宗趣也。蒿庵曩守凤阳,闽诗人陈书尝过郡斋,谈艺甚洽。陈氏诗学诚斋,清新雅健,故与蒿庵沆瀣相得。然冯氏晚年,专事倚声,诗不多作,惟时与沈子培、沈涛园酬答。但二沈为同光派诗家,蒿庵虽有诗简往来,仍不失江左面目也④。”

由此可见,超社由私交很密的一批晚清士大夫组成。其中缪荃孙和陈三立、沈曾植在张之洞幕府时就有深交。辛亥革命以前,缪荃孙在南京与陈三立频频雅集、唱和,是陈三立挚交。缪荃孙与沈曾植还有姻亲关系⑤,沈任安徽学政时,曾致函缪荃孙,与其商谈在安徽开办存古学堂具体事宜,并邀请缪荃孙赴安徽相商⑥。在一封写给缪荃孙

① “余初识苏堪,苏堪侨寓金陵。余讯江左诗人,答书云:‘此间金坛冯煦、上元顾云,皆治诗甚苦’。二人者,时方肄业金陵钟山、惜阴两书院,为薛慰农(时雨)、林欧斋(寿图)高弟。”陈衍:《石遗室诗话》卷十三,第216页。

② “冯梦华壬午同年,未与识面,惟从何研孙(维栋)处,得其诗稿一小册,经丧乱后所作,多凄咽之音。其中副车与木庵先兄同年,守凤阳时,先兄客淮北,往来每止宿官斋,谈艺甚洽”。陈衍:《石遗室诗话》卷十三,第216页。

③ 冯煦:“身世何劳季主占,与君人海守齑盐。每徵古事搜行秘,还忆清言下漏签。赋别争禁腰带缓,谈空祇觉鬓丝添。自惭牛铎谐钟吕,敢道今来得二严。”徐世昌:《晚清簃诗汇》。

④ 汪辟疆:《近代诗派与地域》,《汪辟疆文集》,第311页。

⑤ 沈曾植致缪荃孙函称为“筱珊先生姻年大人阁下”,见顾廷龙校阅:《艺风堂友朋书札》上册,上海古籍出版社,1980年版,第174页。

⑥ 沈曾植在写给缪荃孙的信中说:“又此间开办存古学堂,鄙人用意,微与部章略存通变,与鄂章亦不尽同,大旨谓科学宜用西国相沿教法,古学宜用我国相沿教法,书院日程,源流有自。此意发表,将为时流大閧,公必助我张目。倘能纡驾陋邦,作十日谈,为鉴决此事即耶?”顾廷龙校阅:《艺风堂友朋书札》上册,第174页。

的信中，沈曾植特意叮嘱："伯严吏部念我者，并望代致此意[①]。"让缪荃孙转达朋友间的真挚问候，可以看出几个人之间情谊之笃，也足见超社是一个基于私人交往和个人友谊形成的小团体。超社、逸社是由清遗民中地位较高者结成的诗社，其中不乏以"诸夏无君出处轻"[②]为借口而再度出山者，但多数洁身自好、不再致仕，成为民国时期著名的藏书家、版本学家、词学家、诗人，是传统文化的自觉传承者。值得注意的是，其中相当一部分成员在旧王朝终结之前就或遭贬黜，或因难以忍受污浊的政治空气而决然退出，而又在清室覆亡之后以耿耿孤忠"完千古君臣正义于垂绝之日[③]"。这确实是一种现代人难以接受的行为，因此颇招致非议，"遗老"语汇本身便暗示了这批人身份的尴尬。

宋诗派成员陈三立、沈曾植、沈瑜庆是这个遗民诗社的重要参与者，其他人和宋诗派也有着藕断丝连的复杂纠葛。仅就郑孝胥和林开謩、王仁东、朱祖谋、冯煦等人的关系来看，他虽非诗社中人，但在思想倾向上和这个团体的成员并无二致。这是一个基于私人友谊形成的以切磋诗艺为主的诗歌团体，更是一个在旧的价值标准轰然崩溃的时代依然恪守之的群体，它还是中国历史上最后一个规模较大的遗民诗社。

二、我辈今为亡国人，强托好事围尊俎：雅集内容与结社心理

作为遗民诗社，超社、逸社的主要内容是切磋诗艺。诗社中有相当一部分人在辛亥以前并不着力于诗，当然也不以诗名。如瞿鸿禨在辛亥后始着力为诗，"始避兵穷山中，旋走上海，居久之，结俦辈寄诸吟

---

① 沈曾植致缪荃孙函，见顾廷龙校阅：《艺风堂友朋书札》上册，第 176 页。

② 胡先骕：《评俞恪士〈觚庵诗存〉》，《胡先骕文存》上卷，第 143 页。

③ 陈三立：《清故太傅赠太师陈文忠公墓志铭》，《散原精舍诗文集》，第 1108 页。

咏,写幽忧,公诗遂稍富而益工①。"每次社集必有诗,切磋诗艺成为诗社的重要内容。民国二年六月十二日,为黄庭坚诞辰 869 周年,沈曾植发起社集于泊园,欣赏宋刻《山谷内集诗解》,陈三立即席赋诗一首:"坛坫颇如压强敌,诸公尽有锦囊癖。置社泊园草树堆,自媚鬓丝翻野色。是日适下涪翁拜,高唳尚想摩霄翮。翁诗久远愈论定,立懦廉顽果谁力。世人爱憎说西江,类区门户迷白黑。咀含玉溪蜕杜甫,可怜孤吟吐向壁。乡味肠浇双井茶,谪所梦恋廷硅墨。根柢早嗤雕虫为,平生肯付腐鼠吓。一家句法绝思议,疑凭鬼神对以臆。沈侯秘箧出宋椠,任注矜慎辨行格。乍喜并寿八百年,瓣香告翁天护惜。磋余仰止忝邑子,捋扯毛皮竞何得②。"这是陈三立诗中较为明确地表达对黄庭坚高度仰慕之情的一首诗,其中"咀含玉溪蜕杜甫"被认为是陈三立诗的主要特点,为历来研究宋诗派者所广为征引。而这样一首诗,就创作在超社雅集期间,可见诗人之间的交往激发了许多创作的灵感。从陈三立"是日适下涪翁拜"、"世人爱憎说西江"的诗句也可以看出,以宗黄庭坚为主的江西诗风已被文坛普遍接受。

纪念先贤也是雅集的重要主题。上文提到的为黄庭坚作生日,民国二年十二月十九日为苏轼作生日,民国二年八月二十八日为王士祯作生日,均属此类。在晚清诗人雅集中,为黄庭坚、苏轼作生日已是一个重要内容,反映出乱世中士大夫对苏、黄高洁人格的崇敬。辛亥革命后,超社、逸社为王士祯作生日,则有着缅怀盛朝的意味。

由于上海是清遗民聚集较多的地方,又为南北交通之要冲,经常有亲朋故旧往来,因此酬答饯行成为诗社雅集的一个重要内容。民国

---

① 陈三立:《诰授光禄大夫协办大学士外务部尚书军机大臣善化瞿文慎公墓志铭》,《散原精舍诗文集》,第 961 页。

② 陈三立:《六月十二日山谷生日乙庵作社集于泊园观宋刻任天社山古内集诗解用集中观刘永年团连画角鹰韵》,《散原精舍诗文集》,第 375 页。

二年四月八日，送林绍年游泰山；民国二年十二月十四日，送梁鼎芬崇陵种树就属于此类。林绍年[①]为晚清名御史，因谏阻慈禧太后修颐和园而名震朝野。他和李慈铭之间有个小故事，也说明了他在晚清士大夫中声望颇高。林绍年是李慈铭的会试房师，但李恃才自傲，根本不把林放在眼里。一日拜谒，“林谆劝之曰：‘贤契学问虽佳，而字体欹斜，恐朝殿考差，尚须努力。’莼客唯唯，退则大诟，遂久不通问。及赞老以直谏忤西后意，谪云南昭通府，声名动天下。莼客大叹服，亟进谒，致慰饯，执弟子礼甚恭[②]”。林绍年在晚清士大夫中有着崇高声望。1913 年 5 月，林绍年拟自上海游泰山，超社同人齐集樊园，为林饯行。超社、逸社人员固定，偶尔加入者不多，且多为晚清名士，如梁鼎芬、叶德辉、林绍年等，说明诗社是一个对身份要求很高的遗民群体。

超社是一个由流寓沪上的清遗民组成的互相安慰、共渡难关的精神团体，“迨国骤变，大乱环起，四方人士及生平相识亲旧，类辟地羁集沪上，三立与公亦先后俱至。居久之，无以遣烦忧，始纠侪辈十许人，时时联为诗社……[③]。”陈三立这段话叙述超社缘起甚详，“无以遣烦忧”是陈三立、沈曾植、沈瑜庆等和一批好友结诗社的重要原因。超社、逸社成员缪荃孙和朋友的往来书信中，保存了一些关于诗社的记载，由此可略窥诗社中人的心态。

从上述统计可以看出，超社雅集较为频繁，到逸社时期雅集已比

---

① 林绍年(1849—1916)，字赞虞，晚号健斋。福建闽县人。同治十三年进士，改庶吉士，寻用编修充乡试、会试同考。官御史。调署云南昭通府知府，历官云南按察使、贵州按察使、云南布政使、云南巡抚、贵州巡抚、军机大臣、邮传部尚书、度支部右侍郎、河南巡抚。宣统元年(1909 年)，迁民政部右侍郎，三年授学部右侍郎、弼德院顾问大臣。陈三立：《清故弼德院顾问大臣民政部右侍郎军机大臣上行走林文直公神道碑铭》，《散原精舍诗文集》，第 951 页。

② 黄濬：《花随人圣庵摭忆》，上海古籍书店，1983 年版，第 113 页。

③ 陈三立：《书善化瞿文慎公手写书卷后》，《散原精舍诗文集》，第 949 页。

较冷落,原因在于辛亥后遗民内心有强烈的不适感和孤独,相互慰藉、相濡以沫的感情需要使他们频频交往,而经过一段时间的恐惧和不安后,遗民们的生活又恢复到一种常态。而超社交往频率之高,竟使诗社成员有疲惫之感:“十五,同人集于涛园沈家湾寓馆,闻公还澄江未回。诗题为题陈弢庵《听水斋图》,不限韵。次日,同人又公请健老于樊园,集期太密,各有疲意。下次第六期,尚未定日也[①]。”沈曾植信中谈到的是超社开始时的雅集,刚刚结社的时候,诗人们频繁唱和,竟有疲惫之感,可见诗社已成为他们生活的重要组成部分。社集太密,容易疲惫,社事停顿,则又容易感到寂寥:“社事停顿,止相来书,亦言近颇寂寥。子培诸公盖时时敲钟也。”[②]可见雅集已成为他们生活的重要组成部分,诗社对于这批寓居海上的遗民的重要性可想而知。

在民国时期,时人以异样的眼光来看待清遗民,“遗老”的称呼多少成了一个贬义的词汇,嘲讽“遗老”的笑话也层出不穷。尤其是度过了易代的阵痛以后,遗民们开始重新考虑自己的人生出处。其中相当一部分抵抗不住高官厚禄的诱惑,放弃了“遗”的立场,重新踏入仕途,成为民国的高官。这其中就有超社的樊增祥、周树模、左绍佐等。超社本以“超然”自诩,此时却被人解读为“闻召即走[③]”。超社同人索性将社名改为“逸”,取决然“遗”的立场,来表达远离政治的决心,吴士鉴在写给缪荃孙的一封信里透露出由“超社”改为“逸社”的内情:“超社更名逸社,大约不至再有受命令之人[④]”。此信可见超社同人本存在着不再出仕的默契,但少数不坚定分子的出山,导致这个诗社遭到世人的嘲讽。而少数成员的退出并未动摇大部分诗社成员“遗”的决心,改

① 沈曾植致缪荃孙函,见《艺风堂友朋书札》上册,第 187 页。
② 吴士鉴致缪荃孙函,见《艺风堂友朋书札》上册,第 461 页。
③ 《郑孝胥日记》,第 1572 页。
④ 同②

名“逸社”，反映出这个诗人群体军心并未涣散，“遗”的决心更为强烈。

正因为超社、逸社是由私交很好的士大夫组成的文人群体，诗社成员日后也保持着密切联系，吴士鉴、樊增祥、周树模、左绍佐、易顺鼎入京后和陈衍重结诗社，[①]虽不如超社、逸社之兴盛，亦成为京师的文人雅事。诗社成员之一的吴士鉴进京修《清史稿》时，亦时时向缪荃孙通报北京诗人雅集的情况：“此间钟局尚多，又与樊山、少璞、芴卿、叔伊、实甫诸人结一诗社，略与超社相等，月必一聚。”“都下社事亦稀，自什刹修禊，法源看花，叔伊寓斋三次后，至今阒寥，惟钟声则不绝耳。”“超社重举，令人神往；淞社度仍赓续不辍。此间自樊山到后，钟声大作，有常会，有特会[②]。”可见北京虽也有士大夫雅集，但远不如上海兴盛，引起吴士鉴对海上结社的怅惘与留恋。

“我辈今为亡国人，强托好事围尊俎[③]”。诗社中人何尝没有意识到自己的尴尬处境，对于乱世中这一群恪守旧道德、以诗文砥砺气节的末代士大夫，我们似乎没有必要苛求吧？陈三立有一段话形容包括他在内的遗民余生：“吾辈保余年，履劫运，遂比丛燕集苇苕之表，姑及未坠折飘浮，啁啾相诉而已[④]。”用于描述遗民结社的心理，真是再恰切不过了。

三、围绕“闻召即走”的讨论——郑孝胥等局外人眼中的超社

郑孝胥没有参加超社的活动，但是他的很多好友都是诗社成员。他抄录了友人谈论超社的一封信，足见其不反对这些遗民诗社。他反

① 陈衍：《石遗室诗话》卷十四，第230页。

② 吴士鉴致缪荃孙函，见《艺风堂友朋书札》上册，第453、454、457页。

③ 陈三立：《八月廿八日为渔洋山人生辰补松主社集樊园分韵得鲁字》，《散原精舍诗文集》，第382页。

④ 陈三立：《余尧衢诗集序》，《散原精舍诗文集》，第957页。

对的是像梁鼎芬和林纾的轰轰烈烈的彰显名节的行为,曾就此问题和林纾展开激烈争论[①]。

这次关于超社的论争的背景是:有的遗民反对结社,其中秦树声认为"海上诸老流连诗酒,太不雅训";且"上海壬子以来,故有超社十人,轮流诗酒;甲寅一年,出山者半……'超'字形义,本为闻召即走,此社遂散[②]",对遗民结社表示不满并进行挖苦和讽刺。郑孝胥好友章梫[③]对此提出反驳:

> 若诗酒,乃遗民常事。渊明高节,人人无异词也;而无日不酒,无诗非酒。宋则月泉汐社,遂为诗会。明末遗民,江浙相错之壤,诗社百余,宁波一城,多至十有余处,均散见明清之间诗文杂记,朱竹垞及全谢山集中所载,亦存其大略。现今海上寥寥一二社,偶尔酬唱,愧明末甚矣。

援引历史上易代之际的遗民诗社,章梫反驳了其他遗民对超社、

① 见郑孝胥复林纾函:"足下素慕星海,欲立名节,是也。然星海所为,实近于好名。其为师傅,乃出于黎元洪之荐,仆尤耻之……凡忠义者自尽之事,岂可借口塞责获自暴以为名高耶!虽顾亭林所为,不必学也,学之则非亭林矣。"《郑孝胥日记》,1921年7月22日,第1874页。

② 《郑孝胥日记》,第1572页,1915年8月6日条。

③ 章梫(1861—1949),名正耀,初名桂馨,字立光,号一山,浙江三门县人。著名学者、教育家、书法家。光绪二十八年(1902年),任上海澄衷中学校长。同年中举。光绪三十年成进士,授翰林院检讨。光绪三十一年后,历任京师大学堂译学馆提调、监督,京师大学堂经科、文科提调,北京女子师范学校校长、邮传部交通传习所(今北京交通大学)代理监督等。辛亥革命后,以遗老自居,谢绝袁世凯、徐世昌罗致,后任教于青岛孔德大学。1917年,参与张勋复辟。1919年,至上海,被张元济聘为商务印书馆编辑。同年10月,浙江省续修《浙江通志》,被总纂沈曾植聘为编辑。1929年,台州六县旱灾严重,以卖字画所得款项救济灾民,又与在沪同乡78人成立"台灾急赈会",筹集救济款物6万多银元,帮助灾民渡过难关。著有《一山文存》、《一山息吟诗集》等。《章梫先生年谱》,引自:http://www.blogcn.com/u2/97/30/3336423/blog/51261799.html

逸社的攻击。针对“腰缠十万，终日以酬唱消遣”的批评，章梫继续为遗民结社辩护道：

> 盖腰金十万，至老仍喜做官，不能久于消遣者正多……倘能作诗，与借救国为前提、牺牲名誉之说，出赶热闹，其去救国两字甚远者，尤为稍知廉耻、不敢自欺欺人之一流，庸或不必以《春秋》责备贤者之笔之乎？至亡国之恨，有形诸外者，有蕴乎中者。渊明集中多田园杂兴，远不及皋羽、所南之痛哭流涕，今谓谢、郑之贤过于五柳先生，可乎？否乎？亭林、南雷，世所并称，以今细考，亭林至老，耿耿不忘；南雷则晚年周旋人事，恭维我清以其子得翰林为荣宠。故朱竹垞辑《明诗综》，并黜其诗，不以明遗待之。此似过于分别，而亦我朝诸儒论人精核之一端。古事、近事，大略如此，敢以质诸秦老前辈，鄙意非敢偏袒海上诸君也[①]。

章梫的辩护颇有说服力，也启人深思：遗民结社、流连诗酒，总比身仕两朝、热衷做官好；而诗社中人的沧桑之感、抑郁之心并不亚于其他遗民，不能从这些细节上加以苛求。唐晏[②]将章梫此信转示郑孝胥，郑孝胥极为赞同章的观点，因此他不仅在日记中全部抄录此文，而且在复唐晏书中说：“一山所论极平允，惟名节久而后定，非标榜一时之事。律人宜恕，自律宜严。报不屈之志者，岂必求区区求谅于世耶！”[③]这场论争中出现的章梫和唐晏是民国时期著名的遗民，也是沈曾植、

① 《郑孝胥日记》，第1571—1573页，1915年8月6日条。

② 唐晏（1857—1920），原名震在廷，字元素，满洲旗人。光绪八年（1882年）中举，官江宁八旗学堂总办。著有《海上嘉月楼诗稿》。见《海上嘉月楼诗稿》，民国刻本，郑孝胥序。

③ 《郑孝胥日记》，第1573页，1915年8月6日条。

郑孝胥的好友,几个人在思想倾向上较为一致。郑孝胥反对大张旗鼓的标榜气节,对林纾、梁鼎芬等人在民初的行为都有所不满,“惟名节久而后定,非标榜一时之事”,是其一贯主张。因此,郑孝胥并未参与超社、逸社的活动,对陈三立、沈曾植、沈瑜庆等人却较为宽容,认为“律人宜恕,律己宜严”,尊重个人的选择,理解遗民结社的行为。他与多数诗社成员保持着密切联系,经常进行沟通和交流。

郑孝胥在回复唐晏信中的最后一句话意味深远:“天下乱犹未定,似不可以易代论。”这句话与“视民国如敌国”的心态交织在一起,预示了郑孝胥日后的政治道路。章梫所说的“借救国为前提、牺牲名誉之说,出赶热闹,其去救国两字甚远者”终于在不安于“藏”的郑孝胥身上发生了。

辛亥革命后,大批晚清遗民流寓海上,是超社、逸社这样的遗民诗社形成的客观条件。胡思敬记录了民初清遗民聚集于上海的情况:

> 予既莅沪,则从陈考功伯严访故人居址。伯严一一为予述之曰:梁按察节庵、秦学使右衡、左兵备芴卿、麦孝廉蜕庵皆至自广州;李藩司梅庵、樊藩司云门、吴学使康伯、杨太守子勤皆至自江宁;赵侍御尧生、陈侍御仁先、吴学使子修皆至自北京;朱古微侍郎新自苏州至;陈叔伊部郎新自福州至;郑苏龛樊司、李孟符部郎、沈子培巡抚皆旧寓于此。又曰,苏龛居海藏楼,避不见客。节庵为粤人所忌,谋欲杀之,狼狈走免,身无一钱,僦小屋以居。子培伪称足疾,已数月不下楼矣。翌日,节庵闻予来,大喜,曰:‘胡侍御能言中国之所以亡,吾京师广和居饮酒故人也!’致书伯严,急欲一晤。于是伯严与梅庵订期招以上所举十六人,益以四川胡铁华、胡孝先,广东何擎一,福建林贻书、沈爱苍,同乡梅斐漪及昀谷、亦

园八人，共二十七人，于四月十六日大会于愚园。皆步行无扈从。到门探怀出刺自通名，相对欷歔，无复五陵裘马之态。晚归，宴六合春，约各赋一诗，未成而散。先是，旅沪诸同志岁暮无聊，尝间月一聚，或一月再聚。每聚各斋番银五角充醵饮资，谓之五角会，寒俭如此。是日，人各携一元，共得二十余元，诧为豪举。同人咸为嘲谑，咸谓十角会也[①]。

可见上海成为遗民聚集的重要场所。民国成立后，大批遗民聚集于上海、天津、青岛的租界。租界为遗民提供了一个相对安全的处所，是遗民乐于选择的地方。辛亥革命爆发后，陈三立因南京兵乱而避居上海，在这里见到了大量熟悉的面孔。而不满于民国政治，是清遗民的共通心理。为了渡过漫长而孤寂的时光，诗社就应运而生。胡思敬所说的"五角会"、"一元会"，开遗民诗社的先声。超社、逸社是由清遗民中德高望重者而结成的文学团体。诗社成员之一的樊增祥不无自豪地谈到："超社之人，最多尊宿：相国英绝领袖，为今晋公。乙庵包举汉唐，义兼经子。艺风抗声于白傅，散原振采于西江。瑯琊兄弟，慭遗一个；延陵父子，奕叶重光。京兆翰林，标八闽之俊；中丞给谏，翘三楚之英[②]。"这里面，"相国英绝领袖，为今晋公"，指在晚清丁未政变中被排挤出中央政权的瞿鸿禨，陈三立认为瞿鸿禨的离开枢府对晚清政局关系甚大。超社内还有像沈曾植、缪荃孙这样的硕学通儒、陈三立这样道德文章堪称一流的名士。"瑯琊兄弟，慭遗一个"，指的是王仁东。王仁东之兄王仁堪是晚清清流党领袖，在京城士大夫中声名卓著，王仁东也颇具其兄的风范。"延陵父子，奕叶重光"指吴庆坻、吴士鉴父

① 胡思敬：《吴中访旧记》，《退庐文集》卷二，《退庐全集》，台北：文海出版社，1975 年版。

② 樊增祥：《三月三日樊园修禊序》，《樊樊山诗集》，第 1978—1979 页。

子,他们都是著名的学者。"京兆翰林,标八闽之俊"指林开謩。他的父亲林天龄是同治帝的师傅,他也差点成为光绪皇帝的师傅。"中丞给谏,翘三楚之英"指冯煦,因和权贵抗衡而去官。超社、逸社中人在政治态度上亦有近似之处。据说袁世凯称帝期间,日本人欲拥宣统复辟,或在东三省建立"大清国",青岛遗民一致赞同,而海上遗民瞿鸿禨、陈三立、沈曾植等竭力反对;张勋复辟的行为,瞿鸿禨、陈三立也极力反对。因此,如无海上遗民的坚决反对,"满洲国"恐早已成立[①]。

毫无疑问,超社、逸社是遗民诗社,和宋末元初的"月泉吟社"多少有些相似。事实上,超社、逸社成员也以历史上这些遗民诗社的精神呈继者自居。樊增祥的"汐社往矣东林开,东林以后超社来。十友诗盟拟北郭,三年涕泪同过台[②]"的诗句,便表露出这样一些念头。但从专制王朝到共和国家的过渡,是中国历史上一次前所未有的变革,因此他们的历史处境多少有些尴尬。

小 结

以上粗略介绍了一下清末民初以宋诗派诗人为主体参与的结社与雅集情况。正像本章开头谈到的那样,并不存在着一个由全部宋诗派成员参与的诗社,这使得长久以来人们认为宋诗派没有任何组织性的团体。这种判断并无不妥,但多少忽略了宋诗派在各个不同时空所组成的关系网络。事实上,以宋诗派人物为主在大江南北形成了几个文人群体,如陈衍、郑孝胥、陈宝琛、梁鸿志等结成的辛亥诗社,陈三立、范当世、俞明震、夏敬观等在南京结成的诗人群体,陈三立、沈曾

① 刘成禺:《世载堂杂忆》,沈阳:辽宁教育出版社,1997年版,第117—118页。

② 樊增祥:《郑兰倪柏歌》,《樊樊山诗集》,第1793页。

植、沈瑜庆在上海结成的超社、逸社。这些群体建立于乡缘、地缘、亲缘、共同的文学宗趣等基础上，可以说是私人关系亲密性的一种延伸。即使没有这些雅集和结社活动，他们之间的关系也十分紧密。而在这些不同地理空间内活跃着的关系网络中的核心人物，是紧密联系的，因此就在全国范围内构成了一个大的关系网络。网络中的人物出现在不同的地理空间，就会加入另一宋诗派诗人群体，依然是群体中的活跃分子。如郑孝胥，在南京和陈三立、俞明震、夏敬观、李宣龚等频繁雅集，到北京后则成为辛亥诗社的重要成员。而逸社、超社，实际上是陈三立等南京雅集的延续，其核心成员皆为陈三立南京诗友。沈瑜庆、林开謩、王仁东在南京时与陈三立就常为文酒之会，来到上海后结成诗社是非常自然的一件事。宋诗派文人群体虽未有明确的诗社，但却借助这些地方性诗社和雅集活动跨越时空连接在一起，构成了一张涵盖南北的关系网络。

附表3-1　庚戌、辛亥诗社雅集一览表

时　间	参加成员	地　点	主　人	活　动
宣统二年二月十五日	陈衍、赵熙、胡思敬、江瀚、江庸、曾习经、罗惇曧、胡琳章等	江亭①		
宣统二年二月二十三日	陈衍、赵熙、胡思敬、江瀚、江庸、胡琳章、罗惇曧、温肃	游万柳堂②	罗惇曧、温肃	

① 曾习经：《花朝江亭宴集》，《石遗室诗话》卷十二，第198页。

② 陈衍：《清明日挨东毅夫约游万柳堂并寻袁督师墓不得憩夕照寺》，《石遗室诗集》，《陈石遗集》，第172页；曾习经：《清明日同社约访万柳堂遗址予到迟社散僧方掩楼扉独自登楼凝望苍翠然晚暮矣》，《石遗室诗话》卷十二，第198页。

续表

时　间	参加成员	地　点	主　人	活　动
宣统二年三月十九日	陈衍、曾习经、赵熙、胡琳章	法源寺	赵熙、胡琳章	看丁香①
宣统三年二月初一	陈衍、郑孝胥、陈宝琛、林纾、温肃	慈仁寺	温肃	林纾绘双松图，同人题诗于后②
宣统三年二月十五日	陈宝琛、郑孝胥、陈衍、林纾、赵熙、胡思敬、林思进、梁鸿志、冒广生、温肃、潘博、曾习经、罗惇曧	花之寺	罗惇曧	夜，饮于广和居③
宣统三年二月二十三日	陈宝琛、陈衍、郑孝胥、梁鸿志、冒广生、赵熙、胡思敬、曾习经、罗惇曧、潘博、林纾、林思进	陶然亭	郑孝胥	夜，饮于广和居④

① 陈衍:《三月十九日尧生铁华招集法源寺看丁香因约春尽日集枣花寺》,《石遗室诗集》,《陈石遗集》,第173页;曾习经:《法源寺丁香花下》,《石遗室诗话》卷十二,第199页。

② 参见郑孝胥:“晚,赴温毅夫侍御之约于慈仁寺,同至广和居饭,晤曾刚父。”《郑孝胥日记》,第1311页。“古中和节(二月一日)集慈仁寺,毅夫主之,畏丈为绘双松,同人题其后”,《侯官陈石遗先生年谱》,《陈石遗集》,第2014页;陈衍:《二月一日集旧慈仁寺看松畏庐为毅夫作图题诗其后》,《石遗室诗集卷》,《陈石遗集》,第182页。陈宝琛:《二月二日温毅夫御史招同访松旧慈仁寺》,《沧趣楼诗文集》,第133页。陈宝琛所记为“二月二日”有误。赵熙:《毅夫招集慈仁寺看松,越十日大雪赋此》,《赵熙集》,第363页。

③ 郑孝胥:“过陈叔伊,同赴罗掞东之约于花之寺。夜,饮广和居”,《郑孝胥日记》,第1312页;曾习经:《花朝同陈弢庵郑苏堪林畏庐赵尧生陈石遗胡漱唐林山腴梁众异冒鹤亭温毅夫罗掞东潘若海诣花之寺》,《石遗室诗话》卷十二,第199页。陈衍:《花朝集花之寺忆与叔雅旧游示掞东》,《石遗室诗集卷第五》,《陈石遗集》,第182页。陈宝琛:《花朝集花之寺》,《沧趣楼诗文集》,第134页。

④ 郑孝胥:“清明集江亭”,《郑孝胥日记》,第1313页;陈衍:《二十三日集江亭苏堪主之春雪忽放晴景色特异》,《石遗室诗集卷》,《陈石遗集》,第183页。陈宝琛:《苏盦招集江亭时瘦唐将假归》,《沧趣楼诗文集》,第134页。梁鸿志:《诗社第一集郑太夷招集江亭会者陈弢庵林畏庐陈石遗三先生赵尧生胡瘦唐罗瘿公曾刚甫冒鹤亭潘若海温毅夫林山腴及余凡十三人》,《爰居阁诗》,民国二十八年刻本。

续表

时　间	参加成员	地　点	主　人	活　动
宣统三年三月三日	陈宝琛、陈衍、郑孝胥、梁鸿志、冒广生、赵熙、胡思敬、曾习经、罗惇曧、潘博、林纾、林思进	苇湾	林思进	夜，饮于广和居①
宣统三年三月十五日	陈宝琛、林纾、曾习经、温肃、罗惇曧、林思进、潘博、梁鸿志、冒广生	夕照寺	冒广生	林纾绘图纪之，且有文纪之②
宣统三年三月二十三日	陈宝琛、陈衍、郑孝胥、梁鸿志、赵熙、曾习经、罗惇曧、潘博、林纾、林思进	积水潭		为胡思敬饯行。夜，饮于西安门外西安楼③
宣统三年四月初二	陈宝琛、陈衍、郑孝胥、梁鸿志、冒广生、曾习经、罗惇曧、潘博、林纾、林思进	崇效寺	曾习经④	

① 郑孝胥："午后，赴林思进之约至南河伯修禊。夜，饮广和居。"《郑孝胥日记》，第1314页。"三月三日，禊集苇湾，山腴主之"，《侯官陈石遗先生年谱》，《陈石遗集》，第2015页。陈衍：《三月三日苇湾禊集示山腴》，《石遗室诗集卷第五》，《陈石遗集》，第183页。陈宝琛：《苇湾禊集》，《沧趣楼诗文集》，第135页。

② 林纾："宣统辛亥三月十五日雨中，冒鹤亭集同人于夕照寺为巢民先生作生日，雨止出游冯益都万柳堂故址，归途经明袁元素大将军墓下，鹤亭嘱为制图。"冒怀苏编著：《冒鹤亭先生年谱》，学林出版社，1998年版，第172－173页。

③ 郑孝胥描述道："在德胜门西，即李西涯故居。庙为普济寺，有厅曰静鸥斋，面潭带城。缘堤绕出其北，至汇通祠。门外积石临水，南望甚旷，胜于北望。又东，至净业寺，此水又名净业湖。日斜归，饮于西安门外西安楼"。《郑孝胥日记》，第1317－1318页。

④ 郑孝胥："午后，赴曾刚甫之约于崇效寺，胡瘦篁已行，以四溟山人及二冯诗集分贻同社。"《郑孝胥日记》，第1319页。陈衍：《刚父招集枣花寺牡丹尚未开丁香方盛是日瘦唐尧生未至漫赋吴体》，《石遗室诗集卷》，《陈石遗集》，第183页。陈宝琛：《曾刚甫招饮崇效寺花前》，《沧趣楼诗文集》，第136页。"刚甫招集枣花寺，牡丹尚未开"，《侯官陈石遗年谱》，《陈石遗集》，第2015页。

附表 3-2 陈三立在南京交游情况一览表

年份	月日	成员	内容
光绪二十七年(1901年)	三月初二	陈三立、俞明震、缪荃孙	赴陆师学堂看操
	三月初七	陈三立、俞明震、蒯光典	宴集
	四月初八	陈三立、俞明震、缪荃孙、蒯光典	蒯光典宴客
	七月初一	陈三立、俞明震、蒯光典	小饮
	九月初五	陈三立、俞明震、陈锐、缪荃孙	缪荃孙宴于寓所
	九月初九	陈三立、俞明震、文廷式、缪荃孙、薛华培、傅苕生、刘世珩、茅谦①	陈三立宴于扫叶楼
	九月十四日	陈三立、俞明震、文廷式、张謇、陈锐、志锐、薛华培、茅谦、王木兰、缪荃孙	缪荃孙、张謇宴客光
光绪二十八年(1902年)	正月十五日	陈三立、俞明震、顾云、缪荃孙、陈锐、王梦湘	蒯光典宴于薛庐
	二月初九	陈三立、缪荃孙等	游秦淮
	二月十一日	陈三立、缪荃孙、江瀚	登扫叶楼;访薛庐、随园
	三月二十三日	陈三立、易顺鼎、王仁东、黄绍箕、志锐、缪荃孙、徐乃昌	黄绍箕自上海来,宴集
	四月初三	陈三立、缪荃孙、濮文暹、薛华培	友人招饮
	六月初七	陈三立、缪荃孙、乔茂臻	游秦淮
	八月二十八日	陈三立、俞明震、范当世、缪荃孙、嘉纳天野	俞明震宴客

① 茅谦(1848—1917),字子贞,号肺山,江苏镇江人。茅以升祖父。

续表

年 份	月 日	成 员	内 容
光绪二十九年（1903 年）	正月初五	陈三立、陈锐、顾云、徐乃昌、曾广镕、缪荃孙	宴集
	四月十七日	陈三立、陈锐、顾印愚、何诗孙、缪荃孙	宴集
	六月初六	陈三立、顾云、濮文暹、缪荃孙	俞明震宴客
	六月初九	陈三立、俞明震、濮文暹、缪荃孙	陈三立宴客
	六月十三日	陈三立、俞明震、顾云、缪荃孙、濮文暹	友人宴于鸡鸣寺
	六月十四日	陈三立、范当世、缪荃孙	陈、范访缪荃孙
光绪三十年（1904 年）	四月十八日	陈三立、张之洞、缪荃孙等	雅集，观字画
	五月十七日	陈三立、俞明震、李葆恂、刘世珩、志锐、缪荃孙	陈三立宴客
	七月十一日	陈三立、易顺鼎、缪荃孙、刘世珩	吴园雅集
光绪三十一年（1905 年）	正月初七	陈三立、俞明震、缪荃孙、徐乃昌、刘世珩、张通典、顾云	顾云招饮
	正月十四	陈三立、俞明震、顾云、张通典、陶榘林、缪荃孙、吴学廉	吴学廉招饮
	二月初四	陈三立、俞明震、张謇、顾云、徐乃昌、刘世珩、缪荃孙	陈三立招饮
	二月十三日	陈三立、缪荃孙、薛华培、缪荃孙、张伯初、张仲炘	缪荃孙招饮
	二月二十二日	陈三立、丁惠康、徐乃昌、薛华培、缪荃孙	徐乃昌招饮

续表

年　份	月　日	成　员	内　容
	七月八日	陈三立、缪荃孙、徐乃昌、薛华培、张仲炘	张仲炘招饮
	十月二十六日	陈三立、缪荃孙、薛华培、沈琬庆、陶炳南	友人招饮
	十二月二十五日	陈三立、缪荃孙、刘世珩、顾云	友人宴客
光绪三十二年(1906年)	正月初七	陈三立、缪荃孙、张仲炘、刘世珩、张通典	顾云宴客
	正月初八	陈三立、况周颐、顾云、缪荃孙、刘世珩	刘世珩宴客
	正月十四日	陈三立、顾云、缪荃孙、陶榘林、陈伯陶、缪荃孙、刘世珩	陈三立宴客
	正月十七日	陈三立、顾云、缪荃孙、刘世珩	友人宴客
	五月二十七日	陈三立、缪荃孙、何诗孙	小饮
	十一月十五日	陈三立、端方、缪荃孙	于陈三立处看字画
光绪三十三年(1907年)	四月初一	陈三立、郑孝胥、况周颐、缪荃孙、杨守敬	游莫愁湖
	四月初八	陈三立、端方、缪荃孙	宴集
光绪三十四年(1908年)	四月初七	陈三立、沈曾桐、缪荃孙、陶拙存	宴集
	七月初五	陈三立、易顺鼎、缪荃孙、李瑞清	游吴园
	九月二十八日	陈三立、沈瑜庆、樊增祥、梁鼎芬、缪荃孙、端方	端方招饮
宣统元年(1909年)	正月初五	陈三立、樊增祥、端方、缪荃孙	樊增祥宴客
	闰月二十七日	陈三立、樊增祥、熊希龄、陈庆年、缪荃孙	樊增祥宴客

续表

年　份	月　日	成　员	内　容
	四月二十三日	陈三立、缪荃孙、端方	游扫叶楼、翠微亭等
	五月初三	陈三立、樊增祥、端方、缪荃孙	樊增祥宴于公园
	五月二十三日	陈三立、王闿运、端方、缪荃孙、李葆恂	雅集
	七月初三	陈三立、樊增祥、王仁东、缪荃孙	王仁东宴客
	七月十四日	陈三立、况周颐、张通典、缪荃孙	宴集
	八月十八日	陈三立、王仁东、李瑞清、梅斐漪、缪荃孙等	李瑞清、梅斐漪宴客
	九月初八	陈三立、樊增祥、王仁东、朱祖谋、缪荃孙、张仲炘、陈子砺、杨钟羲	作诗钟
	九月初十	陈三立、张仲炘、朱祖谋、王仁东、缪荃孙	
	九月十八日	陈三立、陈子砺、樊增祥、王仁东、缪荃孙、顾瑗、王孝禹	陈伯陶招饮
	九月十九日	陈三立、樊增祥、缪荃孙、王仁东、王孝禹、顾瑗、杨钟羲	樊增祥招饮
	十月十七日	陈三立、樊增祥、王仁东、杨钟羲、缪荃孙、胡式嘉	胡式嘉招饮
	十一月二十九日	陈三立、樊增祥、李瑞清、夏寿田、杨钟羲、仲恂、张彬	樊增祥约作诗钟
	十二月初三	陈三立、樊增祥、杨钟羲、夏寿田、缪荃孙	陈三立约作诗钟
	十二月二十六日	陈三立、张彬、樊增祥、王仁东、缪荃孙、夏寿田、杨钟羲、仲恂	于藩署作诗钟

续表

年　份	月　日	成　员	内　容
宣统二年(1910年)	正月初一	陈三立、陈宝琛、樊增祥、夏寿田、王仁东、缪荃孙、张彬、徐绍桢	樊增祥约作诗钟
	正月初三	陈三立、陈宝琛、徐绍桢、樊增祥、王仁东、缪荃孙、李瑞清、王孝禹	徐绍桢邀雅集
	正月初四	陈三立、陈宝琛、缪荃孙、樊增祥、王仁东、李瑞清、夏寿田、徐绍桢、仲恂	缪荃孙邀赴图书馆、宴集
	正月十九日	陈三立、俞明震、缪荃孙、李瑞清	李瑞清邀饮
	二月初一	陈三立、陈庆年、缪荃孙、陶榘林	友人招饮
	二月初三	陈三立、樊增祥、俞明震、朱祖谋、王仁东、缪荃孙、梅斐漪、吴璆①	樊增祥招饮
	二月初四	陈三立、缪荃孙、徐乃昌、樊增祥、朱祖谋、王仁东、蒯光典	宴集
	四月初七	陈三立、陈伯陶、缪荃孙、陈庆年、梅斐漪	陈伯陶招饮
	四月二十三日	陈三立、樊增祥、缪荃孙、张彬	樊增祥邀作诗钟
	九月十六日	陈三立、俞明震、朱祖谋、缪荃孙、张彬、杨钟羲、林开謩	杨钟羲宴请
	九月十七日	陈三立、徐绍桢、沈曾植、俞明震、樊增祥、朱祖谋、缪荃孙、林开謩	陈三立、徐绍桢宴

资料来源:《艺风老人日记》,第1343—2319页。

① 吴璆,字康伯,江西人。民国时期曾任袁世凯秘书。

附表 3-3　1902—1911 陈三立、郑孝胥交往情况统计表

年　份	月　日	交往情况	交往内容
光绪二十八年（1902 年）	十月初十	郑孝胥访陈三立	
	十二月二十三日	陈三立晤郑孝胥	李宣龚宴陈三立、郑孝胥、俞明震、夏敬观、陈锐、徐乃昌、魏繇等
光绪二十九年（1903 年）	二月初三	郑孝胥访陈三立	时陈三立在顾云处宴集，郑孝胥即赶往顾云寓所，开怀畅饮
	二月初四	陈三立宴郑孝胥等	与俞明震、顾云、程颂万、何维朴、陈锐、曾广镕、吴学廉、梅斐漪等游秦淮，“召妓纵酒，至十一点乃散”。
光绪三十二年（1906 年）	五月初九	陈三立访郑孝胥	
	五月初十	郑孝胥访陈三立	陈出示近诗稿本及访郑孝胥五律
	五月十一日	郑孝胥、朱祖谋访陈三立	未晤
	五月十四日	陈三立、郑孝胥宴集	友人宴陈、郑及张元济、徐珂
	五月二十日	郑孝胥访陈三立	
	五月二十一日	郑孝胥访陈三立	中午，郑宴陈于一品香；晚，陈宴郑
	五月二十五日	陈三立访郑孝胥	夜，陈宴郑、严复
	五月二十八日	陈三立晤郑孝胥	陈约郑、张元济至愚园，议事
	六月初一	郑孝胥访陈三立	晤郑后，陈赴南京
光绪三十三年（1907 年）	正月十四日	陈三立晤郑孝胥	端方宴陈、郑、辜鸿铭等

续表

附表 3-3 1902—1911 陈三立、郑孝胥交往情况统计表

年 份	月 日	交往情况	交往内容
	二月二十日	陈三立晤郑孝胥	谈沈瑜庆事
	二月二十一日	陈三立访郑孝胥	
	三月二十七日	陈三立、郑孝胥宴集	端方宴请
光绪三十四年(1908 年)	三月二十七日	陈三立邀郑孝胥雅集	陈邀郑、陈宝琛、夏敬观、端方、李瑞清、杨钟羲、饶士端游吴园,泛舟至俞明震宅观牡丹①
	五月二十五日	陈三立、郑孝胥宴集	夏敬观宴陈、郑、严复于九华楼,谈陈衍在京出诗人榜事
	九月十一日	陈三立、郑孝胥雅集	与陈宝琛、梁鼎芬、蔡乃煌等作诗钟
	九月十三日	郑孝胥宴陈三立	郑宴陈宝琛、王允皙、梁鼎芬、王仁东等
	九月十四日	陈三立、郑孝胥宴集	燕春楼
宣统元年(1909 年)	三月初四	陈三立、郑孝胥宴集	严复宴陈、郑、陈宝琛等
	三月初五	陈三立访郑孝胥	陈出示新作
	八月初三	郑孝胥访陈三立	郑访陈后,陈至海藏楼
	八月初五	陈三立、郑孝胥宴集	狄葆贤宴陈、郑、释敬安、潘飞声等
	十一月二十六日	郑孝胥访陈三立	两人同访樊增祥、吴学廉

资料来源:《郑孝胥日记》,第 849—1221 页。

① 陈三立:《散原精舍诗文集》,第 232 页。

附表 3－4　超社雅集一览表

时　间	参加成员	地　点	主持者	主　题
民国二年二月二十二日	陈三立、沈曾植、樊增祥、缪荃孙、左绍佐、吴庆坻、瞿鸿禨、王仁东、周树模、吴士鉴、林开谟	樊园		分题赋杏花，限东韵
民国二年三月初三	陈三立、沈曾植、樊、缪、左、二吴、瞿、王、周、林	樊园		修禊
民国二年三月十八日	陈三立、沈曾植、缪、二吴、周、瞿、王、林		周树模	
民国二年四月八日	陈三立、沈瑜庆、樊、缪、吴庆坻、瞿、王、周、林、朱祖谋、梁鼎芬、林绍年	樊园	沈曾植	送林绍年游泰山①
民国二年五月十五日	沈曾植、沈瑜庆、樊、缪、二吴、瞿、周、林、叶德辉			
民国二年六月十二日	陈三立、沈曾植、樊、缪、左、二吴、瞿、王、周、林	泊园		为黄庭坚做生日②
民国二年八月初七	陈三立、沈瑜庆、缪、二吴、瞿、王、周、林、杨钟羲、梁鼎芬			
民国二年八月二十八日	陈三立、沈曾植、沈瑜庆、缪、二吴、瞿	樊园	吴士鉴	为王士祯做生日③
民国二年九月九日	陈三立、沈曾植、沈瑜庆、缪、二吴、林	云起楼	林开谟	登高④
民国二年十月十五日	陈三立、沈曾植、樊增祥、二吴、瞿、王	樊园	王仁东	

① 《散原精舍诗文集》，第 366 页。

② 《散原精舍诗文集》，第 375 页。

③ 《散原精舍诗文集》，第 381 页。

④ 《散原精舍诗文集》，第 382 页。

续表

时　间	参加成员	地　点	主持者	主　题
民国二年十月二十日	陈三立、沈曾植、沈瑜庆、瞿、二吴、王	桃源隐酒楼	瞿鸿禨	为陶文毅公书屋食器赋诗，限七古陶字韵
民国二年十一月十二日	陈三立、樊增祥、瞿鸿禨、周、二吴、王、林、缪	小有天	缪荃孙	
民国二年十二月十四日	陈三立、沈曾植、梁鼎芬、瞿、周、林、二吴、王			送梁鼎芬崇陵种树
民国二年十二月十九日	陈三立、沈曾植、沈瑜庆、瞿、二吴、王、周	樊园	沈曾植	为苏轼做生日
民国三年正月十九日	陈三立、沈曾植、沈瑜庆、樊、缪、周、二吴、王	沈瑜庆寓宅	沈瑜庆	拟香山
民国三年二月二十七日	陈三立、沈曾植、沈瑜庆、梁鼎芬、樊、瞿、二吴、王、缪、林		梁鼎芬	
民国三年三月初三	陈三立、沈曾植、沈瑜庆、樊、瞿、二吴、王、周、缪、林	樊园	吴庆坻	
民国三年四月二十三日	陈三立、沈曾植、沈瑜庆、樊、瞿、二吴、王、缪	小有天		
民国三年五月三十日	陈三立、沈曾植、沈瑜庆、梁鼎芬、樊、瞿、吴庆坻、缪、林、周		周树模	
民国三年十二月二十五日	陈三立、沈瑜庆、沈曾植、瞿、林、缪、杨钟羲、张彬		沈瑜庆、沈曾植	题林文忠公手札

资料来源：《艺风老人日记》，第2577—2789页；《散原精舍诗文集》，第366—388页；《沈曾植年谱长编》。

附表 3－5 逸社雅集一览表

时间	参加成员	主持人	地点	主题
民国四年正月二十五日	陈三立、沈曾植、沈瑜庆、冯煦、吴庆坻、瞿鸿禨、王仁东、陈夔龙、王乃徵、朱祖谋、杨钟羲、林开謩、张彬、缪荃孙	瞿鸿禨		瞿鸿禨发起逸社
民国四年正月三十日	陈三立、沈瑜庆、沈曾植、瞿鸿禨、朱祖谋、王乃徵、王仁东、林开謩、缪荃孙	张彬	沈曾植寓宅	作诗钟
民国四年七月初七	沈曾植、瞿鸿禨、朱祖谋、屏珊、杨钟羲、缪荃	孙王仁东		
民国四年十月初四	沈曾植、冯煦、吴庆坻、瞿鸿禨、王乃徵、章梫、林开謩、杨钟羲、吴士鉴、缪荃孙	朱祖谋		
民国五年七月初十	陈三立、沈曾植、沈瑜庆、冯、二吴、瞿、王仁东、陈、王乃徵、朱、杨、林、张、缪			为朱祖谋做生日
民国五年九月儿日	沈曾植、沈瑜庆、瞿鸿禨、王仁东、杨钟羲、王乃徵、张彬、王秉恩、缪荃孙			公请冯煦

资料来源：《艺风老人日记》，第 2816—2990 页。

第四章

亲缘、地缘、学缘:宋诗派文人群体关系网络

宋诗派诗人群是一个处于古典文学链条末端的文学群体,其构成方式和传统文学流派有着许多共通之处①。宋诗派个体之间存在着盘根错节的亲缘关系,这一点颇类似晚清政界。这种亲缘关系既是人物之间密切往来的结果,亦可视为相互认可的投影。"亲缘"关系既来源于一批人物长期稳定的交往,又巩固了这种联系。对宋诗派文人群体的人际网络来说,窥测这种复杂的亲缘关系,无疑是深入了解此群体的一个必不可少的环节。"地缘"关系主要研究宋诗派群体因同乡关系而结成的"小传统",这一点以前的研究者有较多的关注。汪辟疆、钱仲联等均从地域的视角来观察宋诗派,所不同者,汪辟疆在更宏阔的历史空间建构一个多元共生的晚清文学场域,而钱仲联先生则瞩目于具体流派自身,将同光体诗人区分为闽派、赣派、浙派三大群体。"学缘"的研究主要包括旧式学缘和新式学缘两种,前者的联接较后者更为稳固。本文的研究,更侧重于几个群体内部的复杂人际网络。作为清末民初重要的文学现象,宗宋热潮的形成更与这一群体在当时所产生的政治、文化影响有关。宋诗派在十九、二十世纪之交几十年内的巨大影响,也与其面向全国的、更大的人际网络有关,这种人际网络

① 马卫中教授曾经谈到宋诗派是一个因师承、地域及相互影响而结成的诗歌流派。见《光宣诗坛流派发展史论》,苏州大学出版社,2000年版,第247页。

是在较长的历史空间内形成的，本文也对此进行了初步分析。

第一节　宋诗派群体的亲缘关系

宋诗派诗人之间保持了密切的联系。亲缘关系既是这种联系的产物，也进一步巩固了这种联系。对古典诗歌的创作来讲，耳濡目染的家庭熏陶和长辈的督导指点，无疑是十分重要的。法国哲学家布尔迪厄指出，个人习性对于文学场域有着十分重要的影响。所谓"习性"，指在外在行为、教育和个人努力的影响下，而固定下来的行为方式、生存方式和持久性的秉性。习性是社会行为的"前结构"和分类系统，习性一旦形成，具有相当大的稳定性[①]。由于宋诗派文人群体的教育基本上来自于家庭，其文学趣味的形成也和父辈的潜移默化的影响有关。以下初步展示这一群体的亲缘关系。亲缘关系主要包括家族网络和姻亲网络。

宋诗派文人群体中，陈三立家族诗人最多，影响也最著。陈三立的父亲陈宝箴曾作过曾国藩的幕僚，作为晚清同治中兴名臣，曾氏在道德文章上对陈宝箴都有极大影响。作为道、咸年间宋诗派的领袖人物，曾国藩起着开一代风气之先的作用，而曾国藩的嗜好黄庭坚诗，极大的影响到了陈宝箴[②]。陈宝箴对黄庭坚的喜好，在以后的岁月里直接影响到了陈三立。

陈三立妻罗氏早丧，续娶俞明诗，为山阴（今绍兴）俞明震之姊。

① 参见冯俊等著：《后现代主义哲学讲演录》，北京：商务印书馆，2003 年版，第 211—227 页。

② "咸丰、同治间，为清诗一大转变；所宗尚为杜甫、韩愈以及黄庭坚；而曾国藩以望重位高，实为倡导。国藩诗虽未臻上乘，而提倡黄诗最力，转移风气，影响迄今；此治近代中国文学所宜特别注意也。"龙榆生：《中国韵文史》，上海：上海古籍出版社，2002 年版，第 64 页。

俞明震也是晚清民初宋诗派成员中的重要一员。光绪二十六年(1900年),陈三立来到南京,居头条巷,与俞明震住所相距不远,其觚庵为陈三立、余明震等人经常游宴的场所。俞明震为陈寅恪舅父。俞明震之弟俞寿丞(原名寿臣,字明夷)娶曾国藩孙女曾广珊。俞寿丞长子为俞大维,所以俞大维是曾国藩的外曾孙[①]。俞大维后来成为蒋介石的孙女婿,曾任台湾"国防部长"。

陈三立之子陈衡恪、陈隆恪、陈方恪诗名最著。陈衡恪(1876—1923),字师曾。衡恪自幼聪颖,祖父陈宝箴对其十分宠爱。光绪二十七年,陈衡恪到上海入法国教会学校读书。次年东渡日本留学,初入巢鸦弘文学院,后入高等师范学校,读博物系。宣统二年(1910年),陈衡恪回国任教于南通师范学校。三年后,执教于湖南第一师范。后任北京教育部编审,兼任女子高等师范及北京女子师范博物教员。1916年又兼任北京高等师范教员。三年后,专任北京美术学校国画教授。陈衡恪在北京的金石和书画界名噪一时。其对齐白石的影响,最称艺坛佳话[②]。衡恪诗名卓著,为宋诗派后起之秀,陈衍称赞其"多才艺,篆刻逼汉人,画得倪、黄风味,诗其家学,然不多作,作必不俗[③]"。和其交往颇多的黄濬回忆到:"其诗承伯老家学而自具风格,一变散原精舍面目。忆民国三年冬,予与晦闻、宰平、师曾等祭陈后山于法源寺,师曾诗成,石遗师叹为第一,有赠诗曰'诗是吾家事,因君父子传'云云[④]。"陈衡恪在宋诗派群体中交游广泛,在父辈、同辈宋诗派人物中都有很好的人缘。陈衡恪续娶范当世之女范孝嫦,使陈三立和桐城诗派又有

① 吴宓著、吴学昭整理:《吴宓自编年谱》,北京:三联书店,1995年版,第194页。

② 参见汪荣祖:《史家陈寅恪传》,北京大学出版社,2005年版,第21—22页。

③ 陈衍:《石遗室诗话》卷十五,第243页。

④ 黄濬:《花随人圣庵摭忆》,太原:山西古籍出版社、山西教育出版社,1999年版,第786页。

了直接联系。

陈隆恪(1888—1956)，字彦和。陈寅恪五兄。光绪三十年(1904年)以官费考取日本留学。1912年夏，毕业于东京帝国大学，回国后一直在财经界工作。著有《同照阁诗钞》。陈隆恪在日本时，便喜写诗。归国后就婚于江西萍乡喻兆藩家，喻与陈三立为光绪十五年己丑进士同年，亦喜为诗，对隆恪有所影响。1948年，陈隆恪任上海邮汇总局秘书。1951年，任上海文物管理委员会顾问[①]。陈氏兄弟中，隆恪诗风最近陈三立："《同照阁诗钞》，遣词炼句之巧，置之散原诗中，如出一手。其有关世运隆污者，尤可见其襟抱，不仅为赣派之护法神也[②]。"

陈方恪(1891— 1966)，字彦通。陈氏兄弟中排名第七。擅长目录学和诗词，书法酷似翁方刚。撰有《鸾坡草堂诗词》。少时在南京上学，后入上海震旦学院。毕业后，曾任中华书局杂志社主任。旋辞职赴北京。后任江西田亩丈量局局长、景德镇税务局局长，收入颇丰，然挥霍无度。抗战期间，在南京龙蟠里图书馆整理旧籍。曾因掩护地下电台而被日本宪兵逮捕。1962年，获三级教授待遇[③]。方恪亦能诗，有《为先母卜兆域至临安法华山中夜宿兰若》诗，陈衍认为杂入《散原精舍诗》中，几不能辨[④]。方恪亦工词，1935年曾和夏敬观、黄濬、龙榆生、林葆恒、黄孝纾、叶恭绰等组成同人词社声社，互相酬唱[⑤]。

除直系亲属外，陈三立和宋诗派另两位重要诗人俞明震和范当世均有姻亲关系，因此陈三立居于宋诗派关系网络的枢纽位置。

除陈三立家族外，还有一些亲缘关系对宋诗派的发展起到了重要

---

① 钱仲联：《近代诗钞》，南京：江苏古籍出版社，2001年版，第2073页；汪荣祖：《史家陈寅恪传》，第23页。

② 钱仲联：《近百年诗坛点将录》，《梦苕庵论集》，中华书局，1993年版，第362页。

③ 参见汪荣祖：《史家陈寅恪传》，第23－24页。

④ 钱基博：《现代中国文学史》，中国人民大学出版社，2004年版，第219－220页。

⑤ 张晖：《龙榆生先生年谱》，上海：学林出版社，2001年版，第61页。

作用。

郑孝胥之弟郑孝柽。郑孝柽(1863—1946),字稚辛,福建闽县人。光绪十八年举人,任农商部秘书、上海南洋公学译书院监督等。入民国后,历任安徽、广西政务厅厅长,后任福建省民政厅秘书主任。工诗、书法。郑孝柽也有诗名,钱基博《现代中国文学史》将其放入"宋诗"一派,称其"廉悍不如乃兄,而婉约盛焉[①]。"孝柽追随其兄和宋诗派成员交往颇多。

郑孝胥表弟林开謩。林开謩是王仁东妻兄、陈宝琛连襟,郑、陈、林、王家族之间关系错综复杂。开謩父天龄为同治帝师傅。林、王两家为世交,陈宝琛婿与王家,林、王、陈三家曾同居京师宣南三年,三家关系融洽无间。林开謩父曾课王仁堪、王仁东兄弟,后林开謩婿与王氏。[②] 林开謩与林旭亦有亲缘关系,林旭光绪二十三年至京师,曾居林开謩寓宅。[③] 林开謩为民初海上遗民诗社超社、逸社成员,与沈曾植、陈三立、沈瑜庆等文酒唱和。

沈瑜庆之侄、陈衍外甥沈翊清。沈诩清字丹曾,沈葆桢长孙。曾入何如璋幕,后任驻英使馆随员,与黄遵宪为同事。由孝廉积官四川道员,加四品卿衔。丁未陆军部派奏八省阅兵,卒于京。画家,擅画梅[④]。

沈瑜庆弥甥李宣倜。李宣倜(1883—1961),字释堪,号苏堂、太

---

① 钱基博:《现代中国文学史》,第 243 页。

② 陈宝琛:"予始通籍,婿与王氏,君先德文恭公视学山右归,三家同僦屋宣南者三年。王、林世旧,文恭公故馆吾外舅家课可庄兄弟,外舅少女生,文恭公推其命贵且贤,遂有婚约,至是三性洽比如一家人。"《林君贻书六十寿序》,《沧趣楼诗文集》,第 355—356 页。

③ 林旭致李宣龚函:"诒丈挚爱,相依甚为安惬。槐窗晚日,情趣殊多。"《晚翠轩集·遗札》,转引自方宝川:《林旭行实系年》,《福建师范大学学报》哲学社会科学版,1991 年第 3 期。

④ 陈衍:《石遗室诗话》卷十,第 164 页。

疏，别号汰书，晚号蔬畦。福建闽县人。李宣龚堂弟。幼时从其舅祖沈瑜庆学诗。清末留学日本。民国初年官陆军中将、行政院参事。工诗词，精音律。诗喜近体，七言律诗尤多。喜结交戏剧界人士。1915年，梅兰芳演出一种歌舞并重的京剧新剧目，时人称"古装新剧"，剧本即为李宣倜与齐如山等人合作编写。后在伪中华民国维新政府和汪伪国民政府行政院担任印铸局局长，后调陆军次长、军事委员会委员及政务参赞。解放后，冒广生尝欲推荐其入上海市文史研究馆而不果。著有《苏堂诗拾》、《评京剧诗稿》等[①]。

陈宝琛之侄陈懋鼎。陈懋鼎(1870—1940)，字徵宇，光绪十六年进士，官内阁中书。曾随张德彝使英，充参赞。归国后，历任外务部司长、外交部参议、储才馆提调等职。1920年后，薄游海滨。著有《槐庐诗钞》[②]。陈懋鼎亦工诗，汪辟疆称其"诗专力后山，偶作，无不从诗榻中苦吟而得。用意造语，最能窥后山深处。作虽不多，然篇篇可诵也[③]。"陈懋鼎曾同张元济共上书总理衙门请设立通艺学堂[④]。陈去世后，张元济有挽联悼之[⑤]。

陈宝琛之弟陈宝璐。陈宝璐(1857—1912)，字叔毅。陈衍对其人其诗皆有好评："叔毅耽经学，汉宋兼采，能散体文能诗，极少作。以庶常改官部曹，闭户乡居，累岁不入城。""有《雪坪与弢庵联句》……旧稿传写，脱去两人名字三十余句，不辨其孰伯孰叔矣。然妥贴不颇，居然

① 梁淑安主编：《中国文学家大辞典·近代卷》，第145－146页；刘衍文：《双照楼主》，《万象》2004年第1期，第36页。

② 陈衍：《石遗室诗话》卷五；王揖唐：《今传是楼诗话》，第90—91页；《林畏庐先生年谱》，台北：文海出版社，1975年，第58页。

③ 汪辟疆：《光宣诗坛点将录》，《汪辟疆文集》，上海古籍出版社，1988年版，第359页。

④ 张元济：《为设立通艺学堂呈总理各国事务衙门文》，《张元济诗文》，北京：商务印书馆，1986年版，第97页。

⑤ 张元济《挽陈徵宇》，《张元济诗文》，第94页。

韩、孟之功力悉敌也。”[①]“叔毅治古文辞垂四十年,尤肆力于经,顾不轻著述。通籍后见政俗陵替,祸乱将作,遂绝意仕进[②]。”陈宝璐与陈三立也有交往,陈宝璐卒,陈三立有诗悼之:“吾师兄弟相师友,叔也尤肩翼教功。复性文章八家外,归墟经术百川东。生今转幸天能忌,待后微知道未穷。独念藏身听夜雨,魂来忍视首飞蓬[③]。”

陈衍之兄陈书[④]。陈书(1838—1905),字伯初,号俶玉,一号木庵,福建侯官人。光绪元年(1875 年)中举。家居侍母疾,精通医学,无意仕进。后出游苏、皖。光绪二十六年(1900 年),任直隶博野知县[⑤]。光绪二十八年,以疾乞归,卒于里。著有《木庵居士诗》二卷[⑥]。徐世昌称其诗:“木庵雅才旷抱,诗近苏、白……晚于诗律尤细,纵笔为之,格严气肆[⑦]。”陈书尝从龚易图、陈宝琛、叶大庄游,岁得诗百十首。与陈

① 陈衍:《石遗室诗话》卷五,第 73 页。

② 张允侨:《闽县陈公宝琛年谱》,《沧趣楼诗文集》,第 752 页。

③ 陈三立:《挽陈叔毅世丈》,《散原精舍诗文集》,第 354 页。

④ 关于陈书的研究,可参见刘建萍:《论陈书对同光体闽派的贡献》一文,见《漳州师范学院学报》,2003 年第 3 期。但作者的结论:“由此可知:沈瑜庆、林旭、沈鹊应、李宣龚等同光派重要诗人是直接在陈书的指导下开始诗歌创作的。如果陈书当年没有应沈瑜庆之招居其幕,如果不是受陈书的直接教诲熏陶,沈瑜庆等人日后能否成为同光闽派的重要作家就很难说了。”笔者不敢认同,陈书在宋诗派的地位因陈衍鼓吹而提高,实则郑孝胥对其诗作评价甚低,其他宋诗派成员也很少提及陈书的创作。而对沈瑜庆、李宣龚、林旭等人的影响,郑孝胥似乎更大。

⑤ 按:梁淑安主编《中国文学家大辞典·近代卷》认为陈书:“二十三年,始以谒选得官,任直隶博野知县”,有误。陈衍《故直隶博野县知县木庵先生墓志铭》称:“年六十二,始以知县赴选,得直隶博野县。适拳匪之乱起,保定为拳渊薮……又二年,乃得归。”据陈衍所述推断,陈书任博野知县当在光绪二十六年,二十八年辞官。详参:陈衍《故直隶博野县知县木庵先生墓志铭》,《石遗室文集》卷三,《石遗室集》,第 452—453 页;梁淑安主编:《中国文学家大辞典·近代卷》,第 242 页。

⑥ 陈衍:《故直隶博野县知县木庵先生墓志铭》,《石遗室文集》卷三,《石遗室集》,第 452—454 页。

⑦ 徐世昌:《晚清簃诗汇》第 170 卷。

宝琛交尤厚，时相酬唱[①]。陈宝琛家居期间，有所作，常与陈书、陈衍兄弟商榷[②]。陈书曾长期客沈瑜庆幕，游江宁、池州、淮北、苏州等地[③]。光绪二十一年(1895 年)，陈书亦随沈瑜庆在筹防局，与郑孝胥、叶大庄、李宗袆等谈艺论文。陈衍幼时曾从陈书学诗，受其影响甚大。在《石遗室诗话》中，陈衍对陈书极为推崇，而郑孝胥似乎不大欣赏陈书。光绪二十年的一天，同在张之洞幕府的陈书与郑孝胥、陈衍等在沈瑜庆处谈诗，陈书非孟子而轻欧阳修，自谓其诗可匹韩愈。郑孝胥曰："君何一似东方朔，逮滑稽之雄耳[④]。"又一次，郑孝胥访陈书。陈书出示诗卷，"伯初留余读其诗卷，间有佳处。阅竟，戏题之曰：'淘气集'，其伎俩可知矣[⑤]。"可见郑孝胥对陈书诗歌评价不高。

范当世之弟范钟。范钟，字仲霖，早年游湖湘，与陈三立、俞明震、文廷式交游。范钟有文名，张裕钊、俞明震均盛称之[⑥]。他曾客张之洞幕府，与陈三立、易顺鼎等唱和。易顺鼎有《次韵赠范钟》诗，赞曰："通州三范垂天下，钟也尤惊旷代才[⑦]。"范氏兄弟中，陈三立结交范钟最早，通过他而结识当世[⑧]。

范当世之子范罕。范罕(1874—1938)，字彦殊，光绪三十三年

---

① 参见陈书《弢庵招游听雨斋未果用昌黎炭谷湫祠堂韵寄题》、《呈弢庵》、《与弢庵夜谈》、《听水居士贻诗画扇即次其绝句天字韵》诸诗，《木庵居士诗》，《石遗室丛书》本。

② 《沧趣楼诗集》中有多首陈宝琛、陈书早期的和诗：《次韵答俶玉》、《俶玉雨中以诗枉存次韵答之》、《俶玉和雪诗并示与含晶酬唱诸作用倒叠韵奉酬》、《上巳花下怅然有感因和俶玉用昌黎寒食日出游韵》等，见陈宝琛：《沧趣楼诗文集》。

③ 陈衍：《故直隶博野县知县木庵先生墓志铭》，《石遗室文集》卷三，《石遗室集》，第452—454 页。

④ 《郑孝胥日记》，光绪二十年十一月初九，第 450 页。

⑤ 《郑孝胥日记》，光绪二十一年八月二十日，第 518 页。

⑥ 文廷式："晤南通州范仲霖优贡，昔常闻之张廉卿、俞恪士屡称其才，今时见之也。"《湘行日记》，赵铁寒编《文芸阁(廷式)先生全集》，台北：文海出版社，1975 年版。

⑦ 易顺鼎：《琴志楼诗集》，上海古籍出版社，2000 年版，第 540 页。

⑧ 陈三立：《范伯子文集跋》，《散原精舍诗文集》，第 1011 页。

(1907年),留学东京,学习法律,归国后,任教于南通农校,著有《蜗牛舍诗》。胡先骕谓其诗:"瘦硬枯淡,如楝果、如苦茶,意境在东野、长江、宛陵、后山之间,读之令人悒悒寡欢。然其真气潜在,固非以狂花客慧相炫耀者所可同日语也。"胡先骕1925年秋从美国返,居南京太学街,与范罕弟(彦矧)同居一处,时为文酒谈宴之乐。1926年春,范罕自通州至南京,胡与之一见如故,"常于佳日,携幼子与翁蹑钟山之背,彳亍万花之中,假村舍煮茗,商榷艺事,不觉松荫数转,暝烟渐声,始兴阑而返[①]。"

沈曾植之弟沈曾桐。沈曾桐(1853—1921),字子封,号同叔,光绪十年(1884年)入李鸿章幕。光绪十二年成进士,选庶吉士,授翰林院编修。他曾任湖北考官。中日甲午战争失败后,沈曾桐与其兄沈曾植俱列名强学会发起人,有"副董"之名,主管强学官署局报务。光绪二十四年(1898年)上疏献正本清源之计,提出正人心、求人才、简使臣、通洋情、办民团、务农田等建议。宣统二年(1910年)署广东布政使,三年任云南提法使[②]。沈曾桐与宋诗派人物多有交往。光绪十一年,沈曾桐与郑孝胥同居李鸿章幕府。郑孝胥抵京后,沈氏兄弟前往拜访。沈曾桐和陈三立俱为强学会成员,有着共同的政治身份和难忘的历史记忆。沈曾桐与陈三立在南京曾经有雅集,《散原精舍诗集》中有诗记之。

在古典诗歌的传承中,亲缘关系起了很大作用。像陈三立、范当世、沈瑜庆、陈宝琛、李宣龚家族这种"一门词翰,辉映后先"[③]的现象并

---

① 胡先骕:《蜗牛舍诗序》,《胡先骕文存》上卷,第332页。

② 汤志钧:《戊戌变法人物传稿》,北京:中华书局,1961年版,第354页;浙江省政协文史资料委员会编《浙江近现代人物录》,浙江人民出版社,1992年版,第121页。

③ 夏敬观:"闽县李释戡宣倜,拔可同年之从弟也。次玉年伯著有双辛夷楼词,拔可妹樨清女士著有花影吹笙室词,皆早逝。释戡父畲曾丈则工为诗。一门词翰,辉映后先。予以文字因缘,获交群从。"《忍古楼词话》。

不鲜见。尤为重要的是，在宋诗派前辈的影响下，出现了一个阵容庞大、更为年轻的诗人群，使得宋诗运动在20世纪里不绝如缕。

第二节 宋诗派群体的地缘关系

“同乡情感与组织之所以如此显著与持久，是由于其应付城市经济、社会和政治变迁压力时具有灵活性、适应性和实用性[①]”。这是一位研究地缘网络关系的学者的论断，对宋诗派文人群体同样适用。明代以来，文人的地域意识就较为强烈，因地域而结成文学团体数量众多。陈衍在《石遗室诗话》中提到了北郭十子、闽十子、嘉定四先生、公安派、竟陵派等[②]。宋诗派文人群体具有鲜明的古典诗歌流派特征，表现为突出的地域性。此一群体以福建、江西、浙江诗人为主体，互相之间联系密切。以至有人称之为“闽赣派诗团”或“闽赣派”。“闽赣派”或“闽赣派诗团”称呼的背后，可看出宋诗派诗人群体之间因同乡关系而结成的人际关系的稳固性。

一、八闽多才：闽派

钱锺书先生在谈到文学风气的嬗变时说：“乡献土风，积重故难返，积久复易厌也[③]。”这句话用于近代福建诗风的转型再确切不过了。福建诗风，从明代以来一直宗唐，但到了晚清群趋而宗宋。宋诗派文人群体中，闽派占了绝对的优势，钱锺书的“积久复易厌”可用于描绘近代福建诗风的转变。

---

① [美]顾德曼著、宋钻友译：《家乡、城市与国家——上海的地缘网络与认同，1853—1937》，上海古籍出版社，2004年版，第3页。

② 陈衍：《石遗室诗话》卷十八，第278页。

③ 钱锺书：《谈艺录》，北京：中华书局，1984年版，第472页。

汪辟疆在《近代诗派与地域》中对近代闽籍诗人作了一个详细的概括:“至闽人能诗为诗坛所重者,则有沈涛园、张珍午之骏快,林暾谷、李拔可之简远,叶损轩、何枚生之新隽,严几道、江叔海之典雅;或渊源苏陆,或瓣香黄陈,学古不为古所囿,故能别出手眼,卓然自立,佳句往往在人口。沈于培序涛园诗,所谓同光派中闽才独盛者,即指林沈诸家而言也。此外则王允皙、林长民、陈懋鼎、黄懋谦、沈觐冕、陈声暨诸家,诗工亦深。八闽多才,于兹益信[①]。”汪辟疆文中提到的郑孝胥、陈衍、陈宝琛、沈瑜庆、林旭、李宣龚等,都是宋诗派的骨干力量。此外,还有一些诗人也属于这个群体。

林寿图是闽籍诗人中较早宗宋者。林寿图(1823—1899),字颖叔,号欧斋,福建闽县(今福州)人。道光二十五年(1845年)成进士,历任工部员外郎、军机章京、御史、顺天府尹。光绪二年(1876年),补山西布政使。忤左宗棠,革职。旋应两江总督沈葆桢之聘,主讲钟山书院。晚岁主讲致用书院。林少即以诗名,出仕后益致力于诗,著有《黄鹄山人诗钞》、《榕阴谈屑》等[②]。据陈衍的描述,林寿图晚年诗风宗宋。也就是说,他是闽籍诗人中较早的宗宋者。林寿图对闽派诗风由唐趋宋起到了一定作用。陈衍说:“然吾闽地处海峤,风气常后人。二百余年来,无文章巨公主盟中原坛坫者。吟讽之子,抱持沈悫士教忠堂选本,奉为科律以自豪。欧斋先生独枕葄双井,与曾涤生、祁春圃诸公同所祁向,故有清诗学莫率于吾闽[③]。”林寿图与郑孝胥、叶大庄、陈宝琛等均有交往,此外,他和宋诗派诗人还有另一层渊源——他是宋诗派后起之秀梁鸿志的外公[④]。

---

① 汪辟疆:《近代诗派与地域》,《汪辟疆文集》,第300页。
② 梁淑安主编:《中国文学家大辞典·近代卷》,第271页。
③ 陈衍:《榕阴谈屑叙》,《陈石遗集》,第580页。
④ 陈衍:《榕阴谈屑叙》,《陈石遗集》,第579—580页。

叶大庄也是宋诗派群体中的一个重要成员。叶大庄(1844—1898年)，字临恭，号损轩。福建闽县(今福州)人。同治十二年(1873年)举人，历任江苏靖县知县、邳州知府、松江海防同知、江南乡试同考官。他为官卓有政声，光绪二十年入张之洞幕府，负责洋务文案。曾捐款资助《时务报》。著有《写经斋初稿》、《玲珑阁词》、《礼记审记》等[①]。汪辟疆视其为"闽赣派"即宋诗派成员[②]。陈衍谓："吾乡之人常为诗者，余识叶损轩最先，次苏堪，次弢庵，又次乃君常……损轩少喜樊榭，继为后村、放翁、诚斋，蠖居微官以终，差相似矣[③]。""损轩少负才名，与芸敏并以院试《会昌一品制集序赋》，风檐寸晷，以中书舍人称诗都下……损轩时时来往吴山浙水间，所为诗心摹力追石湖、后村[④]。"叶大庄与陈宝琛、陈书、陈衍关系密切，时常往来。叶大庄所居玉屏山庄，风景秀丽，光绪十年(1884年)、光绪十一年(1885年)曾招陈书前往家居两年，陈书诗中《陶江集》，即作于此时[⑤]。张之洞幕府时期，叶大庄和郑孝胥、沈瑜庆、陈衍、林旭往来密切，旦夕论诗[⑥]。

何振岱也是宋诗派成员。何振岱(1867—1952)，字梅生、心徐、觉庐等，年六十后改字为梅叟，福建闽县(今福州)人。光绪二十三年(1897年)中举，光绪三十二年(1906年)后，被时任江西布政使沈瑜庆聘为藩署文案。沈离职后，何振岱的好友柯鸿年在上海创办呢织厂，遂聘请他司笔墨兼教读其子女。辛亥革命后，何振岱回到福州。1915年，被聘为《福州通志》总纂。1923年，他在北京柯鸿年家任教读。1936年，何振岱回到福州，一面以诗文自遣，一面收授门徒。解放后，

① 陈衍:《近代诗钞》;徐世昌:《晚清簃诗汇》,卷一六五。

② 汪辟疆:《近代诗派与地域》,《汪辟疆文集》,第299页。

③ 陈衍:《知稼轩诗叙》,《石遗室文集》,第522页。

④ 陈衍:《石遗室诗话》卷五,第76页。

⑤ 同上。

⑥ 黄遵宪:《黄遵宪集》,天津人民出版社,2003年版,第210页。

他曾任福州文史馆名誉馆长。何振岱诗歌造诣很高,著有《觉庐诗稿》七卷、《我春室集》、《心自在斋诗集》、《姑留稿》等[①]。陈衍谓其:"乡人中能为深未淡远之诗者,有何梅生。非唯淡远,时复浓至,其用力于柳州、郊、岛、圣俞、后山者,皆颇能哜其胾者[②]。"他与陈衍、郑孝胥交尤厚。1912年,何与陈衍、王允皙等在福州结秋社唱和[③]。

张元奇与叶在琦齐名,均为宋诗派成员。张元奇(1858—1922),字君常、珍午,号姜斋。福建侯官人。吴清源外祖。光绪十二年成进士,授编修,曾主福建凤池书院、鳌峰书院,历官湖南岳州知府、奉天锦州知府。张元奇清末曾弹劾权贵,有直声。民国后,任内务部次长、福建民政长、奉天巡按使、经济调查局总裁等,晚岁避居天津以终老。著有《洞庭集》、《辽东集》、《知稼轩诗》等[④]。汪辟疆视其为"闽赣派",即宋诗派诗人[⑤]。陈衍谓其诗:"中年以后,时时敛就幽敻,然终与坡公为近。其间有忧愁牢落,托于庄骚之旨者,亦坡公之忧愁牢落也[⑥]!"张元奇与陈衍相交深厚:"余交张珍午民政十余年,癸卯都门别后,余仍客武昌,君出守岳州,与武昌一江上下,邮筒隔宿可至,至必有诗若书[⑦]。"张元奇与宋诗派另一领袖陈宝琛为姻亲,两人曾先后主鳌峰书院[⑧],与叶在琦、王允皙等常为诗钟之会。陈宝琛称"余归村经月,则君等往复

① 刘建萍:《同光派闽派诗人何振岱的诗歌》,《闽江学院学报》第24卷第6期,2003年12月;钱仲联编著:《近代诗钞》,江苏古籍出版社,2001年版,第1488页。

② 陈衍:《石遗室诗话》卷六,第94页。

③ 陈衍:《说诗社诗录序》,《陈石遗集》,第642页。

④ 陈宝琛:《张君姜斋六十寿序》,《沧趣楼诗文集》,第340页;钱仲联主编:《清诗纪事》卷十九,江苏古籍出版社,1989年版,第13157页;王培军博士论文:《汪辟疆〈光宣诗坛点将录〉笺证》,第168页。

⑤ 汪辟疆:《近代诗派与地域》,《汪辟疆文集》,第299页。

⑥ 陈衍:《知稼轩诗叙》,《石遗室文集》,第522页。

⑦ 陈衍:《石遗室诗话》卷五,第75页。

⑧ 光绪二十七年(1901年),陈宝琛辞去鳌峰书院山长后,由张元奇继任。张允侨:《闽县陈公宝琛年谱》,《沧趣楼诗文集》,第732页。

赓和至六七叠”。又曾与陈宝琛、郭曾炘等结荔香诗社[①]。1913 年 3 月，张元奇曾请郑孝胥为其《知稼轩集》作序，郑孝胥无暇为之，推与陈衍[②]。

叶在琦(1865—1906)，字肖韩、穉愔，福建闽县人。光绪十一年(1885 年)中举，光绪十二年成进士，改庶吉士，授翰林院检讨，于光绪十七年(1891 年)出任贵州学政，掌安徽道监察御史。光绪二十七年(1901 年)，叶在琦联合乡绅向总督许应骙建议创设大学堂。全闽大学堂于光绪二十八年正式开学，为福建首创的公立中等以上学堂，光绪二十九年改称福建高等学堂，由叶任监督。他著有《穉愔诗钞》。叶在琦与张元奇齐名，陈衍称：“叶肖韩侍御(在琦)与珍午齐名。而珍午则对客挥毫，肖韩则闭门索句[③]。”叶在琦性格平易，文采斐然，“君性冲粹，与人乐易，文采倾朋辈，而益自敛下[④]”。其父叶大焯与陈宝琛为至交，“积世通家，同师相友[⑤]”，“少同学，长同官，老又同里闬”，“盖相交三十余年，迹无间、情无间、从未有如君者也[⑥]。”叶在琦曾在福建兴办高等学堂、妇女蚕业馆，与陈宝琛志同道合。叶在琦诗风宗宋：“君诗近后山，矜峭不苟作，亦少所许可[⑦]。”

还有一些闽籍诗人并不宗宋，但和宋诗派关系密切。郭曾炘父子即为一例。郭曾炘虽非宋诗派成员，但作为福建人在京居高位者，和

---

① 陈宝琛：《张君姜斋六十寿序》，《沧趣楼诗文集》，第 340 页。

② 《郑孝胥日记》，1913 年 3 月 16 日，第 1457 页。

③ 陈衍：《石遗室诗话》卷五，第 80 页。

④ 陈宝琛：《叶肖韩侍御墓志铭》，《沧趣楼诗文集》，第 432 页；曾意丹、徐鹤苹著：《福州世家》，福建人民出版社，2001 年版，第 318、320 页。

⑤ 陈宝琛：《叶恂予同年哀诔》，《沧趣楼诗文集》，第 461 页。

⑥ 陈宝琛：《叶恂如同年六十寿序》，《沧趣楼诗文集》，第 323 页。“叶君恂予(大焯)，公戊辰同年，累世通家，同师相友。昔在京师，又同官翰苑。失官归里，常共酬唱，见公雪诗，亦赋和一首。”张允侨：《闽县陈公宝琛年谱》，《沧趣楼诗文集》，第 725—726 页。

⑦ 陈宝琛：《叶肖韩侍御墓志铭》，《沧趣楼诗文集》，第 432 页。

宋诗派中闽籍诗人来往频繁。郭曾炘(1855—1928),字春榆、号匏庐,晚号福庐山人。光绪六年(1880年)进士,改庶吉士。散馆,授礼部主事。光绪九年,上疏力赞以明儒黄宗羲、顾炎武、王夫之从祀孔庙。光绪十七年,任军机章京。历迁礼部郎中、内阁侍读、光禄寺卿。光绪二十六年,八国联军陷北京,慈禧与光绪西迁,郭曾炘随后驰赴西安,授通政使。回京后,历署工部、户部、礼部侍郎。宣统元年(1909年),充实录馆副总裁。清亡后,仍追随溥仪。工诗,初不多作,1911年后始致力于诗,著有《匏庐诗存》九卷[①]。郭曾炘和陈宝琛相交至深,陈宝琛复出后,两人经常到京师附近胜迹游览。辛亥以后郭、陈同结诗社唱和。"宝琛以年家世旧与公同馆垂五十年,而相望南北,再逾星纪。自宣统初元密洽至今,道义之交,文字之契,一时莫并[②]"。他和宋诗派人物还有一层渊源,宋诗派后起之秀黄濬即为其外甥[③]。

郭曾炘之子郭则沄也是近代著名诗人,且和宋诗派诗人交往颇多。郭则沄(1881—1947),字啸麓,号龙顾山人、蛰云。光绪二十八年(1902年)中举,光绪二十九年(1903年)成进士,改庶吉士。散馆,授编修。曾入东三省总督徐世昌幕。宣统初,授浙江温处道、提学使,创农业学校、贫民习艺所。辛亥革命后,曾依徐世昌任北洋政府国务院秘书长。著有《十朝诗乘》二十四卷、《龙顾山房集》(含《骈体文钞》七卷、《诗集》十二卷、《续集》八卷、《词》七卷)等[④]。郭则沄博学能文,民

① 王树枏:《郭文安公神道碑》,《陶庐文集》卷二十,台北:文海出版社,1968年版。

② 陈宝琛:《郭文安公哀诔》,《沧趣楼诗文集》,第470页。

③ "杜诗两句,则舅氏郭春榆先生(曾炘)拈定者"。黄濬:《花随人圣庵摭忆》,第523页。

④ 孙宣:《龙顾山人传》,见郭则沄纂,卞孝萱、姚松点校《十朝诗乘》,福建人民出版社,2000年版,第1051-1053页。

国时期在天津结冰社、须社等，在北平结钵社、律社，广结文友[①]。郭则沄同宋诗派诗人陈宝琛、郑孝胥、陈衍等均往来密切。

身隶闽籍的严复[②]与宋诗派也有极大的渊源。先来看一下他与郑孝胥的交往。严复和郑孝胥的关系，最早可追溯到光绪五年。是年船政大臣吴赞诚将严复自英国调回，聘为船政学堂教习[③]。而吴赞诚是郑孝胥岳父，对严复有知遇之恩。光绪十一年(1885年)五月，郑孝胥在天津李鸿章幕府晤严复，这是《郑孝胥日记》中关于严、郑交谊的较早记载。之后，两人便时相来往，文酒之会，殆无虚日。同年六月，严复将归福建应乡试，托郑孝胥暂课其子[④]。其后两个月的时间里，郑孝胥几乎每天都入斋授读。严复、郑孝胥都是用世之心极强而科举场上却屡试不售的末代士大夫，共同经历了"谁知厄场屋，同辈空交誉"[⑤]的磨难，英雄相惜之情愈发强烈。严复的《太夷继作有被刖诸语见靳乃为复之》、郑孝胥的《答严几道》、《偶记林颖叔述左文襄语再答几道》几

① 许钟璐：《清诰授光禄大夫头品顶戴赏戴花翎署浙江提学使侯官郭公墓志铭》，卞孝萱、唐文权编《辛亥人物碑传集》，北京：团结出版社，1991年版，第783页。

② 严复(1854—1921)，初名传初，曾改名宗光，字又陵，一字几道，晚号瘉壄老人。福建侯官人。同治五年(1866年)，考入福州马尾船厂附设船政学堂，同治十年，毕业。光绪二年(1876年)，被派往英国留学，与驻英公使郭嵩焘谈论中西政治学术之异同，深受郭赏识。光绪五年，归国，任福州马江船政学堂教习。光绪六年，调北洋水师学堂，任总教习，后任总办。光绪二十三年，与夏曾佑等在天津办《国闻报》。次年，《天演论》出版，并译《原富》。光绪二十八年，任京师大学堂编译局总办，译作《原富》出版。光绪二十九年，译作《群学肄言》、《群己权界论》出版。光绪三十一年，协助马相伯创办复旦公学，后任校长。光绪三十二年，任安庆高等学堂监督。1912年，任京师大学堂总督兼文科学长、袁世凯总统府顾问。1918年秋，归故里养病。1921年，肺疾加剧而逝。参见：《清史稿》，第486卷；陈宝琛：《严君几道墓志铭》；李猷：《严复传》，钱仲联主编《广清碑传集》，第1140—1142页；梁淑安主编：《中国文学家大辞典·近代卷》，第130页。

③ 孙应祥：《严复年谱》，福建人民出版社，2003年版，第46页；牛仰山、孙鸿霓：《严复研究资料》，海峡文艺出版社，1990年版，第26页。

④ 《郑孝胥日记》，第62页。

⑤ 郑孝胥：《答严几道》，《海藏楼诗集》，第179页。

首诗都传达出了科场不售、功名不遂的耿耿于怀的心理。光绪二十二年(1896年),严复的《原强》、《辟韩》等文章在《时务报》上刊载,张之洞见之,谓为洪水猛兽,命梅守仁作《辟韩驳议》,严复几罹不测,郑孝胥为之解围,才将事情平息[①]。光绪十六年(1890年)五月,郑孝胥在写给严复的信中说:"然足下、弦龛之于我,相得之意,非泛然交游之列,相重之意,又非山川之所能疏也。纵睽违老大,阻隔泥云,宁改故时之尔我哉?"表达了惺惺相惜之情[②]。戊戌变法失败后,郑孝胥重返张之洞幕府,寄诗严复,表达维新失败的悲痛之意:"江汉汤汤首重回,北书缄泪湿初开。忧天已分身将压,感逝还期骨易灰。阙下惊魂飘落日,车中残梦带奔雷。吾侪未死才难尽,歌哭行看老更哀。"后郑孝胥将此诗诵与张之洞,张怃然良久:"抑何沉痛也[③]。"严复的《天演论》曾经郑孝胥题签[④],光绪二十四年(1898年),郑孝胥曾将《天演论》献于张之洞[⑤]。时间证明,在以后的几十年间,两人虽所处环境不同、心态不同、政治态度不同,但并未根本改变两人的深厚情感。辛亥革命以后,严复为袁世凯所用,郑孝胥深致不满。1918年11月27日,张元济宴请严复父子,欲邀郑孝胥作陪,郑不愿出席。严复在日记中记道:"菊生请吃晚饭,坐有梦旦、伯川,独苏堪不至。想持高节,以我为耻耳[⑥]。"确

---

① 牛仰山、孙鸿倪编:《严复研究资料》,第31页。

② 《郑孝胥日记》,第183页。

③ 《郑孝胥日记》,第696、703页。

④ "《天演论》已校改数番,鲁鱼当少——外签已乞苏龛书得,夹在内页者可用也。"严复致熊季廉信,据马勇推断作于1898年左右。见马勇整理:《严复未刊书信选》,中国社会科学院近代史研究所近代史资料编辑部编:《近代史资料》,2002年12月,总104号。

⑤ 《郑孝胥日记》,第706页。

⑥ 严复:《严复日记》,王栻主编《严复集》,北京:中华书局,1986年版,第1527页;张元济:"晚约严又陵父子在寓便饭。伯训、梦旦作陪,苏龛未到",张人凤整理:《张元济日记》,河北教育出版社,2000年版,第648页;《郑孝胥日记》:"张菊生宴严又陵及其子叔夏,约余作陪,辞之。"第1756页。

如严复所料，郑孝胥视民国如敌国，耻与民国政界人物来往，对于好友的行为深所为不解。但也并非如有的研究者认为，从此以后郑孝胥和严复就分道扬镳，老死不相往来了[①]。1919年，严复病情加重，至上海养病，郑孝胥前往探望，并将诗集送给严复，两位昔日密友终于冰释前嫌[②]。郑孝胥和严复在思想上有极大的相似性。严复比郑孝胥更通达一些，虽赞成帝制，但认为共和之局难以改变，中国在二三十年内难以稳定。对于清室的复辟，严复不抱任何希望，认为如果复辟可以成功，清室当初就根本不会覆亡。郑孝胥则坚信只有君主立宪才可以挽回衰颓的政治局势，并自认可以力挽狂澜，过于自负的他最终走向极端。除了辛亥以后的短暂时间，郑孝胥和严复的关系较为稳定。严复在民国后的一些见解（如修铁路为振兴国家的重要手段、提倡读经等）与郑孝胥桴鼓相应。民国以后，严复成为袁世凯政府的重要成员，为袁氏出谋划策，引起一贯敌视袁世凯的郑孝胥的不满，在诗中对昔日的好友加以微讽。但这并未断绝两人日后的往来。由郑与严的关系，可以窥见民国以后中国士大夫阶层的分化与思想状况，即使开明如严复思想上亦有保守之一面。而精英士大夫、曾经在民间影响较大的一些人物，因卷入民国后复杂诡谲之政治漩涡而声名狼藉，则为郑孝胥与严复共同之命运。在这一点上，以“来作神州袖手人”自许而疏离政治的

---

① 如许临江认为：“但是当后来严复开始与民国当权者有了来往之后，郑孝胥就与之交往为耻，近乎与之断交了。”见《郑孝胥前半生评传》，学林出版社，2003年版，第252页。

② 参见：“至长发栈访严又陵，谈久之，将租屋于民厚里，暂留上海就医。”《郑孝胥日记》，民国八年四月二十八日，第1784页；“过严又陵，以吕秋樵手钞诗示余，皆少作，感怅久之。”《郑孝胥日记》，民国八年闰七月十六日，第1796页；“送诗二册与严又陵”。《郑孝胥日记》民国八年闰七月十七日，第1796页；“严几道复书云：‘自铁良、袁世凯席德、日之说，举国练兵，至今使不义之人持杀人之器，祸在天下。始知不揣其本而务其末之为害也。仆自始至终持中国不宜共和之说，然恐自今以往，未见有能不共和之日。足下所云，亦悬为虚望而已’。”《郑孝胥日记》，民国九年八月十四日，第1842页；“太夷来”，《严复日记》民国八年闰七月十六日条；“太夷又送诗集来”，《严复日记》民国八年闰七月十七日条。

陈三立,无疑要明智许多。

严复与宋诗派另一位领袖人物陈三立的关系,在此也值得一提。两人相识甚晚,但早已互相倾慕。严复早年留学英国期间深受郭嵩焘器重,从《郭嵩焘日记》中可看出严复和其时常互通音讯。陈三立早年亦从郭嵩焘游,对严复早有耳闻。维新变法受挫后,陈氏父子遭沉重打击,严复对陈三立极为关切。光绪二十六年,陈三立遭遇家难,严复多次托其弟子、陈三立好友熊元锷[①]问候:"义宁公子近况如何?想游踪仍在秣陵。有书问往还,祁代道念。仆与此老虽未经谋一面,然甚相思也[②]。""义宁公子,复心仪其人六年,于此有书去,深为道念。千万,千万[③]。""义宁公子,复夙所钦迟,而缘铿一面,其节操真足令人敬叹。小儿璩过秣陵,极蒙青睐,家书一再道之。愧负深知,无以仰答也[④]。""《自由释义》易名《权界论》,已有商务印书馆排印出版。昨得吾弟书,已嘱就近邮寄一部奉呈,并以一份呈义宁矣[⑤]。"在这几封信中,

---

① 熊元锷(1879—1906),字季廉,后更名为师复。江西南昌人。曾于南昌设乐群学堂,后更名为心远学堂,讲授西学。江西学政吴士鉴极为器重,举其应经济特科。光绪二十九年(1903年)举乡试第一,会试不售。归上海,从严复游。曾任复旦公学监督。陈宝箴、陈三立父子罢官闲居南昌,熊元锷常相请教,于陈宝箴执弟子礼。陈宝箴卒,熊元锷前往吊唁,与陈三立始相交,"先侍郎弃其孤西山别墅,君来吊,余始识君,由是交日密,言议意趣,益符契无间,两人者交相引重,世亦颇知之。盖欲尝略阅四方贤士,即吾乡后起俊髦,亦往往有闻焉,然欲得志高而学劬、识沉而魄毅,砥德业堪世变如君,其人邈未之睹也。"陈三立对其可谓推崇备至。后熊元锷入严复门下,"君始为学,号桐城方氏、湘乡曾氏所为书,论议文辞崭崭不苟。其后尽揽近人撰著译述言新法者,独服膺侯官严氏之说,以谓渊览眇旨,根据道要,不为剽猎偏曲蹇浅,犁然当人心,无如严先生者也。于是君年廿三,过谋其友陈三立,孤身定上海,执贽严先生门下。严先生亦惊其英亮卓荦,深相爱重,君之学亦日邃而日变矣。"熊元锷与陈三立交尤契,陈三立每至沪,辄下榻熊宅。陈三立:《南昌熊季廉墓志铭》,《散原精舍诗文集》,第874页;《过季廉胜业里故宅》,《散原精舍诗文集》,第195页。

② 严复1902年致熊元锷信,《近代史资料》,2002年12月,总104号。

③ 严复1902年8月11日致熊元锷信,《近代史资料》,2002年12月,总104号。

④ 严复1903年1月31日致熊元锷信,《近代史资料》,2002年12月,总104号。

⑤ 严复1903年11月29日致熊元锷信,《近代史资料》,2002年12月,总104号。

严复表达了对陈三立高度钦慕之意。光绪三十三年熊元锷去世，严复在与熊季贞（元锷弟）信中既劝慰其丧兄之痛，又联想到陈三立的悲痛："古来圣贤夭折，固何止于一二人。王辅嗣、王东亭无年，此执事所稔也。林肯力救黑奴，手定南北花旗之战，顾成功之日，被刺身亡。此中祸福因果，畴能明之！且嗣祖安知非福！亡者已矣，而为之骨肉者长为石阙之衔悲，甚者欲相从于地下，此所谓遁天倍情，而于死者无毫毛之益者也。身为男子，固宜忍耐风波。且死者之志业未酬，门户之担荷尤重，万一因忧成疾，脱去者有知，滋益恫矣。……义宁伯子想当一至南昌，见时乞以此书示之。心之精微，非笔所能达也[①]。"足见其时严复已将陈三立视为挚友，真诚抚慰其内心创伤。1912年，严复任京师大学堂总监督后，曾有聘请陈三立出任文科学长的想法："故今立斯科，窃欲尽从吾旧，而勿杂以新；且必为其真，而勿循其伪，则向者书院国子之陈规，又不可不变，盖所祁向之难，莫有逾此者。已往持此说告人，其不瞠然于吾言者，独义宁陈伯子。故监督此科者，必得伯子而后胜其职。而为之付者，曰教务提调，复意属之桐城姚叔节。得二公来，吾事庶几济，此真吾国古圣贤之所有待，而四百兆人之所托命乎？伯严其亦怦然乎[②]？"陈三立闻知严复此意，内心不知有无"怦然"，但严复对陈三立道德文章的高度推崇，定会使其心潮澎湃吧？严复在1918年的一封信中再次谈到："复平生师友之中，其学问行谊，性情识度，令人低首下心，无闲言者，吕君止（增祥）而已。余则已去者，如郭侍郎、吴冀州、吕家季廉，其犹在者，则陈太保、陈伯严、海盐张菊生，寥寥数公而已。且其人虽皆各具新识，然皆游于旧法之中，行简一无可议。至近世所谓新人物，虽声光烂然，徒党遍海内，如某某公者，吾心目中，

① 严复1907年6月上旬致熊季贞信，《近代史资料》，2002年12月，总104号。

② 严复：《与熊纯如书》，王栻主编《严复集》，第604－605页，北京：中华书局，1986年版。

固未尝有一也[①]。"表达了对宋诗派人物陈三立和陈宝琛思想的高度认同和钦慕。在严复看来,陈宝琛和陈三立都属于"其人虽皆各具新识,然皆游于旧法之中,行简一无可议"的行列,道德人品,无可争议,堪为师表。

陈三立也颇受严复的影响。[②] 从陈三立集中《读侯官严氏所译英儒穆勒群己权界论偶题》、《读侯官严氏所译社会通铨讫聊书其后》诸诗,可以看出陈三立认真阅读了严复送给他的著作,高度评价严复输入西学的努力,对严复的才华也加以赞誉[③]。在《过安庆怀姚叔节》一诗中,陈三立对严复也揄扬备至:"当世严复翁,所蓄涵道艺。冥解天人机,熟贯中西事[④]。"

除前面提到的渊源外,严复与陈宝琛亦为姻亲,严复子严琥娶陈宝琛外甥女林慕兰[⑤]。

严复与宋诗派有着多重渊源,有的文学史家亦将严复纳入宋诗派的行列[⑥]。其实严复并不能算作严格的宋诗派成员,他不以诗名,而且几乎没有参加过和宋诗派有关的雅集和结社活动,只能算作一个重要的宋诗派友人。

综上所述,宋诗派中闽籍诗人人数最多,势力最大,最重乡梓之谊。有时地缘、亲缘、学缘交织在一起,错综复杂,构成了较为稳固的人际关系。闽籍诗人有一个特点,就是极为团结,互相提携,奖掖后

---

① 严复1918年3月31日致熊纯如书,《严复集》,第501页,北京:中华书局,1986年。

② 学界前辈多注意到了这一点,如刘世南先生就认为:"除了郭嵩焘外,三立后来又受到严复的影响",并结合其诗作进行了分析。见刘世南:《清诗史》,人民文学出版社,2004年版,第451页。

③ 陈三立:《散原精舍诗文集》,第83—84页。

④ 陈三立:《散原精舍诗文集》,第175页。

⑤ 林伟功:《严复与陈宝琛的交谊初探》,唐文基、徐晓望、黄启权主编:《陈宝琛与近代社会》,第503页。

⑥ 汪辟疆:《近代诗派与地域》,《汪辟疆文集》,第299页。

进。没有陈宝琛的推荐，郑孝胥难以进入李鸿章幕府，就没有了日后追随李经方出使日本的机会，也就无法在政坛大显身手；没有林绍年向张之洞的举荐，陈衍的命运恐怕不会比一个落魄书生好到哪里；同样，没有陈衍在《石遗室诗话》中不遗余力地褒扬，黄濬、梁鸿志等年轻诗人也不会如此快就蜚声诗坛。这其中尤以沈瑜庆入张之洞幕府为突出。沈至金陵后，叶大庄、李宗祎、陈书、陈衍、郑孝胥、林旭，或入幕，或从沈游，他为闽籍诗人提供了一个施展个人才华的平台。在剧烈的政治变革中，因同乡和长期私交形成的关系网络显得至关重要。1914年，林纾在京与福建同乡十六人结晋安耆年会，陈衍、严复、郭曾炘、李宗言、卓孝复、张元奇、郑孝柽为主要成员。这是仿唐代白居易"香山九老会"、宋代司马光的"洛中耆旧会"而设立的同乡耆旧会[①]，传达出乱世中难得的友谊。闽派的繁荣，是陈宝琛、郭曾炘、林绍年、沈瑜庆、郑孝胥、陈衍等共同努力的结果。他们的努力没有白费，闽派也后浪推前浪，产生了一批少年才俊。闽派在清末民初终于达到和人文称盛的江右抗衡的态势："闽人以诗鸣者，殆亦自詹始也。有宋之世，中原文化南渐，闽士亦多有声。南渡以后，刘后村以诗为海内所宗仰。逮及清季，闽士工诗者风起云涌，号为'闽派'，石遗翁以说诗为海内之北辰，影响尤为深切。闽诗清新巉刻，工于琢句。至光宣间，已与江右抗手矣[②]。"

二、西江风流：赣派

"江右诗家，自陶潜以降，至赵宋而极盛。欧公、荆公、南丰、广陵外，又有所谓江西诗派，祖山谷而祢彭城之后山。其甥徐师川，即不宗仰山谷，不足凭之说也。至前清而就衰。名者虽有蒋心余、吴兰雪、高

① 《贞文先生年谱》,《林畏庐先生年谱》,台北：文海出版社。

② 胡先骕：《寒光诗集序》,《胡先骕文存》上卷，第350页。

陶堂,派别既不一致,力亦不足转移天下风气。五十年来,惟吾友陈散原雄称海内[①]。”这是陈衍在《石遗室诗话续编》中的一段话,描述近世江西诗学嬗变较为详尽。宋诗派本以江西诗派为主要师承对象,江西应该是宋诗最兴盛的地方,然而近代以来趋于萧条。陈三立也深刻感受到了这一点,颇思起而振之:

“世传江西派祖山谷,然自宋以还,吾乡诗人,诚出于山谷者盖稀。非徒吾乡而已。数百年间举世靡靡,殆皆不引以自重,自曾文正笃嗜而孤揭之,风稍趋于一变。于是吾乡英异少年,则多依山谷,悬其鹄而争树立[②]。”

近代江西诗风的兴盛,和陈三立等江西诗人有意标举“江西诗派”的旗帜有关。民国时期以陈三立为精神领袖和师法对象,出现了一批杰出的江西诗人。清末民初江西诗风宗宋者,除陈三立、陈衡恪、陈方恪、陈隆恪父子外,尚有夏敬观、杨增荦、胡先骕、汪辟疆、邵祖平、华焯、胡朝梁、王浩、王易、曹用晦等。

杨增荦(1866—1933),字昀谷、延真,号滋阳山人。江西新建人。光绪二十三年(1898 年)中举,光绪二十四年成进士。官刑部主事。光绪三十一年,保送热河理刑司员。光绪三十三年,调回本部,开办京师审判厅。宣统元年(1909 年),保送知府,分发四川补用。二年,两广总督奏调广东,署法科参事。1916 年,任国史馆协修。次年,任司法部秘书。1924 年,任交通部参事。著有《杨增荦先生遗诗》八卷[③]。杨增荦在刑部任职时,与赵熙、胡思敬等时常切磋诗艺。辛亥后居京师,与陈

---

① 陈衍:《石遗室诗话》续编卷二,第 653 页。

② 陈三立:《思斋诗序》,王浩《思斋遗集》卷首,1925 年铅印本,转引自贺国强博士论文:《近代宋诗派研究》。

③ 生平事迹见杨增荦:《杨昀谷先生遗诗》卷首,民国二十四年铅印本;梁淑安主编:《中国文学家大辞典·近代卷》,第 162 页。

衍、樊增祥、易顺鼎等交游，诗亦进。

华焯，字澜石，江西崇仁人，光绪二十四年戊戌进士，官编修。著有《持庵集》四卷。汪辟疆、钱仲联均视其为宋诗派成员。夏敬观称："大凡诗之至者，深入须能浅出、生涩而语晦、藻密而意浅；以云学孟学韩，皆无是处。澜石未有此病也[①]。"

王易(1889— ?)，字晓湘，江西南昌人。毕业于国立北京大学，获文学学士学位。历任国立北京师范大学及南昌心远大学教授，江西教育厅第一科科长，国立中央大学文学院中国文学系副教授，中央政治学校大学部教授。著有《修辞学》、《国学概论》、《词曲史》等。陈衍对王易诗作评价较高，"南昌王晓湘(易)，工为沉痛语……诸诗工力，在郑子尹、江弢叔之间。"[②]王易与胡先骕同学于京师大学堂，情谊相投，"文字道义相切磨，谊同骨肉。"[③]

王浩，字然父，一字瘦深。江西南昌人。少有才名，曾与兄王易同刊《南州二王词》。辛亥革命后与兄王易在南昌主持报刊文苑。1916年任江西省计司秘书。1918年至北京，先后任参议院秘书、民国国会史纂修、币制局秘书、国务院统计局佥事等职，存有《思斋遗集》[④]。王浩貌容白皙，弱不禁风，却颇有辩才。其少时诗学汉魏，二十以后宗奉宋贤，服膺山谷。他与宋诗派陈三立、陈宝琛、黄濬、胡朝梁等均有交往。陈三立盛称其诗："吐弃凡近，多骨重神寒之作。力追山谷，笔端可畏[⑤]。"胡朝梁晚岁结交王浩，有相见恨晚之意，赠诗曰："晚交得斯

---

① 夏敬观：《忍古楼诗话》，张寅彭主编：《民国诗话丛编·三》，上海书店出版社，2002年版，第4页。

② 陈衍：《石遗室诗话》续编卷二，第596－597页。

③ 胡先骕：《评亡友王然父思斋遗稿》，《胡先骕文存》上卷，第306页。

④ 胡先骕：《评亡友王然父思斋遗稿》，《胡先骕文存》上卷，第306－311页。

⑤ 胡先骕：《评亡友王然父思斋遗稿》，《胡先骕文存》上卷，第306、310页。

人,私喜吾道盛。曹(东敷)胡(湛园)皆愧汝,英妙进都猛[①]。”

曹用晦,字东敷,江西义宁人。曾从陈三立游,“义宁曹东敷,夙与陈散原、程汪山诸先生游,识高而疏狂可喜,于名下少所所可。于君(王浩——引者)独推重,每谓‘以华持庵为盟主,而吾二人辅翼之,当为江西坛坫生色。’[②]”

胡朝梁、王易、王浩、曹用晦、胡先骕等联系密切。胡先骕与王易为京师大学堂知交,与其弟王浩亦成密友:“戊午吾在秣陵,然父亦往来燕赣间,后又使车西渡,契阔日甚,然函问无间,诗筒亦无间。即在壬戌卧疾京邸之候,病情进退,客怀郁愉,靡不相告[③]。”曹用晦则是江西名士程汪山门下士,与王易、王浩兄弟交往亦密。曹用晦才高而嫉俗,独于王氏兄弟相契。后程汪山以女妻王浩,乡缘之外,又结亲缘。老辈诗人提携有加,年轻诗人互通声气,以重振江西诗风为己任,再加上胡先骕更是有意利用《学衡》作为江西诗人发表诗歌的阵地,[④]使得民国时期江西诗风蔚然成宗。“吾乡自赵宋以还,以文章领袖宇内。逮清而稍衰,至清之末叶尤不振。自陈散原先生出,始重振西江绪余。夏吷庵、华澜石、黄百我、杨昀谷诸前辈,亦能各树一帜。如胡诗庐君与简庵两昆季与彭泽汪辟疆则后起之彦[⑤]。”

江西诗人内部亦有地缘加亲缘关系,如王易、王浩为兄弟,而夏敬观与华焯为姻亲[⑥]。宋诗派中赣派力量仅弱于闽派,但有一点值得注

① 胡先骕:《评亡友汪然父思斋遗稿》,《胡先骕文存》上卷,第309页。

② 胡先骕:《评亡友汪然父思斋遗稿》,《胡先骕文存》上卷,第307页。

③ 胡先骕:《评亡友王然父思斋遗稿》,《胡先骕文存》上卷,第306页。

④ 吴宓:“胡先骕主持‘文苑’一门,专刊登江西省人所作之江西诗派(或名之曰同光体)之诗,实则限于胡先骕、邵祖平、汪国垣、王易、王浩五人而已。友、生及来稿,皆不选入一首。”《吴宓自编年谱》,三联书店,1998年版,第232页。

⑤ 胡先骕:《评亡友汪然父思斋遗稿》,《胡先骕文存》上卷,第313页。

⑥ 夏敬观从妹嫁与适华焯兄,见夏敬观:《忍古楼诗话》,张寅彭主编《民国诗话丛编·三》,上海书店出版社,2002年版,第4页。

意，赣派诗人中颇多较为纯粹的学者或诗人，热衷于政治者不是很多。因此赣派中人多政治上无陷入泥潭者，这是他们不同于闽派的一个特点，多少和陈三立的精神示范有关吧。

三、秀水余韵：浙派

清末民初宋诗派文人群体中，出自浙江的有沈曾植、袁昶、金蓉镜等。

金蓉镜（1854—1927 以后），字甸丞，号潜父、潜卢、香严。浙江秀水人。光绪十五年（1889 年）进士，官户部主事，在军机处行走。光绪二十七年，丁父忧归里。服阕，改官湖南，任靖州知州。后权彬州知州。辛亥革命后，以遗老自居，一度供职通志局，与沈曾植交尤密。其前期诗不多作，改官湖南后，与王闿运、王先谦相唱酬。后问诗于沈曾植，遂为“同光体”诗。著有《潜庐全集》一十三卷、《滮湖遗老集》四卷、《续集》四卷[①]。钱仲联谓其：“诗黔黑奥僻学《海日楼》，具体而微，《滮湖遗老词》，亦略如《曼陀罗寱词》，几坠恶趣[②]。”可见其受沈曾植影响较深。

“诗至今日，难言之矣。创作者恶夫袭古人之貌……而泥古者则又规仿唐、宋，标举一二家以自张其壁垒，师古而不能驭古……又其甚者，举一行省十数缙绅，风气相囿，结为宗派，类似封建节度，欲以左右天下能文章之士，抑高唱而使之暗，摧盛气使之绌，纤靡委随，而后得列我之坛坫[③]。”金天羽在这里提到的“举一行省十数缙绅，风气相囿，结为宗派”，主要针对宋诗派中的闽派而言，批评陈衍等人的拉帮结派、标榜声气。从金天羽的话语中即可看，出宋诗派以同乡为纽带所

① 梁淑安主编：《中国文学家大辞典 · 近代卷》，第 289 页。
② 钱仲联：《近百年词坛点将录》，《梦笤庵论集》，第 401 页。
③ 金天羽：《五言楼诗草序》，转引自钱仲联《论“同光体”》，《梦苕庵论集》，第 434 页。

形成的诗人群体已有较大影响。从地域上来看,闽派在宋诗派文人群体中占绝对优势,在20世纪旧体诗坛的影响也最大。福建在近代产生了陈宝琛、郑孝胥、陈衍、沈瑜庆、林旭、李宣龚、叶大庄、张元奇、黄濬、梁鸿志等一批宗宋诗人,近代宋诗运动的高涨,离不开他们的整体努力。闽派诗人中既产生了林旭这样的"烈士",也出现了郑孝胥、黄濬、梁鸿志这样的有历史污点的人物,是一个值得认真研究的群体。赣派诗人人数不多,但成就颇高,陈三立、夏敬观、华焯、杨增荦都是其中的佼佼者。浙派勉强可称"派",但人数较少,后继乏人,多少与浙派诗的博奥精深、极度晦涩有关。

第三节　宋诗派群体的学缘关系

学缘是传统诗派结合的重要方式。因近代宋诗派所处近代历史空间的独特性,其师承关系可分为旧式学缘和新式学缘两种。旧式学缘既指因科举考试而形成的座主/门生关系,也指因私下钦慕而入贽称弟子的关系。新式学缘则指在现代教育体系中所发生的师生关系。这两者在宋诗派中均有存在。

一、陈三立弟子

陈三立弟子中,诗名甚著者有胡朝梁和袁思亮。胡朝梁(1879—1921),字梓方,江西铅山县人。善属文,尤工于诗,尝自属所居曰诗庐,林纾、马其昶、姚永概各为其作记。严复为其作说,因自号诗庐,而人亦以诗庐称之。少居江南,习水师,两江总督张之洞遣其赴日本考察海军。归国后,在舰队任职,以体弱不适海居而辞职。时任江宁提学使李瑞清聘其为两江师范学堂及上江公学教习,兼任提学使署阅卷官。胡氏后从陈三立游,治诗文甚用力,所学大进,著有《诗庐文钞》、

《诗庐诗钞》等[①]。钱仲联称其："以诗为性命。学山谷七律，兀傲多拗调。五古学后山者，刻挚不易及也[②]。"胡朝梁是一个类似于晚唐贾岛的人物，作诗以苦吟著称，往往因斟酌一字而废寝忘食[③]。他也有点像宋代诗人陈与义——江西诗派的重要人物，后者也以苦吟而著称，他们都带有一些"为诗而诗"的态度，诗已经成为他们生活的一部分了[④]。胡朝梁与陈衡恪相交尤契，诗为师曾作者无不工。两人都是宋诗派的传人，一为学缘上的承续，一为家学上的传承。

袁思亮(1879—1939)，字伯夔，号蘉庵，湖南湘潭人。山东巡抚、两广总督袁树勋子。光绪二十九年举人。一试礼部不第，朝廷罢科举，援例为道员候选。后以斥资兴学，赐冠服一品。民国后，任印铸局长。筹安会兴，有倡言帝制者，拒之。弃官归，奉母居上海。辛亥后隐居上海。著有《蘉庵文集》[⑤]。袁思亮为陈三立弟子，相从二十余年。陈诗称其"国变后，以亲在，为时所迫，一出旋隐于沪，寂居廿余载。劬学，工诗词，尤善桐城古文，为陈散原入室弟子。貌丰腴，性和厚，爱文士若骨肉，无贵介习，士林称之[⑥]。"

二、陈衍弟子

清末民初宋诗派诗人群体中，大开门庭、广收弟子的是陈衍。陈

① 蒋维乔：《胡诗庐传》，卞孝萱、唐文权编《民国人物碑集传》，第719—720页。

② 钱仲联：《近百年诗坛点将录》，《梦苕庵论集》，第371页。

③ 蒋维乔：《胡诗庐传》，卞孝萱、唐文权编《民国人物碑集传》，第719页。

④ 日本学者小川环树谈到："到了陈与义，再次把苦吟当做了作诗的材料。这实际上有'为诗而诗'的意味，这或许是诗的题材越来越窄所导致的必然结果吧。但同时也告诉我们，作诗这件事与诗人的生活越来越密切，成为其生活的一部分了。其实这也正体现了江西诗派的创作态度。"见[日]小川环树著，周先民译：《风与云——中国诗文论集》，北京：中华书局，2005年版，第184页。

⑤ 李国松：《蘉庵文集》卷首，转引自王培军博士论文《汪辟疆〈光宣诗坛点将录〉笺证》，第363页。

⑥ 陈诗：《尊瓠室诗话》，《民国诗话丛编·二》，第112页。

衍性喜热闹,又长期执掌教席,从早期的译学馆、京师大学堂,到1920年以后的无锡国学专修学校、厦门大学,都有陈衍的许多门生。择其重要者简述如下。

陈衍弟子中诗名最著者为梁鸿志、黄濬。其中梁鸿志为陈衍京师大学堂弟子,黄濬为陈衍译学馆教习所得弟子[①]。梁鸿志、黄濬、曾念圣、朱联沅在大学里认识主持经学讲席的陈衍,因爱好诗歌而聚拢在陈衍周围,受陈衍影响而诗风宗宋。

黄濬(1890—1937),字秋岳,号哲维,福建闽县人。清末毕业于北京译学馆,奏奖举人,任职邮传部,民国后历任北洋政府交通部秘书,财政部佥事、科长、秘书、参事、总统府秘书、国务院参议等职,又先后任北平国维报、星报、社会日报、京报、庸言杂志、新申报、时事新报等主笔。1935年起任行政院秘书,1937年全面抗战开始后,因泄漏封锁长江日舰计划,案发被诛。著有《聆风簃诗》、《花随人圣庵摭忆》等[②]。黄濬亦为世家子弟,其父黄彦鸿与陈宝琛弟陈宝璐为乡试同年,相交甚笃[③]。黄濬极富诗才,是陈衍最喜欢的弟子之一。他虽然在政治上不清白,但其艺术才华深为时人推重。陈寅恪即高度评价其《花随人圣庵摭忆》的史学价值:"秋岳坐汉奸罪死,世人皆曰可杀。然今日取其书观之,则援引博奥,论断精确,近来谈清代掌故诸著作中,实称上品,未可以人废言也[④]。"

朱联沅也是陈衍极为青睐的弟子。朱联沅(1855—1913),字芷青,浙江海盐人。曾任北京高等师范学院管理员兼国文部教员。民国

---

① 陈衍《石遗室诗话》卷五,《庸言》,第一卷第十五号,民国二年七月一日。

② 秦孝仪主编:《中国近代史辞典——人物部分》,台北:近代中国出版社,1985年版,第421页。

③ 陈宝琛:《黄君沄溆墓志铭》,《沧趣楼诗文集》,第433页。

④ 陈寅恪:《寒柳堂记梦未订稿》,《寒柳堂集》,三联书店,2001年版,第191页。

二年(1913 年)三月三日，梁启超发起京师诗人在万生园修禊，朱联沅曾经参加[①]。他与梁鸿志为同学，二人爱好诗歌，常从陈衍游。据陈衍描述："丁未三月，吾承乏京师大学经学讲席。经学非校中正课，诸生科学繁，功之者盖寡。吾五月考校，吾第芷青卷具最，次梁仲毅。喜二子好学有得，招同来集。知皆能诗，甚相与。诗每若悄然以忧者。八月，吾丧妻，自是悲伤无俚。二子或时至谈艺[②]。"联沅颇有才华而劬学不倦，深受陈衍喜爱[③]。因为早逝，朱联沅并未像梁鸿志、黄濬那样诗名远播。和陈衍有密切关系的《庸言》"诗文苑"后来刊有朱联沅遗诗，纪念这位才华横溢的诗人。

何震彝也是小秀野草堂的常客。何震彝(约 1880—1925)，字鬯威，别号穆忞，江苏江阴人。光绪三十年(1904 年)进士。以中书改捐直隶候补道。辛亥革命后任农商部、教育部佥事。[④]

黄曾樾是陈衍晚年所收弟子。黄字荫亭，福建永安人，著有《永思堂集》。林庚白谈到："黄荫亭为石遗及门弟子，擅法国语文，而旧学亦有根柢，尝撰《石遗室谈艺录》行世，余为之序。荫亭勤于诗，日有进境[⑤]。""余初与相见北平，知其能诗，而溺于沈归愚选本，苦无以自拔，稍稍劝其多读半山、后山诗，荫亭善之。寻归里，及陈石遗之门，诗益有进，近二三年，屹然作者矣[⑥]。"黄曾樾后入陈衍门，诗风宗宋。他后来还著有《石遗室先生谈艺录》，是研究陈衍诗学思想的重要文献。

---

① 陈玉堂：《中国近现代人物名号大辞典》(全编增订本)，浙江古籍出版社，2005 年版，第 440 页；《陈石遗先生年谱》，《陈石遗集》，第 2022 页。

② 陈衍：《朱芷青哀辞并序》，《庸言》第一卷第十五号。

③ 陈衍："芷青博览群书，治小学尤劬。而为诗绝不驱使书卷，又罕为古体长篇"。《朱芷青哀辞并序》，《庸言》第一卷第十五号。

④ 陈玉堂：《中国近现代人物名号大辞典》(全编增订本)，第 522 页。

⑤ 林庚白：《孑楼诗词话》，《丽白楼遗集》，第 907 页。

⑥ 林庚白：《丽白楼诗话》，《丽白楼遗集》，第 983 页。

龙榆生(1902—1966),江西万载人。1921年前往武昌从黄侃学习声韵、文字及词章之学。1924年任教于厦门集美中学,同年拜陈衍为师,常向陈衍请教诗学。1928年因陈衍介绍获上海暨南大学教席,后兼职于国立专科音乐学校。1932年,经王蕴章介绍,兼任中国公学及正风文学院教授。1933年下半年起曾担任复旦大学教席,同年主编《词学季刊》。1940年离沪赴宁任汪精卫伪国民政府立法院立法委员、南京中央大学教授。次年创办《同声月刊》。建国后任上海市文物管理委员会研究员、上海博物馆资料室主任、上海音乐学院民乐系教授等。龙榆生为现代著名词学家,著有《中国韵文史》、《词学概论》、《词学十讲》等①。1924年,陈衍在厦门大学国文系任教,龙榆生入贽称弟子,常常渡海自集美到厦大向陈衍请教诗学。1927年,陈衍致函门人陈钟凡,向其推荐龙榆生,龙得以赴上海暨南大学任教。陈衍沟通了龙榆生和宋诗派诗人交往的渠道。在上海期间,因陈衍介绍,龙榆生认识了夏敬观、郑孝胥,后又结识陈三立、李宣龚等,并请陈三立、郑孝胥为其改诗②。郑孝胥在日记中记载了和龙榆生晤面的经过,几天后龙榆生专程前往拜访郑孝胥③。此后,龙榆生逐渐和宋诗派诗人建立了广泛联络。1929年10月,陈三立将北上,龙榆生主持张园雅集,为其送行,与会者有陈三立、夏敬观、陈曾寿、朱祖谋、袁思亮、王乃徵、程颂万等④。龙榆生与宋诗派成员夏敬观、陈曾寿、李宣龚等也保持着密切联系。宋诗派重要成员沈曾植去世后,其遗诗由龙榆生细心校勘后,于1941年开始在其主编的《同声月刊》上连载。为保存与传播这

① 参见张晖:《龙榆生先生年谱》,上海:学林出版社,2001年版。

② 参见张晖:《龙榆生先生年谱》,第22—23页。

③ “夏剑丞约晚饭,坐有余尧衢父子、沈昆山、周梅泉。有万载人龙沐勋,字榆生,剑丞称其能诗,尝为厦门大学汉文教授,与陈叔伊善”,1928年11月8日;“万载龙榆生沐勋来访”,11月12日,《郑孝胥日记》,第2208、2209页,中华书局,1993年版。

④ 参见张晖:《龙榆生先生年谱》,第25页。

位宋诗派重要成员的作品立下大功[①]。在龙榆生和宋诗派接触的过程中，我们会看到后者对其"陈衍门生"的身份甚为敏感。如龙榆生初谒夏敬观，夏就注意到了这层身份。郑孝胥亦然[②]。龙榆生后来兴趣转移，从朱祖谋学词，诗不多作，然与宋诗派的这段渊源可以看出"陈衍门生"这一身份，对龙榆生被宋诗派诗人接受的重要性。

此外，陈宝琛弟子黄懋谦也颇有诗名。黄字嘿园，福建人永福人。宣统元年拔贡。曾客沈瑜庆幕。入民国，官总统府秘书[③]。黄懋谦是郭曾炘妹婿[④]。黄懋谦为陈宝琛弟子，常从陈宝琛游，其诗歌风格也接近陈宝琛："默园为弢庵诗弟子，沧趣楼诗，大半能背诵。七言律久称入室，清隽句居多[⑤]"。"闽人黄懋谦，有诗才，为逊清遗老陈弢庵之门下士，其诗什九描摹'听水'，然亦或'青出于蓝'[⑥]。"

范当世英年早逝，传其衣钵者不是很多。李刚己，光绪甲午(1894年)进士，官大同知县。初为莲池书院高材生，为吴汝伦、范当世所激赏。钱仲联称"肯堂诗法，李刚己得其传，虽未出蓝，已能具体。""刚己七律，气势俊逸，酷肖其师，不愧霸才，稍失之粗[⑦]"。另有王宾基，字叔鹰，著有《堇庐遗稿》。钱仲联谓其诗"导源萧选，沾及唐宋诸大家，而

---

① 参见张晖：《龙榆生先生年谱》，第113页。

② 夏敬观谈到："万载龙榆生(沐勋)，吾乡后起之秀也。父蜕庵先生，与家兄达斋同年乡举。榆生初持其师闽县陈石遗书来晤，坐谈之顷，惊其俊才笃学。"夏敬观在其《赠万载龙榆生(榆生持陈石遗书来谒予初识之方为暨南教授)》一诗中亦有"吾乡佳木挺豫章，枝钩节瘿才质良。闽中大将矜有得，失喜驰示书书行"诗句。可见除了同乡关系、龙父与夏兄系同年关系外，陈衍的介绍也是一个重要因素。见夏敬观《忍古楼词话》，参见张晖：《龙榆生先生年谱》，第271页；郑孝胥初晤龙榆生，也在日记中记下了"与陈叔伊善"的字句。见上注。

③ 陈衍：《近代诗钞》，1923年商务印书馆铅印本。

④ "嘿园于春榆为妹婿，拔贡廷试，春榆则座师也。"陈衍：《石遗室诗话》卷十五，第240页。

⑤ 陈衍：《石遗室诗话》卷五，《庸言》，第一卷第十三号，民国二年六月一日。

⑥ 林庚白：《孑楼诗词话》，《丽白楼遗集》，第886页。

⑦ 钱仲联：《梦苕庵诗话》，第122、124页。

以瘦劲出之。削肤寸液,窅然深秀[①]"。

三、京师大学堂诗人群

除上文提到的梁鸿志、黄濬、朱联沅等外,在1916年以前的京师大学堂,崛起了一个年轻的宗宋诗人群体。这个群体中的人物和清末民初宋诗派主要人物之间有着亲缘、地缘、学缘的复杂关系。这批年轻诗人互相影响,在京师大学堂掀起了一股宗宋浪潮。

林庚白(1897—1941),字浚南、忏慧、庚白、学衡,别署众难。福建闽县人。宣统二年(1910年)肄业于京师大学堂,与同学姚锡钧、汪国垣、王易、周公阜、胡先骕相酬唱。辛亥革命后,由柳亚子介绍参加南社。二次革命后,被举为众议院议员、众议院秘书长。居北京,以诗文自遣。1917年南下参与护法战争,鼓吹北伐。一年后走上海,从此悉心治学。1941年抵香港,被日军枪杀。著有《急就集》、《舟车集》、《藕丝集》、《焚余集》、《过江集》、《水上集》、《吞日集》、《角声集》等。林庚白身上体现出浓郁的"名士气",他与陈宝琛、郑孝胥、林开謇均有亲缘关系[②],在京师大学堂就读期间,他和郑孝胥、陈衍等就有交往[③],时有唱和。林庚白在学校内和同学梁鸿志、黄浚、胡先骕、黄有书、汪辟疆、王易、姚鹓雏切磋诗文,形成了一个以同学关系为主导的诗歌团体[④]。

林庚白在京师大学时和姚锡均相交很深,两人合刊有《太学二子

---

① 钱仲联:《梦苕庵诗话》,第124、125页。

② "我的祖父,又和满清同治皇帝的师傅林天龄先生,发生了连襟关系,而我的伯父和父亲,也因了和什么陈太傅、徐臬台攀了郎舅和儿女亲家……"。林庚白:《林庚白自传》,《丽白楼遗集》,第1219页。

③ "林浚南表侄来,出诗卷名《醒庵诗》者使余阅之。"《郑孝胥日记》,1912年5月26日,第1417页。

④ "在学校内,就和梁鸿志、黄浚、胡先骕、黄有书、汪辟疆、王易、姚鹓雏们来往,在学校外,就和陈石遗、郑苏龛、王恭南、沈太侔们来往,也居然像煞'小名士',天天在结诗社,敲诗钟,以'附庸风雅'为乐。"林庚白著、周永珍编:《丽白楼遗集》,第1221页。

集》。姚锡均(1893—1954)，字雄伯，号鹓雏，别号宛若，笔名龙公。江苏松江县(今属上海市)人。12岁应童子试，以第一名入松江府中学堂，毕业后入京师大学堂肄业，值辛亥革命，大学堂停课，辍学南归。在上海遇同盟会会员陈陶遗，介绍他入《太平洋报》，获交柳亚子、叶楚伧，遂加入南社。1918年，在江苏省任职。1927年，南京市市长何民魂延为市政府秘书长。后任职江苏省教育厅。迁居镇江达十余年。他在宁、镇二地从政之余，先后兼任东南大学、河海工程学院、南京美专及江苏医政学院等教习，主讲国学。1937年抗战爆发后至重庆，被于右任延入国民政府监察院任编纂，抗战胜利后为监察委员。1949年夏，由柳亚子的推荐，姚受聘为上海文史馆馆员，后出任松江县第一任民选副县长。著有《恬养簃诗》、《苍雪词》、小说《龙套人语》等[①]。姚锡均在入京师大学堂之前诗风倾向于龚自珍，入校后受林庚白等人的影响而宗宋："不佞治诗少入定庵，韩李杨刘，间亦染指，旅京之后，始一意北宋，觉镂肝雕肾，大异往时，甘苦自知，固弗能强途人而同之[②]。"姚锡均曾谈起和林庚白、汪辟疆等切磋诗艺的经过："读书京师大学堂，初尚循谨，渐荒于酒，稍近声色，课业益废。而颇好杂览，时时至图书馆借书，还至寝室读之。以百钱购酒肉，且读且饮啖。舍监查问，辄以病对。是时始为诗，以《晨起》绝句：'晓吹乍动不知处，飞起一林青鹧鸪'二语，为同学汪辟疆所激赏，为之益勤。时共研讨者，桂林周公阜维华，闽侯林学衡庚白。庚白与余约，各以诗百首合刊为《太学二子集》[③]"。由此可见，清末的京师诗风已在宋诗派的笼罩之下，而与宋诗派有着亲缘、地缘关系的林庚白、汪辟疆等少年诗人也群起而宗宋，从而在京师大学堂形成了一个步趋宋诗派的群体。

① 柳无忌、殷安如主编：《南社人物传》，第524页。

② 姚鹓雏：《生春水簃诗话》，《姚鹓雏剩墨》，第94页。

③ 姚鹓雏：《自叙诗二十四首》，《姚鹓雏剩墨》，第116页。

汪辟疆也是这个群体的核心成员。汪辟疆(1887—1966),原名国垣,字辟疆,后以字为名,号方湖、展庵。江西彭泽人。宣统元年(1909年)入京师大学堂,为陈宝琛所赏识,攻中国文史。1912年毕业,至上海,陈三立对其奖掖备至。1915年以父病返乡。父丧,守制三年,专心研读家藏古籍。1919年在江西实业厅任职,并致力于文献目录学研究。1922年后任教于江西心远大学、南京第四中山大学。1942—1945年间,在重庆主编《中国文学月刊》与《中国学报》。1946年随校返回南京,应聘兼任国史馆纂修。1947年又兼任《国史馆馆刊》主编。1950年以后,在南京大学中文系任教,直至病逝。汪辟疆治学严谨,擅长经学、史学、目录学,主要致力于唐代传奇和中国诗歌史的研究。早年成名之作《光宣诗坛点将录》影响颇大。主要论著有《近代诗派与地域》、《光宣以来诗坛旁记》、《唐人小说考证》、《中国诗歌史》等[①]。汪辟疆后来撰写的《光宣诗坛点将录》是民国时期广为流传的诗史著作,而这部作品曾呈请陈三立评阅,陈对其评价甚高[②]。

在京师大学堂的旧式教育背景下,形成了一宗宋诗人群体,而较早和宋诗派诗人频繁雅集的黄濬、梁鸿志、朱联沅对后来进入大学堂的年轻诗人有很大影响。梁鸿志曾是宋诗派为主体的辛亥诗社的成员,而他和黄濬、朱联沅又同受业于宋诗派理论家陈衍,他们对京师大学堂更年轻的学生又产生了重要影响。林庚白回忆到:“同学中梁众异、黄秋岳咸负诗名,而所为诗,亦各肖其人,‘言为心声’殆属可信”[③]。“北大同学与余共负笈者,有姚鹓雏,胡步曾,黄有书,汪辟疆,王晓湘,皆工诗,前乎余者,则有梁众异、黄秋岳、朱芷青,后乎余者,则有俞平

① 梁淑安主编:《中国文学家大辞典·近代卷》,第201—202页。

② 汪辟疆:《〈光宣诗坛点将录〉定本跋》,《汪辟疆文集》,第417页。

③ 林庚白:《孑楼诗词话》,《丽白楼遗集》,第915页

伯，而平伯又兼擅新旧体诗。鹓雏与余，号'太学二子'，其佳篇甚富……[①]"，一个小群体的风气一旦形成，就会"传染"到后来者。林庚白的宗宋，和黄濬、梁鸿志、朱联沅等学兄的启发有关，而姚锡均诗风的转向，则受到林庚白、汪辟疆等人的影响："在北雍时，辟疆、庚白语以北宋诗，稍涉猎东坡、半山，得《海藏楼集》大好之，近体略能成诵。以次读陈散原、范伯子、王湘绮、邓弥之诸集，而笃好终在苏戡[②]"。姚锡均诗风本不宗宋，到京师后诗风开始转向，受林庚白、汪辟疆很大影响，甚至能背诵郑孝胥《海藏楼诗》的大部分诗作，并且请好友林庚白向郑孝胥索要诗稿[③]，足见其对郑孝胥等宋诗派诗人的钦慕之意。

值得注意的是，林庚白、胡先骕、姚锡均同时又加入了南社，而在1917年南社内部唐宋诗之争中，胡先骕、姚锡均都扮演了重要角色，他们是宋诗派的坚定维护者。他们诗学宗趣的形成，当然是多重因素所决定的，但京师大学堂期间这些年轻诗人的切磋磨合，无异起到了重要作用。

有趣的是，林庚白——这位和宋诗派有着亲缘、地缘关系，且一度酷嗜宋诗的年轻诗人后来反戈一击，猛烈攻击宋诗派：

> 民国以来作者，沿晚清之旧，于同、光老辈，资为标榜，几于父诏其子，师勖其弟，莫不以老辈为目虾，而自为其水母……或谓同、光诗人，如郑珍、江湜、范当世、郑孝胥、陈三立皆不尽雕琢，能屹然自成其一家，固矣。然珍、湜实当咸、

① 林庚白：《孑楼诗词话》，《丽白楼遗集》，第893页。

② 姚鹓雏：《桐风萝月馆随笔》，《姚鹓雏剩墨》，第72页，社会科学文献出版社，1994。

③ "林浚南来，言有江苏姚某号鹓雏者，能背诵《海藏楼诗》全本，乞以一本遗之。姚今在《太平洋报》，琴南之弟子。"《郑孝胥日记》，1912年6月16日，第1420页。值得注意的是，郑孝胥注意到了姚锡均为林纾弟子的身份。

同之世，不得列为同、光人，当世、孝胥、三立，则诗才与气力，故自不凡，而孝胥诗情感多虚伪，一以矜才使气震惊人，三立则方面太狭，当世则外似博大，而内犹局于绳尺，不能自开户牖，以视珍、湜诗，能用古人而不为古人所用，抑又次焉①。

曩余尝语人，十年前郑孝胥诗今人第一，余居第二，若近数年，则尚论今古之诗，当推余第一，杜甫第二，孝胥不足道矣②。

此文作于1940年，虽然这时林庚白对陈三立、郑孝胥等还有较高评价，但亦有较大不满。尤其是"孝胥不足道矣"的论断，对这位曾经崇拜过的长辈不无轻蔑之意。林庚白如此批评宋诗派与宋诗派成员，对其诗歌的评价有关。他曾请陈三立、郑孝胥、陈衍为其评诗，除陈三立以惯常的勉励之辞施之于林庚白外，其他二位宋诗派领袖对其评价甚低，使自负才高八斗的林庚白伤透了心：

偶过上海，出所为诗示陈三立、郑孝胥使评定。三立夙喜少年能诗者，于余诗颇辱过誉，评云'大作多与明七子为近，才气充溢行间，绝句尤酷肖渔洋。'诵工部'眼中之人吾老矣'之句，为之叹绝。孝胥则题二绝句，致其讽劝，有'喜子能诗通性命，何妨取径近艰辛'之句。余虽喜三立之誉，而愤孝胥之讽，寻自忖度，余诗技不佳，孝胥讽余，特以傲余耳，必求所以胜孝胥者，攻读益肆。民国三年，刊《急就集》，流传旧京，诗渐有进，仍不能拔于所谓同光体之窠臼。嗣后又有《舟

① 林庚白:《丽白楼诗话》,《丽白楼遗集》,第978页。
② 林庚白:《丽白楼诗话》,《丽白楼遗集》,第983页。

> 车集》，视《急就集》无大差别，陈衍选入近代诗钞者，可什之一，余雅不自惬，私以为余诗才堪与乡人李宣龚辈颉颃，容犹不逮，何以轶孝胥，遂废诗不作[①]。

林庚白也知道陈三立的赞誉乃客套之辞，他更在乎以评价犀利著称的郑孝胥的意见，结果郑孝胥对其冷嘲热讽，使得林庚白大动肝火，又难以摆脱同光体的影响，索性"废诗不作"。

宋诗派文人群体的学缘关系呈现出一种纵横交织的状态[②]。纵向来说，老师/学生之间呈现出一种师承关系，后辈对前辈诗风的模仿、学习，使得宗宋诗风连绵不绝，如胡朝梁、袁思亮等对陈三立的学习；横向来说，同门弟子、同学之间又构成一种新的关系网络，相互激励、互相学习，愈发鼓荡了前辈的诗学风尚。如姚锡均所言："在北雍时，辟疆、庚白语以北宋诗，稍涉猎东坡、半山，得《海藏楼集》大好之，近体略能成诵。以次读陈散原、范伯子、王湘绮、邓弥之诸集，而笃好终在苏戡[③]。"姚锡均的宗宋，便是受到了同学汪辟疆和林庚白的影响。

小　结

"网络作为一种资源能否成功发挥作用，取决于持久性和强度，而后者反过来又建立在大量因素基础上。家族、私交和同乡关系几乎总是能够极大地加强网络上的联系，而建立在这种具有浓郁地方文化色

① 林庚白：《〈吞日集〉自序》，《丽白楼遗集》，第383页。

② 此段描述颇受王水照先生在分析宋代诗人中"欧门"这一文学群体的启发，详见《王水照自选集》，上海教育出版社，2000年版，第215页。

③ 姚鹓雏：《桐风萝月馆随笔》，《姚鹓雏剩墨》，社会科学文献出版社，1994年版，第72页。

彩基础上的网络,通常比那些更高层次的网络来得更强、更持久[①]。"宋诗派人际网络的复杂性,远远超过了我们的描述,但我们可由此窥知这一群体是如何凝聚在一起的。一位学者敏感地指出:"读《郑孝胥日记》,就能发觉那时的友朋之间,虽然好多人在政治上各为其主,而在私谊上却仍亲密往来,未必彼此划清界限、壁垒分明的[②]。"宋诗派人物的聚合,诗学宗趣、家学、师承、地域、学养、交游[③]等都起到了重要作用,本章更侧重于探讨亲缘、地缘、学缘等现实因素在此团体形成中的作用。

在培养子弟方面,陈三立毫无疑问是最成功的一个。"陈家兄弟文章伯",陈氏兄弟都成为优秀的诗人。其中,陈衡恪最为突出,在人品和诗歌造诣上都颇受好评,陈衍甚至认为其诗歌水平超过其父。事实上,围绕着陈衡恪也形成了一个更年轻的宋诗派诗人群体。陈衡恪深受老一辈诗人的青睐,也受到了同辈诗人的喜爱,惜乎英年早逝,否则亦可能成为像其父一样的精神领袖。除此之外,范当世之子范罕、陈衍之子陈声暨、陈宝琛之侄陈征宇等,都成为宋诗派的后继者。虽然学者们对像郑孝胥之弟郑孝柽的界定有歧义,但他与宋诗派群体之间保持了密切联系却是一个不争的事实。可见血缘关系对宋诗派的传承起到了重要作用。

地缘在宋诗派的发展中也占有重要位置。声势浩大的闽派就是基于地域而形成的一个宋诗派"亚"群体。在地缘关系上复加以亲缘,

---

① [美]萧邦奇:《血路——革命中国中的沈定一(玄庐)传奇》,南京:江苏人民出版社,1999年版,第254页。

② 刘衍文:《陈石遗与郑海藏》,《寄庐茶座》,汉语言大词典出版社,2004年版,第83页。

③ 马卫中先生也谈到:"同光体诗人广泛的艺术宗趣,加以个人师承、地域、学养、交游等因素,形成了同光体派内有派、风格多样的格局。"《光宣诗坛流派发展史论》,苏州大学出版社,2000年版,第246页。

人际网络就更为牢固。如何振岱和陈宝琛为儿女亲家；严复和陈宝琛为姻亲；林绍年和陈衍为姻亲；沈瑜庆、陈衍、林旭、李宣龚之间关系更是互相勾连。这其中严复、林纾这两位闽籍诗人和宋诗派群体之间的关系最有趣味。也有学者将他们视为宋诗派群体中成员，可见也感受到了他们和宋诗派群体的亲密联系。如前所述，严复加入筹安会，和袁世凯同流合污，这在恪守遗民立场的大多数宋诗派成员看来是无法容忍的。对“视民国如敌国”，甚至不愿在为写有“民国”字样的钞票题字的郑孝胥看来，更是罪不可恕的行为，因此，郑孝胥不愿出席张元济欢迎严复的家宴。然而，两人最后的和好如初，充分说明基于地域和早期交往所形成的关系网络的紧密性。这种建立在私人长期交往中所形成的友谊，往往能够超越意识形态的巨大分歧。郑孝胥和李宣龚的关系也能说明这一点。他们是同乡，而且郑孝胥和李宣龚的父亲、伯父同为闽派精英，有深入交往。此外，李宣龚还曾经作过郑孝胥的掌书记，长期追随在郑的左右；同时，这种交往是建立在郑孝胥作为精神影响者和李宣龚作为精神接受者的基础上的，因此显得格为牢固。直到郑孝胥“下水”，做了伪满洲国“总理大臣”，两人还有诗文往来。直到郑孝胥去世，李宣龚依然极为崇敬他，以沉痛的心情哀悼他[①]。李宣龚和郑孝胥之间的关系呈现出的强度和持久性，很难用“民族”、“阶级”立场来加以解读。这种建立在亲缘、地缘和私人交往基础上的关系网络，对宋诗派在20世纪的存在来说是至关重要的。在接下来的一章中，我们会看到正是像李宣龚这样的人物，成为宋诗派发展历程中不可或缺的力量。

在构成宋诗派群体的各种关系中，旧式学缘也是较稳固的一种，正是陈衍的大批弟子在民国时期成为宋诗派的主力。陈三立弟子不

---

① 参见李宣龚：《挽太夷年丈》，《海藏楼诗集》，第538页。

多,但诗名较著。郑孝胥则从不收弟子,只有李宣龚称得上继承了他的衣钵。新式教育同样产生了一批宋诗派追随者。正如一位研究新诗的学者所指出的:"接受状态的差异,与整个新文化传播的不均衡有关。一般来说,在旧派文学把持的校园,学生的文学取向就趋于陈旧,而在新知传播便利、思想活跃的地方,新式青年往往会得风气之先[①]。"林纾、陈衍所教的译学馆和京师大学堂学生中,培养出了梁鸿志、黄濬、朱联沅、林庚白、姚鹓雏、胡先骕、汪辟疆、王易这样的宋诗传承者,使宋诗派后继有人。其中梁鸿志、黄濬和陈衍的关系,除师生外,更有着地缘上的联系,因此显得格外密切。而胡先骕、汪辟疆亦因地缘关系而与陈三立保持了亲密的关系,经常接受后者的指导,文学思想上也受后者较大影响。

以上只是粗略分析了宋诗派文人群体的亲缘、地缘、学缘关系,这只是宋诗派这一文人群体构成中的一个层面而已,也有不能为此关系所囊括者。尤其在进入现代社会以后,文学的存在状态、诗人的写作方式和心理、读者的接受方式,都和古典时期有了很大不同。这些变异的因素有没有影响到宋诗派这样在现代环境中生存的文人群体呢?他们又是以何种方式来调适这种心情并作出应变呢?

① 姜涛:《"新诗集"与中国新诗的发生》,北京:北京大学出版社,2005年版,第51页。

第五章

古典诗歌的现代传播：宋诗派与现代媒体

宋诗派文人群体与期刊的关系很少被人关注。事实上，不仅新文学力量在运用报刊，作为传统文学流派的宋诗派，与期刊的关系也极为密切。研究宋诗派与现代期刊的关系，可以深入了解这一群体在民初的传播情况，也可以深入理解近代文学的复杂性。

第一节 《庸言》杂志与宋诗派文人群体

《庸言》是1912年梁启超主编的一个杂志。《庸言》"诗录"一栏发表了大量诗歌，其中宋诗派的作品占了相当大的比重。尤为重要的是，宋诗派的理论著作《石遗室诗话》第1—13卷，也是最重要的部分，发表于《庸言》杂志上。《石遗室诗话》在民国时期产生了重要影响，对宋诗派诗学谱系的建构，对近代诗人的品评等，均有十分独到的地方。

一、《庸言》杂志发表宋诗派作品的情况

梁启超主办的《庸言》从民国元年十二月创刊，到民国三年六月终刊，其"诗录"一栏共发表诗歌600首左右。宋诗派成员几乎全部在上面发表过诗作，总数约200首（见本章附录1），占《庸言》诗文栏发表诗作的三分之一。其中仅陈三立、郑孝胥、陈衍、沈曾植、陈宝琛几人就发表117首，约占总数的五分之一。从《庸言》杂志便可看出民初宗宋

诗风渐趋成为诗坛主流。

从诗歌内容来看,交游、怀人、唱酬之作占了相当大的比重。

交游之作。第一卷第二期,陈宝琛《展重阳同石遗默园宿狮子窝因过秘魔岩》、陈衍《同剑潭往天宁寺登高遇掞东孝觉默园言寺驻兵不得入因忆旧游》;第一卷第二期,陈衍《送章一山南归次其留别韵》;第一卷第四号,李宣龚《夜坐示贞壮并寄映庵江南》;第一卷第十四号,李宣龚《病中答贞壮》、黄濬《病中谢众异亮奇过存》;第十一卷第十五号,梁鼎芬《樊山散原实甫游徐园有诗讯病答之》;第十一卷第十七号,罗惇曧《逢晦闻京师有赠别今十年矣》;第二年第一、二号,严复《癸丑除夕意绪郁陶石遗先生赠诗酬答》、《寄伯严》;第二卷第三号,夏敬观《都中喜遇胡梓方》;第二卷第四号,陈三立《过邻居梁公约不遇》、《留别墅十日即往沪适王伯沆萧稚泉见过留饮》;第二卷第五号,沈瑜庆《同陈橘叟江亭看雪兼柬陶庵默园》、杨增荦《约伯严游大梅寺》等。

怀人之作。第一卷第一号,杨增荦《讯伯严》;第一卷第三号,陈三立《讯节庵》;第二卷第三号,郑孝胥《答石遗》、黄孝觉《久不得若海书将之京师却寄》等。

唱和之作。第一卷第二号,陈三立《重九寄禅上人招同樊山秉三实甫集静安寺》、樊增祥《次伯严重阳集静安寺韵》、易顺鼎《寄禅杜多招集静安寺作重九并观第六泉即席和散原天琴韵》;第二年第一、二号,沈曾植《和樊山方伯岁暮即事》、潘博《次韵乙庵和樊山方伯岁暮即事之作》;第二卷第四号,郑孝胥《和仁先咏菊》;第二卷第六号,郑孝胥《答乙庵短歌三章》等。

从这些诗中既可以窥见宋诗派成员之间交游的情况,又可看出宋诗派与当时诗坛其他优秀诗人交往的情况。一方面,宋诗派在民初极为活跃,在诗坛上的影响越来越大。另一方面,这不是一个封闭的群体,他们和当时其他文学群体都有广泛接触,如和樊增祥、易顺鼎等晚唐诗派的交往、和岭南诗人群体的交往，都能说明这一点。再者，从诗歌内容来看，敏感话题、发泄对民国不满的诗作较少，这可能是编辑者的有意安排，以免引起政府的不满。而从这些交游、赠答、酬唱的诗歌可以看出乱世中士大夫的相濡以沫和精神安慰，这在王纲解纽、价值混乱的时期显得尤为重要。从这些诗作中还可以看出陈三立、郑孝胥逐渐成为民初文坛的精神领袖，仰慕他们的诗人越来越多[①]。

一批年轻的宗宋诗人也频频发表诗作，显示出宋诗派后继有人。这些年轻诗人包括李宣龚、陈衡恪、黄节、诸宗元、罗惇曧、罗惇、梁鸿志、黄濬等，他们既以老一辈诗人为师法对象，又形成了一个小圈子，互相唱和、自成体系。这些青年才俊的加入，是宗宋诗风在20世纪上半叶经久不衰的一个重要原因。

此外，刊物上的"副文本"也可堪注意。如关于陈三立《散原精舍诗》的广告："是编为义宁陈伯严先生著。专学宋人，镕铸万有，气象雄浑，意境沉著。有黄河奔流千里一曲之概。诚今诗中之大家也[②]。"《庸言》中关于当代诗人作品的宣传为数极少，这一则广告明显反映出编辑者对陈三立诗的爱好，《庸言》的诗学倾向不言自明。

另外值得注意的，还有陈衍的《让沈爱沧书》[③]一文，反映了陈衍和沈瑜庆的一次冲突。文章不长，撮录如下：

> 爱苍足下：别来曾几日，足下遽反眼不相识，随若辈戈矛相向，良可怪与！孔子曰：久不相见闻，流言不信。仆固不

---

① 如第一卷第一号上杨增荦《讯伯严》；第一卷第六号上胡思敬《寄怀伯严》；第一卷第九号上黄濬《寄海藏先生》；第一卷第二十一号黄濬《奉赠散原先生便乞写示近诗》、梁鸿志《赠太夷》；第一卷第二十四号严复《寄伯严》；第二卷第五号杨增荦《题伯严清明上冢诗后》等诗，均表达了对陈三立、郑孝胥的敬慕之意。

② 《庸言》二卷四号，民国三年四月五日。

③ 《庸言》第一卷第四号，民国二年一月十六日。

德,足下又不足以语此。向者视足下在朋友之数,仆之过矣!仆素不识彭寿松,犹其不识海军若辈耳。此来就大学讲席,即为避地计。若辈何所见,见而群起谣诼,欲政府听荧得乎?若辈败降余生,充其鬼蜮情状,何所不至。独惜足下本佳人,纵无爱于仆,奈何独不自爱!数十年谬附好我,昌黎所谓"握手出肺肝相示者",殆无以过。无论昔者,旬月以来,子培、同叔、伯严、节庵、樊山、梅庵、瘦唐、尧生诸君子,犹见足下作诩诩笑语,以相取下情状如昌黎云云也。若辈不足责,足下何所见,而执兵陪之人于足下谁无戒心矣?足下亦无仇于我,徒以素受惠海军中人,俯首听命。吾甚为足下哀之!然犹愿足下之终能悔过也。

关于陈衍和沈瑜庆的这次冲突,《侯官陈石遗先生年谱》里也有所描述:"(民国元年——引者)八月至都,而海军闽人在沪者,公电告总统,谓有盗在闽杀人,重贿公,使挟数十万金行贿于总统。袁总统召海军部长闽人刘冠雄,告之曰,我虽知有陈某,然无素,何从贿我,汝速解释之。一时都下喧传此事,屡见报纸。求其故,则由于故人沈涛园对众戏言,访事者谣传。迨海军发公电,以涛园与名。公三函告涛园丈:果不与闻,须自白。丈置不答。则不知有意与无意矣。公最后函告严重诘责,刊在《庸言》报,流传万本。"据陈衍弟子王真所加按语,陈衍本意不想公布友朋间私下纷争,但最后这封书信被王式通见到,背诵于《庸言》主笔,遂登报[①]。但报中所附的"编者按语"和陈衍弟子描述略有不同:"右书二通皆文采斐然,今之作者亟取以实吾文苑。至论事之

① 陈声暨:《侯官陈石遗先生年谱》,《陈石遗集》,福州:福建人民出版社,2001年版,第2020页。

范围，非编者所宜问也。编者志。”从“今之作者亟取以实吾文苑”来看，似乎和“偶为王式通先生所见，背诵于庸言主笔者，遂登报[1]”的说法有些不一致，且以后并未看到陈衍对王式通的诘责，足见将此事登报并不太违背陈衍本意。陈衍和沈瑜庆为姻亲，有着几十年的交情，此事并未影响陈、沈的关系，以后两人也多有交往[2]。从另外一个角度看，这个小插曲多少反映出陈衍当时已成为京师名流，是颇受文坛关注的重要人物。否则，像这样的私人恩怨，没有在如此严肃的期刊上张扬的必要。编辑者决定刊布这篇文稿，也和陈衍影响力的上升有关，多少抖露了一点《石遗室诗话》作者“侯官陈衍”的私人生活。据说这一期的《庸言》刊行了近万份，既可见《庸言》发行数量之大，亦可知此事颇受读者关注。

民国成立以后的一段时间，陈三立、郑孝胥、沈曾植等宋诗派诗人生活在上海，很少到北京来，因此陈衍充当了他们和京师诗人之间的桥梁。

二、关系网络：陈衍与《庸言》

宋诗派作品在梁启超《庸言》杂志上的大量出现，离不开陈衍的苦心经营。光绪三十三年（1907 年）陈衍至京师后，广交朋友，和京师名士频繁交往。此时的陈衍，经由张之洞幕府时期的交游，已经和当时文坛精英建立了广泛联系。1907—1912 年间陈衍在京师的广泛交游，更是对其诗名的提升起到了重要作用。尤其是庚戌、辛亥诗社，聚集了福建、四川、广东几个地域的优秀诗人。其中陈衍和赵熙相交尤契。

---

① 陈衍弟子王真所见按语，见陈声暨《侯官陈石遗先生年谱》，《陈石遗集》，第 2020 页。

② 如民国五年四月，陈衍与沈瑜庆同返福建。陈声暨《侯官陈石遗先生年谱》，《陈石遗集》，第 2029 页。

而梁启超远在日本时就通过潘博拜赵熙为师,时常书信交往,梁氏受益颇多[①]。1912年梁启超回国后,又请赵熙和陈衍为其删诗,说明梁启超早期"诗界革命"的观念有所变化,诗风趋于宗宋。而梁启超好友潘博、罗惇曧、曾习经等均和陈衍交好,和陈衍来往频繁。

在梁启超和宋诗派诗人之间,还有一个关键人物——罗惇曧。他是梁启超好友。梁1912年创办《庸言》杂志,请罗惇曧来主持诗文栏。宋诗派年轻诗人黄濬在回忆《庸言》的创刊情况谈到:"余识瘿在宣统末年,同官邮部……得交陈简持、梁任公、麦孺博、潘若海,率瘿之介。时瘿寓广州馆,敷庵、孝觉皆同学,亦居此,辟一院杂莳花木。予不常诣前东门,独为瘿庵兄弟往,如是六七年。中间任公创《庸言》,予与远生间为小评,而瘿任笔记诗文录[②]。""瘿"指的就是罗惇曧,和梁启超同为康有为弟子,关系密切。梁启超维新变法失败后流亡日本,1912年才回国。罗惇曧爱好风雅,和京师士大夫交往频繁,对当时诗坛的情况也比较熟悉,再加上同为康门弟子,两人有着地缘、学缘上的密切联系。因此梁启超将诗文一栏托付于罗。而罗惇曧诗风宗宋,甚至有文学史家将其视为宋诗派成员[③]。1907年陈衍入京后,罗惇曧时常拜访,文酒之会频繁。用陈衍的话来说,罗陈为"文字骨肉",相交尤密[④]。罗惇曧曾加入辛亥诗社,与宋诗派诗人有着密切接触。他日后充当了沟通梁启超等岭南诗人与宋诗派诗人的桥梁。

此外,《庸言》杂志所刊登的馆员姓名录为:林纾、林长民、夏曾佑、陈衍、梁启超、梁启勋、麦孺博、麦鼎华、严复、蓝公武、罗惇曧等。在这

---

① 梁启超:《庚戌秋冬因若海纳交于赵尧生从问诗古文辞书讯往复所以进之者良厚顾羁海外迄未识面辄为长谣以寄遐忆》,《庸言》,第一卷第十二号,民国二年五月十六日。

② 黄濬:《花随人圣庵摭忆》,第595页,山西古籍出版社、山西教育出版社,1999年版。

③ 钱基博:《现代中国文学史》,中国人民大学出版社,2004年版,第210页。

④ 陈衍:"掞东与尧生及余,为文字骨肉,肆力为诗未久,佳章杰构,已足裒然成集。"《石遗室诗话》卷一,人民文学出版社,2004年版,第139页。

个名单中，除陈衍本人是宋诗派成员外，林纾、严复、林长民均为闽人，和宋诗派中闽籍诗人交谊匪浅。此外，夏曾佑在张之洞幕府时期和陈三立、郑孝胥等人也有密切往来，是幕府雅集的参与者之一。麦孺博在南京时也和陈三立时相过从，是陈三立在南京时期的诗友。还有，上文自称为《庸言》"间为小评"的黄濬，更是宋诗派年轻诗人中的活跃分子。

综上所述，刊物创办者梁启超此时诗风宗宋；"诗文栏"的主持者罗惇曧诗风也宗宋；编辑阵营中与宋诗派交往密切者甚多；再加上陈三立、郑孝胥、沈曾植、陈衍等宋诗派成员在文坛上有着举足轻重的影响，这多重因素促成了宋诗派在《庸言》杂志上的重要地位。

三、从"庸言"版《石遗室诗话》看陈衍与"同光体"概念的提出

一个群体的形成，有无核心的理论至关重要。在张之洞幕府时期私下谈论的观念，此时都借助现代媒体展示出来。从某种程度上说，宋诗派文人群体是从陈衍在《庸言》上发表《石遗室诗话》才正式形成的。①

《石遗室诗话》的撰写经历了一个断断续续的过程。民国元年(1912年)十月，梁启超创办《庸言》杂志，约陈衍编诗话。陈衍以旧有诗话先编成两卷。十一月，陈衍将回福建，又交给梁启超四卷。民国二年正月，陈衍又将编好的四卷诗话交给《庸言》杂志。七八月间，陈

---

① 一位研究者指出："同光体在晚清也没有很大影响。至民国元年(1912年)，陈衍在梁启超主编的《庸言》杂志上发表《石遗室诗话》，引起极大反响，而《石遗室诗话》卷首便有与此类似的话，同光体这才渐成气候，甚至在诗坛风靡一时。"马卫中：《光宣诗坛流派发展史论》，苏州大学出版社，2000年版，第199页。可见《庸言》时期是宋诗派从小圈子流传到大范围传播的一个重要环节，在宋诗派发展中占有地位。

衍又将续编诗话四卷寄京师[①]。后来,陈衍将刊于《庸言》杂志上的前十三卷于1915由上海广益书局刊行。同年继作《石遗室诗话续编》于《东方杂志》,先后成十八卷。1927年将两部分删并增益,成三十二卷,1929年刊行。《石遗室诗话》在民国期间影响很大,曾多次出版。笔者见到的有:(1)民国十八年五月初版,民国二十四年五月国难后第一版,商务印书馆,三十二卷本;(2)民国十六年涵芬楼版;(3)辽宁教育出版社1998年版;(4)张寅彭主编,上海书店出版社《民国诗话丛编》2002年版,此版据民国十八年上海商务印书馆排印本印行;(5)郑朝宗、石文英校点,人民文学2004年版,加上《庸言》版,共六个版本。

就前十三卷而言,在以上六个版本中,(1)、(3)同,(2)、(4)、(5)与《庸言》版同,而(1)、(3)与(2)、(4)、(5)差异较大。笔者拟以1935年版商务印书馆版对照《庸言》原文来分析陈衍前后论述的不同。

卷一:

1935年版,第一段首句为:"道咸以来,何子贞(绍基)祁春圃(寯藻)魏默深(源)曾涤生(国藩)欧阳硐东(辂)郑子尹(珍)莫子偲(友芝)诸老,始喜言宋诗。"《庸言》首段为:"乙酉之春,郑苏堪(孝胥)归自金陵。尝借余钟嵘诗品曰:'盖仿其例,作《唐诗品》?'后数年,旅食海上,闻蜀人宋芸子(育仁)撰有《唐诗品》,从叶损轩(大庄)处翻阅之,非吾意中之《唐诗品》也。又数年,戊戌客武昌张广雅督部,子培、苏堪继至。夏秋多集两湖书院水亭、水陆街姚园、墩子湖安徽会馆,多言诗。子培欲余记所言为诗话。自是,易中实(顺鼎)、曾重伯(广均)、陈伯严(三立)诸人,遇则急询诗话,而余未之为也。"

---

① "十月,梁任公开办《庸言》杂志,时公为司法总长,约公编诗话。计字酬金,千字计八饼金。月约用万言。公旧有诗话百十则,未成书,兹先编二卷与之……十一月大学年假,将回闽,复以诗话四卷与任公。""续编诗话四册寄京师"。陈声暨:《侯官陈石遗先生年谱》,《陈石遗集》,第2020—2023页。

1935年版第二段为："丙戌在都门，始知有嘉兴沈子培者，能为同光体。同光体者，余戏目同光以来诗人不专宗盛唐者也。见子培数诗，雅健有义理。后十年相见，索旧作，皆弃斥无一存者。"《庸言》原文则为："丙戌在都门，苏堪告余，有嘉兴沈子培者，能为'同光体'。同光体者，余与苏堪戏目同光以来诗人不专宗盛唐者也。"

1935年版第二段中"郑老疲鞅掌"。《庸言》原文上"郑老"下有"苏堪"二字。

1935年版第二段中"往余游京华，少谷过我邸。告言子沈子，诗亦同光体。"《庸言》上为："往余游京华，郑君过我邸。告言子沈子，诗亦同光体。"

1935年版第三段首句为："作诗欲工处，往往有怅惘不甘者。荆公……任先（曾寿）尝余此说，作一七言古，甚工。"此段《庸言》无。而中间略去《庸言》上："苏堪三十以前"至"尤赏'微'韵二语。"共六段，数千字，皆关于郑孝胥的内容。

1935年版中："林敦谷（旭）年二十余……"，与《庸言》原文同。但段中自注："郑苏堪有《幕中枇杷》诗，皆繁霜身世也"一句，删去。

1935年版中第四段首句："陈弢庵（宝琛）为诗必改而后成。"《庸言》首句："苏堪为诗，一成则不改，在天津时与余书，所谓'骨头有生所具，任其支离突兀也。'"删去。

《庸言》原文："苏堪少日，尝书韦诗后云：……我之机也。"删去。

《庸言》原文："苏堪"二字删去。

1935年版卷二中："余初至都"一节中"（君有仆能诗，草书酷似郑苏堪）"同《庸言》原文。

1935年版"此一派近日以郑海藏为魁垒"与《庸言》原文同。

1935年版卷十三：关于郑孝胥诗的集中记载并未改动。

1935年版卷二十二："余旧寓上斜街小秀野草堂……余甚爱苏堪

二绝句。”并无改动。

又:第一卷结束后有几页错简,从“之为难。韦之为韦,亦曰得之而已矣……”到本卷最后一行,“肆力为诗,不三数年也。”中存郑孝胥数言。

总之,卷一改动较大,其他各卷则几乎没有改动。

笔者起初以为,1935年商务印书馆版的删节纯为政治因素造成,此时郑孝胥已“下水”,做了伪满洲国“总理大臣”,书局可能是为了忌讳起见而删除。但这种猜想无法解释后文中依然保留了许多关于郑孝胥的记载,而且一些具体用语的细致变动恐非作者以外的人所能为。因此,一个合理的解释是:出于政治原因,印书馆和作者均感觉有删节的必要,而具体的删改者则为作者。

但这种有意无意地删改,却深刻地影响了后来的文学史写作,因为这几段话是历来研究宋诗派者征引最多的部分。改动主要集中于第一卷,改动的都是关于同光体描述的核心段落。我们可以来详细分析一下:

首先,从《庸言》原版来看,陈衍作诗话的动机,和郑孝胥的一句戏言有关。郑孝胥“盖仿其例,作《唐诗品》?”一言,陈衍念念不忘,直到民国初年梁启超提供了将想法变为文字印刷出版的机会。如果没有《庸言》,陈衍的诗话构想恐怕始终变不成现实;即使能在其他地方发表,其影响恐怕也很难有梁启超主编的《庸言》杂志这么大。“梁任公”在民初依然有着庞大的读者群,从而决定了《庸言》的潜在读者的庞大数量。《石遗室诗话》在《庸言》这样的刊物上发表,显然能得到更多读者的关注。而且,陈衍在《庸言》上发表《石遗室诗话》只是一个开始,日后李宣龚催陈衍续编诗话,完全是建立在已发表部分影响甚大的基础上的。郑孝胥的一句戏言——陈衍潜藏多年的作诗话的想法——《庸言》杂志上陈衍想法的实现,构成了一个链条,而郑孝胥的戏言,就在这链条的开头。因此可以说，郑孝胥的一句戏言，却无意中促成了一部民国时期影响最大的诗话的产生。删改本的《石遗室诗话》却将这部分记忆抹去了。

其次，"又数年，戊戌客武昌张广雅督部，子培、苏堪继至。夏秋多集两湖书院水亭、水陆街姚园、墩子湖安徽会馆，多言诗。子培欲余记所言为诗话。"佐证了前文论述的幕府论诗对于宋诗派群体形成的意义，沈曾植、郑孝胥、陈衍在张之洞幕府时期的谈诗论文成为后来陈衍撰写《石遗室诗话》的素材。"子培欲余记所言为诗话"，说明了这一点，而且更进一步说明此时宋诗派已具备一定的群体意识，有意阐发一种在相互探讨中形成的诗学理论。这段话还从另外一个角度说明了同光体理论的核心"三元说"是三人讨论的结果，而非一人之独创。而日后沈曾植另提"三关说"不妨视作认为陈衍没有将三人讨论的要义点出，在私底下有所不满，因而重申己论[①]，而非另立山头，与陈衍作对。后面一句，"丙戌在都门，苏堪告余，有嘉兴沈子培者，能为'同光体'。同光体者，余与苏堪戏目同光以来诗人不专宗盛唐者也"，也说明"同光体"的概念更是陈衍和郑孝胥谈艺的结果，而被改为"余戏目同光以来诗人不专宗胜唐者也"则陈衍独享"同光体"的发明权。为与这段文字表述一致，后面"往余游京华，郑君过我邸。告言子沈子，诗亦同光体"也被改为"往余游京华，少谷过我邸"，足见删改者用心之细密。看到这里，笔者才隐隐中感觉到将郑孝胥的有关记述删改，不仅仅是出于政治原因那么简单。从陈衍开始在《庸言》上发表《石遗室诗话》的 1912 年到删改本《石遗室诗话》出版的 1935 年，宋诗派经历了力量分散、缺乏理论自觉到人数众多、旗帜鲜明、独领旧诗坛风骚的巨

---

① 钱仲联就认为："（三关说——引者）这一段议论的写出，后于'三元'说的提出已经二十年。但信的一开头便说：'吾尝谓'，可见'三关'之说，是沈氏早已有之的。"《论'同光体'》，《梦苕庵论集》，中华书局，1993 年版，第 426 页。

大变化,作为最早在刊物上鼓吹宋诗派的陈衍的心态自然也有变化,表述方式自有差异[①]。就宋诗派的发展来说,陈衍当然功不可没。但这种有意的删节却误导了人们对宋诗派的理解,妨碍人们对一个文学团体形成过程复杂性的认识。

再者,陈衍删掉有关郑孝胥的部分甚多。添加上这些部分,就可以看出郑孝胥在民初诗坛的巨大影响,其中当然也包括对陈衍的影响。同时,宋诗派成员除陈衍外很少奢谈理论,而删改的恰是有关郑孝胥诗学观点的部分。如卷一中删掉的一段话:"苏堪少日,尝书韦诗后云:为己为人之歧趣,其微盖本于性情矣。性情之不似,虽貌其貌,神犹离也。夫性情受之于天,胡可强为似者?苟能自得其性情,则吾貌吾神,未尝不可以不似似之,则为己之学也。世之学者,慕之斯貌之。貌似矣,曰异在神;神似矣,则异在性情。嗟乎!虽性情毕似,其失不亦大与?吾终恶其为佞而已。"这段话无论对理解郑孝胥的诗学思想,还是宋诗派的诗学观念,都极为重要。而陈衍这时的大段征引,也说明了此观点对其有启发之处。在《石遗室诗话》的修正过程中,这段话却被全部删掉了。这种删节使得在有关宋诗派的理论阐述中,陈衍观点称为惟一可以征引的资料。

总之,删节部分无论对于理解宋诗派的形成,还是郑孝胥、陈衍在近代宋诗运动中的地位,都是极其关键的部分。通过删节,陈衍在宋

---

① 钱仲联先生注意到了陈衍 1901 年写作《沈乙盦诗叙》和 1912 年写作《石遗室诗话》时心态的变化:"前文推沈为'同光体'魁杰,为郑孝胥、王仁堪、陈衍三人共同的叹赏,后文只说是郑一人之言,已不称为魁杰;前文称'同光体'诗'不墨守盛唐'",后文称'不专宗盛唐'。这些细微出入并非全无关系。1898 年陈衍与沈曾植同客武昌,而沈在十八年前文坛已著盛名,与李慈铭、李文田、黄体芳一辈学者交游,客武昌时,是张之洞聘主两湖书院史席;陈在张之洞幕府时,任官报局编纂。声名未起,所以追叙 1886 年话,推沈为魁杰,明明足挟沈以自重,是旧时代文人标榜的恶习。"而陈衍 1935 年左右与 1912 年心态有更大不同。见钱仲联:《论"同光体"》,《梦苕庵论集》,第 416 页。

诗派形成中的重要作用被凸显，郑孝胥和他人的地位则滑落。这种删改在事实上取得了成功，陈衍在宋诗派中的重要性，在日后随着其弟子按其本意、沿其思路、推波助澜的演绎而终于被广泛接受①。

刊登于第二年第一二卷上陈衍的《沈乙庵诗叙》，也是陈衍的一篇重要文论，有助于我们理解宋诗派是如何被建构起来的。钱仲联先生从《沈乙庵诗叙》和《石遗室诗话》的参照阅读中，感受到了陈衍前后言说心态的不一致。其实比起《石遗室诗话》1935 年以后的版本来，《沈乙庵诗叙》和《石遗室诗话》中的描述还是较为一致的。《沈乙庵诗叙》中说：

初投刺，乙盦张目视余曰："吾走琉璃厂，以朱提一流购

---

① 陈衍弟子石维岩（铭吾）则以诗的方式表达了对陈衍诗系的认同："有清一代间，论诗首渔洋。渔洋标神韵，雅颂不敢忘。归愚主温厚，诗教诚不臧。然或失而愚，字缺挟风霜。是皆傍门户，终莫拓宇疆。寿阳祁相国，辅以曾湘乡。寿阳宗韩杜，春海相颉颃。湘乡诗若字，低头豫章黄。杜韩苏黄间，蝯叟目助张。郘亭巢经巢，列宿森其旁。诸公丁世乱，雅废诗将亡。所以命辞意，迥异沈与王。穷者秋蟪馆，并世伏敔堂。诗人信以穷，诗道了以昌。石遗老人出，揭橥号同光。双井孕散原，半山孽海藏。弢庵于二者，亦颇扼其吭。节庵上超逸，中晚多感伤。乙庵喜诘屈，身语难浅商。觚庵学简斋，杜味得苍凉。香宋比陵阳，精卓莫低昂。剑丞视伯足，长者或徐行。博丽斗工巧，云门共龙阳。瞰谷追观槿，后山步趋跄。苍虬起后劲，陈郑观彷徨。壬秋守汉魏，旧派衍湖湘。公度为七言，谢翱欲与翔。喜苏不喜黄，南皮一文襄。各不为地囿，道分而镳扬。诸子自一时，石遗实兼长。石遗持偏师，能以弱制强。石遗挥巨刃，大道辟榛荒。石遗拗秃笔，有时放毫芒。每每下一语，炼于白炼钢。生涩者平易，冷峭者郁苍。词约而事备，貌柔而气刚。视孟穷累累，视韩富穰穰。穷可医肥俗，富可馈贫粮。有如一老树，著花自芬芳。……"（《石遗室诗集》卷二十九，第452－454 页）。这首诗几乎是陈衍诗系的翻版，对同光体及其他诗人的评述基本上依据《石遗室诗话》的观点。而后半部分则大段歌颂陈衍诗歌的艺术造诣和文坛盟主的地位。陈衍诗坛地位的提高，和这样一批追随者的赞誉之词有着直接关联。刘世南先生也指出石铭吾是在复述陈衍的观点。见刘世南《清诗流派史》，人民文学出版社，2004 年版，第 433 页。又：由云龙《定庵诗话》云："《石遗室诗话》载石维岩《读石遗诗集》师，有云：'石遗老人出……诸子自一时，石遗实兼长。'于近代诗家派别，言之历历。"可知陈衍观念此时已影响甚广。见张寅彭主编《民国诗话丛编・三》，上海书店出版社，2002 年版，第 588 页。

君《元诗纪事》者。”余曰：“癸未、丙戌间，闻可庄、苏堪诵君诗，相与叹赏，以为‘同光体’之魁杰也。‘同光体’者，苏堪与余戏称同光以来诗人不墨守盛唐者[①]。”

《庸言》中《石遗室诗话》写道：

丙戌在都门，苏堪告余，有嘉兴沈子培者，能为“同光体”。“同光体”者，余与苏堪戏目同、光以来诗人不专宗盛唐者也[②]。

1935年商务印书馆版《石遗室诗话》中，改为：

丙戌在都门，始知有嘉兴沈子培者，能为“同光体”。“同光体”者，余戏目同光以来诗人不专宗盛唐者也。

钱仲联先生在《论“同光体”》一文中注意到了前两种说法的不同之处，兹不赘述。如果参考1935年版的修改，更容易看出陈衍建构“同光体”的苦心。就“同光体”概念的提出来说，陈衍对最初的说法进行了两次修改。第一次是“苏堪告余”，且有王仁堪在场，当事人有三个，言说者是“苏堪与余”，郑孝胥在前，陈衍在后。第二次也是“苏堪告余”，但王仁堪不见了，当事人变为两个，言说者是“余与苏堪”，陈衍在前，郑孝胥在后，位置颠倒过来了。第三次变为“始知”，“苏堪”不见了，言说者是“余”。在陈衍的三次叙事中，当事人递减，由三个变为两

① 《庸言》第二年第一二号合刊，民国三年二月十五日。
② 《庸言》一卷一号，民国元年十二月一日。

个再变为一个，最后的结论是："余"是"同光体"概念的发明者[①]。

这并非是无足轻重的细节，"同光体"是一个人的见解，还是一个文人群体长期酝酿的结果，实在是至关重要。正因为钱仲联先生的善意提醒，我们才开始注意到陈衍的历史描述和具体历史情境之间的距离。从对《庸言》上发表的《石遗室诗话》和宋诗派作品研究出发，我们才能比较客观的认识这一文人群体。

四、《庸言》与宋诗派影响的传播

《庸言》开创了近代宋诗运动的一个新的阶段。在亲缘、地缘、学缘的影响下出现了一批年轻的宗宋诗人，他们在《庸言》上频频出现，自觉以陈三立、郑孝胥、陈衍为核心，延续了自晚清以来的宋诗运动的生命。

《庸言》杂志上宋诗派理论和创作的同时出现，折射出一种借助现代媒体传播文学观念的努力，反映出一种迥异于传统的文学心态，这是一种全新的文学史现象。理论著作《石遗室诗话》无疑对阅读者具有指导性。一边读着杂志上的诗作，一边有人在给你讲解理论和背景知识，甚至详细介绍诗歌的历史背景、相关人物、作者的异闻趣事。宋诗派就是以这样的方式占据了民初诗坛的主流。

宋诗派的作者同时也是读者，他们对自己发表在杂志上的诗也极为关注。郑孝胥的日记中有关于《庸言》的记载：

> 叔伊来谈，梁启超所作《庸言报》登所著《石遗室诗话》[②]。
>
> ……至印书馆，见《庸言报》第九号等载余旧作《听水记》及

① 此种辨析并非全无必要，如徐复观先生在《宋诗特征浅论》一文中即征引1935版中陈衍的有关论述。见徐复观《中国文学精神》，上海书店出版社，2004年版，第406页。

② 《郑孝胥日记》，1912年12月10日，第1445页。

《过白庙胡同寿诗》①。

前一则日记距《庸言》第一卷第一号出版时间很近,可见陈衍在较短时间内就将消息通报给了郑孝胥。从第二则日记来看,诗作进入刊物的渠道当是由编辑者选稿,而编辑者罗惇曧对宋诗的偏爱是显而易见的。两则日记都透露出作为宋诗派成员的郑孝胥对在《庸言》上发表作品的关注。

陈衍在《石遗室诗话》中还记述了一件事情:“林亮奇见余作诗话,告余尚有两诗人,恐所不识。余曰:‘去年过沪,游张园,李拔可曾介二客相见,亦为此言,则诸君贞壮、夏君剑丞也。各道倾想之意。君所言得无是乎?’亮奇曰:‘然。’后询诸苏堪、子培,则各有所左右②。”林亮奇,即林景行③,他虽非宋诗派中人,但身隶闽籍,与宋诗派诗人关系密切。而这段话中涉及李宣龚、夏敬观、诸宗元、郑孝胥、沈曾植等宋诗派成员多人。由此可见,第一,《石遗室诗话》在刊出不久,就受到朋友的密切关注;第二,李宣龚、林景行不约而同向陈衍推荐夏敬观、诸宗元,足见围绕《石遗室诗话》宋诗派成员在逐渐聚拢;第三,陈衍结识夏敬观、诸宗元后,向郑孝胥、沈曾植这两位好友征询对夏、诸二人的看法,足见对他们意见的重视,也可以看出这个群体之间存在着“身份认同”。总之,发表在《庸言》上的陈衍的《石遗室诗话》和其他宋诗派成

① 《郑孝胥日记》,1913年4月11日,第1460页。

② 陈衍:《石遗室诗话》卷九,第144页。

③ 林景行(1886—1916),原名昶,字亮奇,后以别字寒碧行世。福建侯官人。13岁肄业于上海圣约翰学校。17岁游学日本,于中央大学攻政治经济学。在日期间,参与反清革命活动。1909年南社成立,与妻子徐蕴华同时加入南社。1912年,宋教仁任农林部部长,聘为秘书并推为众议院秘书。1916年春,任上海《时事新报》总编辑。8月,遇车祸身亡。林为李宣龚表弟,逝后数年,李宣龚为其印行《寒碧诗》,内有柳亚子撰《侯官林寒碧墓表》、沈瑜庆《林亮奇弥甥挽诗》、诸宗元《哀寒碧》等。见柳无忌、殷安如编《南社人物传》,北京:社会科学文献出版社,2002年版,第374—375页。

员的作品逐渐凝聚成了一种力量，这当中自然包括原本就和陈衍、罗惇曧关系密切的诗人，但也不乏其他宋诗派成员。

不仅宋诗派同人在关注《庸言》上的诗，一些年轻诗人也是从期刊上认识并喜欢上这些宋诗派成员的作品："《九月病愈出游》……宓在一九一三年始在《庸言报》中见此诗而爱之。"自注："《吴宓诗集》卷三第七十一页'几换园林吾独在'之句，即由此出。"[①]可见期刊已成为宋诗派作品传播的一个重要途径。另一位年轻诗人则写道："海内诗人陈石遗，生平论诗能发微。……千买得《庸言》归，熊蟠将食不待胹[②]。"由读《庸言》上的《石遗室诗话》而仰慕陈衍，这样的人恐怕不在少数吧！

第二节 《东方杂志》与宋诗派文人群体

《庸言》杂志对传播宋诗派的作品及理论起到了重要作用，但《庸言》发行一年半后，于 1914 年 5 月便解体了，宋诗派在刊物上的聚合又回到一种散漫的状态。没有了稳定的刊物发表作品，就发不出自己的声音，不仅日后的新文学家们深刻感受到这一点，宋诗派同人也有此感。约一年后，他们重整旗鼓，在《东方杂志》上以更强大的阵容出现。如果说《庸言》时期的宋诗派文人群体还有一点寄人篱下的味道的话，那从 1915 年 7 月到 1920 年的《东方杂志》诗文栏，则绝对是他们自己的地盘了。

《东方杂志》创刊于 1904 年 3 月 11 日，本为月刊，至 1920 年起改

① 吴宓：《海藏楼诗》，《吴宓诗话》，北京：商务印书馆，2005 年版，第 301 页。

② 陈衍：《石遗室诗话》卷二十二，第 349 页。

为半月刊。1910年,《东方杂志》发行量达1.5万份,居全国杂志之首。[①] 以往对1921年前《东方杂志》的研究集中于小说领域,在该刊物上大量出现的诗作则被忽略。本文详细梳理了近6年的《东方杂志》上的1700余首诗作,详细考论这些人物的身份、初步揭示人物之间的关系网络、描述宋诗派群体的整体面貌,以期展现古典文学在新旧交替时代的生存状态。

一、《东方杂志》(1915—1920)诗人群的分析

自1915年7月15日12卷7号到1920年12月25日第17卷第24号,《东方杂志》上"海内诗录"和"文苑"栏共刊登诗作约1700首。这是一个由近百人组成的创作队伍,其主力为宋诗派同人。据初步统计,其作者及发表诗作情况如下(详细统计见本章附录2):

40首以上的诗人有:陈三立215首、陈衍129首、夏敬观93首、诸宗元85首、陈曾寿82首、黄濬75首、沈瑜庆73首、俞明震71、郑孝胥68首、沈曾植66首、陈衡恪52首、冒广生47首、李宣龚46首、陈宝琛42首、陈诗41首(共1185首)。

20首以上的诗人有:

王允皙34首、曾习经30首、王存25首、林志钧24首、周树模22首、杨钟羲25首(共160首)。

20首以下的诗人有:

谭泽闿17首、李详17首、王乃徵17首、俞陛云16首、罗惇曧15首、劳乃宣14首、龙绂年14首、陈锐12首、张謇11首、胡朝梁10首、林纾9首、黄懋谦9首、何振岱9首、梁

① 《本馆四十年大事记》,《1897－1992商务印书馆九十五年:我和商务印书馆》,北京:商务印书馆,1992年版,第679页。

菼8首、黄节8首、吴俊卿7首、张元奇6首、袁思亮6首、罗惇曧6首、张尔田6首、闵尔昌6首、郭曾炘6首、刘浩光6首、金天翮5首、赵熙5首、汤宝荣4首、樊增祥4首、胡光伟4首、王潜4首、张同书4首、朱祖谋4首、梁鸿志4首、范罕4首、姚华3首、胡嗣瑗3首、姚永概3首、陈懋鼎3首、梁鼎芬3首、康有为3首、郑沅2首、周达2首、沈同方2首、宋伯鲁2首、成多禄2首、邬式藩2首、赵启霖2首、陈祺寿2首、张志让2首、吴用威2首、杨毓瓒2首、松月2首、宗仰2首、庄正爔2首、左念祖2首、吴炯然2首、夏曾佑1首、王蕴章1首、谭延闿1首、周正权1首、吴士鉴1首、郑孝柽1首、吴庆坻1首、单致中1首、姚永檗1首、诸以仁1首、冯煦1首、侯毅1首、高向瀛1首、程康1首、曾广钧1首、钱智修1首、黄有书1首、鲍心增1首、王蕴章1首、奚侗1首、左念恒1首(共348首)。

以上99人共发表诗作约1693首。

此外还发表了和宋诗派有关的文章：陈衍的《石遗室诗话续编》、陈曾寿的《读广雅堂诗随笔》和陈三立十几篇文章。

通过上面统计可以看出：这是一个由近百人组成的创作队伍，几乎囊括了民初士大夫阶层所有的优秀诗人；发表诗作超过50首的陈三立、陈衍、夏敬观、沈瑜庆、陈曾寿、沈曾植、黄濬、郑孝胥均为宋诗派成员，如果加上李宣龚、陈衡恪、陈宝琛、胡朝梁、张元奇、何振岱、梁鸿志、范罕等，这些宋诗派成员发表诗作约占《东方杂志》五年发表诗歌总数的百分之七十以上。而仅陈三立一人发表的诗作就占全部发表诗作的百分之十二。陈三立在《散原精舍诗集》、《散原精舍诗续集》、《散原精舍诗别集》共发表诗作约2100首，而陈三立五年左右时间在

《东方杂志》上就发表了215首,约占其诗作总量的十分之一,这个数字不可谓不大。足以说明期刊对宋诗派诗人的重要性。

《东方杂志》上发表诗作的诗人,绝大多数与宋诗派成员有密切联系,尤其与闽派诗人有联系。让我们来看一下这个庞大的作者群和宋诗派诗人群体之间的关系。

可以列入宋诗派的人物有:陈三立、陈衍、夏敬观、沈瑜庆、陈曾寿、沈曾植、黄濬、郑孝胥、李宣龚、陈衡恪、陈宝琛、胡朝梁、张元奇、何振岱、黄懋谦、罗惇曧、梁鸿志。除了英年早逝的林旭、袁昶、范当世,民国初年宋诗派的所有重要人物几乎都汇聚一堂了。

《东方杂志》(1915—1920)诗人群中前文已有介绍者:陈诗,与俞明震为"文字骨肉",曾作过俞明震的幕僚,和陈三立、郑孝胥、陈衍、沈曾植等均有密切交往。陈锐,陈三立在湖湘时期挚友,碧湖诗社成员。曾广钧,陈三立挚友,碧湖诗社成员。张謇,郑孝胥挚友,和郑孝胥为事业上的合作伙伴,他也是沈曾植、范当世密友。王允皙,闽籍诗人,福州支社成员,辛亥后和陈宝琛、陈衍等结"秋社"。林纾,和陈衍早期在福建结"福州支社",与陈宝琛、郑孝胥、陈衍等宋诗派闽籍诗人往来密切,与陈三立亦有交往。梁荚,陈三立南京雅集时期诗友,居所与陈三立相邻,时相过往。袁思亮,陈三立弟子。郭曾炘,闽籍诗人在京居高位者。赵熙、曾习经,与陈衍、郑孝胥清末在京师结诗社唱和。郑孝柽,郑孝胥弟。樊增祥、冯煦、周树模、杨钟羲、王乃徵,均为超社成员;吴庆坻、朱祖谋,均为逸社成员。

其他可考者如下:

林志钧(1880—1959),字宰平,福建闽侯人。曾赴日本学习法政。入民国,任北京政府司法部参事。多年追随梁启超,编辑出版《饮冰室合集》。1935年后,任教北京大学、清华大学。建国后,任国务院参事室参事。工诗、书法。著有《北云集》[1]。林志钧常从陈宝琛游，与郑孝胥、陈衍等亦有交往。

谭泽闿（1889—1947），字祖同、大武、瓶斋，湖南茶陵人。清两广总督谭钟麟子，谭延闿弟。宣统三年（1911 年），以荫生纳赀为道员。辛亥革命后，绝意仕进，鬻书海上。擅书法、精鉴别。尝从王闿运游。著有《止义斋集》[2]。民国初年与陈三立、夏敬观等交游，夏敬观称"是时诗家多宗宋，君终不为风气所移"[3]。

胡光伟（1888—1962），字小石，号倩尹，又号夏庐，晚号沙公，祖籍浙江嘉兴，生长南京。早岁从沈曾植、李瑞清学。又曾入两江师范学堂习生物学。毕业后历任北京女高师、武昌高师、西北大学、东南大学、中央大学、金陵大学教授，在文字、音韵、考古和书法方面都有极高造诣。抗战胜利后，任中央大学文学院院长。解放后，任南京大学文学院院长、图书馆长等职。胡光伟出沈曾植、李瑞清之门，又曾从陈三立问诗，其诗明显受宋诗派影响[4]。

奚侗，字无识，号度青，安徽当涂人。官江苏江浦县知事。严复诗弟子[5]。受陈三立影响较大，"无识所为诗，面目颇近散原，盖宦学建业有年，与散原较稔也。"[6]钱基博将其视为同光体成员。

王存，字景沂、义门，江苏江都人。光绪十五年举人，官内阁中书，

---

① 冒怀苏：《冒鹤亭先生年谱》，第 242－243 页。

② 夏敬观：《谭大武传》，卞孝萱、唐文治编：《民国人物碑传集》，北京：团结出版社，1995 年版，第 805—806 页；陈诗：《尊瓠室诗话》卷二，张寅彭主编《民国诗话丛编·三》，上海书店出版社，2002 年版，第 122 页。

③ 夏敬观：《谭大武传》，卞孝萱、唐文治编：《民国人物碑传集》，第 806 页。

④ 钱仲联：《近代诗钞》，南京：江苏古籍出版社，2001 年版，第 2091－2092 页。

⑤ 陈衍：《近代诗钞》，1923 年商务印书馆刻本。

⑥ 陈衍：《奚无识诗序》，《石遗室诗话》附录，人民文学出版社，2004 年版，第 826 页。

改广东长乐县知县,补嘉应州、直隶州。与梁荄齐名[①]。冒广生称:"江都王义门大令(景沂),病口吃,而天才骏发,倚马万言,吾党之畏友也"。[②] 王存曾作过陈三立家庭教师。《散原精舍诗集》中有多首与王存唱和之作。

姚永概(1866—1923),字叔节。安徽桐城人。姚莹之孙,姚永朴之弟。光绪十四年中举,后屡试不第。戊戌变法后,历任安徽高等学堂教务长、师范学堂监督。辛亥革命后,应北京大学之聘,为文科学长。著有《慎宜轩集》等。"其诗秀爽而为瞀炼,沉郁而能顿挫。早喜梅宛陵、陈后山,晚乃出入遗山,语必生新,而志在独造[③]。"姚永概和范当世为姻亲,与陈三立亦时常交往。充安徽高等学堂教务长期间与沈曾植来往密切。

吴昌硕(1844—1927),初名俊,改名俊卿,字苍硕、苍石、昌硕,别号缶庐、苦铁。浙江安吉人。尝任江苏安东(今涟水)县令,仅一月而辞去。长期寓居上海。以书画知名于世,善画花鸟瓜果。著有《缶庐诗》、《缶庐别存》、《缶庐印存》等[④]。吴昌硕"为诗至劳弥勤苦,抒摅胸臆,出入唐宋间健者[⑤]",民初与郑孝胥、陈三立均有交往[⑥]。吴昌硕还曾请郑孝胥为其《缶庐集》作序[⑦]。

---

① 夏敬观:《忍古楼诗话》,张寅彭主编《民国诗话丛编·三》,上海书店出版社,2002年版,第12页。

② 冒广生:《小山吾亭词话》,《冒鹤亭词曲论文集》,上海古籍出版社,1992年版,第56页。

③ 汪辟疆:《近代诗人小传稿》,《汪辟疆文集》,上海古籍出版社,1988年版,第439-441页;梁淑安主编:《中国文学家大辞典·近代卷》,第335-336页。

④ 陈三立:《安吉吴先生墓志铭》,《散原精舍诗文集》,第1062-1063页。

⑤ 陈三立:《安吉吴先生墓志铭》,《散原精舍诗文集》,第1062页。

⑥ 郑孝胥:"吴昌硕、王雪澄、朱古微、况夔笙借竹君宅中宴伯严、子培等晚饭,梅兰芳等均在坐"。《郑孝胥日记》,1920年5月13日,第1826页。

⑦ 郑孝胥:"吴昌硕来,携诗卷求余作序,并乞书联",1916年1月12日;"为吴昌硕作《缶庐诗序》",1916年1月13日。《郑孝胥日记》,第1593页。

周达(1879—1940)，字梅泉、美权，安徽至德人。诸生。少好六书，戊戌政变后，专攻九数之学。入民国，寓上海。孙毓筠出任皖督，邀其掌财政、教育二厅，婉词拒之。著有《今觉庵诗》四卷[①]。受陈三立、郑孝胥影响，诗风宗宋，周达自言："少时习西昆体，泛滥于陈黄门、吴祭酒家，及闻散原、海藏二老绪论，遂幡然一变而改北宋，尽弃少作。"[②]周达在上海的寓所与郑孝胥海藏楼甚近，二人时相过从，关系极其密切。

胡嗣瑗(1869—?)，字晴初、琴初、愔仲，贵州贵阳人。1903 年进士，授翰林院编修。后以候补道任天津北洋法政学堂总办。民国成立，充冯国璋幕僚。1915 年任金陵道尹，江苏将军府咨议厅厅长。1917 年 7 月，张勋复辟，授内阁阁丞。后随溥仪赴天津、东北。1932 年伪满洲国成立时，任清室驻天津办事处顾问、伪满洲执政府秘书长。1933 年任伪满洲国参议府参议。胡嗣瑗与陈三立、郑孝胥、沈曾植、陈曾寿等均有深交。陈三立诗集中与其酬唱者甚多。胡嗣瑗与陈曾寿交尤厚，《苍虬阁诗集》中为其所作者亦多，"陈(曾寿)、胡(嗣瑗)交最密，近忽有隙。"夏敬观对其人品甚为推许："晴初为病山所得士，品节极高[③]。"

李详(1858—1931)，字审言，又字慎言，号百药生，又号窳生，又号媿生，江苏兴化人。光绪十一年，瑞安黄休芳督学江苏，录为第一名入学。继受知于学使王先谦，复以第一名补廪膳生。端方督两江，聘其充江楚编译局帮总纂，与况周颐撰《陶斋藏石记》。1912 年后，客居上海。曾任东南大学国学教授。1919 年，纂修《兴化县志》。著有《选学拾渖》、《世说小笺》、《文心雕龙补注》、《杜诗证选》、《韩诗证选》、《学制

① 钱仲联编著：《近代诗钞》，第 1907 页。

② 周达：《今觉庵诗》序，民国二十九年铅印本。

③ 夏敬观：《忍古楼诗话》，张寅彭主编：《民国诗话丛编・三》，第 9 页 。

斋骈文》等。[①] 李详结交陈三立大约在光绪二十六年(1900 年)。是年赴省试,馆蒯光典家,课其诸子,得以结识陈三立,和缪荃荪、徐乃昌、魏繇等名士往来秦淮酒家相唱和。宣统元年(1910 年),李详又受时任安徽布政使的沈曾植聘,任安徽存古学堂教习,教史学及文选学。1913 年,李详课刘世珩家。世珩交游遍天下,李详得以结识郑孝胥、陈衍、朱祖谋、杨钟羲、赵熙、冯煦等海上名流:"审言以一诸生以善骈文为时流所推,晚年在沪主刘聚卿世珩家,任西席,因得与郑夜起过从……初为诗,略有才情,但无深诣。自与郑唱和后,始有深婉之致,而杂书僻典仍不免拉杂行间也[②]。"蒯光典、刘世珩和宋诗派成员有着广泛联系,李详为其作塾师而结识宋诗派人物,诗风亦受郑孝胥等影响。

劳乃宣(1843—1921),字季瑄,号玉初,别号矩斋、韧叟。浙江桐乡人。同治十年(1865)举人,同治十年成进士。光绪二十七年任浙江大学堂监督。宣统三年(1911 年)十月简授京师大学堂总监督。著有诗文集《桐乡劳先生遗稿》等[③]。劳乃宣于辛亥革命后去京,卜居崇陵附近的涞水,陈宝琛慕其高节,多次前往拜访[④]。

程康(1889—1965),程颂万之侄、顾印愚弟子、程千帆之父。著有《顾庐诗钞》[⑤]。曾请陈衍为其删诗[⑥]。陈衍《石遗室诗话续编》中录其《次韵梁众异三月三日同陈病树叶逋孙兆丰公园看花之作》一诗[⑦]。

---

① 梁淑安主编:《中国文学家大辞典・近代卷》,中华书局,1997 年版,第 144－145 页。

② 汪辟疆:《光宣以来诗坛旁记》,《汪辟疆文集》,第 541 页,上海古籍出版社,1988 页。

③ 梁淑安主编:《中国文学家大辞典・近代卷》,第 135－136 页。

④ 张允侨:《闽县陈公宝琛年谱》,《沧趣楼诗文集》,上海古籍出版社,2006 年版,第 751—752 页。

⑤ 陈衍:《近代诗钞》第二十三册,1923 年商务印书馆刻本。

⑥ 陈衍:《石遗石诗话》卷十九,第 297 页。

⑦ 陈衍:《石遗石诗话》续编卷二,第 610 页。

姚华(1876—1930)，字一鄂，号重光，晚年改字茫父，号弗堂。贵州贵阳人。光绪二十三年(1897年)中举，三十年成进士。目睹朝政败乱，愤而赴日本留学。1913年被选为参议院议员。1914年任北京女子师范学校校长。后执教于北京各高校。晚年以鬻画为生。存有《弗堂类稿》。姚华与陈衡恪、梁启超、梅兰芳、程砚秋等相交甚密。所居北京宣武门外烂熳胡同莲花寺，为京师文士艺人集会之所。陈衡恪曾作《莲花庵图》，以志其盛①。

成多禄，字竹山，号澹堪，吉林人。光绪十一年拔贡，官绥化府知府。工诗，有《澹堪诗草》。晚年侨居苏州、上海，与名流人士多往还唱酬②。

鲍心增(1852—1920)，江苏丹徒人。1886年进士，曾任吏部郎中、顺天乡试同考官③。

宗仰，僧人。1921年卒。号乌目山僧，晚年更名印楞禅师。江苏常熟人。自幼好学，博览群书。工诗文，善绘画。在上海，与蔡元培、章太炎等人创办中国教育会，任会长④。

王蕴章(1884—1942)，字莼农，号西神，江苏无锡人。光绪二十八年(1902年)中举。宣统二年(1910年)应商务印书馆之聘，赴沪主办《小说月报》，并任主编。同年加入南社。1915年又创办《妇女杂志》。后游南洋。归国后编《新闻报》、《明星画报》等，主持正风文学院。兼工诗、词、文、书法，著有小说多部⑤。

郑沅，字叔进，长沙人。光绪二十年(1894年)进士，以一甲第三名

---

① 梁淑安主编：《中国文学家大辞典·近代卷》，第336—337页。

② 冒怀苏：《冒鹤亭先生年谱》，第206页。

③ 刘声木：《苌楚斋随笔》，转引自林志宏：《民国乃敌国也：请遗民与近代中国政治文化的转变》，国立台湾大学历史研究所2005年博士论文，第300页。

④ 冒怀苏：《冒鹤亭先生年谱》，第220页。

⑤ 梁淑安主编：《中国文学家大辞典·近代卷》，第32—33页。

授编修,典山西乡试,曾任四川学政。民国后任总统府秘书。袁世凯称帝,辞职而去。后移居上海,以鬻书为生。尝从王闿运问诗[①]。陈衍《石遗室诗话》中录其《商南道中见红梅感赋》一诗,称之"诗笔极似坡公"[②]。

吴用威(1872—1940),字董卿,号屐斋,浙江仁和(今杭州)人。父世熊,官江宁布政使、江西按察使。光绪十七年中举。以知县分发山东,改江苏,为端方所赏,委主江宁财政局案牍。后任江苏兴化县代理知县。嗣充津浦铁路南段总居文案。路成,升任直隶州知州。辛亥后,任北洋政府财政部秘书,出为河东盐运使。调任福建。入都为财政部及盐务署参事、运销厅厅长、国务院秘书。后历任国民政府考试院编纂、行政院参议、铁道部机要秘书等职。晚从梁鸿志受伪职。著有《兼葭里馆诗》。吴用威诗名较著,陈三立云:"天然高秀,亦时复振宕自奇,标格盖雅近遗山[③]。"汪辟疆在《光宣诗坛点将录》中誉之为"地异星白面郎君郑天寿[④]。"吴用威在《东方杂志》发表了两首诗,其中之一为论诗诗,将矛头指向风靡一时的宋诗。其诗云:"作诗必此诗,故知非诗人。若竟非此诗,何殊粤视秦。要在离合间,一一传其神。西昆嫌太伪,长庆嫌太真。所以李杜苏,秀句垂千春。金源有遗老,渥洼等绝尘。道园犂眉公,犹觉非其伦。青邱等自桧,七子难疵醇。新城长水侍,畧与何李均。颓波到乾嘉,九派一沦湮。近来颇佞宋,多问涪翁津。梅酸后山苦,往往闻嚬呻。抚然念斯世,类此风波民。何时洗欃枪,大雅与扶轮[⑤]。"吴用威诗风并不宗宋,缘何进入宋诗派为主导的

① 王啸苏:《郑沅传》,卞孝萱、唐文权《民国人物碑传集》,第 81 页。

② 陈衍:《石遗室诗话》卷八,第 127 页。

③ 见陈懋鼎:《吴君董卿家传》,吴用威《兼葭里馆诗》,民国八年排印本,郑孝胥题签,李宣龚序。

④ 汪辟疆:《光宣诗坛点将录》,《汪辟疆文集》,第 382 页。

⑤ 吴用威:《论诗》,《东方杂志》,第 17 卷第 16 号,1920 年 8 月 25 日。

《东方杂志》呢？原来吴用威和陈三立、郑孝胥、俞明震、夏敬观、林旭等均有交往。他又是和宋诗派有着密切交往的冒广生的妹婿。[①] 而且吴用威曾官福建，其所居盐务署为李宣龚旧居。李宣龚在其诗集序中谈到两人的渊源："光绪丁戊之间余在京师，与林暾谷、王义门、冒鹤亭诸君游，诸君恒为余称道董卿。余之知董卿也，实自此始。壬寅八月，余由鄂之官白下，始董卿先至。遂因散原、伯弢、觚斋、映庵诸公文酒过从，得与董卿连茵促膝，欢逾平生。未几，余宰桃源，董卿治兴化，两人者皆孤行其志，不恤长吏之怒喜。坐是余引疾自免，董卿亦几罣弹章，而吾两人之相知遂益深且。至庚戌春余之武昌，踪迹稍阔略。辛亥国变，流转侨沪，则又复相遇。宴饮歌咏，意兴殊不减畴昔。继而董卿榷盐于赣于晋，声施烂然。去冬领吾闽盐务，其所住牙署为光禄吟台，本吾家故宅。易主已久，恒惓惓焉。今董卿久而居之，林光苔色，当为我殷勤护惜，必不以为传舍而忽视也[②]。"此诗述李、吴交谊甚详。但正如近来一位研究者所指出的，李宣龚对吴用威的诗并不感兴趣，对其诗的评论也只是泛泛之辞[③]。

金天羽(1873—1947)，字松岑，原名天翮，江苏吴江人。光绪二十四年(1898年)荐举经济特科，不应。光绪二十九年，加入中国教育会与爱国学社。宣统三年(1911年)赴苏州振华女子师范教古文。辛亥革命后任江苏省议员。1923年任吴江教育局长。1927年任江南水利局长。1932年参与发起苏州国学会。日本占领吴江后避居上海租界，任光华大学教授。有《天放楼诗集》、《天放楼文言》等[④]。金天羽虽在

---

① 冒怀苏编著：《冒鹤亭先生年谱》，第104页。

② 吴用威：《兼葭里馆诗》，民国八年排印本。

③ 王培军："拔可一序，专言彼此交情，而于其诗，仅寥寥数语带过，疑不甚许其诗，故遁而为他辞也。"见其博士论文《汪辟疆〈光宣诗坛点将录〉笺证》，第284页。

④ 陈衍：《近代诗钞》，1923年商务印书馆刻本；梁淑安主编：《中国文学家大辞典·近代卷》，第286—287页。

诗歌主张上接近“诗界革命”[1],但较为欣赏郑孝胥、范当世、袁昶的诗作。他在1923年2月赠《天放楼诗集》与郑孝胥、陈衍,郑孝胥回赠《海藏楼诗集》,后金天羽又托郑孝胥觅郑珍集。[2] 金天羽的《与郑苏戡先生论诗书》、《答苏戡先生书》、《再答苏戡先生书》即作于此间。他在信中高度评价了郑孝胥的诗歌创作:“频年读海藏诗,观海藏书,气性格力,谓可孤行当世。当世之名诗与书者,且不期而似海藏,何其力之伟也。天翮不能书,居恒好吟咏,亦不能学海藏之诗。今春裒聚所作,既杀青,反覆自谛,近三五年,乃有似海藏者”,“往与叶丈奂彬论海藏诗,谓读破万卷书,而不为书累,外疎简而中含精实,诗如其人,是以可贵[3]。”可见金天羽对郑孝胥其人其诗极为推崇。从这封书信的内容来看,金天羽反感于陈衍的标榜声气,对其拉帮结派的做法十分不满[4]。对钱基博将其列为宋诗派成员,金天羽也表示不能接受[5]。

张同书,陈衍弟子。陈衍在《石遗室诗话》中对其有所描述:“雄县张玉裁(同书)大学文科毕业,充陆军大学教员。喜为诗,笔势轩爽,但时作悲慨语,十首以上词意多相近。余劝其多读少作,且读书不但读诗,自有左右逢源之候[6]。”

陈祺寿,字星南,江苏丹徒人。与吴昌硕、李详有交往[7]。

高向瀛,字颖生,福建闽县人。少静澹嗜学,不苟于俗。曾官乌镇

① 钱仲联:《论“同光体”》,《梦苕庵论集》,第434页。

② 《郑孝胥日记》,1923年2月3日、1923年2月26日,第1937、1940页。

③ 金天羽:《与郑苏戡先生论诗书》,《天放楼文言(附诗集)》,台北:文海出版社,第351—352页。

④ 金天羽:“如牵课于宗派,衡量于格调,如刘彦和所谓会己则嗟讽,异我则沮弃,循行数墨。文学之道,苦矣。”《与郑苏戡先生论诗书》,《天放楼文言(附诗集)》,台北:文海出版社,第352页。

⑤ 见金天羽《芴园诗钞序》,转引自钱仲联:《论“同光体”》,《梦苕庵论集》,第434页。

⑥ 陈衍:《石遗室诗话》卷十九,第302页。

⑦ 《郑孝胥日记》,1916年4月26日,第1607页。

同知，辛亥革命后乡居。著有《环翠楼诗》。为陈宝琛妹婿[①]。

杨毓瓒，字瑟君，安徽泗州人。译学馆学生，举人，官淮北副运使[②]。

沈同芳，原名志贤，字幼卿，号越石，一号蠡隐。江苏武进人。光绪二十年(1894 年)进士，选庶吉士，授唐县知县，赐编修衔。曾入袁树勋幕。有《公言集》、《中国渔业历史》。沈同芳与郑孝胥交往密切，《郑孝胥日记》中多有记述。

由以上介绍可见，在《东方杂志》上发表诗作的诗人多和宋诗派有所关联。有一批诗人发表诗作虽不多，但其内容多与宋诗派有关。如程康惟一发表的一首是《次韵敷厂见赠》[③]；高向瀛惟一发表的一首诗是《送石遗先生入都》[④]；吴士鉴惟一发表的一首是《叔伊老兄以游积水潭高庙诗见示敬步原韵》[⑤]，是与陈衍的唱和之作；张同书发表的《甲寅七月十八日访陈师石遗途经三海北望有感》，亦和陈衍有关[⑥]；侯毅发表的《奉题石遗先生萧闲堂诗后》[⑦]，亦与陈衍有关；仅发表三首诗的姚永概，其中一首为《题师曾槐堂图兼寄散原老人》，与陈三立、陈衡恪有关[⑧]。仅出现一次的庄正爔，发表的两首诗均与"鹤柴"有关。"鹤柴"即陈诗。陈虽非宋诗派成员，但与宋诗派关系密切，算得上是一个外

---

① 陈宝琛:《高颖生妹婿五十诗序》,《沧趣楼诗文集》,第 351－352 页。

② 陈衍:《近代诗钞》,1923 年商务印书馆刻本。

③ 程康:《次韵敷厂见赠》,《东方杂志》,第 12 卷第 12 号。

④ 《东方杂志》,第 12 卷第 12 号。

⑤ 《东方杂志》,第 13 卷第 3 号。

⑥ 同④。

⑦ 同④。

⑧ 《东方杂志》,第 13 卷第 2 号。

围成员[1];仅出现一次、发表两首诗的乌式藩,其诗作为《效吷庵体》[2],足见其和夏敬观有渊源。

《东方杂志》“海内诗录”和“诗文苑”大部分栏目为宋诗派成员所占据,且在该刊物上出现的其他诗人,也多和宋诗派有一定渊源,由此可见这一栏目为宋诗派所掌控。

《东方杂志》上发表的诗作有几个特点:

首先是排他性。宋诗派诗人群体为《东方杂志》诗文栏主要作家群,几乎所有宋诗派作家都在上面发表作品,且占比重较大;同时,不属于这一群体的成员,即使和宋诗派有密切联系者(如樊增祥、梁鼎芬、赵熙等)发表作品也不多。可见以《东方杂志》为中心的宋诗派文人有一定“群体意识”,对非此一群体的诗人,多少有所排斥。

其次是及时性。《东方杂志》上刊登的许多宋诗派作品都是“新鲜出炉”的,从创作到发表的周期较短。如第 12 卷第 7 号(1915 年 7 月 10 日),也就是宋诗派作品第一次在这份杂志上出现,有郑孝胥《三月十七日丁衡甫招游天平山范正祠》一诗。而郑孝胥于 4 月 30 日游苏州天平山,5 月 1 日作此诗[3]。也就是说,此诗从创作到发表也就是两个月的时间。再如第 13 卷第 11 号(1916 年 11 月 10 日)有郑孝胥《丙辰重九》一诗,此诗创作于 10 月 7 日,从创作到发表时间更短;第 14 卷第 7 号(1917 年 7 月 15 日)上俞明震的《丁巳春重至狮子峰》,创作到发表时间也就是半年左右等等。另外如 1916 年 10 月,陈三立在杭州与俞明震、陈曾寿等畅游[4],同年 12 月 10 日的第 13 卷第 12 号上就

---

① 《鹤柴以近诗见寄赋答》、《廿七日访鹤柴不遇再和前韵作》,《东方杂志》,第 17 卷第 24 号,1920 年 12 月 25 日。

② 《东方杂志》,第 17 卷第 7 号。

③ 《郑孝胥日记》,第 1559—1560 页。

④ 陈三立:《散原精舍诗文集》,第 523—527 页。

刊登了他们游览西湖的一些诗作。

第三是主题性创作数量较大。《东方杂志》上的主题性创作现象比《庸言》更为突出。如西湖记游诗。第13卷第11号上俞明震的《中秋日约同人饭于法相寺》；第13卷第12号上陈曾寿的《游西溪归来湖上晚色极佳散原老人属同赋之》、《同散原老人登六合塔》、《中秋日雨中恪士约饭于法相寺》、俞明震的《中秋约同人饭于法相寺和仁先》等，连续发表俞明震、陈曾寿唱和的作品。如沪上记游诗，第17卷第13号(1920年7月10日)上有陈三立的《庚申暮春至沪上瓶斋蘉庵鹤柴招游半淞园与诸子同赋》、陈诗的《庚申春暮陈散原先生至沪偕蘉庵瓶斋及余游半淞园泛舟小溪溯洄弥乐诗以纪之》、谭泽闿的《招鹤柴蘉庵陪散原游半淞园泛舟有作》，为陈三立、陈诗、谭延闿等人的唱和之作。而且这批作品从创作到发表的时间也不长。再如追悼故人，潘若海挽诗有：陈三立的《挽潘若海》(第14卷第13号)、沈曾植的《挽潘若海》(第14卷第13号)；沈瑜庆卒后，刊有其遗诗25首(第15卷第12号)。挽诗有：陈三立的《挽涛园》(第16卷第1号)、郑孝胥的《挽涛园》(第16卷第1号)；王允皙的《挽涛园》(第16卷第3号)、诸宗元的《挽沈涛老》(第16卷第3号上)；陈三立的《沈涛园挽诗》(第16卷第12号)、陈诗的《挽沈涛园先生》(第16卷第4号)等；俞明震挽诗有：陈三立的《哭恪士》(第16卷第3号)、夏敬观的《哭俞恪士》(第16卷第3号)和陈曾寿《觚厂先生挽诗》(第16卷第5号)、沈曾植的《哀恪士》(第16卷第8号)、郑孝胥的《挽俞恪士》(第16卷第9号)、诸宗元的《觚庵既殁之五月昨忽入梦追挽二首》(第16卷第10号)等。

由《东方杂志》(1915—1920)上发表的诗歌作品来看，宋诗派成员占据了主导地位，不仅集中发表了大量同仁的作品，而且能够决定那些作品能够进入刊物。宋诗派在民国初年的巨大影响，无疑对期刊的成功运作有关。由以上分析也可看出，宋诗派发表作品的渠道极为畅通,起码在1915—1920年这一段时间,宋诗派成员不会担心自己的作品无处发表。

二、谁是编辑者?——《东方杂志》(1915—1920)诗的运行机制

从创作到发表,《东方杂志》(1915—1920)上的诗是谁在组稿、编辑呢?

答案一:郑孝胥。《郑孝胥日记》里留下了一些线索:

"陈祺寿字星南,丹徒人,以书致余,录其与吴昌硕诗,约来访。是日,携其子来,自言李审言尝以《海藏楼诗》赠之,今来沪就李氏馆,乃李仲仙之侄也。其人五十岁,意度颇萧散①。"

陈祺寿在第17卷第24号(1920年12月25日)上发表了两首诗作。从郑孝胥的描述来看,陈和吴昌硕、李详均有交往,吴、李二人与郑孝胥经常来往。通过吴昌硕和李详,陈祺寿结识了郑孝胥,当然,也有可能结识了其他宋诗派成员。其作品得以在《东方杂志》上出现,和这重因素有关。以1916年为例,《郑孝胥日记》中还有以下数条记录:

①1916年10月6日,"爱苍来,示《杭州游》诗一首"②。

②1916年10月7日,"作《重九》诗寄与陈仁先"③。

③1916年10月8日,"李审言来,依余《丙辰怀人诗》一册"④。

④1916年11月11日,"访陈仁先,谈良久,观诗及词数首⑤。"

其中①中沈瑜庆示郑孝胥游杭州诗,就是后来刊登在第14卷第2号(1917年2月15日)上沈瑜庆所作的《九月六日偕林诒书胡琴初游

---

① 《郑孝胥日记》,第1607页。
② 《郑孝胥日记》,第1585页。
③ 《郑孝胥日记》,第1605页。
④ 《郑孝胥日记》,第1628页。
⑤ 《郑孝胥日记》,第1633页。

西湖，访高庄，邀陈仁先、俞恪士棋罢聚饮。明日刘香孙招游文澜阁南屏寺，饮楼外楼。吴絅斋复订八日游韬光，余以重阳社集，与培老有约辞，先归留诗索和》一诗。从郑孝胥阅读此诗到发表，用了4个月的时间。②郑孝胥寄示陈曾寿的《重九》一诗，就是刊登在第13卷第11号(1916年11月10日)上的《丙辰重九》一诗，因为诗后还有自注："陈仁先自西湖寄书云，闻九日逸社有高会，先生踽踽于何处登览耶?"此诗仅在1个月后就刊登在杂志上。③、④均说明其他诗人经常让郑孝胥观诗，个中缘由，不单单是为了向郑孝胥请教吧?

答案二：夏敬观。

多数夏敬观传记资料中并无在商务印书馆工作的经历[①]，但他分明在商务印书馆工作过。从《张元济日记》的记载来看，夏敬观至少在1916年3月28日以前已进入商务印书馆编译所，且负责印刷、出版事宜，和张元济为工作上的合作关系[②]。这一信息也在《吷庵自纪年历》中得到印证[③]。《郑孝胥日记》中，也有许多到商务印书馆会晤夏敬观的记录：

①1915年11月12日，"至印书馆，逢俞恪士昆仲、夏剑丞、徐积馀"[④]。

②1916年7月19日，"夏剑丞来，携《杂诗》六首去"。[⑤]

③1916年7月30日，"夏剑丞来，以印书馆摹十二镜笺请为题

---

① 如梁淑安主编：《中国文学家大辞典·近代卷》中有关"夏敬观"的条目，就没有提到夏在商务印书馆的工作经历。见《中国文学家大辞典·近代卷》，第350页。

② "剑丞回，谈前事现将又定印"；"函告编译所，剑办"。张人凤整理：《张元济日记》，石家庄：河北教育出版社，2000年版，第52页、第385页。

③ 据《吷庵自纪年历》，夏敬观1916年任商务印书馆撰述。见《吷庵自纪年历》，上海图书馆藏手抄本。

④ 《郑孝胥日记》，第1585页。

⑤ 《郑孝胥日记》，第1619页。

字[①]。”

④1916 年 10 月 15 日,“夏剑丞来,示所录近作[②]。”

⑤1918 年 2 月 17 日,“夏剑丞来,以《哀小七》诗三首示之,剑丞以诗去[③]。”

⑥1918 年 3 月 5 日,“赴商务印书馆,晤夏剑丞,以三诗示之[④]。”

⑦1918 年 6 月 18 日,“赴商务印书馆董事会,晤夏剑丞、俞寿丞、梦旦、翰卿等[⑤]。”

夏敬观和郑孝胥此间来往密切,以上仅为和商务印书馆有关的几条记录。在这几条记载中,②④⑤⑥均值得注意,夏敬观向郑孝胥“示所录近作”,郑孝胥“以三诗示之”、“以《哀小七》诗三首示之”夏敬观,恐怕也不只是切磋诗艺那么简单。郑孝胥的《海藏楼杂诗》从 1916 年 10 月 10 日开始在《东方杂志》第 13 卷第 10 号刊登,而“夏剑丞来,携《杂诗》六首去”,是在 1916 年 7 月 19 日。也就是说,郑孝胥将《杂诗》示之夏敬观后不到三个月的时间,这批诗就出现在《东方杂志》上。因此有可能编辑者是夏敬观。

答案三:李宣龚。

①1916 年 4 月 23 日,“夜,赴拔可之约,伯严、仁先、剑丞、爱苍皆在座[⑥]。”

②1919 年 6 月 18 日,“拔可来钞诗,将以赴《东方杂志》[⑦]。”

李宣龚和郑孝胥关系的密切要超过夏敬观。据笔者根据《郑孝胥

---

① 《郑孝胥日记》,第 1620 页。
② 《郑孝胥日记》,第 1629 页。
③ 《郑孝胥日记》,第 1712 页。
④ 《郑孝胥日记》,第 1715 页。
⑤ 《郑孝胥日记》,第 1733 页。
⑥ 《郑孝胥日记》,第 1606 页。
⑦ 《郑孝胥日记》,第 1787 页。

日记》的统计，仅1916年一年，李宣龚和郑孝胥的交往最少在40次以上。上述两条中，②最直接地说明了宋诗派和《东方杂志》的关系，且李宣龚为中间人。而①也极有趣味，李宣龚宴请的几个人，均为《东方杂志》诗歌的重要作者，其中陈三立、郑孝胥、陈曾寿、夏敬观、沈瑜庆、李宣龚共发表诗歌约460首，占总数的四分之一。考虑到此时陈衍不在上海，沈曾植闭户不出，这已是宋诗派重要成员的大聚会了。这是一个私交很密切的小圈子，正是这个小圈子，构成了《东方杂志》诗歌创作的主体。而这次聚会，我们不妨把他想象为《东方杂志》诗人群的一次聚餐会吧。

答案四：郑孝胥、李宣龚、夏敬观共同参与。《郑孝胥日记》中有多条郑、李、夏共同晤谈的记录，引起了笔者的注意：

①1916年8月19日，"至商务印书馆，晤剑丞、拔可[①]"。

②1916年11月3日，"至商务印书馆，晤拔可、剑丞，观新作数首[②]"。

③1916年11月21日，"至印书馆，晤拔可、剑丞[③]"。

④1917年1月27日，"至印书馆，拔可、剑丞[④]"。

⑤1917年2月20日，"赴商务印书馆董事会，晤夏剑丞、张菊生[⑤]"。

⑥1919年6月29日，"夏剑丞、李拔可来[⑥]"。

其中④最引人注意，因为1月27日是农历正月初五，正是家人团聚、走亲访友的时刻，三个人却一同来到了印书馆，有什么重要的事情

---

① 《郑孝胥日记》，第1623页。
② 《郑孝胥日记》，第1632页。
③ 《郑孝胥日记》，第1634页。
④ 《郑孝胥日记》，第1644页。
⑤ 《郑孝胥日记》，第1647页。
⑥ 《郑孝胥日记》，第1777页。

呢？②似乎能解答一点疑惑:“观新作数首”。我们不妨认为三个人组成了一个类似编辑部的组织,经常在一起商讨《东方杂志》“诗文苑”的用稿问题。以上“拔可来钞诗,将以赴《东方杂志》”颇能印证这一点。

我们不妨将视野再扩大一点,来看一下郑孝胥、夏敬观、李宣龚这三个人参见宴集的一些资料:

①1916 年 4 月 16 日,“宴张菊生、夏剑丞、赵竹君、孟莼孙、高子益、梦旦、拔可、萧子栗[①]”。

②1917 年 4 月 8 日,“邀衡甫、菊生、允民、鲁山、竹君、剑丞、梦旦、拔可来午饭[②]”。

③1918 年 5 月 16 日,“约伯严、仁先、聘三、洙源、琴初、彦通、剑丞、拔可饮于会宾楼,余尧衢、冯梦华皆来[③]”。

④1918 年 5 月 27 日,“夏剑丞约至消闲别墅,晤伯严、叔通、拔可及其弟星南,又晤沈次裳[④]”。

⑤1919 年 4 月 6 日,“菊生、叔伊、子培、梦旦、剑丞、拔可、伯平、稚辛同游花下,菊生先去[⑤]”。

⑥1919 年 4 月 10 日,“拔可、梦旦、叔伊、剑丞携酒席来就饮,雪澄、古薇、菊生、积馀、余及稚辛为客[⑥]”。

⑦1919 年 4 月 13 日,“至都益处,王雪澄、朱古微、王聘三、张菊生、徐积馀、夏剑丞、俞寿丞、李拔可、高梦旦、陈叔伊、吴宽仲皆在座,余与稚辛为客[⑦]”。

---

① 《郑孝胥日记》,第 1605 页。

② 《郑孝胥日记》,第 1655 页。

③ 《郑孝胥日记》,第 1728 页。

④ 《郑孝胥日记》,第 1730 页。

⑤ 《郑孝胥日记》,第 1777 页。

⑥ 同上。

⑦ 《郑孝胥日记》,第 1779 页。

⑧1916 年 9 月 10 日，“步赴拔可之约，晤古微、剑丞、菊生、梦旦[1]”。

⑨1920 年 2 月 23 日，“赴菊生、拔可、剑丞之约于拔可在中，坐中有徐积馀、李一琴、俞寿丞、袁伯夔、谭道吾、叶揆初[2]”。

这几次宴集中，夏敬观、李宣龚多数时间与张元济、高梦旦一起出现，尤其是⑨，张元济、李宣龚、夏敬观共同做东道主，说明了几人是以商务印书馆负责人的身份出席。而宴请的人物中，以⑤最为热闹，除了陈三立不在上海外，宋诗派的大部分重要成员都参加了。⑥⑦都说明商务印书馆和宋诗派群体之间的密切关系。

通过以上分析可知，《东方杂志》“海内诗录”、“诗文栏”背后有一个力量在运作，从组稿到发表，有一定的机制。在其中起到核心作用的是郑孝胥、李宣龚和夏敬观。三人均为商务印书馆董事，李宣龚和夏敬观还是具体事务的执行者。宋诗派和商务印书馆之间到底有着怎样的渊源呢？

三、商务印书馆与宋诗派文人群体

商务印书馆高层中，郑孝胥、李宣龚、夏敬观均为宋诗派成员，张元济、高梦旦和宋诗派关系密切，先后主编过《东方杂志》的徐珂、孟森和宋诗派亦有诸多瓜葛。

郑孝胥是民国时期商务印书馆的大股东，曾数次出任商务印书馆

---

① 《郑孝胥日记》，第 1625 页。

② 《郑孝胥日记》，第 1815 页。

董事会会长[①]。郑孝胥思想较为守旧,曾因教科书署名问题威胁退出商务印书馆董事会,经高凤池、李宣龚等婉劝方同意留任[②]。足见郑孝胥在商务印书馆的地位。而《郑孝胥日记》中也有关于《东方杂志》的记述。1917年10月2日,章士钊访郑孝胥。郑谈《东方杂志》事:"赴印书馆董事会,章行严自日本归,谈日本转译西书极多,有新著梗概,若提要之体,中国宜设法继之。余谓,可劝报纸特作一栏,译登新著梗概,《东方杂志》可将每期择译一段,以引学者求观新书之兴,数年以后,必大行矣[③]。"从郑孝胥的言谈来看,他十分注意报纸期刊等传媒的转移风气之功,对《东方杂志》上刊登的内容,他有一定的决策权。

郑孝胥为商务印书馆董事,不常到商务印书馆办公。商务印书馆内李宣龚、夏敬观直接参与出版、印刷等事宜,是《东方杂志》上刊登作品的直接参与者。

李宣龚父亲李宗祎与陈衍、郑孝胥、沈瑜庆等均为挚交。李宗祎与陈衍、林纾等于光绪八年结福州支社,相互唱酬。宋诗派另一重要人物沈瑜庆为李宣龚舅祖。李宣龚和林旭为挚友,林旭遇难后,李宣龚煞费苦心搜集林旭作品结集出版[④]。张之洞幕府时期,李宣龚追随郑孝胥作掌书记,和沈曾植、陈衍等时常来往。李宣龚对扩大宋诗派

---

① "商务印书馆新董事会,复举余为议长",《郑孝胥日记》,1918年4月16日,第1723页;"赴商务印书馆董事会,复举余为会长",《郑孝胥日记》,1919年5月6日,第1781页;"赴商务印书馆董事会,余复被举为会长",《郑孝胥日记》,1920年5月13日,第1826页;"赴商务董事会,余复被举为会长",《郑孝胥日记》,1922年5月16日,第1906页;"至商务董事会,复举为主席",《郑孝胥日记》,1923年5月12日,第1948页。

② 据《郑孝胥日记》1917年2月6日:"昨张菊生来函,使余列名师范讲席社发起人,余以书辞之;菊生乃告余:'前日董事会为教科书事致电北京,已列君名,但以张季直为领袖耳。'"2月7日,郑孝胥即致书李宣龚,托转辞商务印书馆董事;2月8日,李宣龚言以后决不以郑孝胥列名发电,郑孝胥收回辞职书。《郑孝胥日记》,第1645、1646页。张元济在日记中也有记载:"苏龛因用伊名电各省采用书籍,来函辞董事。"《张元济日记》,第217页。

③ 《郑孝胥日记》,第1686页。

④ 见李宣龚所作《〈晚翠轩集〉序》,林旭《晚翠轩集》,民国二十五年铅印本。

影响起到了重要作用。他于1913年进入商务印书馆，历任经理、代总经理等职，长期驻总管理处工作。除印刷业务外，他还主持过发行和分馆业务，参与过编辑业务[①]。他为人平易，思维周密，在馆内有着崇高的威望，“他气宇恢宏，虑事周密，长于折冲应变，馆中遇有重大外事时，菊老常托他处理，称非拔翁莫属，但他从不以事功自居。他待人接物，谦逊平易，富有感情[②]”。

正是这样一个人物，充分利用传媒的力量来传播宋诗派作品。他邀请陈衍撰写《石遗室诗话》刊登于《东方杂志》，极大地扩大了宋诗派的影响。陈衍称：“乙卯六月，李拔可谋为《东方杂志》增文苑材料，复以诗话见委[③]。”《石遗室诗话》是宋诗派重要的理论作品，其前十三卷在《庸言》杂志上发表，引起了较大的社会反响。李宣龚请陈衍续诗话既是从商务印书馆的商业运作上考虑，同时也起到了为宋诗派张目的作用。从当事人零星的回忆中，我们可以看出李宣龚起到了沟通宋诗派文人群体与《东方杂志》的桥梁作用：“他和参加戊戌变法被杀的林旭（暾谷），是中表兄弟，且有文字深交，所以于编印《戊戌六居子遗集》之外，又印了《晚翠轩诗》，他做了沉痛的序，顺便把梁启超为袁世凯卖力做官骂了几句。清末民初‘同光体’诗人的诗集，大多数由商务印行，差不多都和李有关系。如陈三立的《散原精舍诗》、汉奸郑孝胥的《海藏楼诗》、诸贞壮的《大至阁诗》、沈瑜庆的《涛园集》、陈衍的《近代诗钞》和《石遗室诗话》等，有的由商务出售，有的是非卖品。李自己的诗集，叫做《硕果亭诗集》。还有一部《支社诗拾》是李早年在家乡和林

① 孝侯、公叔：《经济文章忆拔翁》，商务印书馆编《1897—1992商务印书馆九十五年：我和商务印书馆》，北京：商务印书馆，1992年版，第109页。

② 同上。

③ 陈衍：《石遗室诗话序》，《石遗室文四集》，《陈石遗集》，第698页。

纾诸人结诗社时拈题分咏的诗集,也由商务印行(非卖品)[①]。”从这段回忆可以看出,李宣龚利用在商务印书馆工作的有利条件,编辑出版了宋诗派成员陈三立、郑孝胥、陈衍、沈瑜庆、林旭等人的作品。宋诗派在民初影响巨大,李宣龚可谓劳苦功高。

夏敬观也是宋诗派在商务印书馆的一个重要人物。夏敬观(1875—1953),字剑丞、鉴丞,号缄斋、吷庵,江西新建人。光绪二十年(1894年)举人。次年入南京经训书院,从皮锡瑞治经学。光绪二十八年,以内阁中书改知府分发江苏,入江宁布政使入李芗原幕。张之洞委兼办三江师范学堂。光绪三十三年,任江苏省参议,署理江苏提学使,兼任上海复旦公学、中国公学监督。宣统元年(1909年)辞职。1916年任涵芬楼撰述。1919年任浙江教育厅长,1924年弃官居沪,筑室沪西康家桥,以著书终老。工诗词,精音律,擅书画,通经史。著有《忍古楼诗》十五卷、《吷庵词》四卷、《词调溯源》、《音学备考》等[②]。夏敬观诗学梅尧臣,成就甚高[③]。他人缘很好,且颇有办事能力,他和严复的交往,有助于说明这一点。他和严复曾先后为复旦公学监督,经常在一起谈诗论文[④]。而夏敬观之所以成为复旦公学的监督,还和严复的推荐有关。光绪三十三年(1907年),严复辞去复旦公学监督之职后,向两江总督端方推荐夏敬观为继任。后夏敬观果继端方后接任复

① 郑贞文:《我所知道的商务印书馆编译所》,商务印书馆编《商务印书馆九十年》,第206页。

② 参见:《大陆杂志》第28卷第9期,转引自《中国近代学人像传》,扬州:江苏广陵古籍刻印社,1997年版,第144页;梁淑安主编:《中国文学家大辞典·近代卷》,第350页。

③ 钱仲联:“平生瓣香宛陵,别标一宗,所谓‘老树着花无丑枝’也。”《近百年诗坛点将录》,《梦苕庵论集》,第362页;“近代江西诗家,陈散原后,最负盛名者,椎夏剑丞。其诗并不学山谷,而为宛陵之清苦。”《梦苕庵诗话》,第30页。

④ 夏敬观:“侯官严幼陵复,与予先后监督复旦公学,予妹婿熊季廉元锷,其高弟也。丙午丁未戊申之际,笺札往还谈艺,日夕无虚,惟论文论诗为多……”《忍古楼词话》。

旦公学监督，其中自有严复推荐的功劳[①]。夏敬观与陈三立、郑孝胥、沈曾植等均有深交。陈寓居金陵后，夏敬观常至南京看望，诗酒流连，极尽觞咏之乐。夏敬观对陈三立诗评价甚高："君诗正面兵，旗鼓谁相当。我善太夷言，直取甘苦尝。杜韩盘饤饾，老墨厨糇粮。煎熬百光怪，沉冥古肝肠[②]。"清末，夏敬观与陈三立、郑孝胥同为中国公学董事。为近代教育作出了重要贡献。夏敬观与郑孝胥、沈曾植等集资出版《宛陵集》，对近代宋诗运动的高涨起到了一定作用。解放后，夏敬观与冒广生、李宣龚寓居海上，经常过往，时人号称"海上三同年"。

郑孝胥为幕后人物，李宣龚、夏敬观为具体操作者，对宋诗派文人群体在《东方杂志》上发表作品起到了重要作用。

商务印书馆另外两个高层人士张元济和高梦旦，与宋诗派文人群体也有着非同寻常的关系。

张元济[③]和陈三立、沈曾植、郑孝胥、林旭等同为"戊戌党人"，有共同的生命经历，在维新运动中都遭受了沉重打击。张元济一直极为钦慕陈三立的人格。1937年，陈三立卒后，张元济在挽诗中写道："湘中新政萌芽日，钩党累累出汉廷。敢说微名齐李杜，剧怜寥落剩晨星。"诗后自注："戊戌政变君与余俱挂名党籍，忽忽四十年。今存者仅余熊秉三及余二人而已[④]。"可见戊戌年间不堪回首的往事，成了张元济和陈三立共同的记忆。也是在这一年，李宣龚请题林旭遗墨，也勾起了

① 严复："复旦监督一席，若一时难得其人，许复举贤自代，则窃意夏道敬观（夏剑丞）与此校交涉凡三四次，于其中办理清醒极熟悉，其人亦精明廉干，似可派充。"《与端方书》，王栻主编：《严复集》，北京：中华书局，1986年版，第584页。

② 夏敬观：《题陈散原遗墨后》，《忍古楼诗续》，台北：文海出版社，1975年版，第3页。

③ 张元济（1866－1959）：字菊生，浙江海盐人。参与维新变法。1902年，任上海南洋公学院长，后进入商务印书馆，负责编译所。1958年任上海文史馆馆长。

④ 张元济：《挽陈伯岩》，《张元济诗文》，北京：商务印书馆，1986年版，第39页。

张元济对维新往事的回忆①。张元济与宋诗派另一重要成员沈曾植也有长期交往。光绪二十七年，张元济与沈曾植共事于南洋公学，常相往来。② 是年秋冬之际，沈曾植任南洋公学监督，张元济与其纵谈翻译日本法律著作事宜，沈曾植极为赞同，于是有翻译《日本法规大全》之议③。辛亥革命后，沈曾植寓居海上，张元济经常就古书典籍问题请教。1940年，张元济作《题沈曾植海日楼图》诗，表达了对沈曾植耿耿孤忠的钦慕之意④。张元济与郑孝胥更是有着长期的合作关系。光绪三十二年，预备立宪公会在上海成立，郑孝胥任会长，张元济与高梦旦、高凤歧、李宣龚、孟森等皆为成员⑤。光绪三十三年，预备立宪公会第二次全体会议，推举郑孝胥为立宪公会会长，张元济等十八人为职员⑥。光绪三十四年十一月，预备立宪公会开会，郑孝胥、张元济等二十一人被举为董事⑦。后张元济与郑孝胥同为商务印书馆董事，更是来往密切。从上文中也可看出张元济曾多次参加宋诗派成员的聚会，可以说张元济是宋诗派文人群体的潜在支持者。

商务印书馆管理层里，来自福建的高梦旦更是与宋诗派群体有着

① 张元济：《光绪戊戌政变，六君子以身殉国，余亦去职，先后罹党祸者二十余人。忽忽四十年，沦丧几尽。拔可出示暾谷遗墨，属为题记，感喟不能成一字。前日作数诗吊伯岩，拔可复敦促之。率赋二绝，追思往迹，为之泫然》，《张元济诗文》，第40页。

② 如八月初七，费念慈宴张元济、沈曾植、缪荃孙，讨论编译书事，八月初八，沈曾植招饮张元济、沈曾植、蔡元培等于一品香；八月初九，张元济、沈曾植、赵凤昌、汤寿潜、缪荃孙等于九华楼同进茶点，讨论教育事；八月十二日，张元济于万年春菜馆宴请沈曾植、沈曾桐、缪荃孙等。缪荃孙：《艺风老人日记》。

③ 张树年主编：《张元济年谱》，北京：商务印书馆，1991年版，第40页。

④ 张元济："登危楼兮瞰长空，海山苍兮旭日红。尝捧心以献兮耿耿孤忠。挥鲁阳之戈兮，终难反乎再中。何忽焉其十出兮，愿与公同关后羿之弓。"《题沈子培海日楼图》，《张元济诗文》，第1页。

⑤ 据《预备立宪公会报》，张树年主编：《张元济年谱》，第63页。

⑥ 据《上海近代大事记》，张树年主编：《张元济年谱》，第72页。

⑦ 据《预备立宪公会报》，张树年主编：《张元济年谱》，第79页。

非同寻常的交情，他曾和陈衍、林纾等结福州支社唱和。高梦旦生平好为实用之学，曾在《时务报》上发表《翻译泰西有用书籍议》、《废除跪拜论》等，梁启超读后甚为叹服，从此二人书信往来，成为莫逆之交。甲午战后与长兄凤岐同入杭州知府林启幕，助其创办西湖蚕学馆，为中国实业教育先河。又创办求是书院、养正书塾等。光绪二十七年，求是学院改为浙江大学堂，监督劳乃宣聘高为总教习，次年率学生东渡日本留学，并任留日学生监督。他考察日本兴盛的原因，认为在于教育，而小学则为教育的根本，因此发愿编一部适合于中国的小学教科书。高梦旦于光绪二十九年加入商务印书馆，与张元济志趣相投，出任商务印书馆编译所国文部长，后任编译所长。曾由夏敬观推荐兼任复旦公学监督①。高性情和易宽厚，语带诙谐，然能断大事，商务印书馆中重大事务决策，皆曾参与。他与张元济志同道合，配合默契，在商务30余年，张元济倚之如左右手②。李宣龚进入商务印书馆就和高梦旦有关③。从《郑孝胥日记》反映的情况来看，高梦旦及其长兄高凤岐、次兄高而谦和郑孝胥、陈衍、沈瑜庆等有着密切的交往。梦旦长兄凤岐也是当年福州支社的成员，清末曾和郑孝胥同客岑春煊幕府。高凤岐罢官后也曾加入商务印书馆，在编译所任编辑④。宣统元年（1909

---

① 庄俞：《悼高公梦旦》，商务印书馆编《1897－1992商务印书馆九十五年：我和商务印书馆》，北京：商务印书馆，1992年版，第60页。

② “盖菊生先生与公情投意合，如左右手，事无巨细，必咨于公，语于公，谋于公，重大问题，公未与议者，虽决不行。如遇数人意见不一致，得公片言立可决。公之于事，欲言而言，无可言则不言，言必尽其意，自初入公司于编译所如是，其后于总公司亦如是，故其在公司名位虽有变更，不啻三十年之总参谋长也。”庄俞：《悼高公梦旦》，商务印书馆编《1897－1992商务印书馆九十五年：我和商务印书馆》，第60页。

③ 孝侯、公叔：《经济文章忆拔翁》，商务印书馆编《1897－1992商务印书馆九十五年：我和商务印书馆》，第109页。

④ 郑贞文：《我所知道的商务印书馆编译所》，商务印书馆编《商务印书馆九十年》，第203页。

年)三月,高凤岐病故,商务印书馆编译所为其举办追悼会[①]。

辛亥革命后一段时间,商务印书馆编译所的主力是以张元济、高梦旦为首的浙闽派人士。虽然高梦旦并未有拉帮结派意识,但闽籍作家显然在商务印书馆所出刊物中占重要分量。当事人回忆到:"其实高(梦旦)、张(元济)都是诚心诚意为商务服务的人,没有树立派别的意见。但是早期商务所出文哲政经等书刊,福建的作家却占相当的位置,主要原因是因为高氏兄弟和当时福建人士如严复(几道)、林纾(琴南)等有同学同年的交谊,鼓励他们写作以丰富稿源。而高生平最怕说普通话,交游不免有些局限性,这也许是一个原因[②]。"局内人的感觉是极其敏锐的,"交游不免有些局限性"的婉词传达出了确实存在一个小圈子,而和严复、林纾有着"同年同学的交谊"的高氏兄弟,同样与郑孝胥、陈衍等宋诗派群体有更加深厚的交谊。支持严复、林纾的高梦旦同样支持了郑孝胥、陈衍等宋诗派文人群体。其中,最明显的事件是:高梦旦援引李宣龚入商务,而李宣龚后来邀陈衍编《石遗室诗话续编》在《东方杂志》上连载,扩大了宋诗派的影响。

此外,商务印书馆内和宋诗派关系密切者还有徐珂、孟森和诸宗元等。

徐珂(1869—1921),初字仲玉,改字仲可,浙江余杭人。光绪十五年(1889年)中举。师事谭献。数应会试不第,考授内阁中书,改同知。袁世凯在小站练兵时,曾入幕,为将校讲授经史大义。戊戌政变后归里,整理谭献《复堂词话》。光绪二十七年,移居上海,任职商务印书馆,为《辞源》编辑,曾加入南社和新南社。著有《真如室诗》、《清稗类

---

① 张树年主编:《张元济日记》,第81页。

② 郑贞文:《我所知道的商务印书馆编译所》,商务印书馆编《商务印书馆九十年》,第206页。

钞》等[①]。在宣统元年（1909 年）以前任《东方杂志》主编。辛亥革命后，徐珂曾与夏敬观在上海比邻而居三年，交谊甚笃。夏敬观在为其所作墓志铭中谈到："余卜居沪西康家桥，君因来为邻。……居三年，每见，辄出所撰著，就商榷。或数日阻，必朝夕遣童持短札来[②]。"可见徐珂与夏敬观为知交。徐珂与陈三立、郑孝胥等均有交往[③]。其实，徐珂虽然也是诗人，且为南社成员，但并未在《东方杂志》上发表一首诗作（有词发表），足见《东方杂志》的倾向。

孟森[④]是《东方杂志》第二任主编。光绪三十一年（1905 年）春，孟森曾随郑孝胥至广西龙州边防参与戎机，在职期间，编成《广西边事旁记》，由商务印书馆出版。郑孝胥常以此书赠人。此后，孟森和郑孝胥往来密切，《郑孝胥日记》中关于孟森的记载颇多。立宪公会、商务印书馆中都可见到两人往来的身影，孟森还常和郑孝胥谈报馆事情[⑤]。

---

① 生平事迹参见夏敬观：《徐仲可墓志铭》，卞孝萱、唐文权编：《民国人物碑传集》，第 750、751 页；梁淑安主编：《中国文学家大辞典·近代卷》，第 365 页。

② 夏敬观：《徐仲可墓志铭》，卞孝萱、唐文权编：《民国人物碑传集》，第 750－751 页。

③ 《郑孝胥日记》，1916 年 7 月 5 日，第 1048 页。

④ 孟森（1868－1938），字心史，号莼荪，江苏武进人。出身江南世家，获廪生后，涉猎有关时务译著。光绪二十七年（1901 年），东渡日本，入东京法政大学习法律，光绪三十年回国。光绪三十一年春，随郑孝胥至广西龙州边防参与戎机，在职期间，编成《广西边事旁记》，由商务印书馆出版。是年冬，辞职返乡，发起预备立宪公会，参与推动立宪。光绪三十四年，任《东方杂志》主编。宣统元年（1909 年）五月，当选江苏咨议局议员，辞主编职。十月，代表江苏咨议局前往联络奉天、吉林、黑龙江、山东各省咨议局，共同发起联合请愿速开国会运动。辛亥革命爆发，程德全率江浙联军攻南京，由其草誓师文。民国成立，被推为共和党干事。1913 年，袁世凯下令解散国民党，乃南下上海，逐渐脱离政治生涯。1915 年，《小说月报》刊登其《董小宛考》。1929 年，受聘中央大学历史系副教授，翌年，《清朝前记》出版，为中国学术界有关满清祖先正确史实的开山之作。1931 年，受聘为北京大学历史系教授。秦孝仪主编：《中国现代史辞典——人物部分》，台北：近代中国出版社，1985 年版，第 176－177 页。

⑤ "孟莼孙来谈报馆事。"《郑孝胥日记》，1915 年 11 月 16 日，第 1585 页；"孟莼孙适在座，共谈久之"。《郑孝胥日记》，1917 年 6 月 22 日，第 1669 页。

孟森也出现在郑孝胥和陈衍等人的宴席上[1]。还有一件事情饶有趣味:辛亥以后,郑孝胥和张謇这两位昔日好友久不通音讯,一日,孟森持张謇手书请郑孝胥书写[2]。可见张謇也知道孟森和郑孝胥之间交谊匪浅。

商务印书馆内还有一个容易被人们忽视的人物——诸宗元[3]。和宋诗派群体有着密切交往的诸宗元也进入了商务印书馆。民初海上文人大多生活拮据,而商务印书馆发展迅猛、待遇优厚,许多文人想入馆工作,杨钟羲、李瑞清、诸宗元都曾请郑孝胥帮忙。郑孝胥和张元济商量,张元济认为只有诸宗元可以入编译所编尺牍。期间李宣龚也请郑孝胥为诸宗元帮忙,最后诸宗元得以进入商务[4]。足见诸宗元进入商务印书馆是郑孝胥、李宣龚共同努力的结果。诸宗元亦曾加入南社,但与宋诗派成员的关系十分密切。光绪三十三年,陈三立在南京养病,诸宗元常过往探病,诗文酬唱[5]。其中,他和夏敬观为骨肉之交,

---

① "宴张菊生、夏剑丞、赵竹君、孟莼孙、陈叔伊、高子益、梦旦、拔可、萧子栗。"《郑孝胥日记》,1916年4月16日,第1605页。

② 《郑孝胥日记》,第1723页。

③ 诸宗元(1875—1932),字贞状、贞长、真长,别号大至居士。浙江绍兴人。年十岁即熟读《文选》。服膺魏源、龚自珍之学,因魏源字默深,龚自珍号定盦而自题其书斋曰"默定书堂"。中年后改为大至阁。曾与黄节、刘师培、邓实、陈去病、胡朴安等于上海设立国学保存会及藏书楼。南社成立,入社。宣统二年(1910年)前后入江苏巡抚、湖广总督瑞澂幕,对南社社友的革命活动有所掩护。1913、1914年在北京做官。1923年为浙江军务善后督办卢永祥幕僚。1925年应梁鸿志之邀赴北京,数月后又南下。曾在杭州西湖购置房屋数间,藏书画万余卷,1929年遭大火,书画尽毁。1932年病逝于上海。一生困顿于僚属之间,身后颇萧条。著有《大至阁诗》、《中国画学浅说》。参见梁鸿志:《〈大至阁诗〉序》,《大至阁诗》,1934年梁鸿志排印本;梁淑安主编:《中国文学家大辞典·近代卷》,第381—382页。

④ "贻书欲为杨子勤求入印书馆编译所,余商之菊生,苦于无可位置。李梅庵、诸贞长皆欲去,菊生云,惟贞长可请编尺牍";"拔可来函,托为诸贞长入编辑(译)所事,询之菊生,菊生云,如日内能决议,则下月可发表";"菊生言,诸贞状入编译所已决议"。《郑孝胥日记》,1913年2月18日,第1454、1455、1459页。

⑤ 马卫中、张修龄:《陈三立年谱》,《近代诗论丛》,合肥:安徽人民出版社,1995年版,第225页。

郑孝胥的海藏楼中经常可以看到两人一同出现的身影。诸宗元虽属南社成员，但其与宋诗派文人群体的来往似乎比南社更频繁。

由此可见，商务印书馆内部存在着一个和宋诗派文人群体关系密切的人际网络，涵盖了从董事会主席到普通职员，宋诗派群体和商务的关系可谓盘根错节。而《东方杂志》诗文栏目宋诗派力量的集体展示，便是这种关系的反映。

此外，商务印书馆还是一个具有明显保守主义立场的出版机构。陈思和教授敏锐指出，商务印书馆的保守倾向既与商务主持者"为了能在极其险恶的环境下生存，发展其私人企业，推动文化事业，是不能不采取妥协与保守的政治社会立场"有关，更在于商务负责人张元济的"庙堂意识"："张元济在戊戌变法失败后毅然弃官经商，以现代出版传承文化事业，但其意识深处，仍然是一个在野的士大夫。他无时不与在朝者保持默契配合[①]。"除张元济外，上文提及的郑孝胥、高梦旦、李宣龚、夏敬观等多少也属于走下庙堂的知识分子，虽然参与到民间的出版事业中来，但从未放弃自上而下改革的政治努力。商务印书馆的保守主义倾向，也离不开这批人士的"庙堂意识"。

袁进教授在谈到现代传媒与文学观念的转变时说："还有另一种纯粹为了学术或为了文学的报刊，如商务印书馆办的《东方杂志》与《小说月报》……那些纯粹为了学术或为了文学的杂志，只要质量较高，往往也能维持相当长的时间，因为总有一些较高层次的读者成为这些报刊的固定读者，像《东方杂志》、《小说月报》，后来的《现代》等都是如此[②]。"以《东方杂志》为中心的宋诗派文人群体的聚集，确实是一个值得重视的文学现象。这个群体之所以能够在《东方杂志》上存在

---

① 陈思和：《〈商务印书馆：民间出版业的兴衰〉序》，杨扬《商务印书馆：民间出版业的兴衰》，上海教育出版社，2000年版，第4页。

② 袁进：《中国文学观念的近代变革》，上海社会科学院出版社，1996年版，第44页。

五年半的时间,当然不仅仅是其与商务印书馆有着如此复杂的关系。对刊物来说,有一个极为稳定的创作队伍,保证了一定品位诗歌的稳定供应,不至在稿源上出问题。从市场的角度来看,应该存在着一个稳定的读者群。否则,以商业利益为重的出版机构,不会长期支持缺乏读者、没有市场的作家群。而从诗人的角度来看,发表渠道的通畅,无疑会刺激创作的产量——这也是宋诗派在这一段时间最多产的原因之一。

宋诗派诗人群是《东方杂志》这个民国时期重要刊物 1915—1920 年诗歌创作的主要力量。比起《庸言》杂志,后者发表诗歌数量更大、人员更纯粹、更有倾向性。围绕"文苑"栏形成的诗人群,基本为宋诗派成员或和宋诗派有密切联系者。刊物也有少量不同风格诗人出现,但大都多和群体或群体中的某一个体有密切联系。

《东方杂志》是宋诗派诗人群体继《庸言》后的又一阵地。和《庸言》的运作策略相同,《东方杂志》也采取了理论和创作同时推出的方式,一方面刊登《石遗室诗话续编》,一方面大量推出宋诗派诗作。相比《庸言》,《东方杂志》"海内诗录"、"诗文苑"更是宋诗派的同人栏目,更集中、更大量的发表宋诗派的作品。从 1912—1914 的《庸言》到 1915—1920 的《东方杂志》,除了短暂的间隔,宋诗派有了连续发表作品的阵地,其影响得以连续。

小　结

学衡派诗人吴宓曾回忆到:"按今西国新兴诗人,其作品多见于杂志报张,读者可于此中寻求。中国亦略同。如宓幼所诵识近贤之诗,乃由《新民丛报》、《庸言》、《亚细亚日报》、《东方杂志》等处得之[①]。”

吴宓幼时的旧体诗阅读当然包括宋诗派的作品在内，可见报纸、期刊在宋诗派作品传播方面起到了一定作用。这一点是以往的研究者所忽略的。在《东方杂志》之前，近代宋诗派主要以《庸言》杂志为阵地。大约与《东方杂志》同时，宋诗派也在《小说月报》上发表了大量诗文。稍晚一些，《学衡》、《国闻周报》、《青鹤》也是宋诗派发表诗作较为集中的场所。民国时期宋诗派在报纸期刊上发表了大量作品，这是此一群体能在民国时期产生巨大影响的重要原因之一。

宋诗派文人群体对现代传媒领域的进入，可追溯到洋务运动时期。正像前文描述的那样，宋诗派群体与晚清洋务群体有着密切联系，且由晚清“清流党”蜕变而来。这一群体在晚清政治变革中属于积极应变的一种，郭嵩焘、沈葆桢等晚清洋务运动派人士对他们有较大影响，在张之洞幕府的聚集可以看出他们革新思想的一致性。更为重要的是，其中一些人已经参与到实际社会事务中来，对新式学堂、报纸等新事物持相当通达的态度。陈衍早年在上海办《求是》报，后在张之洞幕府办《商务报》，有着丰富的办报经验，对报纸等现代媒体的力量有着充分的了解。郑孝胥和张謇、张元济这些较早致力于实业的精英士大夫关系密切，和他们有着事业上的长期合作关系。他作为商务印书馆长期的董事，还作过几任董事会会长，对商务印书馆的决策有着相当大的影响。而长期担任商务印书馆编译所所长的高梦旦，与宋诗派文人群体有着广泛接触，私人情谊相当深厚。作为商务印书馆经理的李宣龚，则是宋诗派内承前启后式的人物，既深受老一辈诗人青睐，又深孚年轻诗人众望。他热心奖掖后学，对宋诗派在民国时期的广泛传播起到了不可替代的作用。因此，这一群体在晚清属于较为开明的

---

① 吴宓：《空轩诗话》，《吴宓诗话》，北京：商务印书馆，2005 年版，第 254 页。

士大夫群体，率先进入教育、铁路、新闻等领域。这当然也是他们和梁启超等维新群体藕断丝连的原因之一，辛亥后《庸言》的联盟，是继戊戌变法后的又一次联合而已。宋诗派文人群体由清末维新群体蜕化而来，对报纸期刊这种新的传播方式颇为关注，从而在民国时期占据了一定的传播空间。在运作策略上，《庸言》和《东方杂志》都采取了理论与创作"双管齐下"的方式，收到了良好效果。《石遗室诗话》及《续编》出版后产生了巨大影响，"海内之为同光体者，亦复靡然向风[①]"。

《东方杂志》、《小说月报》上宋诗派作品的大量出现，离不开宋诗派群体和商务印书馆的密切联系。忽略了对这些期刊上诗作及其相关诗人的研究，就容易造成民初南社等文学势力占据主流、1917 年后新文学一统天下的印象，从而将文学史描述的天平向以"新"为主的力量倾斜，而以"旧"为主的宋诗派的不堪一击也就可以虚构出来了。

辛亥革命后的一段时间，宋诗派诗人依然拥有了相当多的文化资本，这是他们能够发出自己声音的重要原因，并非随着政治势力的终结而结束其历史使命。将视线从庙堂转向民间，同样是清末民初宋诗派这一精英士大夫群体的选择。当然，他们一直没有放弃自上而下的改革，或者说从上而下改革一直是他们努力的方向。

从期刊与宋诗派的关系，还可以探讨古典文学的"现代处境"问题。不仅只有新文学在利用传媒，旧派文学对期刊、报纸等公共言论空间也有所争夺。面对新文学力量咄咄逼人的势态，旧派文人并非束手无策。从上述期刊和宋诗派文人群体的关系来看，民初(1912—1917)明显是宋诗派影响最著的时期，1917 年以后，随着新文学力量的出现，宋诗派的生存空间开始受到挤压，但并未如人们想象的那样脆弱，直到 20 世纪 20 年代以《学衡》、20 世纪 30 年代以《青鹤》为主要阵

---

① 由云龙:《定庵诗话》，张寅彭主编《民国诗话丛编 · 三》，第 606 页。

地来发表一些宋诗派年轻诗人的作品。从《庸言》—《东方杂志》—《学衡》—《青鹤》可以看出民国时期宋诗派诗人群体始终以自己的刊物作为阵地。这个阵地诚然在新文学的逼迫下日益狭窄，但如果认为古典诗派完全丧失和新文学抗衡的能力，则恐怕是向壁虚谈。旧派文学的衰落是一个不争的事实，但并非等同于其完全退出历史舞台。

期刊报纸等媒体是在现代知识分子建构公共空间的努力下发展起来的，而精英士大夫对报刊的介入总是眼光“向上”，而非“向下”，这也是他们的阅读对象越来越少的根本原因。一方面，随着科举制度的废除，拥有旧学背景的士大夫群体的人数在锐减，旧体诗的作者群在萎缩，同样，阅读群也在剧减。不得不放弃像《东方杂志》这样的稳固阵地，重新回到小范围的传播方式，也许是旧体诗的宿命。因此，虽然宋诗派这个古典诗歌的最后守望者使出了浑身解数，依然摆脱不了渐次枯萎的命运。

另一方面，从宋诗派群体和期刊的关系来看，旧派文人对现代媒体的力量有所觉察，但并未充分意识到媒体的重要性。他们始终未将文学视为安身立命之本、精神寄托所在，政治——才是他们真正想驰骋杀戮的场所。他们只是在政治失意之余“顺便”利用期刊。比起将全副精力灌汴到报纸期刊这种现代传播方式中去的新文学家们来说，他们确实显得有点漫不经心了。作为现代启蒙产物的报纸期刊，确实不属于作者群和读者群相对一致而又带点孤芳自赏气质的宋诗派成员。1920 年的全面退出《东方杂志》不妨视为一个界标，以宋诗派为主力的古典诗派重新回到一个较小的范围内传播。

对一个文学群体来讲，有一个稳定而颇具影响的刊物是极为重要的。刊物某种程度上可以凝聚一个群体的力量，持续不断地产生影响。再者，围绕刊物所形成的文学群体，多少具有了现代社团的因素。通过本章节的研究，笔者认为清末民初宋诗派是一个介于传统文学流派和现代文学社团之间的文人群体,某种程度上就在于注意到了宋诗派群体在利用现代媒体传播自己思想的努力。这显然是古典文学流派无法具备的,当然也是转型期的中国文学的独特性所决定的。

附录1:《庸言》杂志《诗文录》栏发表诗作情况:

第一卷第一号(民国元年十二月一日)樊增祥5首、罗惇曧5首、曾习经1首。

第二卷第二号(民国元年十二月十六日)杨增荦2首、陈三立1首、樊增祥1首、易顺鼎1首、郑孝胥1首、陈宝琛1首、陈衍1首、王式通1首、罗惇曧1首。

第一卷第三号(民国二年一月一日)曾习经2首、陈三立2首、陈衍1首、樊增祥1首、易顺鼎1首、潘博1首、罗惇曧1首、黄濬2首。

第一卷第四号(民国二年一月十六日)张謇1首、郑孝胥1首、宋伯鲁1首、康有为3首、曾习经2首、方而谦2首、陈宝琛1首、李宣龚1首、何藻翔1首、李稷勋1首、梁鸿志1首、梁启超1首、罗惇曧1首、潘博1首。

第一卷第五号(民国二年二月一日):朱祖谋1首、沈曾植1首、康有为2首、陈宝琛1首、林纾1首、俞明震1首、赵熙1首、曾习经1首、罗惇曧2首。

第一卷第六号(民国二年二月十六日):陈宝琛1首、沈瑜庆1首、康有为2首、俞明震1首、胡思敬1首、潘博2首、陈三立2首、何震彝1首、林志钧1首、陈诗2首、罗惇曧2首、黄孝觉1首。

第一卷第七号(民国二年三月一日):王闿运1首、康有为1首、俞明震2首、李宣龚1首、朱祖谋2首、陈衍1首、何藻翔2首、曾习经1首、三多1首、杨增荦1首、罗惇曧1首。

第一卷第八号(民国二年三月十六日):何藻翔1首、杨叔姬2首、王式通7首、陈士廉2首、曾习经2首、温肃1首、梁启超1首。

第一卷第九号(民国二年四月一日):陈衍1首、樊增祥1首、郑孝胥1首、陈三立1首、王闿运1首、方尔咸1首、黄节1首、赵熙1首、黄濬2首、陈昭常1首、林纾1首、何震彝1首、梁鸿志1首、何藻翔1首、杨增荦1首、潘博2首、温肃1首、陈士廉1首、罗惇曧1首、麦孟华2首。

第一卷第十号(民国二年四月十六日):《癸丑禊集诗》梁启超、顾印愚、易顺鼎、顾瑗、郑沅、徐仁镜、梁鸿志、王式通、李盛铎、陈士廉、郭则沄、姚华、杨度、姜筠、罗惇曧、夏寿田、黄濬、关庚麟、袁思亮、杨增荦、朱联沅、唐恩溥、姜诰、林志钧、袁珏生、饶孟任各1首、易顺鼎2首、郑沅1首、陈征宇1首。

第一卷第十一号(民国二年五月一日)：瞿鸿禨1首、沈曾植1首、梁鼎芬2首、赵熙2首、俞明震2首、何藻翔1首、胡思敬1首、陈诗2首、夏敬观1首、罗惇曧1首、梁启超6首。

第一卷第十二号(民国二年五月十六日)：胡思敬3首、赵启霖2首、赵熙2首、梁鼎芬1首、何藻翔2首、黄濬1首、陈霞章1首、三多1首、戴坤1首、李澄宇1首、丁传靖1首、沈福田1首、康有为1首、梁启超1首。

第一卷第十三号(民国二年六月一日)第一卷第十四号(民国二年六月十六日)合本：梁鼎芬2首、何藻翔2首、林纾1首、向楚1首、李宣龚1首、朱祖谋2首、陈三立1首、陈诗1首、王闿运1首、易顺鼎1首、黄濬1首、杨叔姬2首、梁启超1首、罗惇曧6首、严复4首。

第一卷第十五号(民国二年七月一日)：梁鼎芬2首、陈衍2首、俞明震2首、赵熙2首、易顺鼎2首、方尔咸2首、方而谦1首、梁鸿志1首、赵世骏6首、杨增荦1首、梁启超5首。

第一卷第十六号(民国二年七月十六日)：梁鼎芬2首、陈衍1首、陈三立1首、易顺鼎2首、樊增祥4首、沈曾植4首、赵熙2首、俞明震1首、林纾1首、黄濬1首、何藻翔2首、三多1首、李宣龚1首、潘博2首、张元奇2首。

第一卷第十七号(民国二年八月一日)：曾习经14首、梁鼎分2首、陈衍1首、何藻翔2首、黄濬1首、梁鸿志1首、潘博1首、周杜若1首、罗惇曧2首、韩德钧1首、陈宝琛1首。

第一卷第十八号(民国二年八月十六日)顾印伯遗诗若干首；

第一卷第十九号(民国二年九月一日)：丁惠康遗诗若干首；

第一卷第二十号(民国二年九月十六日)：梁鼎芬10首、樊增祥10首、沈曾植4首、沈瑜庆4首。

第一卷第二十一号(民国二年十月一日)：梁鼎芬1首、樊增祥1首、沈瑜庆2首、陈三立1首、夏敬观7首、何藻翔3首、潘博1首、黄濬2首、梁鸿志1首、何震彝1首、罗惇曧2首、陈昭常1首、罗惇㬊2首。

第一卷第二十二号(民国二年十月十六日):陈三立4首、俞明震3首、何藻翔5首、杨增荦2首、陈懋鼎2首、黄濬2首、黄节1首、梁启超1首、罗惇曧2首、罗惇㬊1首。

第一卷第二十三号(民国二年十一月一日):陈三立4首、俞明震3首、何藻翔3首、陈衍2首、严复1首、王式通1首、袁克文1首、罗惇曧1首、黄孝觉1首。

第一卷第二十四号(民国二年十一月十六日):陈衍《辛亥岁暮怀人诗三十二首》。

第二卷第一、二号合刊(民国三年二月十五日):陈宝琛2首、陈三立4首、赵熙3首、何藻翔2首、沈瑜庆1首、陈衍2首、严复2首、郑孝胥2首、沈曾植1首、潘博1首、罗惇2首、黄孝觉2首、罗惇曧1首。

第二卷第三号(民国三年三月五日):陈三立3首、郑孝胥2首、陈衍2首、严复3首、俞明震3首、易顺鼎1首、沈瑜庆1首、何藻翔1首、陈曾寿1首、夏敬观3首、诸宗元1首、刘瑞1首、潘博1首、黄濬1首、梁鸿志1首、袁克文1首、黄孝觉2首、罗惇曧2首。

第二卷第四号(民国三年四月五日):严复1首、陈三立3首、郑孝胥5首、赵熙3首、俞明震8首、沈瑜庆1首、陈衍1首、夏敬观3首、陈曾寿1首、杨叔姬4首、黄濬2首、黄孝觉1首、袁克文1首、王季哲2首、潘博1首、陈诗1首。

第二卷第五号(民国三年五月五日):曾习经3首、梁鼎芬2首、俞明震2首、赵熙3首、沈瑜庆1首、夏敬观3首、程颂万2首、易顺鼎1首、陈三立2首、杨增荦2首、陈衡恪2首、郑孝胥1首、何藻翔1首、罗惇曧1首、罗惇㬊1首、梁启超1首、陈征宇1首、陈诗2首、胡朝梁2首。

第二卷第六号(民国三年六月五日)陈宝琛1首、曾习经6首、郑孝胥5首、陈三立6首、赵熙5首、程颂万4首、胡朝梁2首、黄濬3首、陈声暨1首、蒲殿俊2首、罗惇曧1首;丁叔雅遗诗若干首;黄元直遗诗若干首;朱联沅遗诗若干首。

附录2:1915—1920《东方杂志》中《海内文录》与《文苑》内发表诗作情况

1915年7月10日第12卷第7号

《石遗室诗话续编》卷一

《海内诗录》

沈曾植《舟行杂诗》8 首、陈三立《夜中寻涛园游未归》等 2 首、郑孝胥《三月十七日丁衡甫招游天平山范文正祠》1 首、“前人”《夜中读石遗书集时三更后矣》、《喜得石遗书文集到后十日》等 9 首、陈宝琛《浴佛日写双松为石遗诗老寿》1 首、赵熙《得石遗文集快纪》1 首、俞明震《甲寅除夕时久病初起》2 首、陈曾寿《晚禽》1 首。

1915 年 8 月 10 日第 12 卷第 8 号：

《石遗室诗话》续编卷二

《海内诗录》

陈宝琛 1 首、“前人”10 首、沈曾植《到家作》2 首、陈三立《小除日同仁先过太夷海藏楼看云酌饼酿》1 首、陈曾寿 3 首、罗惇曧 1 首、黄濬 1 首。

1915 年 9 月 10 日第 12 卷第 9 号：

《石遗室诗话续编》卷三

《海内诗录》

郑孝胥 1 首、“前人”24 首、沈曾植 1 首、杨钟羲 1 首、陈三立 1 首、沈瑜庆 6 首、李详 1 首、李宣龚 1 首、诸宗元 1 首、罗惇曧 1 首、陈衍 2 首。

1915 年 10 月 10 日第 12 卷第 10 号：

《石遗室诗话续编》卷四

《海内诗录》

陈宝琛 1 首、“前人”20 首、王潜 1 首、沈曾植 1 首、陈三立 1 首、陈衍 33 首、胡朝梁 2 首、林志钧 17 首、王存 2 首。

1915 年 11 月 10 日第 12 卷第 11 号：

《石遗室诗话续编》卷五

《海内诗录》

沈曾植 2 首、郑孝胥 1 首、“前人”12 首、陈三立《挽于晦若》3 首、陈诗 1 首、陈曾寿 1 首、夏敬观 2 首、诸宗元 1 首、陈衡恪 1 首、王允皙 1 首、张元奇 1 首。

1915 年 12 月 10 日第 12 卷第 12 号：

《石遗室诗话续编》卷六

《海内诗录》

陈衍 1 首、“前人”13 首、樊增祥 1 首、夏敬观 1 首、高向瀛 1 首、陈衡恪 1 首、侯毅 1 首、黄濬 1 首、程康 1 首、罗惇曧 1 首、陈诗 1 首、张同书 1 首。

1916 年 1 月 10 日第 13 卷第 1 号：

《石遗室诗话续编》卷七

《海内诗录》

王潜 1 首、林纾 1 首、“前人”《过海藏楼》、《至沪上居梦旦寓楼涛园三兄弟匪日不至赋呈》、《重九雨中作》、《夜作》、《剑泉过话》、《仁先自沪渎出示车行看落日之作和酬一首》等 10 首、郑孝胥 1 首、陈衍 1 首、康有为 3 首、陈曾寿 1 首、陈三立 1 首、奚侗 1 首、俞明震 1 首、李详 2 首、诸宗元 1 首、陈衡恪 1 首。

1916 年 2 月 10 日第 13 卷第 2 号：

《石遗室诗话续编》卷七

《海内诗录》

陈三立 1 首、“前人”《正月廿五日止庵相国假乙庵寓斋作逸社第一集招蒿庵中丞庸庵制府沤尹侍郎病山方伯入社同人咸赋诗》等 17 首、郑孝胥 1 首、沈曾植 1 首、俞明震 1 首、陈衍 4 首、陈曾寿 1 首、陈衡恪 1 首、黄节 1 首、诸宗元 1 首、王允皙 1 首、闵尔昌 6 首。

1916 年 3 月 10 日第 13 卷第 3 号：

《石遗室诗话续编》卷八

《海内诗录》

陈三立 1 首、“前人”16 首、夏敬观 1 首、陈曾寿 1 首、陈衍 1 首、诸宗元 1 首、陈诗 1 首、黄节 1 首、吴士鉴 1 首、李详《题黄公度先生人境庐诗草》1 首、冒广生 2 首。

1916 年 4 月 10 日第 13 卷第 4 号：

《石遗室诗话续编》卷八

《海内诗录》

劳乃宣 6 首、陈三立 1 首、“前人”9 首、郑孝胥 2 首、诸宗元 1 首、沈同芳 1 首、夏敬观《奉贻石遗先生》1 首、王允晳 1 首。

1916 年 5 月 10 日第 13 卷第 5 号：

《石遗室诗话续编》卷九

《文苑》

劳乃宣 7 首、陈三立 1 首、“前人”4 首、黄濬 8 首、郑孝胥 1 首、陈懋鼎 1 首、王允晳 1 首、李宣龚 1 首、诸宗元 1 首、陈衡恪 1 首。

1916 年 6 月 10 日第 13 卷第 6 号：

《石遗室诗话续编》卷九

《文苑》

陈宝琛 1 首、陈三立 8 首、“前人”4 首、邹沅 1 首、陈衍 1 首、王允晳《昌江道中怀人》12 首、沈同芳 1 首、胡朝梁 1 首、陈诗 8 首、诸宗元 1 首、陈衡恪 1 首、王存 1 首。

1916 年 7 月 10 日第 13 卷第 7 号：

《石遗室诗话续编》卷十

《文苑》

陈三立 1 首、“前人”等 10 首、郑孝胥 1 首、陈锐 2 首、陈衍 1 首、樊增祥 1 首、陈曾寿 4 首、沈瑜庆 4 首、陈诗 2 首、林纾 1 首、梁鸿志 1 首、陈懋鼎 1 首、王允晳 1 首、夏敬观 1 首、罗惇曧 1 首、林志钧 1 首、李详 2 首、黄濬 2 首、黄濬《上巳清明挨东敷庵众异约同弢庵师傅师曾晦闻孝觉宰平默园汏公修禊墉河石遗师南行曾刚甫以病皆未至》、陈衡恪《三月三日墉河修禊是日为诗社第一集赋呈弢老及同游诸君》1 首。

1916 年 8 月 10 日第 13 卷第 8 号：

《石遗室诗话续编》卷十

《文苑》

陈三立 1 首、“前人”20 首、罗惇曧 1 首、陈曾寿 1 首、陈衍 8 首、俞明震 1 首、杨宗羲 1 首、黄濬 1 首、胡朝梁 1 首、诸宗元 1 首、陈衡恪 1 首、王存 2 首、陈诗 1 首、范罕 1 首。

1916 年 9 月 10 日第 13 卷第 9 号：

《石遗室诗话续编》卷十一

《文苑》

陈宝琛1首、郑孝胥2首、"前人"7首、陈三立1首、俞明震1首、胡朝梁1首、王允皙1首、郑孝柽1首、诸宗元1首、张尔田6首、夏敬观1首。

1916年10月10日第13卷第10号：

《石遗室诗话续编》卷十一

《文苑》

陈宝琛《答和石遗登海天阁》1首、陈三立1首、"前人"11首、郑孝胥《海藏楼杂诗》2首、梁鼎芬1首、杨宗羲1首、姚永概1首、张元奇1首、曾习经1首、梁鸿志1首、夏敬观《拟寒山拾得》9首。

1916年11月10日第13卷第11号：

《石遗室诗话续编》卷十二

《文苑》

陈宝琛1首、郑孝胥《海藏楼杂诗》3首、"前人"7首、陈三立《次韵酬剑丞过沪上旧居寄怀》1首、曾习经1首、俞明震1首、陈曾寿1首、陈诗2首。

陈寅恪词一首:《锁寒窗》(咏簾)

1916年12月10日第13卷第12号：

《石遗室诗话续编》卷十二

《文苑》

文:陈三立《读韩非子》、《读鬼谷子》二篇,马其昶《读吕氏春秋》一篇。

诗:郑孝胥《海藏楼杂诗》2首、"前人"《登高一首和仁先》等8首、陈宝琛《题太夷海藏楼图》1首、陈曾寿1首、俞明震1首、姚永概《题师曾槐堂图兼寄散原老人》1首、林纾《送陈石遗南归》1首、胡朝梁《依韵酬和秋岳》1首、黄濬《奉谢诗庐见示近作》1首、诸宗元1首、陈诗1首、李宣龚1首、夏敬观《洗儿歌赠胡诗庐》1首。

1917年1月10日第14卷第1号：

《石遗室诗话续编》卷十三

《文苑》

文:陈三立《陈止庵冬喧草堂遗诗序》、林纾《陈墨庄先生传》。

诗:陈三立 1 首、“前人”9 首、陈曾寿《山居杂诗》5 首、俞明震 1 首、林纾《寄石遗福州》3 首、陈诗 1 首、曾习经 1 首。

1917 年 2 月 15 日第 14 卷第 2 号:

《石遗室诗话续编》卷十三

《文苑》

文:陈三立《振绮堂丛书序》、马其昶《送胡漱唐侍御南归序》

诗:陈宝琛 1 首、陈三立 2 首、俞明震《湖居与仁先结邻赋呈》4 首、姚永概 1 首、陈曾寿《散原先生来湖上次日蒿老亦至遂同登虎跑泉》等 2 首、沈瑜庆《九月六日偕林诒书……》等 5 首、陈衍 2 首、陈衡恪 1 首、诸宗元《散原大丈来湖上主觚庵奉投长句四韵并投觚庵》等 2 首、夏敬观 1 首。

1917 年 3 月 15 日第 14 卷第 3 号:

《石遗室诗话续编》卷十四

《文苑》

陈三立《渡江入西山晚抵墓所》及《挽潘若海》等 3 首、沈曾植《挽潘若海》1 首、陈衍 3 首、陈曾寿《往金陵视散原老人因读近诗夜过俞园看梅翌日同游扫叶楼归寄一首》等 3 首、俞明震《武子修丈约游西溪》及《游西溪归泛舟湖中晚景奇绝和散原作》等 2 首、诸宗元《侗散原觚庵仁先游云栖还赋一诗》等 2 首、罗惇㬊《挽潘若海》1 首、罗惇曧 1 首、陈衡恪 2 首、陈诗《挽何辔威》(君卒于丙辰二月)等 2 首、夏敬观 1 首。

1917 年 4 月 15 日第 14 卷第 4 号:

《石遗室诗话续编》卷十四

《文苑》

文:陈三立《刘裴村圣斋文集序》

诗:康有为《开岁忽六十》等 2 首长诗。

1917 年 5 月 15 日第 14 卷第 5 号:

《石遗室诗话续编》卷十五

《文苑》

诗:沈曾植《仿玉溪体》等4首、王潜1首、朱祖谋2首、杨宗羲4首、陈曾寿2首、俞明震2首、曾习经2首、诸宗元1首。

词:沈曾植2首。

1917年6月15日第14卷第6号:

《石遗室诗话续编》卷十五

《文苑》

文:陈三立《陈芰潭瓮遗诗序》、林纾《慎宜轩文集序》

诗:陈宝琛《叠韵答樊山腊八日见赠》等2首、郭曾炘《雪霁叠前韵再呈樊山》1首、周树模2首、沈瑜庆《哀弥甥林亮奇》等3首、俞明震《正月十四日游半山寺次伯严韵》《示仁先》等4首、陈曾寿等《同散叟重游天平山》等5首、张元奇2首、周达2首、诸宗元2首。

1917年7月15日第14卷第7号:

《石遗室诗话续编》卷十五

《文苑》

俞明震《丁巳春重至狮子峰》等2首、陈三立《月上同陈子大俞恪士移棹三潭观荷》1首、沈瑜庆《花朝旭庄招引贻书新居并约道路稍通归省庐墓止庵相国散原亦将有湘赣之行留识小别》等2首、陈衍4首、陈锐《和伯严》等2首、诸宗元2首、罗惇曧《师曾槐堂》、《酬程穆广》等2首、夏敬观2首。

1917年8月15日第14卷第8号:

《石遗室诗话续编》卷十六

《文苑》

文:陈三立《刘镐仲文集序》。

诗:陈三立3首、陈衍5首、郑孝胥1首、沈瑜庆1首、俞明震1首、曾习经4首、陈诗4首、夏敬观5首。

1917年9月15日第14卷第9号:

《石遗室诗话续编》卷十六

《文苑》

文:陈三立《读墨子》、《读列子》

诗：俞明震6首、郑孝胥1首、陈三立5首、曾习经《题陈后山妾薄命后》等4首、沈瑜庆1首、夏曾佑1首、陈诗2首、陈衡恪1首。

1917年10月15日第14卷第10号：

《石遗室诗话续编》卷十七

《文苑》

文：郑孝胥《清署理福建巡抚光禄寺卿吴公家传》

诗：陈三立《观恪士园亭》等4首、郑孝胥《读济宁李一山所藏唐搨武梁祠画像》1首、曾习经4首、俞明震2首、周树模7首、沈瑜庆《和樊山落花诗》4首、陈诗4首。

1917年11月15日第14卷第11号：

《石遗室诗话续编》卷十七

《文苑》

陈三立4首、郑孝胥1首、陈曾寿2首、沈瑜庆1首、吴庆坻1首、俞明震2首、杨宗羲2首、诸贞壮2首、陈诗3首、夏敬观1首。

1917年12月15日第14卷第12号：

《文苑》

陈宝琛1首、陈三立2首、俞明震《雨中剑丞留觚庵二日》等3首、李宣龚3首、黄濬3首、诸宗元4首、夏敬观《雨中宿恪士湖庄兼示仁先》等3首。

1918年1月第15卷第1号：

《石遗室诗话续编》卷十七

《文苑》

陈三立2首、俞明震3首、陈曾寿5首、陈衍3首、沈瑜庆4首、谭泽闿2首、陈诗《读汉书》2首。

1918年2月第15卷第2号：

《石遗室诗话续编》卷十八

《文苑》

郑孝胥1首、陈三立5首、俞明震《丁巳重九登烟霞洞读仁先六截句感赋即赠》及《次韵和散原游桐庐至七里泷钓台纪事诗》等4首、陈曾寿6首、王存《瘿厂过访奉承一首并怀东原》等 2 首、诸宗元 2 首、胡朝梁 1 首、曾习经 1 首、黄濬 2 首、陈诗《赠抱存》及《赠梁众异》等 3 首、李宣龚 2 首。

1918 年 3 月第 15 卷第 3 号:

苍虬:《读广雅堂诗随笔》

1918 年 4 月第 15 卷第 4 号:

苍虬:《读广雅堂诗随笔》

《文苑》

陈三立《沪上偕仁先晚入哈同园》及《九月二十四日抵杭州南湖恪士宅过仁先兄弟座中遇汉川谢石钦》等 3 首、俞明震《登七里泷西钓台吊谢皋羽先生》1 首、曾习经 2 首、陈诗 3 首、黄懋谦一首、李宣龚《寿涛园祖舅六十》4 首、王允皙《弢庵太保七十寿辰追忆囊昔山水之游成诗三章为寿》3 首。

1918 年 5 月第 15 卷第 5 号:

《文苑》

陈三立 2 首、陈衍《哀寒碧五言一首》等 2 首、周树模《和樊山韵》及《次韵谢樊山赠别》等 3 首、俞明震 1 首、杨钟羲 2 首、沈瑜庆 1 首、李宣龚《与宗孟煮茗夜谈漫示》等 3 首、夏敬观 1 首。

1918 年 6 月第 15 卷第 6 号:

《文苑》

陈三立 4 首、郑孝胥 7 首、周树模 3 首、梁鸿志 1 首、姚华 1 首、诸宗元 1 首、陈衡恪 2 首、李宣龚 1 首。

1918 年 7 月第 15 卷第 7 号:

《文苑》

陈衍 1 首、俞明震 8 首、周树模《喜众异北来见过》1 首、曾习经 1 首、陈曾寿 1 首、杨毓瓒《丁香和哲维韵》1 首、冒广生 4 首、诸宗元 3 首、吴用威 1 首、陈诗 1 首、黄节 1 首、夏敬观 8 首。

1918 年 8 月第 15 卷第 8 号:

《文苑》

文:陈三立《清故署两广总督山东巡抚袁公神道碑》

诗：王潜1首、梁鼎芬1首、陈三立5首、俞明震3首、陈曾寿《冬夜散原先生过谈》等3首、周树模1首、夏敬观《郑叔同舍人挽词》3首。

1918年9月第15卷第9号：

《文苑》

陈三立4首、俞明震1首、沈瑜庆《偕贻书崧生谒严祠登钓台西台觐谢皋羽先生痛哭处》等11首、陈曾寿《落花诗》10首、宋伯鲁《子言濒行出所著述及芸阁伯严二诗集见遗因题》及《题觚斋诗集》等2首、黄濬3首、陈诗1首、夏敬观1首。

1918年10月第15卷第10号：

《文苑》

陈三立《虞山纪胜三篇康更生王病山胡琴初陈仁先黄同武同游》3首、陈锐《世乱五首》5首、曾习经1首、杨毓瓒《众异新诗见示有长负……之语赋此调之》1首、诸宗元1首、陈衡恪1首、黄懋谦8首、黄濬2首、成多禄2首、黄节3首、李宣龚2首、钱智修1首、黄有书1首、张志让2首。

1918年11月第15卷第11号：

《文苑》

陈三立5首、周树模4首、俞明震3首、朱祖谋2首、林纾1首、赵熙1首、姚永槩1首、张元奇2首、郭曾炘4首、黄濬3首、李宣龚1首。

1918年12月第15卷第12号：

《文苑》

沈涛园先生遗诗25首。

1919年1月第16卷第1号：

《文苑》

陈三立《挽涛园》等11首、郑孝胥《挽涛园》1首、俞明震《送大维侄赴美国入哈佛大学》等4首、杨宗羲6首、吴俊卿5首、袁思亮4首、王允皙1首、李宣龚《金陵视伯严丈并访鉴泉观察不遇》等3首、姚华2首。

1919年2月第16卷第2号：

无

1919年3月第16卷第3号：

《文苑》

陈宝琛 8 首、郑孝胥《石遗以诗乞折菊插瓶赋此答之》1 首(?)、陈衍《与乙庵话旧》等 3 首、陈三立《哭恪士》3 首、王允皙《挽涛园》4 首、诸宗元《挽沈涛老》等 3 首、李宣龚《赠高梦旦丈》及《示宗孟》等 3 首、夏敬观《呈弢庵太保》1 首。

1919 年 4 月第 16 卷第 4 号:

《文苑》

陈宝琛《落花诗》4 首、沈曾植 4 首、陈三立《伯沆姑苏还过话》及《九日对恪士茗印》等 5 首、陈衍《次韵答尧衢同年》及《次乙庵韵》等 3 首、林志钧《吊梁巨川翁》5 首、梁公约 1 首、陈诗《挽沈涛园先生》1 首、夏敬观《哭俞恪士》1 首、李宣龚 2 首。

1919 年 5 月第 16 卷第 5 号:

《文苑》

沈曾植《病起自寿诗》等 6 首、陈三立 6 首、郑孝胥《海藏楼杂诗》2 首、陈曾寿《觚厂先生挽诗》4 首、谭泽闿 3 首、诸宗元《和拔可雪竹》1 首、陈诗《过拔可寓园赋赠》1 首、夏敬观 2 首。

1919 年 6 月第 16 卷第 6 号:

《文苑》

陈三立《瞿止庵相国挽诗》等 3 首、陈衍 3 首、沈曾植《海藏楼看樱花》等 2 首、谭泽闿 1 首、夏敬观 1 首。

1919 年 7 月第 16 卷第 7 号:

《文苑》

陈三立 6 首、冒广生 4 首、鲍心增《疚斋枉顾话旧感赋》2 首、松月《奉寄冒疚斋居士》2 首、吴俊卿 2 首、诸宗元 2 首、梁公约 3 首、黄濬《夜抵上海饮李拔可家》6 首、陈衡恪《法源寺饯春会雨中看丁香》1 首、李宣龚 2 首、周正权 1 首、袁思亮 2 首、夏敬观 2 首。

1919 年 8 月第 16 卷第 8 号:

《文苑》

陈宝琛 7 首、沈曾植《哀恪士》及《石遗谓余效其体》2 首、杨钟羲《挽俞觚庵》1 首、陈三立《乙庵七十生日寄祝兹篇》2 首、郑孝胥 5 首、陈衍 1 首、张謇 1 首、陈锐

1首、梁公约1首、李宣龚《寄赠秉三年丈》2首、龙绂年1首。

1919年9月第16卷第9号：

《文苑》

陈三立《清明抵西山上冢》及《读郑苏龛六十感愤诗戏和代祝》等5首、郑孝胥《挽俞恪士》等3首、沈曾植2首、陈衍《拔可园中坐月同苏堪》2首、陈锐《挽俞恪士》等2首、王允皙1首、诸宗元7首、黄濬1首、谭泽闿1首、夏敬观1首。

1919年10月第16卷第10号：

《文苑》

陈宝琛1首、陈三立6首、郑孝胥《六十感愤诗》1首、沈曾植《和石遗韵寿太夷》等2首、金天翮2首、曾习经2首、李宣龚1首、诸宗元《觚庵既殁之五月昨忽入梦追挽二首》2首、夏敬观6首。

1919年11月第16卷第11号：

陈三立7首、陈曾寿3首、陈诗4首、金天翮2首、谭延闿1首、林志钧1首、陈衡恪2首、谭泽闿2首、王蕴章1首。

1919年12月第16卷第12号：

陈宝琛2首、陈三立《沈涛园挽诗》4首、《晓起见太夷六十生日感愤诗》1首、郑孝胥《挽丁衡甫》等2首、陈衍2首、张謇1首、陈衡恪《题姚叔节西山精舍图》1首、黄濬3首、李宣龚《高子益挽词》2首、夏敬观1首。

1920年1月第17卷第1号：

王乃徵《奉合苏龛同年六十感愤诗》1首、陈诗《海藏先生六十初度海滨栖遁无以为贺赋小诗称祝》1首、陈衍《寿苏堪同年六十》1首、陈衡恪《中秋玩月》1首、李详《海藏楼观菊和乙庵太夷作兼示拔可》1首、王允皙1首、李宣龚1首、陈三立《恪士病愈自沪至二首》、《林诒书去都南归见过二首》4首、冒广生《己未十一月喜闻剑丞同年之官杭州却寄》2首。王乃徵《奉合苏龛同年六十感愤诗》1首。

1920年1月15日第17卷第2号：

沈曾植《海藏楼菊花盛开太夷招观归后赋呈》及《海藏楼饮罢看花归后作此呈苏堪》2首、郑孝胥《和乙庵观菊之作》1首、陈衍《得拔可书知海藏于十七日招乙庵古微诸君看菊余于是日向吴园乞菊十数枝插瓶招梅生国容小云小铿数人饮酒二十日小铿又约游吴园得诗寄海藏兼示拔可》等2首、周树模1首、张元奇1首、陈三立1首、王允晢1首、龙绂年2首。

1920年2月10日第17卷第3号:

陈三立1首、周树模1首、张元奇1首、王允晢2首、诸宗元2首、夏敬观《海藏楼看菊和寐叟苏堪》及《高子益挽词》3首、冒广生7首。

1920年2月25日第17卷第4号:

陈三立2首、张謇1首、王允晢1首、龙绂年1首、冒广生3首、陈衡恪1首、诸宗元1首、夏敬观1首、单致中1首。

1920年3月10日第17卷第5号:

郑孝胥1首、陈衍2首、何振岱《杭州泛湖杂诗寄陈仁先》等7首、黄濬3首、诸宗元《同剑丞步湖上乘月归赋成索和》2首、夏敬观《次韵和贞长同步湖上乘月归一篇》1首。

1920年3月25日第17卷第6号:

陈衍2首、何振岱2首、谭泽闿1首、李宣龚2首。

1920年4月10日第17卷第7号:

陈三立5首、范罕1首、陈诗1首、黄濬5首、冒广生1首、龙绂年1首、诸宗元2首、陈衡恪2首、邬式藩2首。

1920年4月25日第17卷第8号:

陈衍《岁末挽节庵》等8首、黄濬3首、冒广生3首、诸宗元2首、陈衡恪5首、范罕1首、夏敬观2首、李宣龚1首、陈曾寿1首。

1920年5月10日第17卷第9号:

郑孝胥2首、陈衍3首、陈曾寿1首、胡嗣瑗《樟亭晚坐同苍虬兄弟》3首、冒广生《哭节庵四首》4首、黄濬4首、诸宗元1首、谭泽闿1首。

词:郑孝胥1首。

1920年5月25日第17卷第10号:

郑孝胥1首、王乃徵1首、陈三立4首、黄濬1首、许引之3首、冒广生5首、诸宗元1首。

1920年6月10日第17卷第11号:

沈曾植1首、陈曾寿1首、王乃徵2首、冒广生5首、黄濬1首、诸宗元1首

1920年6月25日第17卷第12号：

冯煦1首、陈三立1首、王乃徵2首、曾习经1首、罗惇曧1首、俞陛云1首、夏敬观1首、诸以仁1首、谭泽闿1首、陈诗2首。

1920年7月10日第17卷第13号：

陈三立1首、陈诗1首、谭泽闿1首、王存2首、夏敬观2首、俞陛云2首、龙绂年1首、诸宗元1首。

1920年7月25日第17卷第14号：

陈三立1首、罗惇曧1首、陈懋鼎1首、王存1首、俞陛云1首、诸宗元2首、夏敬观3首、左念恒1首。

1920年8月10日第17卷第15号：

杨钟羲《王完巢粮储》及《沈爱苍同年》及《缪艺凤前辈》等3首、陈三立3首、高罕1首、胡朝梁2首、俞陛云2首、陈诗1首、夏敬观2首、左念祖2首、诸宗元2首、陈衡恪4首。

1920年8月25日第17卷第16号：

郭曾炘1首、冒广生1首、俞陛云1首、黄濬4首、吴用威1首、夏敬观1首、诸宗元2首、陈衡恪2首、李宣龚2首。

1920年9月10日第17卷第17号：

郑孝胥1首、沈曾植1首、王乃徵5首、黄濬1首、夏敬观1首、李详2首、陈诗1首、胡光伟2首、刘浩光2首。

1920年9月25日第17卷第18号：

郑孝胥2首、王乃徵1首、夏敬观5首、龙绂年1首、俞陛云《拂水山庄故址访河东君墓》4首、梁公约3首、胡光伟1首、汤宝荣《七月初九沤社第二十五集为歌人陆寿卿徐金虎饯行》1首。

1920年10月10日第17卷第19号：

沈曾植2首、夏敬观2首、龙绂年2首、诸宗元1首、俞陛云4首、吴俊卿1首、陈诗2首、李宣龚2首、汤宝荣1首。

1920年10月25日第17卷第20号：

郑孝胥《病山先生六十生日》1首、沈曾植6首、黄濬2首、夏敬观2首、陈衡恪1首、刘浩元1首。

1920年11月10日第17卷第21号:

沈曾植3首、王乃徵1首、赵启霖2首、龙绂年4首、黄濬4首、谭泽闿1首、陈衡恪1首、吴炯然2首、胡光伟1首、汤宝荣2首。

1920年11月25日第17卷第22号:

沈曾植1首、谭泽闿1首、龙绂年1首、曾广钧1首、夏敬观2首、黄濬2首、俞陛云1首、诸宗元1首、李宣龚1首、金天翮1首、刘浩元2首。

1920年12月10日第17卷第23号:

张謇8首、陈衍8首、黄濬2首、夏敬观1首、谭泽闿2首、左念恒2首。

1920年12月25日第17卷第24号:

郑孝胥3首、沈曾植9首、杨钟羲2首、林纾2首、陈祺寿2首、夏敬观6首、黄濬2首、陈诗2首、龙绂年1首、李详5首、李宣龚2首、庄正爔《鹤柴以近诗见寄赋答》及《廿七日访鹤柴不遇再和前韵作》2首。

附录3:署名"前人"诗作共217首,"前人"是多个诗人的化名,考述如下

第12卷第7号:

陈三立:《过龙蟠里顾石公故宅》1首;赵熙:《夜中读石遗集时三更后矣》、《喜得石遗室书文集到后十日》、《调畏庐》、《书竟有余幅漫系一绝》共3首;陈曾寿:《雨过山中晚步》、《楼望》、《九月四日李庄口占》、《念八日同马卓群先生刘庄坐雨小饮》共4首;

第12卷第8号:

陈宝琛:《归自上方寄林赞虞侍郎》1首;沈曾植:《国界桥》、《展墓后行视生矿新地》共3首;陈三立:《雨中登惠中茗楼》、《甲寅除夕》、《寄节庵》共3首;罗惇曧《招次公不至因寄》1首;黄濬:《得亮奇奉天诗却寄》、《赠胡梓方》共2首;

第12卷第9号:

郑孝胥:《杂诗》1首;陈三立:《幼云自青岛瘦唐返自西湖相聚于别墅同游孝陵》、《雨后观觚庵园亭》、《咏巢燕》、《觚庵南下信宿旧庐遂之入浙倦游重过取下关还都叙别一首》共 4 首；罗惇曧：《雨宿别云居寺》、《房山道中》、《入山口号》共 5 首；杨钟羲：《人日晢字书来赋寄一首》、《花朝冯庵举逸社第二集分韵得好字》共 2 首；李宣龚：《别映庵》共 1 首；诸宗元：《园游赋示孝若》、《四月二十八日发南通至上海夜赴天生港待船却寄诸故人》共 2 首；陈衍：《清明日怀尧生荣县》2 首、《题桐城姚氏所藏石田长卷后卷吾闽张亨甫先生寄赠石甫先生者》、《节庵寄二扇为书报以小诗》、《题汉江秋望图为徐又铮中将》2 首、《又题填词图》2 首、《题实甫所存张船山诗画册》共 9 首。

第 12 卷第 10 号：

陈宝琛：《登岱过济南同振卿前辈泛明湖》(《沧趣楼诗集》中该诗题为《登岱同伊仲平梧生榕生兄弟不见明湖近六十年过济南同张振卿前辈泛饮于湖榭》)、《淑芳斋听剧有感》3 首(《沧趣楼诗集》中题为《六月一日淑芳斋听戏》)共 4 首；

陈三立：《端午》、《诒公约》、《翟孚侯过话有赠》、《次韵李审言沪寄见赠》、《若海自沪至感赋》、《涛园晚坐呈剑丞》、《月夜》、《后湖观荷同游为谭组安大武兄弟吕遽生韩子衡成习之萧雅泉俞寿丞》、《过籀园旧居》、《遇汪甘卿逆旅》、《胡琴初李子申汪甘卿见访》、《节庵自梁格庄赋一绝写扇见寄把笔戏酬》、《喜雨》、《苦雨》、《雨霁登楼看日出》共 15 首；胡朝梁：《游西园》1 首。

第 12 卷第 11 号：

郑孝胥：《八月十四日玩月》1 首(《海藏楼诗集》卷九中题为《市楼有号新世界者八月十四夜与聘三锡之鉴泉共饮玩月》)；夏敬观：《嫠妇》、《空斋》2 首；诸宗元《送归南者》、《宵雨不寐》、《题诗曾槐堂为张棣生新筑以居诗冒者》3 首；陈衡恪：《看花》2 首、《书溪居感旧图》2 首、《题黄九烟画》、《泰山南天门题壁》共 6 首。

第 12 卷第 12 号：

陈衍：《立秋日访泊园不值》1 首；樊增祥《六月晦士可招集几辅先哲祠之不朽堂即席有作》2 首；陈衡恪：《题茧庐摹印图》3 首；黄濬：《宵归》、《题印伯先生遗像》2 首；罗惇㬊：《酬程穆庵》1 首；张同书：《秋夜有怀》、《偶成》、《白沟河阻雨晚眺》3 首。

第 13 卷第 1 号：

林纾：《过海藏楼》、《至沪上居梦旦寓楼涛园三兄弟匪日不至赋呈一首》2 首；

郑孝胥：《重九雨中作》；陈三立：《夜坐》、《剑泉过话》、《仁先自沪渎来视出示车行看落日之作和酬一首》（《散原精舍诗文集》中未收）等 4 首；李详：《寄吴董卿南昌乞任注后山诗并从程鹿庵先生寄瀛州道古录》2 首、《题海藏楼诗新刊本》共 3 首。

第 13 卷第 2 号：

陈三立：《正月廿五日止庵相国假乙庵寓斋作逸社第一集招蒿庵中丞庸庵制府沤尹侍郎病山方伯入社同人咸赋诗》、《岘堂别归入夜雷雨独坐作》、《晴楼遣兴》（3 首）共 6 首；郑孝胥：《春阴简李审言》1 首；陈曾寿：《乙卯生日偶作》、《九日怀人五首》共 6 首；陈衍：《昆山世兄招同樊山诸君饮寓斋梅郎新归亦至有作》1 首；陈衡恪《画山水便面》2 首；黄节：《闭门》1 首；诸宗元：《约堂既卜居意有不乐赋此广安之》1 首。

第 13 卷第 3 号：

陈三立：《善余侵晨相过值酣卧为门者所拒戏作此以诒之》、《金陵园疏独苋苗脆美每饭必设占示海客》、《仁先侍御属题钱南园画瘦马》、《七月十五夜觚庵水园玩月》、《消息》5 首；夏敬观：《真长葳民彦殊毅甫同游三贝子园用真长韵》、《罗掞东寄示游京师西山化阳洞记宿潭柘寺诗余适在杭之西湖游烟霞石屋诸洞五宿而返因次韵答和一篇》2 首；陈曾寿：《宿州道中》、《予数梦至一寺门临大江略似焦山定慧寺而幽窕过之昨又梦至其处因纪以诗》、《大雨后同石钦至云林寺》、《次韵苏堪谢泉水一首》4 首；诸宗元：《同龙慧民甫允宗泛湖作》、《天欲雪而先雨宵坐感赋》2 首；黄节：《送贞壮南归》；李详：《读昌黎诗》、《管领》2 首。

第 13 卷第 4 号：

陈三立《擘荔》、《鉴园酒坐送瘦唐侍御还里》、《雨中倚楼坐》共 3 首；郑孝胥：《丁默存中丞属题张力臣符山图卷》1 首；陈衍：《挽麦孺博》1 首；诸宗元：《晨起闻雪身盛》1 首；夏敬观：《人日重题春明馆》。

第 13 卷第 5 号：

陈三立：《枕上听蟋蟀》、《仓园酒集喜子申自天津至夷叔自上海至》、《步郊外山角》；王允皙：《初四日舆中》。

第 13 卷第 6 号：

陈三立：《立夏过乙庵》；郑沅：《送萧隐公归粤》；诸宗元：《宿湖楼一夜》；陈衡恪《初春书怀》。

第13卷第7号：

陈三立：《赠别胡琴初去金陵居沪》、《倚楼望西山》、《张岘堂来……》、《乙卯元旦仁先李道士见过》、《麦孺博挽词》。陈衍：《为穆庵题听诗石斋横额后》；王允皙《病起》1首；夏敬观《南雷将军以代白马王彪答陈思王植临别赠诗见示辄书其后》；罗惇曧《卧佛寺》1首；黄濬：《上巳清明挨东敷庵众异约同弢庵师傅师曾晦闻孝觉宰平默园次公修禊壩河石遗师南行曾刚甫以病皆未至》1首；

第13卷第8号：

陈三立：《访瘦唐伯沆图书馆偕登扫叶楼看雨》、《六月十七日盲风晦雨枯坐作》、《甘卿邀酌水榭罢饮泛棹青溪复成桥玩月琴初鉴泉同游》、《下关访李子申偕游三宿崖晚饮市楼》。罗惇曧《晦闻出明纸乌丝兰属书苏斋兰亭订颖考试笔不成以诗谢之》、《简始中丞遗墨为景苏题》；陈曾寿：《十一夜月》、《寄莘田》共4首；俞明震《早起》；杨钟羲：《傅青主书列御寇卫端木叔语卷子》；胡朝梁：《早雪》；诸宗元：《书寄友人问近状》、《和寒碧湖上之咏依韵》；陈衡恪：《十刹海修禊以事未与子方为拈得文字韵越数日补成》、《姚重光四十生日为画山水便面》；王存：《丙辰正月寄炊累江亭》；陈诗：《闻徐园花发追忆甲寅与若龛看花怆然有忆》。

第13卷第9号：

郑孝胥：《题顾端文公闱卷末遗迹》1首；陈三立：《范秋门客死济南悼以此诗》、《次韵答乙庵寄怀》；俞明震：《同伯严后湖观荷》；胡朝梁：《上元公园》；王允皙：《五月二十日偕单程二兄谒蔼如先生信宿而返蔼如意有未足用东坡韵追寄索和依次答之》；夏敬观《雪峰寺山巅同真长游》。

第13卷第10号：

陈宝琛：《题韧叟滏麓归耕图》3首；陈三立：《过剑泉鉴园出示新作赋赠》；郑孝胥：《题辛克羽遗像》2首；梁鼎芬：《夷叔巽宜往客焦山时时相见今合并于此诗以纪之》1首；杨钟羲：《彊村宗伯六十生日》；曾习经：《题耆寿民见山楼图》、《题力轩举医隐图》；梁鸿志：《亮奇在沪误触气车毕命诗以哀之》。

第13卷第11号：

陈宝琛:《次韵奉酬完巢老弟》1首;郑孝胥《秋分》及《丙辰重九》2首;陈三立:《重九日逸社诸公于哈同园登高咏九言属遥和一篇》1首;曾习经:《过汪吏部故居》1首;俞明震:《中秋日约同人饭于法相寺》1首;陈曾寿:《九日同人各携酒肴至龙井登高》1首。

第13卷第12号:

郑孝胥:《高颖生求作环翠楼诗》1首;陈曾寿:《游西溪归来湖上晚色极佳散原老人属同赋之》、《同散原老人登六和塔》、《中秋日雨中恪士约饭于法相寺》3首;俞明震:《登高一首和仁先》1首;诸宗元:《闻梅荪之丧十日后感恸有作》1首;夏敬观:《危楼》1首。

第14卷第1号:

陈三立:《除夜得诸真长书题以寄兴》、《丙辰元旦阴雨逢日食》、《正月三日立春过觚庵宅》、《雨望》、《觚庵园看梅》5首;俞明震:《过邠州》1首。

第六章

清流、维新与遗民——宋诗派文人群体政治文化身份初探

本章尝试对宋诗派文人群体的政治文化身份作出界定，由于宋诗派是一个人数众多、身份各异、出处不一的群体，这种界定显得异常困难。本章节的讨论，限于宋诗派文人群体中1860年以前出生的一代。他们中主要有陈宝琛（1848—1935）、沈曾植（1850—1922）、陈三立（1853—1937）、范当世（1854—1904）、陈衍（1856—1937）、沈瑜庆（1858—1918）、郑孝胥（1860—1938）、俞明震（1860—1918）等。其中，除范当世外，这一群体的士大夫经历了甲申、甲午、戊戌、庚子、辛亥等几次大的历史事件，有着共同的生命体验和相似的政治立场，这是他们后来紧密结合在一起的一个很重要的条件。而比他们年青一代的宋诗派成员，则没有相似的政治经历和心路历程，其政治立场和人生出处也复杂得多，但多少都受到作为前辈的这一代人的影响，因此以这一代为研究对象，大致可以归纳出宋诗派文人群体的政治文化身份。

最早对将这一群体从较为宽泛的“士”的概念中独立出来的是沈曾植的学生、陈三立的同乡胡先骕。胡先骕曾分清末士大夫为五种：“清季文人粗分之约为五类。第一类为泥古不化，反对一切新事业者；第二类为清季所谓清流，深知中国如欲立国于大地之上，必不能墨守故常。政法学术，必须有所更张。然仍以颠覆清室为不道，辛亥革命为叛乱，不惜为清室遗老者，如沈乙庵、陈伯严、郑海藏、赵尧生诸先生

是也;第三类为有志于维新,对于清室初无仇视之心,亦未必以清室之覆,民国之兴,为天维人纪坏灭之巨变,而必以流人遗老终其身者;第四类为奔走革命,誓覆清室者,如章太炎先生是也;第五类则藉名士头衔,猎食名公巨卿间,恬不为耻。反发'诸夏无君出处轻'之谬论,甚或沉湎于声色,乃托词于醇酒妇人,如樊樊山也、易实甫之流是也[①]。"在胡先骕看来,宋诗派的几位核心人物沈曾植、陈三立、郑孝胥等为第二类,即甲午之前的"清流",主张变法但反对颠覆清室,后又以遗老而终者,这是此一群体不同于晚清其他士大夫的地方。胡先骕所总结的特征,正是本章要论述的宋诗派人物在不同历史阶段的三种身份:清流、戊戌党人与遗民。

第一节 朝士重清流,此风亦久息:宋诗派与清流党

宋诗派文人群体和晚清"清流党"有着复杂的关系。清流党是晚清士大夫中一群身在庙堂、直言敢谏者,在朝野享有盛誉。这一群体在近代史上的出现,和"同治中兴"的政治局势有关。慈禧太后执政后,为粉饰太平,也为了牵制疆臣的权力,有意广开言路、扶植清议。在这种背景下,谏垣中出现了一批科举出身的士大夫,敢于讥弹大臣、议论朝政,史称"清流"或"清流党"[②]。

"清流党"具体有哪些成员,说法不一。宋诗派成员黄濬认为:"'四谏'即清流党,以光绪初年始盛。案'四谏'究为何人,其说不一。昔闻张蒉斋、宝竹坡、陈弢庵、邓铁香为'四谏',而近人《红柳庵诗话》则云:'同治中文襄与竹坡侍郎、张幼樵副宪、黄漱兰通政同官禁苑,以

① 胡先骕:《评俞恪士〈觚庵诗存〉》,《胡先骕文存》上卷,第143页。

② 有关清流党与晚清政局的关系,可参见杨国强《晚清的清流与名士》一文,《史林》,2006年第4期。

敢谏称，时谓四谏。'似此则南皮在内。……大抵'四谏'之名，原比拟宋之欧、余、王、蔡，说本不一，亦不必定指何人也[①]"，可见时人关于清流党成员的界定就不统一。也有人认为清流无党，所谓清流党只是世人对朝廷中一批意气相投、直言敢谏者的统称："所谓清流党，并不是今世之党派，有一定之组织，惟翰林院学士侍讲左右及其他少数人意气投合者，纠合在一起耳。大率是以李鸿藻为中心，恭亲王为背影，二张、宝、陈为骨干，黄漱兰（体芳）、吴清卿（大澂）、邓铁香（承修）、张安圃（人骏）及王可庄（仁堪）、旭庄（仁东）兄弟为羽翼，而以张孝达资望最高为中心。"[②]也就是说"清流"、"清流党"只是一种泛称，并无明确所指，而上文谈到的一些士大夫约定俗成为清流党成员，其中和以后的宋诗派文人群体关系较大者，有陈宝琛、张之洞、宝廷、王仁堪、王仁东等。

宋诗派成员陈宝琛是晚清清流的领袖，与张之洞、宝廷、张佩纶齐名。"清末所谓清流党，其骨干分子张孝达（之洞）、张幼樵（佩纶）、宝竹坡（廷）、陈宝琛等四人，皆有清一代大诗人[③]"；"（张之洞）与张幼樵（佩纶）、宝竹坡（廷）、黄漱兰（体芳）、陈弢庵（宝琛）诸君子，喜激切言事，不避权贵，当时号为清流[④]"；"陈（宝琛）于同治间入翰林，光绪初年，与之洞及张佩纶、宝廷等同为清班中最以敢言著者，主持谠议，风采赫然，锋棱所向，九列辟易，时称清流党焉[⑤]。"他在光绪初年因太监李三顺案而名扬天下，也因此开罪于慈禧太后，甲申后抑郁乡居二十余年，终慈禧一朝不复再出。陈宝琛在庙堂以敢言著称，在民间则致

① 黄濬：《花随人圣庵摭忆》，《沧趣楼诗文集》，第688页。
② 陈声聪：《兼于阁诗话》。
③ 同上。
④ 胡先骕：《读张文襄广雅堂诗》，《胡先骕文存》上卷，第188页。
⑤ 徐凌霄、徐一士：《凌霄一士随笔》，第1437页。

力于铁路、教育等公共事业,成果斐然。他曾出任福建鳌峰书院山长,又于1900年在福州创办了东文学堂,为派遣学生留日作准备,是为全闽新型学校之嚆矢。1903年东文学堂改为全闽师范学堂,陈宝琛出任第一任监督。同年,陈氏还兼任福建高等学堂监督。1905年,福建士绅筹划自主修建铁路,举陈宝琛为总理①。陈宝琛在庙堂和民间均有担当意识,堪称晚清士大夫的楷模。他还善于发现、培植人才,宋诗派领袖陈三立、郑孝胥都曾受其眷顾。

陈宝琛是陈三立的座师,对其有知遇之恩。"当竹坡之被命典闽试,其同治戊辰同年、翰林交谊夙厚、志意相孚、同被目为'清流党'健者之陈弢庵(宝琛),则以闽人典试江西,有'岁寒松柏'之佳话②"。陈三立一生,十分敬重陈宝琛。"庚辰(光绪六年)午门李三顺一案,陈于太后盛怒之下,抗疏力争(张之洞和之),收匡救之效,尤为清流党出色之举。其门人陈三立挽诗'早彰风节动宫闱'谓此也③"。1934年秋,陈三立至京,特往拜访陈宝琛,时陈三立已83岁,陈宝琛则87岁,三立向陈氏行三跪九叩首礼,陈宝琛再三谦让。三立云:"师道尊严,当如斯也!"宝琛勉受之。白头师弟之情谊,感人至深。陈三立对其师的诗作也评价甚高:"……公生平遭际如此,顾所为诗,始终不失温柔敦厚之教,感物造端,蕴藉绵邈,风度绝世,后山所称'韵出百家上'者,庶几遇之。然而其纯忠苦志、幽忧隐痛,类涵溢语言文字之表,百世之下,低回讽诵,犹可冥接遐契于孤悬天壤之一人也④。"

陈三立与"清流"关系虽较为密切,但对其却不无微词。一方面,

---

① 陈允侨:《闽县陈公宝琛年谱》,《沧趣楼诗文集》,上海古籍出版社,2006年版,第730—742页。

② 徐一士:《读闽乡科往事漫谈》,《古今》半月刊第十四期,转引自《沧趣楼诗文集》,第676页。

③ 徐一士:《一士谈荟》,《沧趣楼诗文集》,第676页。

④ 陈三立:《沧趣楼诗集序》,《散原精舍诗文集》,第1113页。

他与清流中人陈宝琛、沈曾植、文廷式、梁鼎芬等交谊颇厚；另一方面，他又颇为反感这种政治上的小团体[①]。这种反感或许与其父陈宝箴曾受清流中坚张佩纶弹劾有关[②]。这次弹劾使陈宝箴对清流的“声气朋比”深存戒心。因此，当陈三立听说梁鼎芬弹劾权臣李鸿章时，他既“心壮之”，而晤梁后，又对其加以规劝：“而颇欲梁子敛抑意气，以究观大道之原，去所偏弊而偕之大适[③]。”三立之子陈寅恪也谈到：“同光时代士大夫之清流，大抵为少年科第，不谙地方实情及国际形势，务为高论……总而言之，清流士大夫，虽较清廉，然殊乏才是实[④]。”可见陈氏一门对“清流”的看法极为一致，既推崇清流的气节，又对清流的务虚有所不满。但总的来说，陈三立早年有较多的“名士气”，和上述清流人物基本属于同类。因此，陈三立虽对梁鼎芬有所规劝，但也掩饰不住内心的倾慕之意：“始梁子官编修时，发愤弹大臣，黜罢，年二十七，吾心壮之[⑤]。”

光绪八年(1882 年)，陈宝琛在江西慧眼识英才，发现了陈三立的同时，他的好友、清流领袖宝廷在福建的考生中也得到了几位佳士——郑孝胥、陈衍、林纾。宝廷(1840—1890)，字竹坡，号偶斋。同治七年(1868 年)进士，选庶吉士，授编修。光绪七年迁礼部右侍郎，授内

---

① 陈三立：“当是时，一二新进后生方踞言路，自号清流，作气势，毛举鸷击，排讦中伤，壹无所顾忌，寖成风尚。”《清故光禄大夫兵部尚书湖广总督涂公墓志铭》，《散原精舍诗文集》，第 837 页。

② 陈三立：“顷之，有副都御史张佩纶，劾府君至京师，营营干讯吏，语绝诬巇。府君曰：‘一官进退轻如毫毛，岂足道哉？然朝廷方以言语奖进天下，士不思竭忠补阙，反声气朋比，颠倒恣横，恐且败国事，吾当不恤自明，藉发其覆，备兼听。’因抗疏申辩，且推及言路挟持弄威福之由。”《皇授光禄大夫头品顶戴赏戴花翎原任兵部侍郎都察院右都副御史湖南巡抚先君行状》，《散原精舍诗文集》，第 850 页。

③ 陈三立：《梁节庵诗序》，《散原精舍诗文集》，第 825 页。

④ 陈寅恪：《寒柳堂记梦未定稿》，《寒柳堂集》，三联书店，2001 年版，第 219 页。

⑤ 陈三立：《梁节庵诗序》，《散原精舍诗文集》，第 825 页。

阁学士。敢言事,负直声,与张佩纶、张之洞、陈宝琛齐名。宝廷光绪八年典福建乡试,归途纳江山船女为妾,返京后上书自劾。九年正月罢职,筑室西山,诗酒自娱。陈宝琛和宝廷相交至契,曾向后者推荐郑孝胥。郑孝胥于中举后次年来到京师参加会试,到京不久就前往拜访座师宝廷。初次踏入老师的庭院,郑孝胥就亲眼目睹到了这位名士的清贫,不仅宝家奴仆服饰甚为鄙陋,就连恩师也衣着寒酸:"服敝服,裂处漏棉,几尺许"。初谒宝廷,老师叮嘱道:"陈伯潜昨有书来,盛称吾兄少而岐嶷,欲仆以气节相厉。仆意中却有鄙见,愿以相告:结交宜分别,勿侈口谈论;闻颇善饮,勿酒后诋诃流俗。如是而已。外人方谓吾兄是竹坡得意门生,恐徒累吾兄耳[①]。"这是郑孝胥第一次拜谒座师的场景,给他留下了深刻的印象——无论是这位清流名士的贫寒还是恩师的谆谆劝导。从郑孝胥的描述可以看出,两位清流健将都对这位少年才俊寄予厚望,陈宝琛将他早已看中的后起之秀郑重托付于好友宝廷,"以气节相厉"透露出了这些清流前辈们要培养后学、砥砺士气的苦心孤诣,与陈宝琛在取士时一直留意英才属同一旨趣。在这个意义上说,陈三立和郑孝胥从属于同一精神脉络,即"清流"体系。

宋诗派友朋中颇多清流人物。除前文提到的梁鼎芬、文廷式外,王仁堪也是晚清"清流"的代表。和陈宝琛、宝廷一样,王仁堪对郑孝胥期许甚高。光绪十三年郑孝胥进京参加会试,下榻王仁堪寓所。在入场考试之前,王仁堪盛情挽留郑孝胥试后留在京师:"君获隽,则已而;倘有不利者,余已卜宅于城南隅,斋屋五椽,花竹幽映,颇足为读书胜处,尤于诗人为适。能为我留否[②]?"可见他与郑孝胥相交莫逆,对其寄予厚望。王仁堪卒后,时在日本的郑孝胥悲痛万分:"彼苍不足恨,

---

① 《郑孝胥日记》,光绪九年二月十七日,第34页。

② 《郑孝胥日记》,光绪九年二月二十二日,第53页。

人事实可哀。莫复念忍堪，念之心胆摧。烈士尽夺气，况我生平期。四海尽惊叹，矧我夙昔怀。”既回忆与追述了和王仁堪的深厚友谊，又为“清流”的凋零而感到悲伤：“朝士重清流，此风亦久息。不随薄俗移，通介见所植[①]。”

值得注意的是，陈三立、郑孝胥虽与“清流”有着复杂纠葛，但他们和“浊流”亦有渊源。正如陈寅恪所言：“清代季年，士大夫有清流浊流之分。寅恪本人或以世交之谊，或以姻娅之亲，于此清浊两党，皆有关联。”[②]陈三立、郑孝胥亦如此。“浊流”是时人对晚清洋务派的称呼，往往为清流诋劾之对象。陈寅恪认为清流虽较清廉，但殊无才实；浊流虽略具才实，然甚贪污[③]。陈三立、郑孝胥等实际上能够超越党派之见而取各派之所长，既有“浊流”的才识，也有“清流”的傲岸。这多少也是陈寅恪论述这一话题的应有之意。其实从甲申年开始，清流党就频遭沉重打击，除张之洞外，其他清流精英都遭到不同程度的贬黜，纯粹的“清流”已不复存在。取而代之的既有清流风范，又通晓世界大势的维新群体。而陈宝琛、陈三立、郑孝胥、沈曾植等正是此一群体的代表。

清流的兴衰与晚清政局关系甚密，黄濬谈到：“然以予所知，光宣朝局之变迁，与所谓清流党之兴替殊有关。盖同治末年，大乱初夷，群有政治之望，其时执政者为李高阳及恭邸，而清流实隐佐之。未几常熟继起，佐常熟者亦为后起之名士，盛伯熙、文芸阁、王可庄、丁叔衡、张季直等是……故自直声奋发之四谏，从容就义之袁、许，戊戌政变之六君子，以及有号召革命之张季直、汤蛰仙，其中主张有绝相背驰者，殊途同归，皆为西后所切齿，终身不复尚用有气节、有智识之士人，卒

① 郑孝胥：《伤忍庵》，《海藏楼诗集》，第 32 页。

② 陈寅恪：《寒柳堂记梦未定稿》，《寒柳堂集》，三联书店，2001 年，第 187 页。

③ 陈寅恪：《寒柳堂记梦未定稿》，《寒柳堂集》，三联书店，2001 年，第 219 页。

以断送有清三百年之天下[①]”,可见在时人眼里,清流命运的跌宕起伏,实关系到一个王朝的兴衰。而宋诗派群体既与清流关系复杂,更受其追求气节、砥砺士气的影响,宋诗派中袁昶、林旭便是清流精神的体现。在胡先骕看来,陈宝琛、林旭、陈三立、郑孝胥和清流党人在精神血脉上有相连之处,同与晚清政局密切相关:“有清末季文人,与政局多有密切关系。甲午之役,一时号清流者,如张佩纶、陈弢庵、文芸阁、张季直辈,皆拥常熟相国为魁率,纷纷主战。戊戌政变,参加者尤夥。谭复生、林暾谷辈,至遭柴市之惨戮;陈伯严、文芸阁,则降谪窜逐;郑太夷、严几道,亦与之同声气,幸而未被牵涉耳。庚子拳□,为矫诏所杀者有袁爽秋[②]。”胡氏所见,与黄濬相同,都注意到了宋诗派与清流之间密不可分的关系。“晚清名流,鲜不与戊戌之役,至少亦与之同情[③]”,深受“清流”影响的宋诗派成员,在晚清维新运动中也扮演了重要角色。

第二节　我心维新,我学守旧:作为戊戌党人的宋诗派成员

“我心维新,我学守旧,公则乾嘉诸老之风,寄亦道咸时学之党也[④]。”这是晚清著名学者、和宋诗派成员有着密切交往的屠寄的一句话,用于描述宋诗派文人群体的政治文化心态再确切不过了。宋诗派成员多为维新运动中的缓进势力,既深谙世界大势的不得不变,又忧

① 黄濬:《花随人圣庵摭忆》,《沧趣楼诗文集》,第684页。

② 胡先骕:《评朱古微〈强村乐府〉》,《胡先骕文存》,江西高校出版社,1995年版,第137页。

③ 胡先骕:《评陈仁先〈苍虬阁诗存〉》,《胡先骕文存》,第220页。

④ 屠寄致缪荃孙函,见顾廷龙校阅:《艺风堂友朋书札》上册,上海古籍出版社,1980年版,第498页。

心于传统文化的式微，既积极参与维新事业，又在维新变法失败后对“新学”加以深刻反思。

关于宋诗派成员参与维新活动的经过，早为前人所注意，尤其是陈三立、林旭和维新运动的关系早为人们所熟知，不遑赘述。关于郑孝胥和维新运动的关系，徐临江《郑孝胥前半生评传》中也有详述[①]。后文也粗略介绍了陈三立、郑孝胥与梁启超、黄遵宪、谭嗣同等激进维新党人的关系。甲午战后知识界在维新变法上存在着共通之处，不同阵营的士大夫都卷入这一浪潮，所不同者在于采取何种方式、何种途径进行变法。总的来说，郑孝胥属于张之洞的缓进派，其变法主张涉及实务多，关于政治变革则较少，而且有意和康、梁一派保持距离，因此在变法失败后遭到的打击很小。陈三立在维新运动中虽与梁启超关系亲密，但实际上陈氏父子在内心深处更加认同张之洞的观点[②]。

时人常将陈三立与“戊戌党人”联系起来。1922年，陈三立七十寿辰，康有为赋诗祝寿：“戊戌党人存几辈，月泉吟社祝良晨。诗名高比陶征士，秋气生成宋逸民。湖海归来尊大老，乾坤毁后剩词人？诸男好笔古稀寿，山色清凉别有春。”罗惇曧为陈三立所作寿诗中亦有“并世通才元祐籍，行滕吟卷义熙年”的诗句[③]，揭示了陈二立生命中的两个重要阶段：戊戌党人、遗民。胡先骕也把陈三立视为“戊戌党人”：“然文襄亦不极端反对戊戌党人，盖杨叔峤即其门下，而陈伯严且为文襄行尊纳交者也”。杨叔峤，即杨锐，戊戌年间由陈宝箴保举入京，杨锐与陈三立、郑孝胥等均有交往。胡先骕将陈三立与杨锐放在一起，

① 参见此书第108－141页，《郑孝胥前半生评传》，上海：学林出版社，2003年版。

② 可参见陈寅恪在《戊戌政变与先祖先君之关系》中的有关论述，见《寒柳堂集》，第194－205页。

③ 邵祖平：《无尽藏斋诗话》，《学衡》，第十三期。

同视为戊戌党人。[①]

维新变法失败后,陈三立对趋新的激进思维进行了深入反思。他在晚年所作《庸庵尚书奏议序》中谈到甲午以后的变法思潮:

窃维国家兴废存亡之数,有其渐焉,非一朝夕之故也。有其几焉,谨而持之,审慎而操纵之,犹可转危而为安,销祸萌而维国是也。吾国自光绪甲午之战毕,始稍言变法,当时昧于天下之大势,怙其私臆激荡驰骤,爱憎反复,迄于无效,且召大衅,穷无复之。遂益采嚣陵之说,用矫诬之术,以涂饰海内外耳目。于人才风俗之本、先后缓急之程,一不关其虑,而节钺重臣号为负时望预国闻者亦复奋舌摩掌,扬其澜而张其焰,曲狥下上狂逞之人心,翘然以自异。于是人纪之防堕,滔天之象成,而大命随之矣。是故今日祸变之极,肇端虽不一辙,而由于高位厚禄大夫不遏其渐,不审其几,揣摩求合,无特立之节,盖十而六七也[②]。

这段话颇能代表陈三立的维新变法后的政治思想。在陈氏看来,甲午战后,士大夫侈言新政而忽略了"人才风俗之本、先后缓急之程",导致国内政治的每况愈下。陈三立也对自己在戊戌年间的激进思维进行了反思:

往者三立从湘阴郭筠仙侍郎游,侍郎以为中国侈行新政,尚非其人非其时,辄引青城道人所称"为国致太平与养生

① 胡先骕:《读张文襄广雅堂诗》,《胡先骕文存》上卷,第189页。

② 陈三立:《庸庵尚书奏议序》,《散原精舍诗文集》,上海古籍出版社,2003年版,第885页。

> 求不死，皆非常人所能，且当守国使不乱，以待奇才之出，卫生使不夭，以须异人之至。”郑重低徊，以寄其意。侍郎世所目为通中外之略者也，其所守如此。时少年盛气，颇忽而不察，今而知老成瞻言百里，验若蓍蔡，为不可易[①]。

可见陈三立颇为追悔当年的轻狂，愈发服膺郭嵩焘当年的老成谋国之见。陈三立文章中对“新学”、“新说”的抨击之处颇多：

> 盖忠亮不据于其心，而无宁静澹泊之天怀为之根柢，才力之所极，功能之所擅，皆以成乎苟偷巧饰斗捷者之尤。是故本不立而俗不长厚。即果变今之法，矫今之习，欲以诱进天下之人才，弭外侮而匡世难，吾知其犹不可必焉[②]。
>
> 自变法之议起，新说滥言亦日滋蔓，后生学子剽袭口语，滋为披猖[③]。
>
> 余尝观泰西民权之制，创行千五六百年，互有得失。近世论者或传其滥言，痛拒极诋，比之叛逆，诚未免稍失其真。然必谓可骤行而无后灾余患，亦谁复信之[④]。
>
> 自矫异之说兴，方务汩彝常，弃天性，孤奖其空言爱国以自名……[⑤]。
>
> 自尸为新学之风尚炽，见诸文字，例当争言政治，凡非涉

---

① 陈三立：《庸庵尚书奏议序》，《散原精舍诗文集》，第 885 页。

② 陈三立：《寥笙陔诗序》，《散原精舍诗文集》，第 833 页。

③ 陈三立：《清故陕西候补道署陕安兵备道黄君墓志铭》，《散原精舍诗文集》，第 882 页。

④ 陈三立：《清故光禄寺署正吴君墓表》，《散原精舍诗文集》，第 844 页。

⑤ 陈三立：《清故候选盐大使刘君墓表》，《散原精舍诗文集》，第 890 页。

富强之术、纵横之策,固皆视为无用之空文,覆瓿之不暇[①]。

当举世倡言“有治人,无治法”之时,陈三立则坚持“有治法,无治人”之说[②]。这源自陈三立对维新变法失败的沉痛思考,强调“本不立而俗不长厚”观念的背后,有着自身的切肤之痛。既主张“变”而又持缓进态度为宋诗派群体思想上的共通之处。将关注焦点集中于“人”的素质的转变,反对短时期内社会文化的突变,强调循序渐进地变革,为宋诗派文人群体的内在思路。注重教育、铁路等维新实务为这一思路的具体体现。五四时期现代知识分子亦注意到了“思想启蒙”的重要性,和陈三立等人此时的认知亦有渊源——虽然新旧两代知识分子在思想变革的内容上有着天壤之别。

另一位宋诗派领袖人物沈曾植也是维新运动的积极参与者。光绪二十一年(1895 年)成立的强学会和强学书局可视为维新运动的先声,沈曾植及其弟沈曾桐均为强学会重要成员。光绪二十四年,沈曾植因丁忧归里而躲过一劫,之后就来到张之洞创办的两湖书院,以教学著述来度过人生最黯淡的时光。

另一位宋诗派年轻诗人林旭,则是沟通宋诗派和康、梁派的桥梁。光绪十九年(1893 年),林旭随岳父沈瑜庆游武昌,结识陈宝箴、陈三立父子。后林旭入都,与沈曾植、康有为、梁启超等结交。光绪二十年中日战争爆发,九月张之洞移督两江,延沈瑜庆为督署总文案兼总筹防局营务处。林旭与郑孝胥、袁昶、陈书、叶大庄等皆从沈瑜庆于筹防局,时相谈艺[③]。林旭妻沈鹊应自幼随陈书、陈衍兄弟习诗文,林旭亦时常追随陈衍左右。光绪二十年,陈衍屡至金陵,与林旭、李宣龚等遍

---

① 陈三立:《刘裴村仲圣斋文集序》,《散原精舍诗文集》,第 908 页。

② 陈三立:《杂说一》,《散原精舍诗文集》,第 861 页。

③ 方宝川:《林旭行实系年》,《福建师范大学学报》哲学社会科学版,1991 年第 3 期。

游胜迹。光绪二十四年三月，陈衍入都，寓莲花寺，林旭日至其寓所，与之谈艺、谈国事。四月，陈衍恐时局有变，敦促林旭出都。林旭与陈衍、林纾、李拔可同舟南下。同月，林旭还与陈衍、林纾、李拔可、郑孝柽等同游杭州[①]。和林旭为"文字骨肉"之交的李宣龚在《〈晚翠轩诗〉序》高度称许了林旭的诗品人品："特世之议暾谷者往往病其燥进。不知士丁末造，有志康济不能不自奋于功名。晚清士夫，阘茸暗懦，随波进退，而反讥人之勇于赴事为热中。此风气所以不振，清社之所由屋也。至于党籍之说，亦未可尽信。观暾谷丁酉十一月与余书，犹有长素适来日，有是非欲避未能之语。是其意非真欲阿附南海者。然君臣际遇会于一朝，有不期然而然而不可以无死者。其视亡命苟免不耻事雠之流奚啻霄壤！顾可仅仅以党人之目之耶[②]？"其中道出了林旭和康、梁等人的离合之处，最值得注意。

林旭之死，是宋诗派群体难以愈合的创伤。李宣龚辑林旭《晚翠轩集》，请郑孝胥、陈三立等题词。郑孝胥曰："谈笑临刑信大难，道傍万众总汍澜。书生自说君恩重，廿载头颅十日官。""楼东诗老暗回肠，客惠空花似太狂。晚翠轩中人去早，轩名只合与孤孀。"为这位年轻才俊的不幸遭遇扼腕叹息。陈三立则云："杀士之朝迹已陈，风姿曾列眼中人。此才颇系兴亡史，魂气留痕泣送春。（卷中有效韩致光送春二律）"[③]。其中，陈三立的"杀士之朝迹已陈"一语最为沉痛，批判了末代王朝对士气的摧残，认为林旭之死是清王朝衰微的征兆。

值得一提的是，几个宋诗派重要成员还不同程度地参与了东南互保。所谓"东南互保"，指光绪二十六年（1900 年）义和团运动兴起后，

---

① 陈声暨：《侯官陈石遗先生年谱》，《陈石遗集》，第 1970、1977 页，福州：福建人民出版社，2001；陈衍：《林旭传》，《石遗室文集》卷一，《石遗室集》，第 433 页。

② 林旭：《晚翠轩诗》，1936 年闽县李氏铅印本。

③ 均见《〈晚翠轩集〉附录》，《晚翠轩诗》，1936 年闽县李氏铅印本。

清政府下诏围攻使馆、与各国开战,而两江总督刘坤一、湖广总督张之洞、两广总督李鸿章拒不奉诏,与各国领事签订《保护东南商教章程》九条及《保护上海租界城厢章程》十条,避免战火延及东南。东南互保是中国近代史上的一个重大事件,现代学者认为《东南互保约款》的签订"在一定程度上遏制了英国独占长江流域的阴谋"、"稳定了包括上海在内的东南地区的局势,客观上有利于上海的发展[①]"。宋诗派成员沈瑜庆、陈三立、郑孝胥、沈曾植等都不同程度地参与了东南互保的筹划。

东南互保中,沈瑜庆发挥了重要作用。他出面说服两江总督刘坤一接受这个建议。据沈瑜庆之子的描述:"家君与武进盛宫保,倡议为东南互保之约。与外人订立合同,租界内地,均有担保。李文忠、刘忠诚、张文襄,均韪其议[②]。"陈三立在为沈瑜庆所作墓志铭中也谈到:"拳匪乱,东南互保之约成,公首奔走预其议[③]。"足见沈瑜庆是东南互保的首倡者之一。沈瑜庆同乡、宋诗派成员黄濬对此事描述较详:"予尝疑刘岘庄才非过人,互保必幕府所为。其后闻当事往张南皮处说此事者为沈子培、张季直,而岘庄处为沈涛园,后乃知发动此议斡合两督者,则赵竹君先生(凤昌)也……至涛园如何促岘庄,虽不能知,要其在幕府有大功则不妄也。予按《涛园集》中有《寿新宁宫保》两绝句,其一云'平戎仲父忧王室,荐士梁公感旧京。痛定若思茂陵策,故应险绝念平生。'即言东南互保事[④]。"由此可知沈瑜庆在东南互保中起到了重要作用。

陈三立也积极参与了东南互保的筹划。刘厚生《张謇传记》中引

---

① 熊月之、袁燮铭著:《上海通史·晚清政治》,上海人民出版社,1999年版,第238页。
② 沈瑜庆:《涛园集》,台北:文海出版社,第351页。
③ 陈三立:《诰授光禄大夫贵州巡抚沈敬裕公墓志铭》,《散原精舍诗文集》,第978页。
④ 黄濬:《花随人圣庵摭忆》,山西古籍出版社、山西教育出版社,1999年版,第489页。

用《啬翁自订年谱》"庚子年纪事"条并有所评论:"陈伯严三立,与议迎銮南下";"至沪与眉孙、爱苍议,由江、鄂公推李相,统兵入卫(此条并未实现,盖事实之不可能也)";"与眉孙、爱苍、蛰先、伯严、施理卿炳燮议,合刘、张二督保卫东南(此条系张謇与何、沈、汤、陈、施五人在上海共同决议之意见,而由张謇一人至宁说服刘坤一也)[①]。"据此可知,陈三立和沈瑜庆、张謇、汤寿潜等共同策划了东南互保的具体事宜。

时在张之洞幕府中的郑孝胥也参与了东南互保:"(光绪二十六年)在文襄幕,佐之筹画保全东南半壁之策[②]。"黄濬从时任郑孝胥掌书记的李宣龚那里证实了此事,"至季直、子培赴偕赴汉口,闻拔可言,实主郑苏堪处,为南皮言东南互保者[③]。"光绪二十六年(1900 年),正是郑孝胥在张之洞幕府大紫大红之际,参与东南互保筹议的沈曾植、沈瑜庆、张謇等均为郑孝胥密友,郑孝胥也积极参与此事。清廷对各国宣战后十几天,《郑孝胥日记》中有如下记载:"子益来,言税务司述英领事意,云如南省张、刘二公能正拳匪之罪,则保两宫、全中国、改传教章程皆可办到,求予为之言于南皮即复渡江。风雨大至,袍为雨湿,不可着,乃烘半干。极谈不可失机之状,至五鼓,南皮终畏葸不决而罢[④]。"子益即高而谦,高梦旦之兄,郑孝胥好友。这段话既可见出郑孝胥此时已成为张之洞的心腹,因此西人才托郑孝胥向张之洞进言,又可知郑孝胥在这件事情上和沈瑜庆、陈三立、沈曾植、张謇、盛宣怀的看法一致,力主不与列强宣战。

沈曾植也是东南互保的积极参与者。光绪二十六年(1900 年)七

---

① 刘厚生:《张謇传记》,转引自张求会《陈寅恪的家族史》,广东教育出版社,2000 年版,第 238—240 页。

② 叶参:《郑孝胥传》,第 22 页。

③ 黄濬:《花随人圣庵摭忆》,山西古籍出版社、山西教育出版社,1999 年版,第 495 页。

④ 中国国家博物馆编:《郑孝胥日记》,第 762 页。

月上旬,沈曾植与何嗣焜函招张謇赴沪议事。七月十七日,沈曾植、沈瑜庆、张謇、何嗣焜密谈竟日。次日,沈曾植又与张謇、何嗣焜在一品香聚谈。虽然会谈内容不详,但上述几人均为东南互保的重要参与者。可见沈曾植也参与此事,也有学者指出,"参加联络工作的,除了张謇和上文提到的何嗣焜、沈瑜庆、汤寿潜、陈三立、施理卿,还有赵凤昌、顾缉廷、杨彝卿、沈曾植等人[①]。"

由此可见,沈瑜庆、陈三立、郑孝胥、沈曾植等都是东南互保中的重要人物。"东南互保"是继维新变法后宋诗派重要成员的又一次联手,说明此一群体在政治观念上的互通之处。

"晚清名流,同情于戊戌党人者半,非之者亦半。同情于戊戌政变者,诗人中最著者有陈伯严、郑太夷,词人中最著者为文芸阁……彼戊戌党人之特征,在疾视西太后。西太后之为人,毁誉参半。事后察之,功罪亦参半。然戊戌实为中国维新之惟一机遇,戊戌变法成,必无庚子之辱,清室之终于颠覆与否,固不可知。然革命必不至于发难于辛亥[②]。"总的来说,宋诗派群体属于维新运动中的缓进派,有变法维新的强烈愿望,但又反感康梁等人的激进。维新变法失败后的动荡岁月里,经历庚子、辛亥的变局,此群体越发对昔日的操切行为进行反思。胡先骕注意到了这一点:"《苍虬阁诗》云:'早取新法新,晚同迂叟迂',清末胜流,每每如此。固由于目睹世风之日下,又安知非悔昔日与戊戌之事也[③]。"

① 熊月之、袁燮铭著:《上海通史·晚清政治》,上海人民出版社,1999年版,第234页。
② 胡先骕:《评赵尧生〈香宋词〉》,《胡先骕文存》上卷。
③ 胡先骕:《评陈仁先〈苍虬阁诗存〉》,《胡先骕文存》上卷,第221页。

第三节 早取新法新，晚同迂叟迂：宋诗派文人的遗民立场

辛亥革命爆发以后，士大夫们面临着人生出处的选择。我们先来看一下宋诗派两位领袖人物的行为。

胡先骕在《四十年来北京之旧诗人》中有如下一段描述："辛亥改步后，（陈三立——引者）瞬然不为袁世凯所浼，亦不以清室遗老自居，遗老多保留辫发，散原在改步后即剪发不顾惜，所居青溪旁头条巷之散原精舍亦为人所赠，自是遂大隐朝市，清节自励[①]。"在写给陈三立传记作者的一封信中，胡先骕也谈到："（陈三立）先生鼎革后即剪发、虽疾视袁项城与诸军阀，而绝不以遗老自居[②]。"胡先骕的描述显然有为贤者讳的成分，因为据郑孝胥日记的记载，直到1912年5月28日，陈三立依然辫发，"陈伯严来谈。陈犹辫发，尝至张园，有革党欲剪之。伯严叱之曰：'必至若捕房，囚半年乃释！'其人逡巡乃去[③]。"辫发是清亡后士大夫持遗民立场者的重要"仪式"，陈三立在清帝逊位至少3个月后依然未剪发[④]，显然持遗民立场。鉴于"遗老"、"遗民"语汇在民国时期已成为"腐朽"、"顽固不化"的代名词，胡先骕不愿让陈三立蒙此恶名："老人（陈三立——引者）对于民初南北政局之紊乱窳败固尝疾首，即对于国民政府要人亦多不满，如不欲登恪与谭组庵之女联姻，即

---

① 胡先骕：《四十年来北京之旧诗人》，《胡先骕文存》上卷，第482页，江西高校出版社，1995年版。

② 胡先骕：《与吴宗慈论陈三立传略意见书》，《胡先骕文存》上卷，第383页。

③ 《郑孝胥日记》，1912年5月28日条，第1417页。

④ 时未剪发者似亦不多，郑孝胥、郑孝柽于1911年12月9日剪发，而朱祖谋至1912年5月尚未剪发，其时留发者已不多："闻朱古微亦留辫，往来苏沪。此亦硕果之憖遗者乎？"《郑孝胥日记》，第1368、1417页。

其一事,然对蒋公则极钦佩,以为抗战建国惟蒋公是赖,其不出任政与一般之所谓遗民者有异,且亦非甘于效忠于清室者。故弟意最好不用遗民字样,不知尊意如何[①]?"胡先骕从维护陈三立的角度出发,不愿在其传记中出现"遗民"字样,传达出民国时期对清遗民普遍厌恶的社会心理。陈三立的传记作者吴宗慈最终接受胡先骕的建议了吗?我们来看一下吴氏在《陈三立传略》中的一段描述:"民国肇兴,先生卜居宁沪杭各地,时于数故老话沧桑兴废,虽不少于灵均香草之忧思,然洞察一姓难再之理,且以民主共和之政体,为中国数千年历史之创举,与历代君主易姓有殊,故与当世英杰有为之士,亦常相往还,从无崖岸拒人之言行,其甘隐沦作遗民以终老,只自尽其为子为臣之本分而已[②]。"吴宗慈虽采用了"遗民"称呼,但还是将陈三立和一般忠于一家一姓的遗民区分开来。吴宗慈的说法较为可靠,反映出鼎革后陈三立的复杂心态:既意识到此次变革同历史上的改朝换代有所不同,又在行为上恪守遗民立场:"尽其为子为臣之本分"。这是宋诗派文人群体的共同心理。

1911年11月14日,郑孝胥与昔日幕僚孟森谈到:"世界者,有情之质;人类者,有义之物。吾与君国,不能公然为无情无义之举也。共和者,佳名美事,公等好为之;吾为人臣,惟有以遗老终耳[③]。"辛亥革命爆发后,前清旧臣们面临着人生出处的抉择,郑孝胥在这里既表明了自己的遗民立场,又透露出惘惘不甘的心态,而从"世界"、"人类"等角度着眼的遗民心态,确非传统可比。1918年1月18日,南洋公学建图书馆,欲由东南各省绅士联名呈请内务部发《四库全书》一部藏图书馆,唐文治欲使郑孝胥列名,郑颇为踌躇:"仆不认有所谓'民国'者,顾

---

① 胡先骕:《与吴宗慈论陈三立传略意见书》,《胡先骕文存》上卷,第384页。

② 吴宗慈:《陈三立传略》,《散原精舍诗文集》。

③ 中国国家博物馆编:《郑孝胥日记》,第1356页。

不能列名。此事甚好，当试询沈爱苍、林贻书诸人：如彼允列名，明日可电话奉复。”当日夜，另一位朋友又提出此事，郑以不承认民国政府辞之：“余与民国乃敌国也，吾弟乃为安徽政务厅长，以彼列名则可。”第二天，郑孝胥访林开謩，询及此事，“彼自称对于民国亦未尝有所干涉[①]。”

这个事件颇有意味，可从中窥知宋诗派群体进入民国后的复杂心态：首先，郑孝胥十分在意沈瑜庆、林开謩等人对此事件的看法，其潜意识中认为沈、林不会同意。正如研究者所指出：“由各个行动者所组成的社会关系网络，从来都不是靠其中的一个行动者和某群体，作为该网络的主要统治者，试图控制整个网络的其他行动者，该网络中的权力关系也不可能采取单向的和单一维度的结构的形式[②]”，郑孝胥、沈瑜庆、林开謩在政治立场和人生选择上有着高度的一致性；其次，林开謩的反应和郑孝胥的推断一致，说明在此一群体中存在着高度的默契。在郑孝胥、沈瑜庆、林开謩之间，存在着布尔迪厄所说的“某种隐蔽和默契的协议”，这种基于文化习性一致所形成的相互认同大量存在于宋诗派成员的行为中。再者，郑孝胥十分关心沈瑜庆的晚节不保，却不强迫自己的弟弟(郑孝柽)作和自己一样的选择。充分说明了群体的区分化原则，即“每一个行动者，依据他们占据的位置，依据他们的社会关系网的关系界定其本身的特性[③]”。虽也有学者将郑孝柽视为宋诗派成员[④]，但由于他和陈三立、沈曾植等宋诗派核心人物的交往很少，说明他和这一群体相当疏离。

---

① 中国国家博物馆编：《郑孝胥日记》，第1705页。

② 冯俊等著：《后现代哲学讲演录》，北京：商务印书馆，2003年版，第235页。

③ [法]高宣扬：《布尔迪厄的象征性实践和权力运作》，冯俊等著《后现代哲学讲演录》，北京：商务印书馆，2003年版，第238页。

④ 钱基博：《现代中国文学史》，中国人民大学出版社，2004年版，第210页。

宋诗派群体中,大多数在民国时期选择了“遗”的立场。其中又可分为两类:视政治为不可为,厌倦诡谲多变的政治生涯,采取决然的“袖手人”的姿态,此类以陈三立为代表,另有俞明震、沈瑜庆等;视民国为“敌国”,最终采取政治行为来复辟清室,此类以郑孝胥为代表,还有沈曾植、陈曾寿等。

宋诗派成员沈瑜庆不甘以遗老自居但终究无法摆脱遗老的命运,反映出内心的剧烈冲突,和沈瑜庆有着亲缘关系的林庚白描述道:“洎‘鼎革’,瑜庆夙以才华自钦许,而累世受清室之恩遇,不得仕民国,居恒郁郁,每语余曰:‘吾岂长此以终耶[①]!?”可见郑孝胥担忧沈瑜庆晚节不保的忧虑是有道理的[②]。

樊增祥在为陈三立作六十寿序时谈到遗民问题:“自古易代之际,忠臣烈士,硕德魁儒,膏白刃逐波臣者,不知其几,然必有老成硕彦,声明寿考,炳耀当时,以为史册光者。若汉四皓,鲁两生,唐之文中子,宋子之郑所南、谢皋羽,元之杨铁崖,以及明季诸遗老,皆易姓受命时之星凤也。以彼齿德声名,文章学术,与君相似而实不同,何也?从来嬴蹶刘兴,杨衰李盛,皆有事二姓之嫌,今则民国无君臣之可言,五族一家,清帝无恙,吾属偶际此时,虽有黍离之悲,而实无贰臣之耻,则历代忠义隐逸独醒诸传中人,所不及也[③]。”樊增祥指出了清遗民与历代遗民不同之处,考虑到民初陈三立、沈曾植、沈瑜庆与樊增祥等同结遗民诗社相唱酬,宋诗派成员未尝没有意识到这一点,但在他们的认知和情感之间显然存在着冲突,他们在行为上大都选择了“遗”的立场。

陈衍的选择突出反映了这一点,他比较反感“遗老”的称呼,从不以遗老自居:“自前清革命,而近日官僚伏处不出者顿添许多诗料,黍

---

① 林庚白:《庚甲散记》,《丽白楼遗集》,第958页。

② 中国国家博物馆编:《郑孝胥日记》,第1747页。

③ 樊增祥:《陈考功六十寿序》,《樊樊山诗集》,上海古籍出版社,第1966—1967页。

离、麦秀、荆棘、铜驼、义熙、甲子之类，摇笔即来，满纸皆是。其实此时局羌无故实，用典难于恰切。前清钟虡不移，庙貌如故，故宗庙宫室未为禾黍也；都城未有战事，铜驼未尝在荆棘中也；义熙之号虽改，而未有称王称帝之刘寄奴也；旧帝后未为瀛国公、谢道清也；出处去就听人自便，无文文山、谢叠山之事也。余今年出都，有《和秋岳》一绝句云：'未须天意怜哀草，岂望人间重晚晴。春兴田园吾自足，义熙端不托泉明。'故今日世界，乱离为公共之戚，兴废乃一家之言[①]。"对传统的忠于一家一姓信念的反思产生于共和制取代君主制的历史进程中，这当然是由近代政治文化的独特性所决定的。但现实中的陈衍未曾出任民国官员，事实上也扮演了一个遗民的角色。

有着西学背景的胡先骕率先为这批遗民辩护："盖既委贽为臣，自当生死以之。君臣之谊，亦犹夫妇朋友，若秦越相视，宁有人纪之可言。矧君国一体，国俗有然。共和陈义虽高，奈自束发受书以来，未之前闻，则亦有我行我素耳！燕居之暇，臧否人物，每曲为故老谅者，正以此也[②]。"胡先骕在这里提到了"文化习性"问题，即经由出身、教育、经历所形成的伦理道德习惯和行为方式，士大夫与现代知识分子出身、教育均有不同，行为方式迥异。胡先骕能超越阶级立场对人物加以"同情之了解"。他在分析陈曾寿时指出其"家承阀阅，早岁登科第为部郎"，自然抱忠君之思想，其为文化习性所决定，"国变之后，虽流寓沪上，然非以遗黎终老，而时报兴复之志……故丁巳复辟之役，岂真艳羡高官职也[③]？"他在分析赵熙诗时亦指出："盖忠者，实为人类之美德。忠于国，忠于君，忠于友朋，忠于其事，忠于所学。皆一贯之道也。彼生于君主时代，仕于君主时代，自幼所受之教育，皆适应于君主时代

① 陈衍：《石遗室诗话》卷九，第150页。

② 胡先骕：《评陈仁先〈苍虬阁诗存〉》，《胡先骕文集》，第218页。

③ 同上。

者,则求不欺其心以随世俯仰,必以王室倾覆为一生中最大之不幸。亦犹民主政治下之士君子。决不愿帝制之复生也。在英国克伦威尔死后,帝制复兴,迄于今日,然以忠于共和政府之弥儿顿,必始终以帝制复活为不幸。此不待蓍龟而决者也。故以吾辈青年而抱忠于清室之志,则为妄谬。在清室旧臣则反以入民国仕臣为可鄙矣。矧今日政治之紊乱十倍于清时。而'崔杨转转恩仇''世比唐年黑'耶!杜陵一生之悲剧,伤乱与颠连而已矣。尧生之遇,则乱离困苦之外,且有易代之恸。伤哉其言[①]。"赵熙也是一个立场坚定的遗民,他和陈衍、陈三立、郑孝胥等交谊匪浅,其心态有相似之处。胡先骕对赵熙的理解,无疑可视为对宋诗派人物的理解。胡先骕对清遗民的读解颇发人深省。

时隔几十年,一位现代学者指出:"细细推究沈曾植的民初遗作,其'遗民'情绪并非限于对亡清的故臣之思,萦绕其间的还有对已呈衰颓之势的传统学术文化和已经坍塌的既定社会秩序的留恋,对人心之变的忧虑。他眼中的民初不只是清王朝的灭,也是道统的衰落和'纲常'的沦丧,是'图书与钟簴俱移,雅故与衣冠并瘁。竹殿灰飞,文武之道尽今日'的时代……我们不能忽略'复辟'背后的道统关怀,也不能小视道统关怀背后的治统之思。沈曾植对传统的留恋和对文化嬗蜕的忧虑早在清亡之前就已经有了。……但民初的留恋和忧虑是随清朝灭亡、王纲解纽而加深,是治统的嬗蜕进一步刺激了对道统嬗蜕的敏感,或者说是治统与道统的失落感彼此相应的结合在一起,构成了民初'隐'的姿态背后的心态背景[②]。"几位宋诗派人物在民国成立后选择遗民立场,折射出一种相似的文化立场。他们多少对一家一姓的君主体制有所反思,其文化关怀指向"道统"而非单纯的"治统",为传统

---

① 胡先骕:《评赵尧生香宋词》,《胡先骕文存》上卷,第103页。

② 孙明:《清遗民中的治统与道统——以沈曾植、曹廷杰为个案》,《史林》,2003年第4期。

文化的衰微而感到忧虑。

"世有荀石遗、海藏、散原诸家为旧官僚者,遂并弃其诗,不知诸家之对于清廷,未尝迎合干进,反噬同种。若果为官僚恶习所嚣染者,歌功颂德不暇,亦何至穷愁抑郁,苦语满腹?试细味其词,语意之间,莫不忧国如焚,警惕一切,世奈何其不谅耶[①]?"这是 1917 年唐宋诗之争中一位南社诗人的慨叹,从中可知宋诗派是一个以气节相标榜的群体,大部分成员为忧国忧民的士大夫,而非庸庸碌碌、贪污腐化之达官。

在近代几次大的历史事件中,均可见到清末民初宋诗派文人群体的身影:甲申年(1884 年)清流党遭遇重挫,陈宝琛被贬黜返乡,长达 25 年之久;戊戌维新失败,陈三立遭沉重打击,宋诗派新秀林旭遇难;"东南互保"发生的庚子年间,宋诗派另一重要人物袁昶被戮。从清流党—戊戌党人—遗民,宋诗派群体在近代历史中扮演的是开明士大夫的角色。"吾人知人论世,应谅其所生之时代,所处之环境,个人信念,先入为主,不必以现代之眼光,苛责胜朝之遗老也。而观其立身自有本末,亦可谓不欺其志者……遗老之可鄙者,约有三类:当清室之亡,蓄辫远引,言必流涕,一若南山可移此志不可夺者,而一面仍潜向新朝当局,目挑心招,借遗老之声价,为干禄之媒介。一旦所欲既偿,新命遥颁,则如所谓'西山厥薇吃精光,一阵夷齐下首阳'者,踊跃奔赴,甘为新朝之佐命矣,此一类也。清季政治混浊之际,以仕致巨富,鼎革而后,坐拥厚资,乃以遗老自鸣,作租界之寓公,享贵族之生活,己虽不出,而为其子弟营美官,俾富而益富,此一类也。亦有自托贞臣,追随逊帝,而实则借为衣食之资,甚且天家故物,干乞入己,貌为恭谨,心存

① 朱玺:《评诗》,《民国日报》,1917 年 7 月 9 日,杨天石、王学庄编著:《南社史长编》,中国人民大学出版社,1995 版,第 458 页。

利欲,此又一类也。是三类者,良为清议所不赀?而沈氏故均非其伦矣。"[①]可见我们无法将清遗民一概否定。一位现代学者在谈到宋诗派时说:"在近代复古主义作家中,'同光体'诗人民国建立后被视为遗老遗少,被视为'顽固派',其实是很片面的。'同光体'诗人当年大都是改革者,并不是'顽固派',他们在文化上大都持一种开放的态度,并不反对引进西学。"[②]宋诗派成员基本上都具有传统功名,但在近代历史政治变革中属于思想开明者,积极参与到各种社会活动中去,新闻、教育、铁路等均可视为维新思想的传承,他们在上述领域作出了极大的努力。吴宓便敏锐地觉察到王国维和陈三立思想的相通之处:"《超社第六集》'循廊睨横流,俄顷移大柄。拍手覆人国,简册斯未信……'责袁世凯也。与王静安先生'楚汉争龙原自可,师昭狐媚更如何。……'之诗亦同[③]。"王国维在辛亥以后,长期从沈曾植游,在学术、诗文、价值观念上都多少受到沈曾植的影响。而吴宓从王国维和陈三立在超社雅集中所作的这首诗的共通之处,说明了陈三立、沈曾植等遗民心态对后人的影响。

"遗民心态"不仅仅发生在易代之际,其背后是政治动荡不安、价值标准混乱所造成的士大夫/知识分子的不安定感,隐含着价值取向危机和价值失范所带来的焦虑。只有拥有相似的内心痛苦,才能感应到宋诗派作品的内在力量。这也是陈寅恪、王国维、吴宓、胡先骕等对宋诗派文人群体认同的内在原因。

---

① 徐凌霄、徐一士:《凌霄一士随笔》(一),山西古籍出版社,1996年版,第96页。

② 邱明正主编:《上海文学通史》,复旦大学出版社,2005年版,第447页。

③ 吴宓1943年读《散原精舍诗》笔记,见吴学昭整理:《吴宓诗话》,第288页,商务印书馆,2005年版。

第七章

宋诗派与其他文学群体

第一节 宋诗派与“诗界革命”群体

“诗界革命”是梁启超在《夏威夷游记》和《饮冰室诗话》中提出的一个口号，它对20世纪中国文学有着深刻的影响[①]。“诗界革命”派的主要成员有黄遵宪、梁启超、康有为、谭嗣同、夏曾佑等。本文无意探讨诗界革命与宋诗派在理论与创作上的异同，主要借助这个概念来梳理梁启超所命名的这个群体与宋诗派诗人之间的交往，旨在通过诗界革命者与宋诗派文人的交往活动来进一步展示近代诗坛的复杂性。

一、宋诗派成员与梁启超的交往

宋诗派成员与梁启超在维新变法时期有广泛接触[②]。陈三立与梁启超为维新变法时期的同志，陈宝箴延梁启超主时务学堂，就和陈三立的举荐有关。湖南新政勃兴时，梁启超于光绪二十三年(1897年)来

① 可参见陈建华对这一口号的缘起和其群体构成的分析，见《晚清“诗界革命”发生时间及其提倡者考辨》一文，《“革命”的现代性——中国革命话语考论》，上海古籍出版社，2000年版，第183－213页。

② 关于陈三立与梁启超的交往，可参见高国藩：《陈三立与康有为、梁启超》一文，《九江师专学报》，1995年第1期；张求会《陈寅恪的家族史》一书中的有关章节。

到湖南,任时务学堂总教习。黄遵宪原荐康有为,但陈三立认为梁启超"所论说,似胜于其师,不如舍康而聘梁",陈宝箴听从了陈三立的建议,聘请梁到长沙[①]。在湖南主时务学堂时期,是梁启超经历中"镂刻于神识中最深者",期间与陈三立昕夕相处,共商维新事宜,建立了深厚情谊[②]。梁启超对陈三立其人其诗都有很高的评价:"陈伯严吏部,义宁抚军之公子也,与谭浏阳齐名,有'两公子'之目。义宁湘中治迹,多其所赞画。其诗不用新异之语,而境界自与时流异,酴深至微,吾谓于唐宋人集中,罕见伦比",[③]高度称许陈三立的诗歌才华。维新变法失败后,梁启超流亡海外,陈三立避居金陵,两位好友两地睽隔,二十余年未曾谋面。民国十一年冬天梁启超讲学于东南大学,与陈三立阔别二十五年后再度聚首。十月初三晚,陈三立在散原别墅和梁启超开怀畅饮[④]。梁启超将行,索诗赠别,陈三立赋诗曰:"辟地贪逢隔世人,照星酒坐满酸辛。旧游莫问长埋骨,大患依然有此身。开物精魂余强聒,著书岁月托孤呻。六家要指醮禅窟,待卧西山访隐沦[⑤]。"表达了对戊戌往事不堪回首的痛苦情绪[⑥]。

郑孝胥和梁启超也有交往。光绪二十三年(1897 年),郑孝胥初晤

---

① 陈寅恪:《读吴其昌传梁启超传书后》,《寒柳堂集》,上海:上海古籍出版社,1980 年版,第 149 页。

② 梁启超:"余生平所历,镂刻于神识中最深者,莫如丁酉戊戌间之在长沙,时义宁陈公为抚军,其子伯严随侍,江建霞、徐研父先后督学,黄公度陈臬,谭壮飞、熊秉三、唐绂丞以乡党之秀左右其间,咸并力一致,以提倡当时所谓新学,而余实承乏讲席。"《石醉六藏江建霞遗墨》,丁文江、赵丰田编:《梁启超年谱长编》,上海人民出版社,1983 年版,第 93 页。

③ 梁启超:《饮冰室诗话》,长春:时代文艺出版社,1998 年版,第 11 页。

④ 梁启超 1922 年 11 月 29 日《与思顺书》;11 月 23 日《与思成永忠书》。见《梁启超年谱长编》,第 967 页。

⑤ 陈三立:《任公讲学白下及北还索句赠别》,《散原精舍诗文集》,上海古籍出版社,2003 年版,第 625 页。

⑥ 参见汪荣祖对此诗的解说《史家陈寅恪传》,北京大学出版社,2005 年版,第 17—18 页。

梁启超,时梁启超在上海办《时务报》,影响极大。[①] 正月的一天,梁启超、汪康年邀郑孝胥、章太炎、何嗣焜等饮于一品香,这是郑、梁的第一次见面,郑孝胥较为欣赏梁启超,"梁桌如之为人似伍昭扆,谈吐有洒落之致。"[②]伍昭扆即伍光建,著名翻译家,郑孝胥在日本时的好友。郑孝胥亦健谈,喜欢性格磊落之人,因此对梁启超第一印象较好。几天后,梁启超访郑孝胥。五月二十八日,郑孝胥过《时务报》馆,晤梁启超。六月初六,梁启超与汪康年宴郑孝胥等于鸿运楼。七月初四,梁启超与汪康年访郑孝胥。七月初五,梁启超、汪康年、郑孝胥等饯黄遵宪。十月初三,郑孝胥访梁启超。可见郑孝胥、梁启超这一段时间往来密切。光绪二十三年四月二十六日,张之洞、王文韶、盛宣怀会衔奏请调用"学通中西,虑周识远之士",指名四人,中有梁启超、郑孝胥。[③]可见在这些政治家眼中,梁启超和郑孝胥都是难得的人才。之后他们同经历了戊戌年间的腥风血雨。不过郑孝胥在思想谱系上属于张之洞缓进一派,和康有为、梁启超师徒的激进路线大相径庭,因此当他看到康有为的《新学伪经考》时深恶痛绝,称其"类病狂者之所为"[④]。而戊戌变法失败后,郑孝胥将维新失败的原因某种程度上归结为康氏师徒的鲁莽操切,和后者长期不通音讯。和陈三立一样,郑孝胥与梁启超的再度聚首,时隔近二十年。《郑孝胥日记》记道:"梁启超来,自戊戌间见之,二十余年,殊不觉老。"[⑤]可见在维新运动中郑孝胥与梁启超有过密切接触,之后则"道不同不相与谋",鲜有往来。

陈衍由林旭介绍而认识梁启超,[⑥]但两人长时间并无实质性交往。

---

① 丁文江、赵丰田编:《梁启超年谱长编》,第68页。

② 《郑孝胥日记》,光绪二十三年正月二十七日,第590页。

③ 夏东元编著:《盛宣怀年谱长编》下册,上海交通大学出版社,2004年版,第577页。

④ 《郑孝胥日记》,1895年10月1日,第517页。

⑤ 《郑孝胥日记》,1915年6月17日,第1566页。

⑥ 陈衍:《石遗室诗话》卷九,人民文学出版社,2004年版,第32页。

直到1910年梁启超拜陈衍好友赵熙为师[①],后请赵熙、陈衍为其删诗,梁、陈关系才进入一个新的阶段。陈衍为梁启超删诗,至少有三次:"任公以游台诗稿一册,坚属删改。中言台事有误者,为易数处,任公至喜[②]"。"梁任公复举旧作一册使酌定,则疵病甚寡,无所需其修月之斧矣[③]。""任公乃裒其生平所为诗数百首,使纵寻斧,鄙人遂居之不疑,字斟而句酌之,盖所以待尧生、待暾谷、待掞东者固如是也。任公诗如其文,天骨开张,精力弥漫,《台阳》一集,可推敲者十之一二,他集则百之一二而已[④]。"其实梁启超的诗歌创作成就不算很大,但梁启超拜赵熙为诗、请陈衍删诗意义很大。身为维新变法健将和民国政坛风云人物的梁任公,居然请宋诗派人物为其删诗,这本身已经够耐人寻味了。由于梁启超在新文学力量出现以前的巨大影响,陈衍对梁启超所请未免有受宠若惊之感。"天骨开张,精力弥漫",可谓绞尽脑汁想出的恭维之辞。陈衍不厌其烦宣扬"删诗"事件,他和梁启超之间呈现出一种"双赢"的结果,梁启超获得了宋诗派理论家的高度评价,陈衍则凭借梁任公搭建的平台,极大地扩大了宋诗派的影响。

1912年梁启超主编的《庸言》杂志创刊,陈衍的《石遗室诗话》开始连载;同时,《庸言》杂志上宋诗派的创作大约占据了三分之一的篇幅,宋诗派主要人物均在上面出现过,梁启超对近代宋诗运动功不可没。

---

① 梁启超:《庚戌秋冬间,因若海纳交于赵尧生侍御,以问诗古文词,书讯往复,所以进之者良厚,顾羁海外,迄未识面,辄为长谣,以寄遐忆》,汪松涛编注《梁启超诗词全注》,广州:广东高等教育出版社,1998年版,第290页。

② 陈声暨:《侯官陈石遗先生年谱》,《陈石遗集》,福州:福建人民出版社,2001年版,第2021页。

③ 陈声暨:《侯官陈石遗先生年谱》,《陈石遗集》,第2021页。

④ 陈衍:《石遗室诗话》卷九,第137页。

二、宋诗派成员与黄遵宪的交往

黄遵宪(1848—1905)是晚清诗坛一位重要的人物,也是"诗界革命"派的代表人物。梁启超在《饮冰室诗话》中对其推崇备至,将其视为"诗界革命"的典范①。宋诗派成员与黄遵宪之间交往密切,互有影响②。

陈三立与黄遵宪一见如故、相交莫逆。陈三立与黄遵宪相识于何时呢？钱仲联先生在《黄公度先生年谱》中认为,光绪二十一年(1895年)五月黄遵宪至湖北办理教案时初晤陈三立③,此说似有误,黄遵宪至武昌当在是年四月初。缪荃孙《艺风老人日记》中光绪二十一年有如下数条:

> 四月五日:"陈伯年约饮两湖书院之水阁,黄公[illegible](绳宪)、叶浩如、夏穗卿、邹沅藩、吴铁桥、梁珩若、汪穰卿同席"。
>
> 四月八日:"拜黄公度(遵宪)"。
>
> 四月十三日:"汪穰卿、吴小村招饮曾公祠,吴铁桥、黄公度、邹沅藩、夏穗卿、叶浩如、陈伯严同席。"
>
> 四月十七日:"约黄公度、邹沅藩、张伯纯、陈伯年、夏穗卿、叶浩如小饮"。
>
> 四月二十八日:"访吴季清,同偕至自强学堂小饮,黄公

---

① 梁启超:"近世能镕铸新理想以入旧风格者,当推黄公度";"昔尝推黄公度、夏穗卿、蒋观云为近世诗界三杰";"要之,公度之诗,独辟境界,卓然自立于二十世纪诗界中,群推为大家,公论不容诬也"。《饮冰室诗话》,第2、22、26页。

② 关于黄遵宪与陈三立的交往,可参见管林:《黄遵宪与陈三立的交往》一文,《学术研究》,1995年第3期。此文对黄、陈关系考论甚详,但没有两人见面的具体时间,本文在两人早期交往研究上有所突破。

③ 钱仲联:《黄公度先生年谱》,《人境庐诗草笺注》,第1212页。

度、陈伯年、夏穗卿、叶浩如同席”。

五月一日:“黄公度招饮,陈伯年、张伯纯、吴季清、夏穗卿、叶浩如、邹沅藩、吴铁桥同席[①]”。

从这几则日记的内容来看,黄遵宪不仅在光绪二十一年四月就到了湖北,而且和陈三立等过从甚密、雅集频繁,仅从缪荃孙的记录来看就共同参加宴集五次。参加宴集的人士除陈三立、黄遵宪外,均为张之洞幕府成员。他们经常举行各种形式的雅集,黄遵宪也迅速融入这个群体。而陈三立正是在这时拜读了黄遵宪的诗集并作出高度评价。钱仲联先生的《黄公度先生年谱》和马卫中、张修龄所撰《陈三立年谱》都提到了光绪二十一年四月陈三立为《人境庐诗草》所作跋语。这两则跋是:“驰域外之观,写心上之语,才思横轶,风格浑转,出其余技,乃近大家,此之谓天下健者。乙未四月,义宁陈三立加墨讫敬识”;“奇篇巨制,类在此册。教前数卷自益有近。中国有异人,姑于诗事求之。四月十四日,三立再识[②]”。从这两则跋语来看,前后语气有所不同,前条署称“义宁陈三立”,后条则署“三立”,可见两人关系在短时期内有了深入的发展;同时,根据最新发现的陈三立的诗稿和黄遵宪的批语,黄遵宪此时也仔细拜读了陈三立的诗稿并提出意见。

如前文所述,陈三立早年恃才自傲,以天下苍生为己任,大有舍我其谁的气概,和此时的黄遵宪倒有几分相似。上文郑孝胥所言:“湖南者,人才学问之矿”,是当时维新人士的共识,因此黄遵宪才会舍弃如日中天的《时务报》事业而到湖南参与维新。聘请黄遵宪的,正是陈宝箴、陈三立父子。这一段历史广为周知,也就无需赘述了。戊戌年间

① 缪荃孙:《艺风老人日记》,第730—737页。

② 钱仲联:《人境庐诗草笺注》,上海古籍出版社,1981年版,第1083页。

维新党人遭受重创，黄遵宪、陈三立均受到牵连。黄遵宪在致梁启超信中多次提到陈三立："继而游欧洲，历南洋，又四五年，归见当道者之顽固如此，吾民之聋聩如此，又欲以先知先觉为己任，借报纸以启发之，以拯救之。而伯严苦劝之做官，继而幸识公，则驰告伯严曰：'吾所谓以言救世之责，今昔卸于某肩矣！'"从此段私人信函中可见黄、陈交谊之密，而黄遵宪放弃《时务报》到湖南去，陈三立起了一定推动作用，信中"驰告伯严曰：'吾所谓以言救世之责，今昔卸于某肩矣！'"亦可见黄、梁、陈在维新变法前思想的一致性，且互引为同道。在另一封信中，黄遵宪告诉梁启超："伯严近有书语及公，称为'输入文明第一祖'。又云：'君平尝语人云：某公理想、学识为吾所不及。惟吾所著述，较有娘家耳。'今此公亦有娘家矣，君平又作何语耶[①]？"从信中可以看出黄、陈的亲密及陈三立对梁启超的欣赏。又，光绪三十一年，黄遵宪在写给梁启超的信中说："仆告义宁父子曰：'今者时势，即将古今名臣传、循吏传中之善政一一举办，亦无补于民，无补于国。'伯严愕然问故，仆告之曰：今之督抚易一人，则盖去前政而废之，三十年来，所谓断法，比比然矣。……[②]。"足见黄、陈经常就时事问题交流看法，共同探讨治世良方。而久居国外、通晓世界大势的黄遵宪，确实给陈氏父子提了不少建议。光绪二十六年，陈宝箴因"微疾"辞世，黄遵宪得知消息较晚，马上寄诗陈三立，表达哀悼之意。在诗中，黄遵宪追忆了和陈氏父子的交往，"尽是无父人，呼天失怙恃"所表现出的同病相怜之感和文化失怙之痛，充分表明了黄、陈之间相知甚深[③]。陈三立在私下经常高度

---

① 黄遵宪致梁启超函，光绪二十八年，黄遵宪著，吴振清等编校整理：《黄遵宪集》，天津人民出版社，2003 年版，第 499、501 页。

② 黄遵宪致梁启超函，光绪三十一年，《黄遵宪集》，第 505 页。

③ 黄遵宪：《寄题陈氏崝庐》，《黄遵宪集》，第 284 页。

评价黄遵宪的诗歌①。陈三立给黄遵宪题诗的光绪二十一年(1895年),其"阔大孤傲"②的后期诗风尚未成形,处于摸索状态,黄遵宪大气磅礴的诗风给了陈三立很大启发,日后陈三立诗中亦有较多新语汇的运用,与此时黄遵宪的影响不无关联。在新发现的黄遵宪手批陈三立诗稿中,有一则最堪注意:

> 唐宋以来,一切名士才人之集所作之语,此集扫除不少。然尚当自辟境界,自撑门户,以我之力量,洗人之沉腐。古今诗人,工部最善变格,昌黎最工造语,故知诗至今日,不变不创,不足与彼二子并驾而齐驱。义理无穷,探索靡尽,公有此才识,再勉力为之,遵宪当率后世文人百拜敬谢也③。

这段话对研究晚清诗风嬗变颇为重要:首先,黄遵宪、陈三立此时都体现出摆脱传统的强烈欲望。用布鲁姆"影响的焦虑"的理论来分析,他们都属于"诗人中的强者",即"以坚忍不拔的毅力向威名显赫的前代巨擘进行至死不休的挑战的诗坛主将们④",有着和杜甫、韩愈这些中国历史上的杰出诗人并驾齐驱的豪迈心理,"自辟境界,自撑门户"反映出他们已初步萌生了领袖诗坛的想法;其次,从这段话也可看出,黄遵宪倡导的"新派诗"和陈三立日后主盟的"同光体",是在相互讨论、相互切磋中产生的。"新派诗"朝着"新语句"、"新意境"的方向突围,"同光体"则力图以复古为创新,通过整合传统诗学资源来获得

---

① "黄公度以柬来,示所作五言古诗,伯严甚推许之。"《郑孝胥日记》,第499页。

② 陈正宏:《新发现的陈三立早年诗稿及黄遵宪手书批语》,《文学遗产》,2007年第2期。

③ 同②。

④ [美]哈罗德·布鲁姆:《影响的焦虑》,三联书店,1989年版,第3页。

新生。两者创新的路径不同，创新的心态则并无二致。两派以后都产生了重要影响，诗界革命对新文学、学衡派均产生了重要影响，宋诗派则成为20世纪上半叶声势最大的古典文学思潮。

张之洞幕府时期是郑孝胥与黄遵宪交往最密切的时期。光绪二十年(1894年)九月，张之洞自湖广总督移署两江，电奏黄遵宪回国。次年张之洞委任黄遵宪为江宁洋务局总办，办理五省堆积教案[①]。而此前不久，张之洞委郑孝胥办理洋务文案，因此黄遵宪是郑孝胥的上级。初次和黄遵宪接触，郑孝胥的印象不太好："黄状甚浊俗，烟气触人"；"往拜公度，谈良久。其人甚黠，颇有才气。"没过几天，黄遵宪送诗给郑孝胥，郑孝胥对黄诗也瞧不上眼："黄实粗俗，于诗甚浅，而谬负知音者也"，"黄公度送诗二册，并借郑子尹诗。其诗骨俗才粗，非雅音也。"郑孝胥在私下里评论黄遵宪其人其诗，连用了三个"俗"字："浊俗"、"粗俗"、"骨俗才粗"，说明他和黄遵宪在审美观念上存在着巨大分歧。黄遵宪长期居国外，为人洒脱，不拘礼法。如初次见张之洞时"昂首足加膝，摇头而大语[②]"，这恐怕也是恪守礼法的郑孝胥所看不惯的。至于诗风的"俗"恰恰说明了黄遵宪诗歌中存在着大量的异质、新颖、民间的成分，而郑孝胥诗文均恪守传统规范，自然会有强烈的抵触情绪。不过黄遵宪对郑孝胥诗的评价则很高，他阅郑孝胥诗集后题词："纡徐淡妙，将来可自成一家，为国朝诗派所无。"前文谈到，张之洞幕府时期是郑孝胥诗作被广泛认可的时期，黄遵宪的高度评价也佐证了这一点。在融化传统、自出机杼方面，郑孝胥确实比较成功。郑孝胥和黄遵宪日后分属两个重要文学群体的领袖，但诗学观念上的分歧此时已彰显无疑。从翁同龢日记中也可看出黄遵宪比较欣赏郑孝胥

① 钱仲联：《黄公度先生年谱》，《人境庐诗草笺注》，上海古籍出版社，1981年版，第1210页。

② 同上。

的才华:"黄公度……论人才少许可(于晦若、沈子培、姚子良、沈尚能办事。朱之臻、盛杏荪、郑苏龕、梁启超、蔡锡勇、杨文彧并好才)[①]"。可见黄遵宪对郑孝胥的赞誉并非虚词,而是发自内心地倾慕郑的学识,认为其才堪大用。但友谊是建立在两个人相互欣赏的基础上的,郑的冷淡导致了两人始终未能深交。日后两人也有一些交往,但都停留在一般朋友的层面上,不太深入[②]。从下面这两则日记可看出两人的交情实属一般。光绪二十三年(1897 年)七月初四,郑孝胥写道:"午后,梁卓如、汪穰卿、李一琴来,汪与黄公度有隙,余为排解久之,乃以明日大会报馆诸人以饯公度。"次日,他又写道:"午后,卓如来字,云晚间九点钟在万年春与公度叙别,邀余必往。夜往,梁汪未至,公度已先在。余语之曰:'湖南者,人才学问之矿,国家遣公往开此矿耳。欲收罗人才者,必以持正论,容众人为主;众人所与,则才杰必归之矣。'众皆诣船送公度,余未往[③]。"光绪二十三年左右,黄遵宪和汪康年在《时务报》管理与编辑问题上发生了激烈冲突。汪康年也长期客张之洞幕府,是幕府雅集的参与者之一,和郑孝胥交谊甚笃,因此郑孝胥虽参与调解汪、黄的冲突,但显然站在汪康年一边。从第二则日记来看,郑孝胥也认识到湖南为中国维新运动的重镇,希望黄遵宪到那里后能有一番作为。而"持正论"则隐约透露出郑孝胥对黄遵宪激进思想的不满,反映出两人在维新思想上的巨大差异,"欲收罗人才者,必以持正论,

① 《翁同龢日记》光绪二十三年(1897 年)六月十五日。

② 参见:"黄公度所示议通商事宜六条"光绪二十一年七月十三日;"日斜,过黄公度,不遇,议诗卷及条陈还之。"光绪二十一年七月十五日;"晚,赴黄公度邀饮。余尝言,合肥之病国已见矣,其部下号为通晓洋务者必将复用事。夫各国所谓交涉,盖为能守界限言之。国家有界限,条约有界限,而此曹专毁界限以媚他族,国亡无日矣。因以语张季直、黄公度。"光绪二十一年七月二十日;"黄公度来借王介甫、姚惜抱诗,亦约明日晚食"。光绪二十一年七月二十一日;"午后,辞黄公度之约,以王、姚诗假之"。光绪二十一年七月二十二日;《郑孝胥日记》,第 508、510 页。

③ 中国国家博物馆编:《郑孝胥日记》,第 610 页。

容众人为主”分明是对黄遵宪的规劝，希望他不要太激进，以免引起守旧势力的不满。郑孝胥的规劝当然是对朋友的忠告，但也暗含了郑、黄二人政治思想与处世态度的不同。郑孝胥是维新运动中的缓进派，不主张进行激烈变法；黄遵宪、梁启超则是维新运动中的激进派，主张全面革新。郑孝胥事事从自身出发，以明哲保身为前提；黄遵宪则考虑的是中国的维新事业，毫不顾及个人身家性命。两人在思想和性格上都不是一路人。

从以上交往可以看出，郑孝胥不太喜欢黄遵宪，黄遵宪甚为欣赏郑的才华；郑孝胥则以为黄的诗歌造诣一般，黄遵宪对郑孝胥诗歌造诣极为推崇，而黄遵宪对郑孝胥诗歌才华推崇并非虚辞，他后来请宋诗派成员为其《人境庐诗草》题词，郑孝胥的序言放首位[①]，可见在黄遵宪心目中，郑孝胥诗确实是“自成一家”。总之，郑孝胥和黄遵宪的关系仅限于一般的同事关系，在政治思想和诗学趣味上两人有着重大分歧。郑孝胥所称黄诗“非雅音也”正说明了黄遵宪诗歌所出现的反传统倾向，而郑孝胥等宋诗派诗人则一直恪守传统的诗教立场，两者之间有一个巨大的鸿沟。

除郑孝胥、陈三立外，为《人境庐诗草》作序的还有另外两位宋诗派健将范当世和俞明震。光绪二十一年(1895 年)，范当世前往拜谒张之洞，用数天精力读毕《人境庐诗》，高度评价黄诗：“公度之人，处于今世则不能异人；而公度之诗，传之后世则诚异耳”。又称：“吴挚甫、陈伯严尝谬称吾诗，以为海内无两。及是，而知其信不然也[②]”，足见范当世对黄遵宪诗歌评价颇高。

---

① “《人境庐诗草笺注》序跋中，首序应为郑孝胥，但当时避忌郑孝胥到伪满洲国行为，故他的序未放进去。”魏中林整理：《钱仲联讲论清诗》，苏州大学出版社，2004 年版，第 128 页。

② 钱仲联：《黄公度先生年谱》，《人境庐诗草笺注》，第 1214 页。

另一位宋诗派重要成员沈瑜庆于黄遵宪也是在张之洞幕府时期开始交往。光绪二十一年二月二十七日,黄遵宪与沈瑜庆、郑孝胥等公祭沈葆桢祠。寒食日,黄遵宪与沈瑜庆、叶大庄、梁鼎芬等同游莫愁湖。立秋日,又同沈瑜庆、王秉恩、何维朴等同游玄武湖。[①] 从这些雅集来看,他们的关系相当融洽,经常一起寻访名胜、游山玩水,度过了一段难得的悠闲时光。

从黄遵宪与宋诗派诗人的交往来看,黄遵宪对他们的诗艺颇为推崇,请郑孝胥、陈三立、范当世、俞明震等为《人境庐诗集》作序反映出这一点。相比之下,黄遵宪与陈三立相知最深,为莫逆之交。张之洞幕府不仅为宋诗派提供了聚合的机缘,也为与其他诗人交往提供了广阔平台,黄遵宪和宋诗派文人群体的交往说明了这一点。

三、谭嗣同与郑孝胥

值得一提的是,郑孝胥与诗界革命另一成员谭嗣同[②]也在维新变法前夜有过密切交往。光绪二十三年(1897年),谭嗣同以候补知府身份居南京,与郑孝胥多有来往。据《郑孝胥日记》的记载,两人在二月至十月间频繁交往:二月初九,郑孝胥访谭嗣同,不遇。二月初十,刘世珩宴郑孝胥、谭嗣同、蒯光典、缪荃孙等人。二月二十四日,郑孝胥访谭嗣同。三月二十二日,谭嗣同宴郑孝胥、刘世珩、徐乃昌等于杨文会宅中。四月初二,谭嗣同访郑孝胥,谈《时务报》中黄遵宪欲逐汪康

① 钱仲联:《黄公度先生年谱》,《人境庐诗草笺注》,第1211、1213页。

② 谭嗣同(1865—1898),字复生,号壮飞。湖南浏阳人。父谭继洵,官至湖北巡抚。光绪十年(1884年)从军新疆,入巡抚刘锦棠幕。前后十年间,遍游各省。喜好剑术,任侠轻生。甲午战后锐意新学。光绪十一年于湖南创立算学社,翌年奉父命入资为候补知府,居南京候缺,读书一载,著《仁书》。光绪二十三年,弃官归湖南,与黄遵宪等创办时务学堂。光绪二十四年,与唐才常等创立南学会、湘报馆。七月应诏入都,擢四品衔军机章京,参与政变。戊戌政变失败,慷慨就义。著有《谭嗣同全集》。见梁淑安主编:《中国文学家大辞典·近代卷》,第467—468页。

年事。五月初五，谭嗣同与郑孝胥、缪荃孙、张謇、顾云、徐乃昌、杨文会、郑孝柽等同游。五月十七日，郑孝胥访谭嗣同。五月二十二日，谭嗣同访郑孝胥。六月二十六日，郑孝胥访谭嗣同，谭嗣同、徐乃昌谈设《矿业报》事。二十七日，刘世珩宴谭嗣同、郑孝胥等。七月十八日，谭嗣同访郑孝胥，谈《矿业报》事。十月初三，谭嗣同访郑孝胥，未晤。初四，郑孝胥访谭嗣同，未晤[①]。从郑孝胥这个时期和谭嗣同的交往来看，两人并非泛泛之交。在一次聊天中，郑孝胥对谭嗣同说："有政令可以保国家，有学有艺可以保种族。德之不能灭法，以法人有学有艺者多，终不为奴隶故也。今日中国望国家之兴，难矣，毋亦姑从事于学艺，为他日人将奴隶我之庇己乎[②]。"可见两人均有亡国灭种的忧虑，常就救国之策展开讨论。而谭嗣同也就《矿业报》事咨询郑孝胥，足见对郑的信任。而当时《时务报》内部发生的黄遵宪和汪康年的冲突，谭嗣同也及时向郑孝胥通报情况。从谭嗣同致汪康年、梁启超的信中也可看出此时谭、郑关系甚为融洽：

报后添学堂报极好，余若农会女学等，可函商一切也，然不若俟苏龛到。（谭嗣同致汪康年函，五月十四日）[③]

女学堂事，略与苏龛商之。学堂功课，嗣同谓自从方言算学入手之外，惟有医学一门，女人最相宜。他学皆今时所不能用，苏龛甚以为然。其中条理办法，苏龛到沪，自必能摅所见也。闻其到月底乃能成行。（谭嗣同致汪康年函，五月

① 《郑孝胥日记》，第594－626页。
② 《郑孝胥日记》，第626页。
③ 参见谭嗣同致汪康年、梁启超函，《谭嗣同全集》，北京：三联书店，1954年版，第355页。

十九日)[1]

郑苏龛前有改衣服之议,细思实不可行,但可望诸异日,渐渐转移,若此时遽入章程,必无益也。(谭嗣同致汪康年函,九月初六日)[2]

顷与郑苏龛、徐积馀、山长缪小山、蒯礼卿(叶曼卿亦愿来,惟惜郑蒯二公皆将去)、又流寓杨仁山丈、刘聚卿、茅谦诸公,结一测量会,仪器大约可敷用。(谭嗣同致汪康年梁启超函)[3]

从这几封信的内容来看,谭嗣同、郑孝胥、汪康年的关系相当密切。谭嗣同和郑孝胥经常来往,商讨维新事宜。两人共同讨论了兴办农会、女学、不缠足会等事务的细节。郑孝胥和谭嗣同、徐乃昌、缪荃孙、蒯光典、杨文会、刘世珩、茅谦等还成立了测量会,足见这时郑孝胥与谭嗣同相交甚深,共同参与维新活动。

由此可知,光绪二十三年(1897 年)是宋诗派诗人和梁启超、黄遵宪、谭嗣同等"诗界革命"群体交往最密切的时候。双方有感于甲午战争失败的惨痛、都不满于清政府的腐败衰朽,提出维新变法的主张。虽然此时陈三立、郑孝胥都主缓进,但毕竟年少气盛,想放手一搏,因此陈三立在湖南和梁、黄、谭紧密合作,掀起了湖南变法的高潮;郑孝胥也和梁、黄、谭等有着密切接触。当然,在具体交往中,因各人私交的不同会有一定的倾向性。在纷纷攘攘的《时务报》内讧中,郑孝胥明显站在汪康年一方,两人私下交谊甚厚,某种程度上决定了郑孝胥的立场向汪康年倾斜。更重要的是,汪康年背后的支持者是张之洞,而

① 参见谭嗣同致汪康年、梁启超函,《谭嗣同全集》,第 355 页。

② 参见谭嗣同致汪康年、梁启超函,《谭嗣同全集》,第 355、356 页。

③ 参见谭嗣同致汪康年、梁启超函,《谭嗣同全集》,第 370 页。

郑孝胥有着长期客张之洞幕府的经历，思想上也与张颇为接近，郑孝胥和汪康年是一条战线上的同志。不过郑孝胥和黄遵宪的冲突是内在的，并未像汪、黄那样闹得不可开交。此时宋诗派与"诗界革命"群体关系相当密切，双方互有来往，这充分印证了钱仲联先生的论断："各派诗人之间实际上都彼此十分推崇，并不像今人为他们彼此画疆分界的那个样子。如范当世对黄遵宪的推崇，梁启超对陈三立的推崇，《饮冰室诗话》说：'吾谓于唐宋人集中，罕见伦比。'他们彼此并非势不两立，而是好朋友[①]。"

宋诗派与诗界革命者的惺惺相惜是一种必然。首先，他们是维新运动中的同路人[②]，均属"戊戌党人"，政治见解虽有分歧，但在政治目标上基本一致。戊戌年间政治风云激荡，加固了两者的友谊，不堪回首的往事成为共同的记忆。在宋诗派诗人笔下，对维新活动的追忆成为一个重要主题。而"戊戌六君子"之一的林旭，就是连接康有为、梁启超和宋诗派文人群体的一个纽带。林旭是深孚众望的宋诗派新秀，正是这样一位宋诗派俊杰，为维新事业献出了自己年轻的生命，成为"诗界革命"者和宋诗派共同的精神伤痛。其次，除了政治立场的相似，更重要的是文学观念的内在一致。表面看起来，宋诗派和诗界革命分殊较大，实际上，两派诗人都体现出强烈的求新欲望。宋诗派虽然是晚清最大的一个学古诗派，但他们一开始就提出了"不墨守盛唐"的口号，"三元说"和"三关说"都体现出打通传统的精神，他们承继的

① 魏中林整理：《钱仲联讲论清诗》，第128页。

② 诗界革命者多属维新党人，但维新党人却并非全是诗界革命者，文学革新与政治革命之间存在着某种联系。马卫中先生曾经谈到诗界革命者和维新运动之间的联系："诗界革命的界定，无法完全以诗人的政治倾向或流派划分，诗界革命作为一种新的诗歌思潮和流派，并无特定的组织形式。梁启超说：'吾党近好言诗界革命'。(《饮冰室诗话》)，所谓'吾党'无疑是指维新派人士。这种说法揭示了诗界革命与维新改良运动的天然联系"。见马卫中：《光宣诗坛流派发展史论》，苏州大学出版社，2000年版，第128页。

是魏晋以来中国诗的优秀传统,体现出比当时其他学古诗派更为宽广的视野和胸襟,沈曾植所说的“不破一法、不坏一法”正是这种精神的集中体现。而诗界革命者更是向前迈进了一大步,主张扩大传统诗的主题与意境,在创作中大量使用新语句,其“以旧风格含新意境”的主张成为20世纪旧体诗革新的一种主要思路。因此,宋诗派和诗界革命诗者都主张在不动摇传统诗歌内核的基础上进行创新,虽然路径有所不同,但同样体现出的强烈的变革欲望,则非晚清其他学古诗派可比。两者创新路径不同,创新心态则并无二致。这也是这两个诗派在清末民初有着较大影响的内在原因。以往的研究过于强调两派的不同,因而忽略了两者的相似之处。宋诗派和诗界革命不仅不互相排斥,而且互有渗透。陈三立和黄遵宪有密切交往,对其诗才极为欣赏,两人互相评诗说明了这一点。而梁启超晚年的皈依宋诗派,更不能简单斥之为复古和倒退,由激进到保守的背后是对过于激进理路的反思。梁启超诗歌创作的“由新趋旧”,是20世纪变革期的一种屡见不鲜的文学史现象,带有相当的普遍性,值得深入研究。梁启超对宋诗派的皈依也反过来说明了诗界革命和同光体之间的鸿沟并非像人们想象的那么巨大。近代宋诗运动从规模和时间上来看要大于诗界革命,从19世纪80年代到民国时期,宋诗运动产生了持续不断的影响,而“诗界革命”被裹挟其中,正如文学史家所言:“而梁氏所期望的真正意义上的革命则根本就没有发生,他本人后期对诗歌的态度也向古典传统回归,向‘同光体’靠拢,更宣告了这一‘革命’的结束[①]。”

① 章培恒,骆玉明:《中国文学史》(下),复旦大学出版社,2004年版,第587页。

第二节 南社与宋诗派——以1917年唐宋诗之争为中心

南社成立于1909年，以反清为宗旨，是一个“传统的民间的文学社团，并带有相当浓厚的地域色彩，其对革命的热情要远远高于对文学的热爱[①]”。南社可谓清末民初声势最浩大的一个文学社团了，然而导致南社解体的，却是一场关于宗唐/宗宋的诗学论争。以往的研究，基本上是将南社作为进步、宋诗派作为保守一方来加以论述，本文拟从对等的视角来重新评价这一场轰轰烈烈的诗学论争[②]。

让我们先来简单回顾南社内部唐宋诗之争的经过吧。

南社在成立之初就存在着宗唐和宗宋的分歧，但这种内在矛盾一直处于潜在状态，并未公开化。直到1914年，柳亚子发表《论诗六绝句》，批评宋诗派与其他学古诗派，矛盾才开始激化：“郑、陈枯寂无生趣，樊、易淫哇乱正声。一笑嗣宗广武语：而今竖子尽成名。”柳亚子对宋诗派的激烈抨击，埋下了几年后南社内部唐宋诗之争的伏笔[③]。

1916年1月26日，姚锡钧，一位毕业于京师大学堂、和宋诗派有着学缘关联的年轻诗人，开始在《民国日报》连载诗话，盛赞郑孝胥、陈衍、陈宝琛以及赣派诗人陈三立：“同光而后，北宋之说昌，健者多为闽士，如海藏、石遗、听水诸家，以及义宁陈散原。其人生平可以勿论，独

---

① 栾梅健：《民间的文人雅集——南社研究》，上海：东方出版中心，2006年版，第60页。

② 关于南社唐宋诗之争问题，可参见周薇：《同光体与唐宋诗之争》，《江海学刊》，2006年第5期。周文不涉及具体论争细节，主要从理论上阐述；叶帮义、余恕诚：《20世纪的“唐宋诗之争”及其启示》，《安徽师范大学学报》，2005年第2期。该文亦为理论文章。

③ 柳亚子：《磨剑室诗词集》，人民文学出版社，1985年版，第215页。

论其诗,则皆不失为一代作者矣①!"

同年8月8日,傅熊湘②在《长沙日报》连续发表诗话,分析陈三立诗的艺术特点,其矛头直指柳亚子:"亚子《论诗六绝句》,于湘绮、郑、陈、樊、易及当代诸人,一笔抹倒,而独推闻人林述庵。亚子倡唐诗者也,以海内竞尚陈散原,且山谷而不讲,安望少陵?亚子宗唐之说益孤掌矣③!"由此可见,柳亚子的申唐黜宋引起了南社内部宗宋诗人的不满,从而引发了原本潜伏于南社内的唐宋诗之争。之后双方论战逐渐升级,火药味也越来越浓。8月23日,姚大慈发表诗叙,自述由学唐而学宋的经过,称誉陈三立的七律源于江西诗派,而又自成一家:"……辛亥秋,始于广州睹《散原精舍诗》,隽峭沉郁,平生所未曾见,遂尽弃其学而学焉④。"傅熊湘和姚大慈的文章,足以说明民初宋诗派影响广泛,这也是柳亚子等南社宗唐派诗人所不能容忍的。

吴虞⑤的加入,标志着论争的升级。1916年11月17日,吴虞发

---

① 湘君:《赭玉尺楼诗话》,《民国日报》,1916年1月26日,转引自杨天石、王学庄编著《南社史长编》,北京:中国人民大学出版社,1995年版,第412—412页。

② 傅熊湘(1884—1931):初名德巍,字声焕;更名専,又更名熊湘,字君剑,号钝根。湖南醴陵人。光绪二十三年(1906年)与同乡宁调元赴上海,共创《洞庭波》杂志,又办《竞业旬刊》,抨击清廷,鼓吹革命。次年返湘,任教中学。为南社早期成员。辛亥革命后,在湘主办《长沙日报》,兼执教师范学校。1916年任《长沙日报》主编。1920年后,任湖南省长署秘书,省议员。1924年,因与柳亚子所发起的新南社宗旨有异,另组"南社湘集",任社长,主编《南社湘集》五期。梁淑安主编:《中国文学家大辞典·近代卷》,第440页。

③ 废雅:《说诗一昔话》,《长沙日报》,1916年8月8日—9日,转引自杨天石、王学庄编著《南社史长编》,第426页。

④ 姚大慈:《愿陆沈室诗自叙》,《长沙日报》,1916年8月23日。转引自杨天石、王学庄编著《南社史长编》,第412—427页。

⑤ 吴虞(1872—1949),原名姬传,二十一岁时改名虞,字又陵,别署爱智、爱智庐主人等。四川新都人。戊戌变法后开始接触新学。光绪三十一年(1905年),赴日留学。从1916年开始,在《新青年》上发表著名社论,批判封建礼教。1917年入南社。1921年受聘为北京大学教授。1923年加入新南社。1926年后在四川大学等校任教。著有《秋水集》、《吴虞文录》、《吴虞文续别录》等。梁淑安主编:《中国文学家大辞典·近代卷》,第181—182页。

表文章声援柳亚子:“上海诗流,几为陈、郑一派所垄断,非得南社起而振之,殆江河日下矣[①]。”吴虞是时并非南社中人,但却率先响应柳亚子对宋诗派的批评,使得此时孤立无援的柳亚子欣喜若狂,极力要拉其入社,以壮大社内宗唐派的力量。“上海诗流,几为陈、郑一派所垄断,非得南社起而振之,殆江河日下矣”道出了柳亚子的心声。声势日隆的宋诗派无疑是以诗坛主流自居的南社的最有力的对手,这是柳亚子等向宋诗派发难的重要原因。

与此同时,南社内部的宗宋派诗人继续发表文章,表达对宋诗派成员的敬慕之情。11 月,与宋诗派交谊颇深的南社诗人诸宗元在其诗作中表达了对宋诗派领袖郑孝胥的倾慕之情[②]。12 月 9 日,姚锡钧继续发表诗话,驳斥吴虞对陈三立诗的批评:“成都吴又陵邮示所著《秋水集》一卷。又陵诗宗中晚唐,论诗不主西江,尤诋今之为宋诗者,颇与亚子同调,而与余意微相左。然其诗故清超绵丽,尽脱恒蹊也。……又陵又有《题散原精舍诗后》云:‘宗派西江几废兴,诗流标榜信难凭。玉珧终恨生风病,浪拟涪翁恐未能。’此议伯严诗亦有是处,而未尽然。伯严诗高者沉雄恣肆,殆摩昌黎之垒,而少变其蹊径;惟微病琐碎,则过于好奇之病耳[③]。”此时的论争尚属诗学旨趣的争论,双方都比较冷静。宗宋派诗人既赞颂了陈三立等人的创作,也指出了其创作上的缺憾。

吴虞对柳亚子的支援,极大地鼓舞了柳向宋诗派宣战的信心。1917 年 1 月 19 日,柳亚子致函吴虞,陈述提倡唐音,反对宋诗的一贯

---

① 吴虞:《与柳亚子书》,《民国日报》,1917 年 11 月 17 日 ,转引自杨天石、王学庄编著《南社史长编》,第 434 页。

② 《南社丛刻》第十九集,转引自《南社史长编》,第 435 页。

③ 湘君:《赭玉尺楼诗话》,《民国日报》,1916 年 12 月 19 日,转引自《南社史长编》,第 437 页。

主张,引吴虞为同调,动员他加入南社[①]。吴虞当时已是思想界著名的反封建斗士,吴虞的支援,使柳亚子深感"吾道不孤",增强了柳亚子反击宋诗派追随者的信心。以上足见:南社内部宗宋势力强劲,柳亚子也感到了压力并试图振衰起弊,这是他援吴虞入社以壮大声势的主要意图。吴虞诗歌宗唐,被柳亚子引为同调。随着吴虞的加盟,南社内部宗唐势力得到加强,沉默已久的柳亚子开始反击。以此为界,南社内部的宗唐宗宋之争渐趋白热化。

1917 年 3 月 11 日,南社社员胡先骕写信给柳亚子,恭维宋诗派,愈发激起柳亚子对宋诗派的不满。他在《民国日报》新辟的《文坛艺薮》栏发表胡先骕诗作二首,同时尖锐批判宋诗派:"诗派江西宁足道,妄持燕石砥琼琚。平生自有千秋在,不向群儿问毁誉。""分宁茶客黄山谷,能解诗家三昧无?千古知言冯定远,比他嫠妇与驴夫[②]。"以胡先骕的信为导火索,矛盾迅速激化,隐忍已久的柳亚子以近乎谩骂的口吻严厉斥责宋诗派及其追随者。6 月 28 日—29 日,柳亚子继续发表文章,激烈批评了闻野鹤等人对宋诗派的鼓吹,指出:"国事至清季而极坏,诗学亦至清季而极衰。郑、陈诸家,名为学宋,实则所谓同光派,盖亡国之音也。民国肇兴,正宜博综今古,创为堂皇矞丽之作,黄钟大吕,朗然有开国气象,何得比附妖孽,自陷于万劫不复耶!其罪当与提倡复辟者同科矣!……政治坏于北洋派,诗学坏于西江派。欲中华民国之政治上轨道,非扫尽北洋派不可;欲中华民国之诗学有价值,非扫尽西江派不可。反对吾言者,皆所谓乡愿也[③]。"柳亚子此文,标志着唐宋诗之争的升级。将同光体斥为"亡国之音"、"妖孽",表明论争已超

---

① 吴虞:《吴虞日记》,1917 年 3 月 5 日,四川人民出版社,1986 年版。

② 柳亚子:《妄人谬论诗派,书此折之》,《民国日报》,1917 年 3 月 11 日,转引自《南社史长编》,第 443 页。

③ 《民国日报》,1917 年 6 月 30 日—7 月 3 日,转引自《南社史长编》,第 451—452 页。

出一般意义的诗学论争而带有更多的政治色彩。7月9日，朱鹓雏发表《平诗》一文，针锋相对地驳斥了柳亚子目宋诗派为“亡国之音”的说法，正面肯定宋诗派的价值[①]。7月10日，柳亚子发表《论诗五首》，回答姚锡钧，继续鼓吹唐音[②]。7月31日，朱玺在《中华新报》发表《论诗斥柳亚子》，赞誉郑孝胥、陈三立诗，嘲笑柳亚子不识诗坛派别：

当年派别未分明，扪烛原来是一盲。如此厚颜廉耻丧，居然庸妄窃诗盟。

海藏翛游自俊流，散原诙怪亦无俦。竖儿枉自矜蛮性，螳臂当车不解羞。

连篇累牍说优倡，丑煞人前唤阿郎。若使陆冯真有眼，肯将异昧请君尝。

华冈月夜狗声豪，撼树蜉蝣笑尔曹。万古江河原不废，区区蝘蜓漫相嘲。

毛瑟三千意有余，比肩并起尚难如。可怜寸步须提掖，尚说横磨事远图。

笑煞纷纷貉一邱，囚形废物尽同俦。井蛙也学谈天士，我为风骚一代愁[③]。

唐宋诗之争渐成意气之争，敌对双方极尽谩骂之词。“如此厚颜廉耻丧，居然庸妄窃诗盟”，恐怕是最能激怒柳亚子的语言。年少气盛

① 朱鹓雏:《平诗》,《民国日报》,1917年7月9日,转引自《南社史长编》,第457页。

② 柳亚子:《论诗五首答鹓雏》,《民国日报》,1917年7月10日,转引自《南社史长编》,第458页。

③ 朱玺:《论诗斥柳亚子》:《中华新报》,1917年7月31日,转引自《南社史长编》,第462页。

的柳亚子本以诗坛盟主自许,姚锡钧的讽刺激怒了柳亚子。柳亚子盛怒之下作出了驱逐姚出社的决定。唐宋诗之争达到了高潮。

8月1日,柳亚子以南社主任名义,布告驱逐朱鸳雏出社。8月7日,成舍我反对柳亚子驱逐朱玺,发表致南社社员公启,宣称"似此专横恣肆之主任,自应急谋抵制①"。8月8日,柳亚子发表《报成舍我书》,说明文章、品节不能判然两途,自己憎恶陈三立、郑孝胥的为人,也憎恶他们的诗作;要成舍我断绝和朱玺的关系,否则,将同样受到驱逐②。8月11日,柳亚子以南社主任名义发表紧急布告,逐成舍我出社③。8月19日,成舍我继续发表《答客问》,声言"人人有天赋之权","诗宗何派,任人自由,干涉之者必反对之④。"论争逐渐溢出了诗学的范围,变成了对南社领导权的争夺。双方各以《民国日报》和《中华新报》为阵地展开激烈交锋。

这场轰轰烈烈的唐宋诗之争,最终导致了南社的解体,这是论争双方所始料未及的。

值得一提的是,宋诗派成员并未将这场论争放在眼里。1917年的《郑孝胥日记》中,可以见到两字条关于南社的记载:"上海有南社者,以论诗不合,社长曰柳弃疾,字亚子,逐其友朱鸳雏。众皆不平,成舍我以书斥柳。又有王无为《与太素论诗》一书,言柳贬陈、郑之诗,乃不知诗也⑤";"南社社友登报,举高吹万者为社长;柳弃疾以逐朱玺、成舍我事被放⑥。"沸沸扬扬的南社宗唐/宗宋之争,在郑孝胥这里被轻描淡写地一笔带过,而且是以宋诗派的大获全胜而收场。柳亚子等人在郑

---

① 《中华新报》,1917年8月7日,转引自《南社史长编》,第465页。
② 《民国日报》,1917年8月8日,转引自《南社史长编》,第466页。
③ 《民国日报》,1917年8月11日,转引自《南社史长编》,第469页。
④ 《中华新报》,1917年8月19日,转引自《南社史长编》,第488页。
⑤ 《郑孝胥日记》,1917年8月7日。
⑥ 《郑孝胥日记》,1917年9月2日。

孝胥这位诗坛宿将看来不值一驳。而在这则日记的前几天，他连篇累牍地记载了第一次世界大战双方的战况，此时的郑孝胥，关心的是政治时局，自不屑与后生晚辈在诗文上一争长短。

南社唐宋诗之争中，有几个人物和宋诗派都有渊源。其中姚锡钧毕业于京师大学堂。京师大学堂有一批宗宋的年轻诗人群，姚锡钧即为其中一员。而被柳亚斥痛斥为"江西派中一小卒"[①]的胡先骕，更是宋诗派的坚定追随者。此外，南社内部还有几个和宋诗派关系密切的人物。

诸宗元诗宗江西，与宋诗派成员郑孝胥、陈三立、沈瑜庆、陈衍、李宣龚、陈衡恪等交往密切。1914 年他在京参与了宋诗派诗人祭祀陈师道的活动。梁鸿志在《〈大至阁诗〉序》中谈到："余识贞长逾二十年。癸丑甲寅间，贞长官京师，见辄谈艺。又时时相聚饮博……贞长治诗垂四十年，不名一家而所诣与范肯堂为近。陈伯严、郑太夷、俞恪士、黄晦闻、夏剑丞、李拔可交口称之[②]。"诸宗元与夏敬观为至交，两人经常一同出现在郑孝胥的海藏楼中，时人称两人为"二妙"[③]。诸宗元属于南社中和宋诗派联系最密切的人物之一。

---

① 柳亚子：《与杨杏佛论文学书》，《民国日报》，1917 年 4 月 23 日，转引自《南社史长编》，第 446 页。

② 梁鸿志：《〈大至阁诗〉序》，《大至阁诗》，1934 年梁鸿志排印本。

③ 钱基博：《现代中国文学史》，第 246 页。

黄节[①]是清末民初著名的"岭南四家"之一。岭南诗风,自梁鼎芬后趋于宗宋。黄节曾是梁鼎芬的学生,多少也受到梁的影响,郑孝胥曾认为其诗风颇类梁鼎芬[②]。张尔田也认为黄节诗:"历宋之后山宛陵诸家,尽规其度。又浸淫于汉魏六朝古乐苑被声之诗[③]。"黄节和宋诗派成员陈三立、郑孝胥等都有交往,诗风也颇受宋诗派熏染,他也是1914年宋诗派发起的北京法源寺祭祀陈师道活动的参与者。1933年,黄节持诗稿就正于陈三立,陈读后至为叹服,欣然为其诗稿题词,后来还对人说:"吾早知晦闻能诗,而不知其诗功如此之深[④]。"而毕生服膺黄节、以弟子自称的吴宓,也谈到黄节诗风与陈三立的相似之处:"读先生(陈三立)辛丑以后数年诗,深感黄晦闻(节)《蒹葭楼诗》此时期所作之七律,殊与散原先生相似。知黄师服膺先生,特请评定并作序。其渊源有自矣[⑤]。"黄节与罗惇曧、诸宗元、黄濬等亦相交甚深。黄濬回忆到:"昔年余数过瘿庵兄弟所居四印斋,屡遇君。忆诸贞壮北居

① 黄节(1873—1935),原名晦闻,字玉昆,号纯熙;改名节,别署晦翁、黄史氏等。广东顺德人。曾师事简朝亮两年,又独居云林寺读书十年,学益精进。光绪二十七年(1901年)在广州与谢伯英等创办群学书社,以启迪民智。次年应乡试落第,与邓实至上海创办《政艺通报》,介绍西方文明。光绪三十一年,与邓实等创办国学保存会与《国粹学报》。光绪三十三年,主讲于两广优级师范学堂。宣统元年(1909年)入同盟会。次年入南社。1911年,与梁鼎芬等在广州办后南园诗社。武昌起义后,应聘任广东高等学堂监督。1912年与谢伯英在广州组织天民社,创办《天民日报》,主张伸民权。1917年后应蔡元培之聘,任教北大,讲授文学史及诗学。其间阎锡山聘其为山西教育厅长、王宠惠聘其为北洋政府国务院秘书长,均辞之。1928年一度出任广东教育厅长,旋辞职,复任教于北京大学。1929年兼任清华大学研究员导师。著有《蒹葭楼诗》二卷、《汉魏乐府风笺》十五卷、《鲍参军诗注》四卷、《谢康乐诗注》四卷、《曹子建诗注》二卷、《诗律》六卷、《诗学》一卷。参见秦孝仪主编:《中国近代史辞典——人物部分》,第321—322页,台北:近代中国出版社,1985年版。

② "过黄晦闻,示律诗二十一首,观其所为,盖学梁星海者也"。《郑孝胥日记》,第1513页。

③ 张尔田:《黄晦闻鲍参军诗注序》,《学衡》第二十七期。

④ 汪辟疆:《光宣以来诗坛旁记》,《汪辟疆文集》,第575页。

⑤ 吴宓:《读散原精舍诗笔记》,《吴宓诗话》,第284页。

时，亦与之相稔，颇检其缘情之作。贞壮诗出入晚唐盛宋，君则致力宛陵、后山至深，笔极刚峭，晚年多为五言古体，取径大谢……北都公园，静穆明瑟，朋侪中有长日浇茗聚坐之者，晦闻亦其一也[①]。”以上均可见黄节与宋诗派人物的交情。

诸宗元、黄节都是身隶南社但和宋诗派有着密切接触的诗人，《东方杂志》上也发表了他们为数不少的和宋诗派成员唱酬的诗篇，某种程度上成为南社唐宋诗之争的一个潜在的背景。1916 年 11 月，诸宗元发表诗作，叙述夜访郑孝胥情况，并称赞其论诗见解：

海云钦月凉生芒，栝竹影地森成行。马蹄蹴踏若翻水，但借损此寒琼光。

打门夜半撼邻睡，主人延客先下堂。兼旬再见已足喜，况能坐对秋宵长。

主人论诗得真理，近称米氏椎欧阳。上规韩白许永叔，出以简淡非寻常。

老颠落笔不局曲，意境往往齐苏黄。前闻沈侯语夏五，文字不可轻其乡。

此言当为水叔发，我意若合衡与量。嘉祐元祐在何世？纵有作者人谓狂。

明星耿天露作霜，我归所止神彷徨。人间俗论成嗤点，段拂岂果师元章[②]。

这首诗中的“沈侯”指沈曾植，“夏五”指夏敬观，都是宋诗派的主

① 黄濬：《花随人圣庵摭忆》，山西古籍出版社、山西教育出版社，1999 年版，第 52 页。

② 诸宗元：《夜过海藏楼，归纪所语，简太夷并示拔可》，《大至阁诗》，民国二十三年铅印本。

要成员。而此诗题为《夜过海藏楼,归纪所语,简太夷并示拔可》,一首诗中就提及了四位宋诗派的重要成员,足见诸宗元与宋诗派人物过从之密。此诗也成为唐宋诗之争中"煽风点火"的成分。

南社从成立之初就存在着宗唐宗宋的矛盾,何以在 1917 年左右酿成规模浩大的一场论争呢?早在 1909 年的南社第一次雅集中,柳亚子就和庞檗子、蔡哲夫就唐宋诗问题展开了激烈争论[①]。之后断断续续地,南社内部不断有人发表宗唐或宗宋的意见,然而这些争论都被控制在一定范围之内,属于正常的文学观念的分歧——1917 年的这场论争却掀起了层层波澜。

重新梳理这场论争,引人注目的是吴虞、胡适的介入。在这场论争中有两个关节点不容忽视,一为吴虞致柳亚子信对柳的刺激;一为胡适发表于《新青年》上的致陈独秀信对柳的刺激。这双重刺激导致了矛盾的总爆发。

1916 年 11 月 17 日,吴虞在致柳亚子信中谈到:"不佞常戏说近人急于求名,而又惮于苦学,故托宋派以自救,犹言古文者之必假借桐城以装点门面。而去年《东方杂志》,陈石遗居然以数人冒《海内诗录》之名,得毋过夸!其录中诸人之诗,求能如黄季刚、叶茌渔之一二者且不可得,况海内作者之众乎?上海诗流,几为陈、郑一派所垄断,非得南社起而振之,殆江河日下矣[②]。"在爆发于南社内部的唐宋诗之争中,吴虞的出现是一个关键的因素,而吴虞的这段话,是促使柳亚子下决心向宗宋势力开战的导火索。吴虞信中谈到了《东方杂志》上陈衍主持的《海内诗录》。如前文所述,《海内诗录》当时主要发表宋诗派的作品,是宋诗派发表诗文的一个主要空间。吴虞的言语充分说明当时

---

① 栾梅健:《民间的文人雅集——南社研究》,第 64 页。

② 吴虞:《与柳亚子书》,《民国日报》,1917 年 4 月 28 日,转引自《南社史长编》,第 434 页。

《海内诗录》有相当大的影响，而吴虞对《东方杂志》诗文一栏控制在宋诗派的手中也深所不满。除吴虞外，另一位南社诗人闻野鹤[1]也谈到："如某君以石遗《海内诗录》为庸妄自恣，冒窃天下。夫《诗录》之成，容有未当，至谓庸妄冒窃，则未免失言。况天下者，天下之天下，虽非石遗之天下，亦非某君之天下，还愿与天下共论之[2]。"两人都谈到了《海内诗录》，且认为这一栏目是陈衍主持的。

吴虞信中谈到的"上海诗流"和闻野鹤谈到的"天下"，不妨理解为文学场域，而唐宋诗论争的实质，是文学场域内力量的角逐。南社成立于 1909 年，到 1916 年时，成员已经发展到 800 多人，但南社一直是"民间的文人雅集"，无法进入文坛主流，获得一种身份的"合法化"。而像《东方杂志》这样重要的媒体，始终被宋诗派盘踞，这也是南社领袖柳亚子等人所焦虑的。另一位南社成员王无为也谈到："仆非必以陈、郑之诗为一代诗宗，数此日之诗家，试问海内能有几人？故论诗不得不推尊陈、郑。至谓陈、郑之诗，久成不刊，征诸此日报纸、杂志，何在非陈、郑之诗？即在柳亚子极诋其无价值，亦知其得名已三十年[3]。""征诸此日报纸、杂志，何在非陈、郑之诗？"的话语，传达出宋诗派在民初有着巨大影响，宋诗派作品通过报纸期刊得到了极大传播，引起了广泛关注。柳亚子的"岂竟无一人能摩陈、郑之垒而夺其鏊弧者耶？"也体现出这是一场文学场域内两股力量的碰撞[4]。

一方面宋诗派盘踞了主流媒体，一方面南社内部又不断有人向宋诗派频送秋波，甚至想另立山头，柳亚子怎能无动于衷？吴虞所言"上

---

① 闻野鹤：原名宥，1901 年生于松江，自幼聪慧，工诗文词。1917 年 4 月加入南社。

② 闻野鹤：《惘簃诗话》，《民国日报》，1917 年 6 月 24 日，转引自《南社史长编》，第 449 页。

③ 王无为：《与野鹤书》，《中华新报》，1917 年 8 月 15 日，转引自《南社史长编》，第 484 页。

④ 柳亚子：《与杨杏佛论文学书》，《民国日报》，1917 年 4 月 27 日，转引自《南社史长编》，第 446 页。

海诗流,即为陈、郑一派所垄断”正是柳亚子所忧虑的。之所以引而不发,时机不成熟而已!因此柳亚子于1917年1月19日致函吴虞,除表达钦慕之意外,更诉说了自己的苦衷:

> 弟自年少时,颇有高世之态,薄郑、陈为今之钟、谭,窃以陈卧子自比,思欲振衰起敝,一洗其众咻之习。乃自结社以来,俗尘万斛,搧挡不尽,几至废书弗读,而社格亦日渐卑下,无复曩世隽上之音。中夜以思,汗下如雨。今读先生所言,知于曩时持论,若合符节。窃情吾道不孤,私以入道为请,甚以先生不弃鄙陋,惠然肯来,则拔帜树帜,可以助我张目,万幸万幸[①]!

在回复吴虞的信中,柳亚子谈到了之所以没有回应宋诗派挑衅的原因:一是社务繁忙,无暇顾及;二是势单力孤,无力反击。真正重要的恐怕还是后者,这也反过来说明宋诗派在民初的强大。而柳亚子为何“中夜以思,汗下如雨”呢?原来柳亚子年少时“颇有高世之态”、“窃以陈卧子自比,思欲振衰起敝,一洗其众咻之习”,而现在却囿于俗务,不能担负起诗坛振衰起敝的重任。吴虞的“上海诗流,几为陈、郑一派所垄断,非得南社起而振之”,分明是在提醒柳亚子的文学责任。吴虞的危机意识警醒了柳亚子,“革命尚未成功,同志仍须努力”。南社虽人员众多,但正如柳亚子所意识到的,“社格亦日渐卑下”,身为主盟者不得不有所警醒。正如学者指出的那样:“由于尊宋派的势力在潜移默化地扩大,柳亚子不得已把这场论争公开化了[②]。”宗宋势力扩大到

① 《吴虞日记》,1917年3月5日,四川人民出版社,1986年版。
② 陈伯海、袁进主编:《上海近代文学史》,上海人民出版社,1993年版,第202页。

了什么程度呢？大到居然有人想在南社内部另立一派："举诣贞长、黄晦闻诸家，就吾所信崇者而言。既知南社为集合体，途径甚广，门户甚宽，则西江诗派是否为途径之一途，门户之一户？社中不尽信服北宋则有之，若仆之所举者，自无异议。诸贞长、黄晦闻素从海藏、散原游，得力甚巨，将来自可传世。曩庞檗子未死，曾拟与姚鹓雏、刘季平等另立一社，以避南社之杂遝。林亮奇、林浚南，琴南翁族人，可承家学[①]。"另立山头的想法早就有了，另开门户的主要人选也拟定好了，既有和郑孝胥、陈三立交往甚密的诸宗元、黄节，也有和宋诗派有着地缘、亲缘关系的林景行、林庚白，而且这是庞檗子等人早就盘算好了的。也就是说，即使没有 1917 年的这场争论，南社迟早也会派中有派，被拆得七零八落。

柳亚子长时期的容忍与沉默，也间接说明了南社内部宗唐者的势单力孤，因此吴虞的支援让柳亚子喜出望外。吴虞当时已是思想界著名的反封建斗士，和陈独秀在《新青年》上就新旧道德问题展开讨论。吴虞的支援，使柳亚子深感"吾道不孤"，增强了其反击宋诗派的信心。因此吴虞的致柳亚子书是南社宗唐/宗宋论争中的极为重要的一个环节。从中亦可获悉这场论争的内在动因是文学场域之争。

而胡适作为新文学者的介入，对这次论争也有着非同小可的意义。在论争进入白热化的 1917 年 4 月 23 日，柳亚子致书社员杨铨，告诉他曾以两诗回报胡先骕，表示不同意胡适对南社的批评，讥笑胡所作白话诗为"笑话"。他认为"形式宜旧，理想宜新"，盛赞吴虞的诗"风格学盛唐，而学术则宗卢（梭）、孟（德斯鸠）"，推为"诗界革命"的"健者"："胡适自命新人，其谓南社不及郑、陈，则犹是资格论人之积

① 朱鹓雏：《致妄人柳亚子》，《中华新报》，1917 年 8 月 10—12 日，转引自《南社史长编》，第 473 页。

习。南社虽程度不齐,岂竟无一人能摩陈、郑之垒而夺其鳌弧者耶[①]?”柳亚子所指,是《新青年》杂志于1916年10月1日发表的胡适致陈独秀书,信中说:“尝谓今日文学已腐败极矣。其下焉者能押韵而已矣。稍进,如南社诸人,夸而无实,滥而不精,浮夸淫琐,几无足称者(南社中间亦有佳作,此所讥评,就其大概言之耳)。更进,如樊樊山、陈伯严、郑苏龛之流,视南社为高矣,然其诗皆规摹古人,以能神似某人某人为至高目的,极其所至,亦不过为文学界添几件赝鼎耳[②]!”胡适对南社和宋诗派都有批评,但在他看来,宋诗派诗人的水平要高于南社。胡适当时是留学美国的年轻学生,柳亚子想不到南社竟和宋诗派被相提并论。尤其不能容忍的是,在留学生眼中南社要逊色于宋诗派,“如樊樊山、陈伯严、郑苏龛之流,视南社为高矣”这句话,深深刺痛了年少气盛的柳亚子。1917年7月6日,他再次提及胡适的话:“至其数当代作者,则亦曰郑、陈、樊、易而已。故仆尝诮为名为革命,实则随俗无特识。”直到时过境迁的20年后,在一封信中他再次提到:“然而,像胡适之博士论南社,以‘淫滥’两字一笔抹杀,反而推崇海藏(郑孝胥)之流,我自然也不大心服[③]。”可见柳亚子对胡适的那段话是多么耿耿于怀了!因此,吴虞和胡适的两封信在南社唐宋诗之争起到了推波助澜、激化矛盾的作用,而细读这两封信,起码可以得出两个结论:宋诗派力量在民初异常强大,是南社最有力的对手;这场论争的实质是文学场域之争,即关于文坛主盟权的争论。至于柳亚子在论战中将文学和政治捆绑在一起,只是一种策略罢了。

就诗歌而言,在1917年的文学场域里,存在着三股力量:雄霸诗

---

① 柳亚子:《与杨杏佛论文学书》,《民国日报》,1917年4月27日,转引自《南社史长编》,第446页。

② 本文作于1916年8月21日,载1916年10月1日《新青年》二卷二号。

③ 曹聚仁:《南社巨子柳亚子》,《文坛三忆》,北京:三联书店,1999年版,第179页。

坛已久的宋诗派；方兴未艾的南社；正在萌生的白话诗派。宋诗派的问题在于“法久弊生”，以陈三立、郑孝胥为师法对象，难免有愈趋愈下之势；南社的问题在于鱼龙混杂、水平参差不齐。且辛亥革命后，南社的政治使命已告终结，内部矛盾浮现，愈演愈烈的南社领导权之争即是这种矛盾的呈现。白话诗就是在这种形势下出现，且当南社内讧不断之际，宋诗派又从未将文学当作很重要的事情，难怪新文学浮出水面之际，几乎没有遭遇到有力的抵抗。

在这场论争中，还有一个地方值得注意，就是柳亚子频繁使用“江西派”、“陈、郑一派”等语汇。这充分说明，在柳亚子看来，以陈三立、郑孝胥为核心形成了一个事实上的文学群体。而这个文学群体，在1916—1917年间，依然发挥着较大影响。作为旁观者的柳亚子，实际上提供了一个“局外人眼中的网络[①]”。又如吴虞等人看来，在《东方杂志》“海内诗录”上频繁发表诗作，尤其与陈三立、郑孝胥、陈衍核心人物唱和，就被视为“陈、郑一流”。在文学史上因当事人不认账而无法确定其群体身份的现象屡见不鲜，这是关于文学群体/社团的研究经常遇到的问题。而这种“局外人眼中的网络”，对界定某一特定群体起到了至关重要的作用。这场论争无形中又提供了一个旁观者的视角，无论柳亚子还是吴虞，认为存在着事实上的宋诗派“群体”——而这个群体，才是他们的真正对手。

宋诗派在20世纪初期依然有着较大影响，不仅昔日“诗界革命”的健将梁启超辛亥革命后受到宋诗派的影响而日趋宗宋、和宋诗派人物互相唱和，以年轻诗人为主的南社同样有大批宋诗派的追随者。柳亚子等南社成员向宗宋派诗人发难的背后，是民初诗坛依然笼罩于宋

---

① 这里借用萧邦奇分析沈定一时所采用的视角，参见[美]萧邦奇:《血路——革命中国中的沈定一(玄庐)传奇》，南京:江苏人民出版社，1999年版，第255页。

诗派的影响之下。论争折射出了柳亚子等文学新生势力的焦虑:宋诗派这个清季最大的古典诗派为何在民初依然发挥着如此大的影响力?1945年的柳亚子不得不承认:“辛亥革命总算成功了,但诗界革命是失败的。梁任公、谭复生、黄公度、丘沧海、蒋观云……的新派诗,终于打不到郑孝胥、陈三立的旧派诗,同光体依然成为诗坛的正统[①]。”

诗界革命并未打到宋诗派,南社何尝打到宋诗派?南社在唐宋诗之争后趋于解体,《东方杂志》“文苑”一栏却依然是宋诗派的天下。

第三节 学衡派与宋诗派

比起“诗界革命”派和南社,学衡派属于一个更年轻的诗人群体,和前两者有所不同,他们是在新文学占据主导地位的文学场域中产生出来的。有意味的是,学衡派的两位主将中,吴宓是“诗界革命”的忠实信徒,胡先骕曾经是南社成员,而他们两位,又都和宋诗派有着斩不断、理还乱的复杂纠葛[②]。

① 《柳亚子的诗和字》,《人物》1980年第1期。

② 一位学者早就注意到了学衡派和宋诗派之间的精神渊源:“新文学运动掀起后,与之作最顽强抗争的,就是同光体诗人。当时胡先骕等以《学衡》为阵地,与胡适进行文学论争。他们维护旧文学,认为旧文学尚有相当价值而不能为新文学所取代者,就诗歌而言便竭力推尊同光体”。见马卫中:《光宣诗坛流派发展史论》,苏州大学出版社,2000年版,第199页。

一、吴宓与宋诗派

吴宓[①]诗歌观念受其姑丈陈涛影响甚大。陈涛,字伯澜,肄业于泾阳味经书院,后入康有为门下,1913 年与于右任等创办中国图书公司,任总经理。存有《审安斋遗稿》,吴建寅(吴宓父)、康有为为其遗集所作序。[②] 陈涛与康有为、柯绍忞、丁惠康、狄葆贤、丘逢甲、于右任、李岳瑞、宋伯鲁等诗坛名流均有交往[③]。陈涛甚不满于当时风行一时的宋诗派,在其诗集序言中,谭寿堃谈到:“建国以来,时贤遗髦承清季之余韵,振江西之逸响。京国士夫,凡号为能诗者,群以宋诗为标志。其为之而最工者,窈窕幽洁,扬之若夏蝉,抑之若秋蛩,往复委婉,意态绵邈,斯诚宋诗之极观也。然按其体质,加以品藻,抑以变体之桐城文而已。谓之诗则殆有间风气时会之所趋。时流唱和,非是几无以与于作者之列。觇国者岂无得无慨乎?三原陈君之诗,浸淫乎唐而出入汉魏,所为五七言近体,博厚精严,其品性格律一以唐人为宗[④]。”谭寿堃为陈涛好友,他的这段话颇能代表陈的诗学思想。吴宓也说:“姑丈为诗,取法盛唐,直学工部,参以玉溪。生平雅不喜宋诗,晚年偶为之,仍

---

① 吴宓(1894—1978),原名玉衡,后改名曼陀,又改宓,字雨僧。1910 年考取留美资格,入清华学校就读。1917 年赴美,就读弗吉尼亚大学。1918 年暑假,转入哈佛大学文学院比较文学系,师从美国文学批评家白壁德。归国后历任东南大学、东北大学教授、清华国学研究院主任和外语系教授等。1930 年赴欧洲游学。1922—1933 年间,兼任《学衡》杂志总编、《大公报·文学副刊》编辑。1938 年以后,执教于西南联合大学、武汉大学。1962 年调入西南师范学院。

② 吴宓:《吴宓自编年谱》,三联书店,1995 年版,第 133 页。

③ 《审安斋遗稿》中有《和丁叔雅日本留别诗》、《和平等阁主人》、《赠丘仓海》、《和丘仓海南园留别诗》、《题彭刚直公所画梅花呈祝康南海师生日》、《寄题于右任照相》、《辛酉九月康南海夫子沪上新居落成驰诗命和衰病因循至于经年上月乃步原韵寄呈愧未工也》等诗。陈涛:《审安斋遗稿》,民国十二年刻本。

④ 陈涛:《审安斋遗稿》,民国十二年刻本。

不类[①]。”从中可看出陈涛诗风以宗唐为主,杂以汉魏,深薄当时文坛盛行的宋诗。

吴宓称其姑丈“教养恩深父与师[②]”,不仅思想深受陈涛影响,诗歌创作也继承了姑丈的衣钵,“予少学诗于三原陈伯澜姑丈(涛)[③]”。陈涛的喜好也深深影响了吴宓。陈涛不喜宋诗,吴宓则终生对宋诗没有好感:“近世中国之以旧体诗鸣者,率皆宋诗,且姝姝于江西诗派。陈石遗为《近代诗钞》,唐诗长庆体盖弃不录。窃谓此实诗界之蹇运,亦中国衰亡之征。旧诗为人攻诋,夫岂无故?”[④]吴宓持明显的扬唐抑宋的立场,而“窃谓此实诗界之蹇运,亦中国衰亡之征”的见解也让人听起来耳熟,这是比他年长一些的南社主帅柳亚子批驳同光体诗人的主要论点。

然而吴宓与宋诗派的渊源又着实不浅。吴宓结识陈三立之子陈寅恪,系经由俞大维[⑤]。俞大维是俞明颐之子、俞明震之侄、陈寅恪的姑表兄弟。1915年,俞明震在京任肃政史期间,曾弹劾甘肃将军张广建,而吴宓父吴建寅因张广建弹劾而被软禁。俞明震弹劾张广建,对吴宓营救其父有所帮助[⑥]。俞明震与吴宓姑丈陈涛的好友李岳瑞有深交。有了这层渊源,吴宓与俞大维一见如故。俞大维的父亲俞明颐,曾任商务印书馆董事,和郑孝胥、陈三立等多有交往,吴宓曾于1921年8月在上海谒见[⑦]。俞大维娶陈寅恪之妹俞新午,又为陈三立之女

---

① 吴宓:《吴宓诗话》,第260页。

② 吴宓:《长寿寺禫祭追怀伯澜姑丈》,《吴宓诗集》,商务印书馆,2004年版,第144页。

③ 吴宓:《吴宓诗话》,第259页。

④ 同①。

⑤ 俞大维(1898—1993),浙江绍兴人。著名数理逻辑家。曾任国民政府兵工署长、交通部长,台湾“国防部长”。

⑥ 《吴宓日记》1915年4月5日记有:“是日报载:前纠劾张广建之肃政史,乃俞明震君也”。见《吴宓日记》,北京:三联书店,1998年版,第424页。

⑦ 吴宓:《吴宓自编年谱》,第194页。

婿。俞大维多次称道其姑表兄陈寅恪，吴宓极为倾慕。1919 年 1、2 月之交，陈寅恪由欧洲来到美国，俞大维为吴宓引见，从此吴、陈成为至交。吴宓 1921 年曾于上海拜见陈三立，报告陈寅恪在美国的情况，陈三立甚为感伤，谓无钱寄给陈寅恪，使他在外国受苦[①]。

陈寅恪曾忠告吴宓："大约作诗能免滑字最难。若矫此病，宋人诗不可不留意。因宋人学唐，与吾人学昔人诗，均同一经验，故有可取法之处[②]。"此段话颇能说明陈寅恪源自家学的诗歌主张，由宋入唐、善学唐者莫若宋，正是近代宋诗派的诗学门径。在陈寅恪看来，吴宓诗的问题主要在于浮滑，而矫正的办法就是学作宋诗。吴宓深服陈寅恪的见解，但感情上总与宋诗有所牴牾。只有到了晚年，经历了政治的风风雨雨，吴宓才逐渐从陈三立和郑孝胥的诗中读出了一些感受。而他在《学衡》时期的合作伙伴胡先骕，却早在几十年前就倾心于宋诗派。

二、江西派中一小卒：胡先骕

"步曾述其为诗经历。自言旧学甚浅，游学美洲日，仅携近人陈三立、郑孝胥诗在行箧中。治校课小间，辄吟讽之，以是稍好为诗[③]。"这是黄侃[④]对好友胡先骕的描述。被柳亚子称为"江西派中一小卒"的胡

① "按宓于辛酉八月(1921)始谒先生于上海威赛路俞宅。(始宓甫由美国回沪，故特谒先生及俞寿丞先生，报告寅恪、大维二三年同学情形，及二君平安等事。)先生即深为伤叹，谓无钱寄与寅恪，使其困居外国云云。"《吴宓诗话》，第 290 页。

② 陈寅恪：《雨生落花诗评(民国十七年六月)》，《吴宓诗集》，第 14 页。

③ 黄侃：《黄季刚先生手写日记》，台北：学生书局，1977 年版，第 123 页。

④ 黄侃(1886—1935)，字季刚，又字梅君、禾子、季子、季康，别署量守庐主人等。湖北蕲春人。1913 年任北京大学教授。1916 年创办《国故》月刊。1923 年 7 月任佛教暑期讲习会讲员。1926 年起再任北京大学教授。从 1927 年起，历任东北大学、金陵大学国文教授，中央大学国文副教授。能诗善文，尤精经学、音韵、文字、训诂之学。著有《量守庐诗集》、《量守居士词集》、《量守庐日记》、《文心雕龙札记》、《说文古韵》、《尔雅略说》等。见梁淑安主编：《中国文学家大辞典·近代卷》，第 391—392 页。

先骕也是学衡派的主将。

胡先骕(1895—1968),字步曾,号忏庵,江西新建人。1909年9月考入京师大学堂预科,1912年考取江西省教育司赴美留学生,1913年2月赴美,入加州柏克莱大学农学院森林系学习森林植物学。1914年与胡适、任叔永、赵元任、杨杏佛等共同发起成立“中国科学社”,并于次年创办《科学》杂志。1916年,胡先骕获植物学硕士学位后回国,被聘为江西庐山森林局副局长。1922年1月与吴宓、梅光迪等共同创办《学衡》杂志。1923年,南京高等师范学校并入国立东南大学,胡先骕出任生物学系主任。同年秋,再次赴美,入哈佛大学,攻读植物分类学博士学位。1925年获得博士学位回国,先后执教于东南大学、北京大学、中国大学等,组建静生所,成立中国植物学会,是中国现代植物学科的开拓者和奠基者。1940年10月,胡先骕出任国立中正大学校长。1944年6月辞职,此后专事学术研究。胡先骕著有《忏庵诗稿》。他诗风宗宋,与夏敬观、杨增荦同为近世江西诗人中的佼佼者①。

胡先骕在20世纪文坛上是一个有着多重文化身份的人物。他曾隶属于南社、学衡派,又和宋诗派关系密切。身为留学生的胡先骕可以说是宋诗派的不遗余力的鼓吹者。胡先骕为沈曾植弟子,曾有一段话追忆其和沈曾植交往的经过:

余九岁丧父,十一岁甲辰春服阕,先母命赴童子试观场,时县试已过,乃赴府试。时知南昌府事者为浙江嘉兴沈乙庵

---

① 王揖唐:“新建胡步曾先骕七律如《宿小九华山九华禅院》拗折如意,双井遗音。七绝如《安远道中》:谷转溪回草树昏,经行尽日不逢春。前山雨过云犹湿,百道风泉并一喧。《郊游》云:樱桃作花晴渐稳,野雉出林风正高。胜日作间饶静趣,息心亭畔听松涛。则又合坡、谷为一手矣。君与昫谷、剑丞同邑,行辈略后,昫谷时称其人与诗,诚哉新建之富诗人也。”《今传是楼诗话》,辽宁教育出版社,2003年版,第401页。

师曾植,先曾祖门下士也。知余赴试喜甚,场场录取,至于团覆,而见黜于院试。……后闻乙庵师见榜上无我名,甚诧,搜落卷得之,见文尚佳,仍欲录取,后幕僚谓卷面太污犯规,取录不便,不如在院试时,保送幼童亦有裨益云云。于是乃从南昌新建两县,各保幼童二名,余之名次排在十一排第一,事后曾将污卷经过面告先母。被黜后,家人明知其故,乃故加讪笑,使益勤学,兼以送幼童,倍为学使所注意,遂蒙取录。虽小有才,然皆乙庵师玉成之也……试后至府署拜谢,初睹仪容,见师虽任冲繁之首府巨任,实乃蔼然儒者,头戴破旧之纱制便帽,身着一皱褶灰黯之旧绸衫,入其书室则四壁皆书史,自地板直抵承尘,其数量之多,殆不胜指数。觌而时无非叙世谊话家常,兼谆谆勖其劬学,语不尽记,其时亦不能测吾师海涵地负之博学也。科举制自南昌小试后即奉令停废而办新式学校。翌年丙寅,师乃咨送至府办洪都中学为插班生,是余从事新学之始基亦师所推荐。师旋即调任安徽提学值,一别数年,直至改步后丙辰年自海外归来,始拜诣于上海旅居之海日楼[①]。

此段话追忆和沈曾植的交往极为详细,沈曾植为胡先骕曾祖的学生,故其任南昌知府时对胡先骕青眼有加。沈曾植对胡先骕有知遇之恩,且送其进入新式学堂。胡先骕等文化保守主义者多亲受前辈硕儒教诲,此为其文化守成的信念源泉之一。1922 年,沈曾植卒后,胡先骕有二诗悼之:“公师吾曾祖,厚德报夙谊。髫年列公门,岂为瑚琏器[②]。”

① 胡先骕:《忏庵丛话》,《胡先骕文存》上卷,第 503 页。
② 胡先骕:《哭沈乙庵师》,《忏庵诗》,《胡先骕文存》上卷,第 544 页。

诗中描述了和沈曾植的学缘关系。身为沈曾植弟子,自然拥护宋诗派。胡先骕与宋诗派中的陈三立、夏敬观为同乡,亦和他们有密切联系。1922 年春,胡先骕、柳诒徵、梁慕韩曾陪同陈三立至太平门外观桃花[①]。1931 年 12 月 30 日,王易转胡先骕书与黄侃,嘱寄《庐山诗稿》与陈三立[②]。胡先骕也曾专程拜访过郑孝胥[③]。足见其和宋诗派诗人之间的渊源。

胡先骕对宋诗派文人群体评价很高:“近诗亦充栋,陈郑为世师。后起有苍虬,鼎峙成三奇。”“斫阵四驰突,海藏心所仪。海藏岂易学,元气何淋漓[④]。”而他的《读陈石遗先生所辑选近代诗抄,率成论诗绝句四十首,诸家颇有未经见录者》几乎对所有重要的宋诗派成员都有好评,涉及沈曾植、陈三立、范当世、郑孝胥、陈衍、俞明震、夏敬观、林旭、陈曾寿、胡朝梁、梁鸿志、黄濬等。难怪诗风宗唐的吴宓会说:“按宓《空轩诗话》注重私人情谊,选录近贤诗,苦未能遍。然持与步曾所选列者比较,亦可见吾二人见解之不同焉[⑤]”。

---

① 胡先骕:《忏庵诗》,《胡先骕文存》上卷,第 543 页。

② 司马朝军、王文晖:《黄侃年谱》,湖北人民出版社,2005 年版,第 347 页。

③ “至均益里答访江西胡先骕步曾,觅其居不得”,《郑孝胥日记》,1925 年 8 月 22 日,第 2061 页。

④ 胡先骕:《楼居杂诗》,《忏庵诗》,《胡先骕文存》上卷,第 636 页。

⑤ 吴宓:《吴宓诗话》,第 206 页。

三、柳诒徵与陈三立

学衡派成员柳诒徵与陈三立的关系也值得一提。柳诒徵[①]是现代著名的历史学家、教育家、图书馆学家、目录版本学家。吴宓对柳诒徵评价极高,"近吾国学者人师,可与梁任公先生连镳并架,而其治学方法亦相类者,厥惟丹徒刘翼谋先生诒徵。两先生皆宏通博雅,皆兼包考据义理词章,以综合通贯之法治国学,皆萃其精力于中国文化史[②]",将柳诒徵与梁启超相提并论。

陈庆年为柳诒徵父亲的学生,柳诒徵少从陈游,颇得治学门径。二十三岁时,陈庆年介绍柳至南京编译局,受业于缪荃孙门下。编译局在南京中正街祁门会馆,和陈三立对门,柳诒徵得以常问学于陈三立,"粗闻其诗古文绪论"。那时范当世也常游金陵,寓居陈宅,柳诒徵亦常请教。柳诒徵与陈三立、范当世时常往来,思想上也受颇受宋诗派的熏染。一次,柳诒徵与陈三立、易顺鼎等同游胡园,陈三立指着易顺鼎告诉柳说:"此诗机器也。"言下之意是易顺鼎与樊樊山作诗最速,

---

① 柳诒徵(1880—1956):字翼谋,号劬堂、知非等。江苏丹徒人。十七岁中秀才,宣统元年(1909年)优贡,先后肄业于南京钟山书院、江阴南菁书院,曾从王先谦、缪荃孙游,后入三江优级师范学堂,拜李瑞清为师。毕业后,得其师缪荃孙之助东渡日本。庚子事变(1900年)后,张之洞命缪荃孙主江南编译局,柳诒徵从之。复历任教于江南两级商业学堂、江南高等实业学堂、两江师范学堂等。清末任镇江府中学堂教席。1912年,学堂改为江苏省立第六中学,任校长。1916年,受聘国立南京高等师范国文史地部教授。1921年,南京高师改为国立东南大学,改聘为历史学教授,讲授中国文化史、中国史等。1922年,参与创办《学衡》杂志。1925年后,任教北京女子师范大学、东北大学,后返南京,再任教中南大学,从事教育四十年。任教外,于1927年起,担任江苏省立第一图书馆馆长(即其业师缪荃孙所办江南图书馆,其后易名为国学图书馆)。1947年当选为国民政府中央研究院第一届院士。1949年任考试院第一届考试委员。解放后任上海市文物保管委员会委员。著有《中国文化史》、《国史要义》等。参见《柳诒徵年谱简编》,柳曾符、柳佳编《劬堂学记》,上海书店出版社,2002年版,第346—372页;秦孝仪主编:《中国近代史辞典——人物部分》,台北:近代中国出版社,1985年版,第297页。

② 吴宓:《空轩诗话》,《吴宓诗话》,第201页。

以诗为游戏,不可效法。柳诒徵后亦不与易顺鼎谈诗,而与樊增祥则从未晤面。柳诒徵后阅郑珍、江湜、郑孝胥等诗集,亦阅《石遗室诗话》,知有所谓"同光体"。但柳始终未与陈衍谋面,直至1931年前后,始由曹经沅介绍与陈衍晤面①。柳诒徵、李详、梁荚、王瀣、胡先骕、邵祖平等时常论诗,这一批在南京的年轻诗人,均受陈三立影响较大②。柳诒徵亦曾得陈三立之助与陶逊、陈义创办思益小学堂于南京复成桥,开风气之先③。

明末诗人阮大铖《咏怀堂诗》率先由王瀣整理其内外集四卷,然止于戊寅年,后柳诒徵在旧书肆购得辛巳诗一册,补齐后1928年由国立中央大学出版。胡先骕在《读阮大铖咏怀堂诗集》中谈到这段不寻常的经历:"溧水王伯沆先生几费心力,始克缮其内外集,共四巨册。然只止于戊寅。前岁丹徒柳翼谋先生,复在旧书肆购有其辛巳诗一册。阮诗之存于天攘间者,殆具于是。以有明一代唯一之诗人之遗集,乃几于没世不称,不可谓非世间文化之一大悲剧也④。"阮大铖《咏怀堂诗》的发现,同样引起了陈三立的极大兴趣。陈三立1921年为《咏怀堂诗》题词曰:"咏怀堂诗,五言古希踪陶韦,称最胜。此上下二卷,悉崇祯辛巳一岁作,酬应七律特过半,而澹秀矜炼,犹足与前刻相伯仲。但仅见之本,似视前刻流传尤少。殆由贱其人,或篇中于未入关之新

---

① 以上均见:柳诒徵《自述》,卞孝萱、唐文权编《民国人物碑传集》,第481—485页。

② 柳诒徵:"民国五、六年任教南京高师、东南大学,与王伯沆(瀣)共晨夕,王喜谈诗,赣人胡先骕、邵祖平亦昵就。王谈诗,予旁听,久之,亦时有所得。王在龙蟠里图书馆手钞《咏怀堂诗》,假予读之。陈散原亦亟称阮。予益知诗不可为,而取径尤不可简……王又喜谈东野、宛陵二家,予读之,鲜领会,自知用思不能深刻也。"柳诒徵《自述》,卞孝萱、唐文权编《民国人物碑传集》,北京:团结出版社,1995年版,第485页。柳文中所谈孟郊(东野)、梅尧臣(宛陵)都是清末民初宋诗派所推崇的诗人,可见宋诗派的阅读时尚对柳诒徵等年轻诗人的影响。

③ 《柳诒徵年谱简编》,柳曾符、柳佳编《劬堂学记》,第349页。

④ 胡先骕:《胡先骕文存》上卷,第107页。

国，屡有指斥，犯时大禁，购藏者不无贾祸之惧耶？翼谋今竟从金陵书肆得之，亦可居之奇货也。”1928年三立再次为《咏怀堂诗》题词：“芳洁深微，妙绪纷披，具体储韦，追踪陶谢，不以人废言，吾当标为五百年作者[①]。”胡先骕对阮大铖的评价和陈三立颇为一致：“虽然，孔雀有毒，文采斐然。严格苛求，亦非批评之责。才人无行，屡见不鲜。我国文士，自魏武以下，如宋之问……严嵩之流，亦复甚众。然不闻因噎废食，束其书而不观。则吾人之咏怀堂诗，亦但赏其灵芬孤秀，阐发自然界秘奥之作可耳。陈散原先生称其诗为五百年所未有。夫能冠冕明清二代之作家，宁无独擅之长。是在有目者所共赏已[②]。”也许乱世中类似的人物太多了，如何评价像阮大铖这样诗名显著但政治上不清白的人物，陈三立和胡先骕都作出了宽容的批判。对《咏怀堂诗》的重新评价，体现出胡先骕、柳诒徵等学衡派成员和陈三立在思想上的相通之处。

四、学衡派的唐宋诗之争

1917年发生于南社内部的唐宋诗之争人们已比较熟悉，学衡派内部的唐宋诗之争却很少有人谈到。

“胡先骕(步曾)为《学衡》社友，与予同道同志，而论诗恒不合。步曾主宋诗，身隶江西派。而予则尚唐诗，去取另有标准，异乎步曾。步曾尝劝余学宋诗。予虽未如其言以致力，然与宋诗之精到处，及诗中功力技术之重要，固极端承认。且步曾中国诗学之知识及其做诗之造诣，皆远过于我，我深佩服，并感其指教之剀切爽直，益我良多。予虽为《学衡》杂志之总编辑，然诗录一门，则由步曾主持编选(予未能改动

---

① 《咏怀堂诗》，1928年国立中山大学图书馆排印本，此据《散原精舍诗文集》，第1136页。

② 胡先骕：《胡先骕文存》上卷，第113页。

丝毫)。步曾出洋,则以授邵祖平君(字潭秋,南昌人)。有《培风楼诗存》行世。其后邵君与予忤,予乃盖请李思纯君。北来后,继以李汉声君(沧萍)。六十期以后,始归宓编选,外人或未能尽知也[①]。"吴宓这段话道出了学衡派在诗学观念上的内部冲突。《学衡》上"诗录"一栏,先后由胡先骕、邵祖平、李思纯、李汉声、吴宓主持,其中,胡、邵、李主持了相当长的时间,也是学衡派影响最大的时期。而这几个人多少都和同光体诗人群有联系,诗学思想上也趋宋。其中,胡先骕和同光体诗人关系密切,柳亚子称其为"江西派中一小卒",吴宓称其为"身隶江西派",几乎将其等同于宋诗派成员。邵祖平也和同光体诗人也有渊源。1922 年 9 月 17 日,邵祖平经沈曾植介绍来访郑孝胥,"有江西邵祖平字潭秋者持子培名刺来见,自言在南京东南大学,与胡先骕等同编《学衡》杂志,斥胡适之新文白话……邵颇知诗学,谈久之,借去《伏敔堂诗》,其人才二十余岁[②]。"由此可见邵祖平在诗学观念上和宋诗派有契合之处。陈三立曾为邵祖平的《培风楼诗存》作序。宋诗派年轻诗人梁鸿志曾为《培风楼诗存》删诗[③]。邵祖平和宋诗派的关系可见一斑。曾经主持"诗录"一栏的李思纯则是赵熙弟子,而赵熙与陈衍、郑孝胥、陈宝琛等同为辛亥诗社成员,频频与宋诗派成员雅集。

与南社内部宗唐宋之争不同,学衡内部的宗唐宗宋并未激起大的波澜。其中自然有人事之间复杂的纠葛——如吴宓与宋诗派领袖陈三立的关系,因此他会耐心地一遍又一遍的读后者的集子[④],并作出高度的评价。但更深层的原因在于,旧体诗作者在新诗出现后面临的巨

---

① 吴宓:《吴宓诗话》,第 204 页。

② 《郑孝胥日记》,第 1922 页。

③ 梁鸿志:《邵潭秋寄诗卷属为评定书此答之》,《爰居阁诗》,民国二十八年刻本。

④ 吴宓:"按宓夙不喜江西派之宋诗,故虽平生久敬散原先生,而多年读《散原精舍诗》未有心得。今于一九四三年二月再取读之,乃深觉其佳"。《读散原精舍诗笔记》,《吴宓诗话》,第 284 页。

大压力使其能够捐弃前嫌，达成维护旧诗的共识——这是学衡派之所以没有发生像南社那样大的纠纷的内在原因。宗唐也好，宗宋也罢，都是从对古人古诗的心摹手追开始的诗歌创作，和力图颠覆古典诗歌传统的新诗自然有着本质上的冲突。这也是吴宓能够长期容忍宗宋势力占据《学衡》的深层动因。

小　结

钱锺书在《围城》中借董斜川之口半是调侃、半是认真说："东洋留学生捧苏曼殊，西洋留学生捧黄公度。留学生不知道苏东坡、黄山谷，心目间只有这一对苏黄[①]。"一句话中涵盖了近代几个文学群体，捧苏曼殊的南社、捧黄遵宪的"诗界革命"、捧苏东坡和黄庭坚的宋诗派。不过，钱先生倒是给我们提供了一个新的视角，放弃新/旧、进步/保守的模式，在同一水平面上谈论这些文学群体。本文尝试用"场域"的角度来观察清末民初的这些文学团体，力图展现各种文学力量之间的角逐。在以前的文学史写作中，"诗界革命"总被当作"进步"的文学，"同光体"则被视为"保守"或"落伍"的文学来加以论述，这样似乎无法解释宋诗派何以能称霸旧诗坛数十年的问题。以往的研究中人们注意到了陈三立和"诗界革命"群体的交往，郑孝胥和后者的交往人们则不太熟悉，因此笔者在写作过程中有意突出郑孝胥和梁启超、黄遵宪、谭嗣同等人的交往，加深人们对维新群体和宋诗派群体之间密切性的认识。笔者也将南社内部的唐宋诗之争放在一个水平面上加以研究，认为吴虞、胡适对这场论争有着极其重要的意义。吴虞提醒且强化了柳亚子的意识：宋诗派在民初依然是强势存在，如不反击，南社迟早要被

① 钱锺书：《围城》，三联书店，2002 年版，第 100—101 页。

击垮。“半路杀出”的胡适更让柳亚子吃惊不小,连喝过洋墨水的人都说宋诗派比南社的诗写得好!愈发刺激了柳亚子向宋诗派发难。这两重因素是导致柳亚子向宋诗派发难的直接原因。而柳亚子的“陈、郑一流”、“江西派”的言说本身,也说明了存在着一个强势的以宗宋为主的诗人群体。这场论争是20世纪中国文学史中最早展开的一场大的论争,其意义非同小可。文学场域是由各种力量构成的一种紧张关系,表面上风平浪静,暗地里刀光剑影,一不小心,昔日的辉煌就会成为过去,再强大的文学团体也会瞬间土崩瓦解、烟消云散,这在20世纪是屡见不鲜的文学史现象。

再回到钱锺书的《围城》中来,“东洋留学生捧苏曼殊,西洋留学生捧黄公度。留学生不知道苏东坡、黄山谷,心目间只有这一对苏黄”这句话的背后,还暗含了一种由不同“习性”决定的文学立场。所谓“习性”,指经由出身、教育、后天习得等所形成的一种禀赋,既具道德内涵,又与道德实践相关①。不同习性的人享有不同的文化资本,发言位置会有所不同。“诗界革命”群体、南社、学衡、宋诗派的文化习性的不同,决定了他们之间的或合作或对抗的关系。“诗界革命”群体和宋诗派文人群体年龄相仿,所处历史空间相似,心理状态颇为一致,这决定了他们之间的分歧不像我们想象的那么大,而梁启超的向宋诗派皈依,反过来也说明了这一点。南社的地域构成②与文化身份和宋诗派群体差异较大,因此冲突也异常尖锐。学衡派则和宋诗派有着一种文化上的传承关系,因此即使吴宓不喜宋诗,也没有酿成像南社唐宋诗

① 参见[法]高宣扬:《布尔迪厄的象征性实践和权力运作》,《后现代主义讲演录》,商务印书馆,2003年,第211-227页。

② 在南社首次雅集的十七位社友中,江苏占了10位,福建只有1位,江西没有。而宋诗派中闽派和赣派力量最为强大,可见从地域分布上两个文人群体也有很大差异。数据分析见栾梅健:《民间的文雅集——南社研究》,上海:东方出版中心,2006年版,第59页。

之争那样大的波澜。在吴宓和宋诗派的关系中，还有一个人物能够说明这一点——黄节，黄节是南社成员，但和宋诗派文人群体的关系似乎更密切一些。他曾经是吴宓的老师，对吴宓的影响很大。吴宓一生，极为敬佩黄节，称："黄晦闻师（节）为近今中国诗学宗师，合诗教、诗学、诗法于一人，兼能创造。"[①]而黄节不仅和宋诗派诗人关系密切，而且在诗学思想上和后者极为一致，坚持"诗教"说："世变既亟，人心益坏。道德礼法，尽为奸人所假窃，黠者乃借词图毁灭之。惟诗之为教，入人最深。""天若命余重振救之，舍明诗莫繇[②]。"吴宓的诗学思想，受黄节濡染较深，甚为推崇黄节此说，且援引安诺德、白璧德学说加以生发[③]。宋诗派—南社诗人黄节—学衡派诗人吴宓之间又构成了一个隐性的精神链条，与宋诗派—南社诗人胡先骕—学衡派诗人胡先骕相一致学衡派在思想取向上和宋诗派并无不同，有着精神上的传承关系。

宋诗派、"诗界革命"派、南社、学衡派之间呈现出相互勾连的网络状关系，这是20世纪初期中国文学复杂性的一种展现。通过上述人事的研究，也许能初步展示这一点。

---

① 吴宓：《吴宓诗话》，第187页。

② 黄节：《阮步兵咏怀诗注自序》，《学衡》第五十七期；吴宓诗话中亦摘录此文，见《吴宓诗话》，第187页。

③ 吴宓：《吴宓诗话》，第187－188页。

第八章

新文学阵营与宋诗派的渊源

第一节 胡适、徐志摩、鲁迅等与宋诗派成员的交往

胡适在《四十自述》里有一段回忆,提到了几位宋诗派人物:"公学的办事人就在丙午(1906年)的冬天,请了郑孝胥、张謇、熊希龄等几十人作中国公学的董事,修改章程,于是学生主体的制度就变成了董事会主体的制度。董事会根据新章程,共举郑孝胥为监督。一年后,郑孝胥辞职,董事会又举夏敬观为监督。这两位都是有名的诗人,他们都不常到学校,所以我们也不大觉得监督制的可畏[①]。"郑孝胥和夏敬观均为宋诗派成员。作为维新群体的宋诗派人士,大多致力于近代教育事业的发展,如陈宝琛创立了全闽师范学堂;沈曾植担任南洋公学监督;陈三立资助了南京第一个小学堂的创办;陈衍更是长期执掌大学的教席。其中最值得一提的是郑孝胥和陈三立都曾致力于中国公学的建设,这个学校里日后产生出了新文化运动的领袖人物胡适。

中国公学成立于光绪三十二年(1906年),由反对日本政府颁布《取缔清国留学生规则》而愤然归国的留学生在上海发起。由于经费紧张,公学开学不久即陷入困境,干事姚洪业竟愤而投江,震惊海内

① 胡适:《四十自述》,安徽教育出版社,1999年版,第71页。

外，社会各界给予赞助，公学才得以挽救[①]。宋诗派文人群体中，郑孝胥、陈三立曾担任中国公学董事，夏敬观则曾出任中国公学监督，胡朝梁曾任中国公学教员。《郑孝胥日记》中关于中国公学记载颇多：

光绪三十二(1906年)二月初十，“晨，谒中国公学观行开校礼，刘郁芝赴宁未回，副干事朱梅僧及庶务员四川张、湖南姚等为主人，请余言说……朱等留饭，座间晤李登辉、张克己，皆闽人”；

二月十四日，“是日，捐中国公学洋1000元，使金侄往致之”；

二月十五日，“午后，与张菊生同谒中国公学”；

二月十八日，“与汤蛰先同谒中国公学”；

六月初八，“晚，赴中国公学之约于金谷香，坐有张菊生、熊秉三”；

十二月十六日，“熊秉三来谈，言午帅已云拨中国公学常年经费一万五千两，请余为校长”。

光绪三十三(1907年)正月初七，“晨，谒中国公学，晤王抟沙、黄祯呈、孙性廉。公学今年分八班：普通四班，理化二班，英文、算学专修科二班，高等师范二班”；

二月二十七日，“晨，谒中国公学，晤蜀人吴爵五”；

光绪三十四年(1908年)二月二十二日，“致中国公学书，报告辞退监督”；

六月初五，“赴夏剑丞之约于一枝香，为复旦及中国公学

① 陈科美主编：《上海近代教育史(1843—1949)》，上海教育出版社，2003年版，第159页。

开董事会事,而蛰先、季直皆不至";

九月初五,"遂过夏剑丞,王抟沙、黄祯臣皆来,谈中国公学事";

十月二十二日,郑孝胥、程德全等参加中国公学第二次董事会;

宣统元年(1909年)闰二月初十,"午后,赴一品香,中国公学董事会议事,晤马相伯、熊秉三";

七月二十八日,"王抟沙来,示瑞莘如电,令夏敬观暂兼中国公学监督";

十一月十五日,"中国公学董事会在一品香,到者张季直、沈信卿";

宣统二年(1910年)六月二十二日,"赴一品香,中国公学董事会,改为监督行事之法。以夏敬观为监督,驻学办事,各教员、职员皆由监督聘订,别定严肃规则,以除从前之习气[①]"。

以上足见郑孝胥在中国公学发展中的重要地位,从光绪三十二年(1906年)到宣统二年(1910年)间,他一直关注着中国公学的发展。郑氏和立宪运动中的盟友张元济、熊希龄、张謇、汤寿潜等共同参与了中国公学的建设。

胡适光绪三十二年夏由澄衷学堂考入中国公学。是年冬天,郑孝胥、陈三立等出任公学董事,郑孝胥还担任公学监督。作为董事的陈三立曾出面调停光绪三十四年(1908年)九月发生的学生风潮,"初八

① 《郑孝胥日记》,第1032、1033、1034、1050、1074、1077、1080、1134、1148、1160、1183、1207、1220、1266页。

日董事陈三立出来调停,但全校人心已到了很激昂的程度,不容易挽回了……[①]”。胡适的回忆中还提到另一位宋诗派成员胡朝梁,胡朝梁是陈三立弟子,是时任教于中国公学,胡适曾从其学诗:“丁未(1907年)以后我在学校里颇有少年诗人之命,常常和同学们唱和……教员中如胡梓方先生、石一参先生等,也都爱提倡诗词,梓芳先生即是后来出名的诗人胡诗庐,这时候他教我们的英文。英文教员中能作中国诗词,这是当日中国公学的一种特色[②]。”这件事钱基博在《现代中国文学史》中亦有记载[③]。

值得提及的还有《郑孝胥日记》中的一则记载。1928年5月4日,沈成式宴请陈三立、郑孝胥、陈夔龙、胡适、徐志摩、夏敬观、李宣龚、林开謩、陈方恪。沈成式是沈瑜庆之子,和陈三立、郑孝胥等来往颇密。参与此次宴会的人员颇值得注意,除胡适和徐志摩为新文学人物外,其他大部分为宋诗派成员。胡适日记中对此也有详细记录。1928年5月4日这一天,是纪念“五四”运动的日子,胡适上午九点在光华大学演讲,十一点到中国公学演讲,晚上在沈成式家见到了陈三立、郑孝胥,胡适在日记中写道:

> 昆二家吃饭,见着郑苏堪、陈伯严两先生。陈先生今年七十六,郑先生六十九。郑先生说,他每天只睡五点钟,早晨三点半即起床,如是已十三年了。他的精神极好,像五十岁人[④]。

---

① 胡适:《四十自述》,安徽教育出版社,1999年版,第72页。
② 胡适:《四十自述》,安徽教育出版社,1999年版,第66—67页。
③ 钱基博:《现代中国文学史》,中国人民大学出版社,2004年版,第427页。
④ 曹伯严整理:《胡适日记全编》卷五,安徽教育出版社,2001年版,第74页。

通过胡适的描述可见此次会面的气氛比较融洽,胡适的口吻极为亲切,反映出内心对陈三立、郑孝胥的尊重。陈三立、郑孝胥都是当年中国公学的董事,胡适则是中国公学的学生,这份师生之谊胡适一直深藏在内心。陈三立、郑孝胥是昔日中国公学的董事,此时的胡适则是中国公学校长,中国公学是他们共同的事业,体现出前创后续的关系。除此之外,胡适和郑孝胥还有一些交往。1924 年 10 月 16 日,胡适访郑孝胥。10 月 18 日,郑孝胥访胡适,不遇[①]。大约在 1928 年,胡适还请郑孝胥为其父母及祖父母墓碑题辞[②]。

回过头来再看一下胡适对这些宋诗派成员的评价。1916 年 10 月 1 日胡适致陈独秀书发表于《新青年》。胡适在这篇著名的文章中谈到:"尝谓今日文学已腐败极矣。其下焉者能押韵而已矣。稍进,如南社诸人,夸而无实,滥而不精,浮夸淫琐,几无足称者(南社中间亦有佳作,此所讥评,就其大概言之耳)。更进,如樊樊山、陈伯严、郑苏龛之流,视南社为高矣,然其诗皆规摹古人,以能神似某人某人为至高目的,极其所至,亦不过为文学界添几件赝鼎耳[③]!"胡适这段话对民国初年的旧体诗派均有抨击,大有起衰振敝之意。而这段话有一个言说背景,即他是针对任鸿隽的说法而言,任鸿隽在 1916 年 7 月 24 日致胡适的信中说:"吾尝默省吾国今日文学界,即以诗论,其老者如郑苏盦、陈三立辈,其人头脑已死,只可让其与古人同朽腐。其幼者如南社一流人,淫滥委琐,亦去文学千里而遥[④]。"胡适和任鸿隽对宋诗派、南社均有批评。他批评南社"淫滥委琐",沿袭了任氏的说法,而陈、郑"视南社为高矣"则是胡适个人的见解,多少体现出对宋诗派的维护之意。

---

① 《郑孝胥日记》,第 2019 页。

② 胡颂平:《胡适年谱长编初稿》,第 735 页。

③ 本文作于 1916 年 8 月 21 日,载 1916 年 10 月 1 日《新青年》二卷二号。

④ 曹伯严整理:《胡适日记全编》卷二,安徽教育出版社,2001 年版,第 449 页。

不久以后,在作于1916年11月的《文学改良刍议》中,胡适谈到:"昨见陈伯严先生一诗云:'涛园钞杜句,半岁秃千毫。所得都成泪,相过问奏刀。万灵噤不下,此老仰弥高。胸腹回滋味,徐看薄命骚。'此大足代表今日'第一流诗人'摹仿古人之心理也。其病根所在,在于以'半岁秃千毫'之工夫作古人的钞胥奴婢,故有'此老仰弥高'之叹。若能洒脱此种奴性,不作古人的诗,而惟作我自己的诗,则决不致如此失败矣[①]。"从此时胡适对宋诗派的评价中可以看出,他认为陈三立、郑孝胥等诗歌造诣确实很高,代表了那个时代的最高水平,但其拟古主义的"奴性"倾向导致了他们只能生产一些"假古董"。胡适的这种见解是一以贯之的。在作于1922年的《五十年来中国之文学》中,胡适再次谈到:"陈三立是近代宋诗的代表作者,但他的《散原精舍诗》里实在很少可以独立的诗。近代的作家之中,郑孝胥虽然也不脱模仿性,但他的魄力大些,故还不全是模仿。他曾有诗赠陈三立,中有'安能抹青红,搔头而弄姿'之句。其实他自己有时还近这种境界,陈三立却做不到这个地步。郑孝胥作陈三立的诗集的序,曾说:……他这篇序虽然表面上是替江西诗派辩护,其实是指出江西诗派的短处。他自己的诗并不实行这个'不清不切'的主张,故还可以读[②]。"胡适对宋诗派虽然有所批评,但明显可以感觉到这种批评还是相当温和的,胡适对陈三立、郑孝胥的批评话语中包含了善意的成分,可见胡适对这些师辈的尊重。

另一位新文学家徐志摩和郑孝胥也有来往。徐志摩的父亲徐申如和郑孝胥的交往早有人谈到,但都不够细致,遗漏了许多关键的内容。让我们先来看一下徐申如、徐志摩父子和郑孝胥交往的情况:

---

① 胡适:《文学改良刍议》,姜义华主编《胡适学术文集·新文学运动》,中华书局,1993年版,第21—22页。

② 胡适:《五十年来中国之文学》,《胡适学术文集·新文学运动》,第123页。

光绪三十三年(1907年)七月初二,郑孝胥、徐申如等抵通州。[①]

光绪三十三年(1907年)十一月初十,郑孝胥、徐申如等共观呢厂工程。

1914年4月26日,郑孝胥被举为垦农公司董事,监察员之一为徐申如。

1914年4月26日,徐申如访郑孝胥,请题"白水斋"匾及沈贯斋祠联。

1919年4月9日,郑孝胥"至宝记买笺对一,将以送徐申如堂庆。"

1923年3月8日,郑孝胥赴车站送王灵珠,遇徐申如、徐志摩父子。

1928年5月5日,徐申如、徐志摩访郑孝胥,"志摩赠《新月杂志》,且求明日来观字"。

1928年5月6日,徐志摩、胡适之访郑孝胥观作字。

1928年11月14日,徐申如、徐志摩访郑孝胥,"志摩自美而欧,至印度视泰戈尔乃返[②]。

从上述记录来看,可见徐申如和郑孝胥的交往长达20年,虽不是经常来往,但一直保持着联系,他后来还带着儿子徐志摩一同访问郑孝胥。徐申如和郑孝胥为事业上的合作伙伴,他们都是张謇发起的通州垦牧公司的股东,而且均为大股东。郑孝胥是当时立宪派的领袖、

① 张謇全集,第6卷,《张謇日记》,南京古籍出版社,1994年版,第590页。

② 《郑孝胥日记》,中华书局,1993年版,第1119、1514、1519、1778、1941、2182、2209、2209页。

海上名士，其书法在民初享有盛誉，因此，徐申如初访郑孝胥，主要目的是求字。1923 年，郑孝胥在车站邂逅徐申如，也第一次见到了徐志摩。直到 1928 年，徐志摩和郑孝胥还保持着联系。他曾将自己主办的《新月》杂志赠给郑孝胥。由此可见，徐志摩和郑孝胥分属新与旧两个阵营，但也并非势若水火，前者对后者多少心存父辈的敬意，上文提到的 1928 年 5 月 4 日胡适、徐志摩与宋诗派成员的聚会，也折射出这一点。

鲁迅和宋诗派成员俞明震的师生关系颇类似于胡适与郑孝胥、陈三立。鲁迅在《琐记》中，回忆他在南京矿路学堂的事情："第二年的总办是一个新党，他坐在马车上的时候大抵看着《时务报》，考汉文也自己出题目，和教员出的很不同。有一次是《华盛顿论》，汉文教员反而惴惴地来问我们道：'华盛顿是什么东西呀？……'看新书的风气便流行起来，我也知道了中国有一部书叫《天演论》。学堂里又设立了一个阅报处，《时务报》不待言，还有《译学汇编》……[①]"俞明震于光绪二十八年（1902 年）出任江南陆师学堂总办，当时鲁迅是这个学校的学生，坐在马车上读《时务报》的"新党"俞明震给鲁迅留下了深刻印象，俞明震也给陆师学堂带来了新的气息。从只言片语中可以看出鲁迅很珍惜这份师生情谊。1915 年 2 月到 4 月间，鲁迅曾专门去拜访俞明震。俞去世后，鲁迅又特意送去了挽幛[②]。

此外，鲁迅与陈三立之子、宋诗派后起之秀陈衡恪为挚友。鲁迅早在南京水师学堂读书之时，便与衡恪相识。及至同到日本留学，就

---

① 《朝花夕拾·琐记》，《鲁迅全集》第二卷，人民文学出版社，1981 年版，第 295—296 页。

② 鲁迅："下午同陈师曾往访俞师，未遇"（1915 年 2 月 17 日）；"午后访俞恪士师，未遇"（1915 年 4 月 10 日）；"午后访俞恪士师，略坐出"（1915 年 4 月 11 日）；"得俞恪士先生讣告，下午送幛子一"（1923 年 1 月 20 日），《鲁迅日记》，《鲁迅全集》第十四卷，人民文学出版社，1981 年版。

更为熟识。早在1909年,陈衡恪就为鲁迅《域外小说集》题写封面书名,此后两人又同在教育部任职,交往愈密。从《鲁迅日记》中可见两人交往颇密,而且鲁迅对衡恪的艺术成就评价极高。1933年鲁迅在编印《北平笺谱》时,选入陈衡恪作品颇多,并在序言中说:"及中华民国立,义宁陈君师曾入京,初为镌铜者作墨盒,镇纸画稿,俾其雕镶镂;既成拓墨,雅趣盎然。不久复廓其技于笺纸。才华蓬勃,笔简意饶,且又顾及刻工省其奏刀之困,而诗笺乃开一新境。盖至是而画师梓人,神志暗会,通力合作,遂越前修矣[①]。"

胡适、徐志摩、鲁迅与宋诗派人物之间的关系说明了什么呢?多数宋诗派成员为晚清开明士大夫,积极参与到维新运动中来,关注教育、开办学堂是他们维新活动的重要举措之一。中国公学、复旦公学、江南陆师学堂都是他们致力于近代教育的体现。作为新文化运动领袖人物的胡适、鲁迅多少受益于这批精英士大夫,因此对他们心存敬意。

第二节 父与子:从宋诗派的亲缘关系看中国文学的新旧两代

在和宋诗派诗人及其有密切交往的旧派文人中,我们可以见到其中相当一部分是新文学家的父辈。这其中有林长民/林徽因,林宰平/林庚,徐申如/徐志摩,庄蕴宽/陈衡哲,俞陛云/俞平伯,张志沂/张爱玲等的关系最引人瞩目。

新文学第一代女性作家陈衡哲和郑孝胥有所交往。郑氏在1914

① 鲁迅:《〈北平笺谱〉序》,《鲁迅全集·集外集拾遗》,人民文学出版社,1983年版,第405—406页。

年 3 月 28 日的日记中记道："庄思缄之甥女陈衡哲投书，以所译《希腊国民史》苏格拉底事及英美诗人二诗请余教以文法。"次日，他又记道："为陈衡哲评所译诗文[①]"。陈衡哲为何向郑孝胥请教文法呢？原来陈衡哲的舅父庄蕴宽为郑孝胥好友。庄蕴宽（1866—1932），字思缄，江苏武进人。出身江南望族，经学文史，代有述作。科名成就后，初服官广东，后任广西梧州府知府、浙江布政使等。光绪二十七年（1901 年），两广总督陶模檄调赴桂，主持督练公所，筹练新兵，广收优秀学生，并亲赴日本，聘请留日陆军士官学校毕业生，结交革命党人，并庇护之。继任龙州边防督办，黄兴化名潜入广西，与之来往密切。不久，辞督办职。武昌起义后，与张謇、汤寿潜、赵凤昌等共商南北和议问题。1912 年，代理江苏都督。四月，辞代理江苏都督，与章太炎、张謇等合组统一党，任参事。1914 年，袁世凯成立平政院，任肃政厅都肃政史。同年，当选约法会议议员。1915 年 8 月，帝制运动公开，请求取消筹安会。1916 年，辞都肃政史。翌年，帝制取消，国务院成立，任审计院院长[②]。据时人描述，庄蕴宽躯体短悍，双目炯炯，口大髯疏，直憨敏干，廉正公忠，"自幼受学，即好为疑古之论，讲解文史每立新意，非圣谤贤，咸之不恤……综其生平，颖慧独绝，恶恶特甚。好以重典治乱世，绳非法，而不违于仁者之用心。好谤士流，而仍不失雅人之深致。好不恭玩世，而通理学之真传[③]"可见庄蕴宽虽为民初军界、政界要员，但为官清廉、为人正直，且爱好风雅。

陈衡哲受舅父影响甚大。她在《我幼时求学的经过——纪念我的

---

① 《郑孝胥日记》，第 1510 页。

② 赵叔雍：《庄蕴宽》，卞孝萱、唐文权主编《辛亥人物碑传集》，北京：团结出版社，1991 年版，第 458—462 页；秦孝仪主编：《中国近代史辞典——人物部分》，台北：近代中国出版社，1985 年版，第 399 页。

③ 赵叔雍：《庄蕴宽》，卞孝萱、唐文权主编《辛亥人物碑传集》，北京：团结出版社，1991 年版，第 462 页。

舅父庄思缄先生》一文中深情回忆了舅父在求学道路上给予她的关怀：

进学校的一件事,在三十年前——正当前清的末年——是一个破天荒,尤其是在那时女孩子的生命上。我是我家中第一个进学校的人,故所需要的努力更是特别的大。虽然后来在上海所进的学校绝对不曾于我有什么益处,但饮水思源,我的能免于成为一个官场里的候补少奶奶,因此终能获得出洋读书的机会,却不能不说是靠了这进学校的一点努力。而使我怀此进学校的愿望者,却是我的舅父武进庄思缄先生……那时他很佩服西洋的科学和文化,更佩服那些到中国来服务的美国女子。他常常把他看见的西洋医院,学校,和各种近代文化的生活情形,说给我听。最后的一句话,总是:"你是一个有志气的女孩子,你应该努力地去学西洋的独立女子。"我是一个最容易受感动的孩子,听到舅舅的最后一句话,常常是心跑到嘴里,热泪跑到眼里。我问他:"我怎样才能学像她们呢?"舅舅总是说:"进学校呀?在广东省城里有一个女医学校,你应该去学医,你愿意跟我去学医么?"有时舅舅给我所讲的,是怎样地球是圆的,怎样美国是在我们的脚底下,怎样从我们的眼睛看下去,他们都是脚上头下的倒走着的!又怎样在我们站的地方挖一个洞,挖着挖着,就可以跑到美国去了。有时他讲的,是中国以外的世界,世界上有什么国什么国。我常常是睁大了眼睛,张开了嘴听他讲话,又惊奇,又佩服。他见到我这个情形,便笑着说我是少见多怪。但在实际上,恐怕心里是很高兴有这样一个忠诚的听者的。有时我又问他,"舅舅怎能知道这么多?"他便说:"你以为我知道的事情多吗？我和欧美的有学问的人比起来，恐怕还差得远呢。"他又对我说，他希望我将来能得到他没有机会得到的学问——对于现代世界的了解，对于科学救人的知识，对于妇女新使命的认识等等①。

在新文学家陈衡哲的成长道路上，庄蕴宽扮演了一个思想启蒙者的角色。从陈衡哲的回忆中可以看出，庄蕴宽思想开放、对西学充满了兴趣，在他的鼓励与帮助下，陈衡哲成为新文学第一代女性作家。

庄蕴宽曾继郑孝胥出任龙州边防督办，与郑孝胥交谊颇厚。《郑孝胥日记》中经常出现庄蕴宽的名字②。《海藏楼诗集》中有《答庄思缄》、《又为思缄题所藏二帖》、《庄思缄秋窗感旧图》诗③，可窥知两人情谊。陈衡哲向舅父好友郑孝胥请教文法问题，足见其对郑孝胥诗作的推崇，而郑孝胥"为陈衡哲评所译诗文"，亦可见出老辈诗人对后学的眷顾。

另一位新文学女性作家林徽因的父亲林长民，则和宋诗派之间有着更密切的渊源。林长民(1876—1925)，幼名则泽，字宗孟，自称苣笭子，亦称桂林一枝室主。中年后门载双栝，亦称双栝庐主人。福建闽侯人。光绪二十三年中举，旋弃举业，学习英文、日文。光绪三十二年，赴日留学，毕业于早稻田大学。民国时期历任参政院代理秘书长、法制局局长、司法总长。1919 年，巴黎和会通过国际联盟组织章程，北

① 朱维之编：《陈衡哲散文选集》，1992 年版，第 71—73 页。

② 如：1905 年 10 月 14 日，庄蕴宽至龙州任上，访郑孝胥；10 月 15 日，郑孝胥答拜庄蕴宽；10 月 16 日，庄蕴宽访郑孝胥，谈边事；10 月 17 日，庄蕴宽访郑孝胥长谈；1908 年 3 月 18 日，庄蕴宽访郑孝胥；2 月 20 日，郑孝胥、严复、庄蕴宽等宴集；1918 年 4 月 17 日，庄蕴宽访郑孝胥，谈甚久；4 月 19 日，郑孝胥、庄蕴宽宴集；1924 年 8 月 14 日，郑孝胥访庄蕴宽长谈。均见《郑孝胥日记》。

③ 郑孝胥：《海藏楼诗集》，第 316、319 页。

京名流响应,被选为理事。当和会中国代表交涉山东问题失败,撰写《山东亡矣》短讯发于《北京晨报》,对酿成五四运动颇有影响。1925年,在白旗堡为流弹击中身亡[①]。林长民亦工诗,但不多作。陈衍《石遗室诗话》中也收录了他的诗:"昨见林宗孟(长民)一首,格调颇似钱箨石、程春海,云:……宗孟为伯颖令子,年少不事举业,濡染诗古文词,近来奔走国事,亦鬑鬑四十许人矣[②]。"陈衍认为林长民此诗风格近钱载、程恩泽,说明林长民诗风多少也受到了宋诗派的影响。

陈衍和林长民为"三世通交",感情甚笃。他在1922年对林长民的一次拜访中也见到了林徽因。陈衍在诗中写道:

> 七年不见林宗孟,髯去长髯貌瘦劲。入都五旬仅两面,但用心亲辞貌敬。
>
> 狂既胜痴瘦胜肥,目之于色亦论定。纵谈政学无不有,引观内室评图镜。
>
> 小妻二人皆揖我,常服黑色无粧靓。长者有女年十八,游学欧洲高志行。
>
> 挚交新会梁父子,已许为婚却未聘。少者长身腰如杵,搴腕涣衣不畏清。
>
> 年年生子已五六,大儿丰下方卧病。我言近来孩童辈,颇多英特出天性。
>
> 十余年后试屈指,定非寻常旧百姓。须臾留饭出香味,团团十人一家并。
>
> 壁间图像双老亲,识我之时年皆盛。君因指告诸儿女,

① 秦孝仪主编:《中国现代史辞典——人物部分》,台湾:近代中国出版社,1985年,第186页。

② 陈衍:《石遗室诗话》卷二十,第311-312页。

祖母少时善吟咏。

闺中早识陈某某，三世通家交未竟。此来有似唐杜甫，韦八处士诗投赠。

又如避兵遇孙宰，妻孥出见欢相迎。君言会和应有诗，白战勿持寸铁竞[①]。

这首诗记载此次陈衍和林长民、林徽因会面经过甚详：陈衍去拜访故友林长民，第一次见到了林徽因，其时林徽因留学欧洲方回，已和梁启超之子梁思成有了婚约。从这次会面的场景来看，陈衍和林长民虽不常往来，但交谊深厚，陈衍和林徽因的祖母早已相识了。此诗作于1922年[②]，时陈衍刚从福建返回北京。当时白话诗已经风行文坛了，陈衍亦以近乎白话的口吻来描写，反映出松弛、愉悦的心情。林长民和宋诗派群体中的闽籍诗人交往密切。在他遇难后，许多闽籍诗人都有悼念的诗作。林长民显然热衷于政治活动，无意于诗歌创作。

相比之下，林庚的父亲林志钧和宋诗派群体的关系要密切得多。

林志钧(1880—1959)，字宰平，福建闽侯人。曾赴日本学习法政。入民国，任北京政府司法部参事。多年追随梁启超，编辑出版《饮冰室合集》。1935年后，任教北京大学、清华大学。建国后，任国务院参事室参事。工诗、书法。著有《北云集》[③]。林志钧常从陈宝琛游，与郑孝胥、陈衍等亦有交往。如宣统三年(1911年)七月，林志钧同陈宝琛、陈衍等同游北山沟沟岩，中途阻雨，宿归来庵[④]。民国四年四月十四日，

① 陈衍:《宗孟留饭索诗纪之并约作妪解语》,《石遗室诗续集卷一》,《陈石遗集》,福建人民出版社,2001年,第342页。

② 陈声暨:《侯官陈石遗先生年谱》,《陈石遗集》,第2041页。

③ 冒怀苏:《冒鹤亭先生年谱》,第242—243页。

④ 张允侨:《闽县陈公宝琛年谱》,《沧趣楼诗文集》,第750页。

林志钧同陈宝琛、黄懋谦等游上方山,至兜率寺[①]。民国十九年二月,林志钧同陈宝琛、何振岱、林葆恒等看杏花于旸台山[②]。1920 年以前,宋诗派主持的《东方杂志》上,也发表了林志钧的 20 余首诗作。陈衍在《石遗室诗话》中也多处提到他:"林宰平(志钧)为诗极用意,常从弢庵游西山,得诗秘不示人。偶见其《赠芷青》一首云:'安得生来不入城,城中冷暖见阴晴。残秋久客有倦意,经乱闻鸡多恶声。历劫虫沙归寂灭,一心家国太分明。桃椎曳索风尘外,尽自无言意岂平。'殊有伯鸾《五噫》之意[③]"。"亮奇与宰平有所作不肯示人……宰平《次亮奇牡丹韵》云……[④]"。"宰平有《八月廿六日早独游江亭》云……此诗亦索之始出者,甚似柳州《南硐》作。君为人得静者机,与芷青极相契,多游江亭[⑤]。"可见林志钧同陈宝琛、朱联沅等相交至契,常同游,但他诗不多作,也不轻易示人,因此其诗名不太显著。林志钧之子林庚后来则成为著名的新文学家。

《郑孝胥日记》中还出现了一位值得注意的人物张志沂——后来大名鼎鼎的新文学女作家张爱玲的父亲。1917 年 11 月,唐晏、宋澄之等发起丽泽文社,为世家子弟辅导文课,邀郑孝胥批阅课卷。之后近两年间,郑孝胥经常为丽泽文社学生评阅文章[⑥]。丽泽文社学生中,郑

① 张允侨:《闽县陈公宝琛年谱》,《沧趣楼诗文集》,第 755 页。

② 张允侨:《闽县陈公宝琛年谱》,《沧趣楼诗文集》,第 767—768 页。

③ 陈衍:《石遗室诗话》卷五,第 81—82 页。

④ 陈衍:《石遗室诗话》卷九,第 144 页。

⑤ 陈衍:《石遗室诗话》卷九,第 145 页。

⑥ 参见《郑孝胥日记》:1917 年 11 月 19 日,"阅丽泽文社课文,以张志沂为首,乃张幼樵之子,李氏甥也";1917 年 12 月 8 日,"阅丽泽文社第二课卷,送还唐元素";1918 年 1 月 19 日,"宋澄之送来丽泽文社课卷,题为《曾西不为管仲论》;1917 年 12 月 12 日,"丽泽文社中惟张志沂稍善,其余皆不及也";1919 年 1 月 6 日,"阅丽泽文社课卷,题为《楚两龚论》,而张志沂、王文蔚皆以龚遂、龚胜并论,其浮躁若此"。1919 年 4 月 5 日,郑孝胥、唐晏、宋澄之等与文社诸生十人同游半淞园。《日记》第 1692—1777 页。

孝胥以为张志沂才学最高，“阅丽泽文社课文，以张志沂为首，乃张幼樵之子，李氏甥也。”1918 年 11 月 20 日，唐晏携张志沂访郑孝胥，“唐元素携其子逊志及其徒张志沂来访，张即幼樵之幼子，季皋之甥，在丽泽文社常居第一，元素自誉其才似樊杜川[①]。”“季皋”即李经迈，郑孝胥好友，民国时期两人来往频繁，都是复辟运动的中坚分子。郑孝胥、唐晏都极为欣赏张志沂的才华。唐宴曾对张志沂说：“自古贞元递嬗之交，耆硕遁隐，以教授为务，是以建安之乱，康成设教乡里，大振儒风；明之亡也，亭林黎洲诸贤，讲习山林，卒成绝学。世变日亟，大防将溃，吾老矣，所学不足望古人，然抱道俟来，兹犹诸先生意也[②]。”可见唐晏等人办丽泽文社的目的在于培养世家子弟，延续儒家文化命脉。但才华横溢的张志沂终究没有担当起这份重任，倒是他的女儿张爱玲成为一代大家。此外，张爱玲的祖父张佩纶和陈宝琛同为晚清清流领袖，相交至厚。“公(陈宝琛)与二张(孝达、蒉斋)交尤笃，纠弹昏庸贪鄙之大员，条陈御侮捍边之至计，每互相探讨。公与蒉斋兄子安圃为同谱，蒉斋虽后公一科，而情谊相投，交称莫逆。公时寓丞相胡同西，蒉斋别与安圃同住北半截胡同。两巷复连，过从几无虚夕，有文字则相互是正，有对事亦彼此咨商。公后有赠蒉斋‘十载街西形随影’，盖二人自壬申以迄壬午，十年之中，除因事暂离京辇外，真如影之随形，且交亲始终不渝，荣瘁无间，时人每拟张陈之交与陈雷云[③]”。张佩纶之子、张爱玲的伯父张仲昭和陈宝琛也保持着长期交往，张、陈家两后来还结为姻亲。

---

① 《郑孝胥日记》，中华书局，1993 年版，第 1755 页。

② 张志沂：《涉江集跋》，引自胡晓明主编《近代上海诗学系年初编》，上海教育出版社，2003 年版，第 139 页。

③ 张允侨：《闽县陈公宝琛年谱》，《沧趣楼诗文集》，上海古籍出版社，2006 年版，第 700 页。

俞平伯之父俞陛云和宋诗派人物也有交往。俞陛云(1868—1950),字阶青,号乐静,原籍浙江德清。祖父俞樾,字荫甫。光绪二十四年(1898 年)戊戌科会试成进士、殿试第三名探花及第,授编修。光绪二十八年,授四川副主考。民国元年(1912 年)任浙江省图书馆馆长。民国三年(1914 年)修清史,任清史馆协修,移居北京。著有《小竹里馆吟草》、《乐静词》、《诗境浅说》、《唐五代两宋词选释》、《绚华室诗忆》等①。俞陛云长女俞珽 1908 年嫁与郭则沄②。郭则沄与其父郭曾炘为闽派诗人中的佼佼者,俞陛云和闽派诗人群体之间亦建立联系。他在《东方杂志》上也发表了十几首诗作。

一位学者谈到:"从戊戌到'五四',这二十余年间,知识分子正好分成了两代。前代受传统的影响深而不能遽然摆脱;后代受了西方式的教育,已不再为传统所范围③。"上述父辈与子辈中,父辈为传统士大夫精英,子辈则成为新文学家,在中国文学的古今演变中扮演了不同角色。陈衡哲、林徽因、林庚、张爱玲、俞平伯均来自旧文学世家,他们的父辈虽被冠以"旧派"之名,但极为注重子女的教育,尤其是西学的教育,从而将后辈培育成为新时代的文学精英。这种现象较为普遍。结合上文所述宋诗派人物对于教育的重视,可知在宋诗派及其周边精英士大夫群体的关切下,产生了一批新文学作家,对 20 世纪中国文学的进程产生了重要影响。

---

① 俞润民、陈煦:《德清俞氏——俞樾、俞陛云、俞平伯》,中国人民大学出版社,1999 年版,第 105 页。

② 俞润民、陈煦:《德清俞氏》。

③ 张朋园:《清末民初的知识分子》,许纪霖编《20 世纪中国知识分子史论》,北京:新星出版社,2005 年版,第 227 页。

第三节　从《中书君诗初刊》看钱锺书与陈衍的交往

关于钱锺书和陈衍、李宣龚、夏敬观等宋诗派人士的交往，李洪岩在《智者的心路里程——钱锺书的生平与学术》、《钱锺书与近代学人》①中都有详细的描绘。题无剩义，不遑赘述。

这里想通过新发现的钱锺书《中书君诗初刊》来谈一下钱锺书和陈衍的关系。

《中书君诗初刊》是笔者见到的一本小册子，里面收录了钱锺书作于1934年的几十首诗，这些诗多不见于《槐聚诗存》。诗集前有自序，后有跋语：

自序：二十二年秋七月，始乞食海上。三匝无依，一枝聊借；牛马之走，贱同子长；凤凰之饥，感比少陵；楼寓荒芜，殆非人境；试望平原，蔓草凄碧；秋风日劲，离离者生意亦将尽矣！境似白太傅草原之诗，情类庾开府枯树之赋。每及宵深人静，鸟睡虫醒，触绪抽丝，彷徨反侧，亦不自知含愁尔许也！偶有所作，另为一集，吴市箫声，其殆庶乎尔？二十二年中秋前一日（自二十二年秋至二十三年春，得诗六十余首，凄戾之音，均为付印。此集所载断自二十三年春至二十三年秋择刊若干首。）

跋：陈君式圭张君挺生怂恿刊拙诗，忍俊不禁。因撰次春来诸作为一编。仍以旧序冠其首而付手民。来海上前亦

① 李洪岩：《钱锺书与近代学人》，天津：百花文艺出版社，1998年版，第191－210页。亦可参见刘建萍《论陈衍对钱锺书的影响》一文，见《贵州社会科学》2007年第2期。

有诗数十首,写定乞石遗诗老为序,则留以有待。譬之生天先者,成佛反后耳。旧作《答颂陀丈》有云:"不删为有真情在,偶读如将旧梦温"。《秋杪杂诗》有云:"漫说前贤畏后生,人伦诗品擅讥评。拌将壮悔题全集,尽许文章老更成。"逝者如斯,忽焉二载,少年盛气,未有以减于畴昔也!二十三年重阳后十日锺书记尾。

可见钱锺书此诗集刊刻于1934年年尾,而且还有请陈衍写序的打算。陈衍《石遗室诗话续编》对此事也有记载:"钱默存近作,余以略话一二,兹得其所印今年初刊诗一小册,有甚工者数首。《北游纪事》云'百年树木迟能待,顷刻开花速其甘。各有姻缘天注定,牵牛西北雀东南。'中有本事,可谓文章天成,妙手偶得。'七万二千分内粮,秀才闻请意皇皇。叩门乞食陶元亮,与我一般为口忙。自注:诸师友排日招邀,饮食若流,宋饶德操诗云:百年七万二千饭。'恐乞食者闻之,将流馋涎也。'寝庙荒凉法器倾,千章黛色发春荣。最宜杜老惊人句,变雅重为古柏行。'与余《扬州绝句》'最宜中晚唐人笔,此地来题绝句诗'貌同而心不异。好句如'干卿底事一池水,送我深情千尺潭'、'几番来雨兼新旧,一样飞花判溷茵'、'为爱六朝容小住,偶吟五字得长城'、'风定涵天平妥贴,波摇浴月碎零星'皆可书作楹联。《苦徐管略》云:'待哺诸儿黄口小,丧明一老白头初'。《无题》云:'传言玉女未全讹,各蓄相思孰最多。人定金环深院印,梦回珠屧曲廊过。身无羽翼惭飞鸟,门有关防怯吠过。'才思在玉溪、冬郎之间[①]"。陈衍在诗话中谈及的这几首诗,都是《中书君诗初刊》中的作品。钱锺书在《石语》中说:

① 陈衍:《石遗室诗话续编》卷四,第689—690页。

二十一年春，丈点定拙诗，宠之以序。诗既从删，序录于左。

三十年来，海内文人治诗者众矣，求其卓然独立自成一家者盖寡。何者？治诗第于诗求之，宜其不过尔尔也。默存精外国语言文字，强记深思，博览载籍，文章淹雅，不屑屑枵然张架子。喜治诗，有性情，有兴会，有作多以示余。余以为性情兴会固与生俱来，根柢阅历必与年俱进。然性情兴趣亦往往先入为主而不自觉。而及其弥永而弥广，有不能自为限量者。未臻其境，遽发为牢愁，遁为旷达，流为绮靡，入于僻涩，皆非深造逢源之道也。默存勉之。以子之强志博览，不亟亟于尽发其覆，性情兴会有不弥广弥永独立自成一家者，吾不信也。石遗老人书[①]。

可见陈衍既为钱锺书删诗，亦为其诗集作序，不过这位宋诗派前辈对年轻诗人的绮靡诗风进行了委婉的规劝。在《石遗室诗话》中，陈衍对钱锺书有相似的劝诫："（钱基博）哲嗣默存，年方弱冠，精英文，诗文尤斐然可观。家学自有渊源也。性强记。喜读余诗，尝寄以近作，……汤卿谋不可为，黄仲则尤不可为，顾愿其多读少作也[②]。"对宋诗派理论家陈衍来讲，主张博览群籍，增广见闻而反对写作骋才使气的才子诗，是其一贯主张，因此他对这位年轻诗人提出了善意的忠告。

钱锺书曾回忆与陈衍的交往经过："不是1931、就是1932年，我在陈衍先生的苏州胭脂巷住宅里和他长谈[③]。"1931年9月，陈衍唐文治之邀，赴无锡国学专修学校任讲师，后购得胭脂巷桥下茅家弄住宅，宅

① 钱锺书：《石语》，中国社会科学出版社，1996年版，第47—48页。

② 陈衍：《石遗室诗话续编》，《青鹤》第2卷第11期，1934年4月16日。

③ 钱锺书：《林纾的翻译》，《七缀集》，上海古籍出版社，1994年版，第102页。

中有园,中杂桃、杏、丁香、樱桃等,陈衍又植上梅、芙蓉、垂柳、梧桐、枫树等,于阴历十二月二十二日迁入。[①] 从时间上看,钱锺书初访陈衍当在1932年年初,此时陈衍刚刚迁入胭脂巷寓宅。钱锺书之父钱基博时在无锡国学专修学校任教,赠陈衍所著书多种,陈衍有长诗答谢。当时钱锺书寒假随父居苏州,慕名拜访陈衍,两人很快成为忘年之交,钱锺书多以所作诗向陈衍请益。当年与这位诗坛名宿谈艺的细节,钱锺书历历在目:

> 陈先生知道我懂外文,但不知道我学的专科是外国文学,以为准是理工或法政、经济之类有实用的科目。那一天,他查问明白了,就慨叹说:"文学又何必向外国去学呢!咱们中国文学不就很好么!"我不敢和他理论,只抬出他的朋友来挡一下,就说读了林纾的翻译小说,因此对外国文学发生兴趣。陈先生说:"这事做颠倒了!琴南如果知道,未必高兴。你读了他的翻译,应该进而学他的古文,怎么反而向往外国了?琴南岂不是'为渊驱鱼'么?"他顿一顿,又说:"琴南最恼人家恭维他的翻译和画。我送他一副寿联,称赞他的画,碰了他一个钉子。康长素送他一首诗,捧他的翻译,也惹他发脾气。"我记得见过康有为的"译才并世数严林"那首诗,当时急于要听陈先生评论他交往的名士们,也没追问下去[②]。

钱锺书在《石语》中更是详细记载了和陈衍谈诗论文的场景:"犹忆二十一年阴历除夕,丈招予度岁,谈宴甚欢。退记所言,多足与黄曾

---

① 王真:《侯官陈石遗先生年谱》卷八,《陈石遗集》,福建人民出版社,2001年版,第2068页。

② 钱锺书:《林纾的翻译》,《七缀集》,上海古籍出版社,1994年版,第102页。

樾《谈艺录》相发。”“丈先后赠余诗三首，其二藏家中，遭乱，恐不可问，仅记一联云：‘仍温同被榻，共对一炉灰。’盖二十三年阴历除夕招余与中行同到苏州度岁也[①]。”

由此可知，钱锺书与陈衍在1932—1934年间有密切接触，其时陈衍已经是名满天下的旧诗坛耆宿，钱锺书在假期也经常前往陈衍寓所，听其谈论诗坛掌故，与其探讨诗学问题。陈衍也乐于指导这位学贯中西的少年才子，两人畅谈甚欢。而钱锺书创作于这个时期的诗作刊刻成书后请陈衍作序，陈衍在序中表达了学重于才的一贯主张，劝其多读书养气，少作才子诗。钱锺书以后颇追悔早期的诗歌创作，不欲这部早期诗稿流传于世，日后的诗风也有较大转变。

钱锺书以后多次提及陈衍对他的劝导，足见这位诗学前辈对其影响之深。1934年初与罗家伦书：“偶有少年哀乐之作，为陈石遗丈录入《续诗话》者，又皆絮絮昵昵儿女之私[②]。”钱锺书在1940年2月《得孝鲁书却寄》一诗的自注中说：“余二十四印诗集一小册，多绮靡之作。壮而悔之。君见石遗翁《诗话》采及，笑引诚斋语谓曰：‘被渠谱入旁观录，五马如何挽得回’。又曰：‘无伤也。如干卿底事一池水，送我深情千尺潭；身无羽翼惭飞鸟，门有关防怯吠聒等语，尚可见悦妇人女子。’遂相戏弄[③]。”陈衍的规劝对钱锺书诗风转变起到了重要作用。

陈衍1937年去世后，钱锺书甚为悲痛，有诗悼之：

几副卿谋泪，悬河决溜时。百身难命赎，一老不天遗。
竹垞弘通学，桐江瘦淡诗。重因风雅惜，匪特痛吾私。
八闽耆旧传，近世故殊伦，蚝荔间三绝。严高后一人。

① 钱锺书：《石语》，中国社会科学出版社，1996年版，第29、46页。
② 李洪岩：《钱锺书与近代学人》，第195页。
③ 同②。

坏梁逢丧乱，撼树出交亲。未敢门墙列，酬知只怆神。

——《陈石遗挽诗》[①]

钱锺书在“几副卿谋泪”句后自注道：“先生《续诗话》评余二十岁诗，以汤卿谋、黄仲则为戒。”足见陈衍评《中书君诗》对钱锺书的影响。

了解了钱锺书和陈衍的这种渊源，我们再来看《围城》中的一大段论述：

董斜川道：“我作的诗，路数跟家严不同。家严年轻时候的诗取径没有我现在这样高。他到如今还不脱黄仲则，龚定庵那些乾嘉习气，我一开笔就做的同光体。”

斜川停笔，手指拍着前额，像追思什么句子，又继续写，一面说：“新诗跟旧诗不能比！我那年在庐山跟我们那位老世伯陈散原先生聊天，偶尔谈起白话诗。老头子居然看过一两首新诗。他说还算徐志摩的诗有点意思，可是只相当于明初杨基那些人的境界，太可怜了。”

斜川客观地批判说：“内人长得相当漂亮，画也颇有家法。她画的《斜阳萧寺图》，在很多老辈的诗集里见得到题咏。她跟我龙树寺，回家就画这个手卷，我老太爷题两首七绝，有两句最好：‘贞元朝士今谁在，无限僧寮旧夕阳！’的确，老辈一天少似一天，人才好像每况愈下，光‘不须上溯康乾世，回首同光已惘然！’”说时摇头慨叹。

方鸿渐闻所未闻，甚感兴味。只奇怪这样一个英年洋派的人，何以口气活像遗少，也许是学同光体诗的缘故。

---

① 钱锺书：《槐聚诗存》，三联书店，2002年版，第17页。

（董斜川）“当然是陈散原第一。这五六百年，算他最高。我常说唐以后的大诗人可以把地理名字来概括，叫‘陵谷山原’。三陵：杜少陵，王广陵——知道这个人么？——梅宛陵；二谷：李昌谷，黄山谷；四山：李义山，王半山，陈后山，元遗山；可是只有一原，陈散原。”说时，翘着左手大拇指。鸿渐懦怯地问道：“不能添个‘坡’字么？”

“苏东坡，他差一点。”

鸿渐咋舌不下，想苏东坡的诗还不入他法眼，这人做的诗不知怎样好法，便问他要刚才写的诗来看。苏小姐知道斜川写了诗，也向他讨，因为只有做旧诗的人敢说不看新诗，做新诗的人从不肯说不懂旧诗的。斜川把四五张纸，分发同席，傲然靠在椅背上，但觉得这些人都不懂诗，决不能领略他句法的妙处，就是赞美也不会亲切中肯。这时候，他等待他们的恭维，同时知道这恭维不会满足自己，仿佛鸦片瘾发的时候只找到一包香烟的心理。纸上写着七八首近体诗，格调很老成。辞军事参赞回国那首诗有：“好赋归来看妇靥，大惭名字止儿啼”；愤慨中日战事的诗有：“直疑天似醉，欲与日偕亡”；此外还有：“清风不必一钱买，快雨瑞宜万户封”；“石齿漱寒濑，松涛泻夕风”；“未许避人思避世，独扶浅醉赏残花”。可是有几句像：“泼眼空明供睡鸭，蟠胸秘怪媚潜虬”；“数子提携寻旧迹，哀芦苦竹照凄悲”；“秋气身轻一身过，鬓丝摇影万鸦窥”；意思非常晦涩。鸿渐没读过《散原精舍诗》，还竭力思索这些字句的来源。他想芦竹并没起火，照东西不甚可能，何况“凄悲”是探海灯都照不见的。“数子”明明指朋友并非小孩子，朋友怎可以“提携”？一万只乌鸦看中诗人几根白头发，难道“乱发如鸦窠”，要宿在他头上？心里疑惑，不敢发问,怕斜川笑自己外行人不通[①]。

"董斜川"明显影射冒孝鲁(1909—1988)——冒广生之子,钱锺书好友。董斜川所说"他到如今还不脱黄仲则,龚定庵那些乾嘉习气,我一开笔就做的同光体",多少让人联想到陈衍对钱锺书莫作黄仲则的劝诫。陈三立看过没有看过徐志摩的诗,没有其他旁证,但对白话诗评价不高则显而易见。董斜川"老辈一天少似一天,人才好像每况愈下"的慨叹钱锺书何尝没有。上文所引董斜川的诗,明显具有同光体的风格,我们可以来详细比照一番。其中"快雨瑞宜万户封"来自石遗"此雨宜封万户侯,能将全暑一时收"[②]的诗句;"独扶浅醉赏残花"源自散原诗句"扶醉艳为家"(《寓园中蜀葵盛开赋》)[③];"数子提携寻旧迹"则源自散原诗句"提携数子经行处,绝好西山对雪堂[④]",而"提携"是散原诗中常用语汇:"看君兄弟各提携"(《寄仲林》)、"提携孤愤到荒山"(《由崝庐寄陈芰潭》)、"提携雪色儿"(《春晴步后园晚望》)、"提携万影立黄昏"(《二月二十一日同徐悟阳道长赴西山展墓作》)、"提携卧疾雏"(《由沪还金陵散原别墅杂诗》)等[⑤];"泼眼空明供睡鸭"与散原诗句"泼眼乱晴翠"相关(《秋日同李亦元刑部、杨彦规、薛次申两观察泛舟玄武湖作》)[⑥],"蟠胸秘怪媚潜虬"可从散原诗句"弥天四海各蟠胸"(《倦知同年消寒第三集末及赴乃以即席诗见寄次韵酬之》)[⑦]中觅到踪

---

① 钱锺书:《围城》,北京:三联书店,2002年版,第92—102页。

② 陈衍:《雨后同子培子封对月》,《石遗室诗话》卷十一,第184—185页。

③ 陈三立:《散原精舍诗文集》,第192页。

④ 陈三立:《过黄州因忆癸巳岁与杨叔乔屠敬山汪穰卿社耆同游》,《散原精舍诗文集》,第162页。

⑤ 陈三立:《散原精舍诗文集》,第8、18、107、228、355页。

⑥ 陈三立:《散原精舍诗文集》,第29页。

⑦ 陈三立:《散原精舍诗文集》,第659页。

影;“哀芦苦竹照凄悲”则源自散原诗句“高花大柳照凄悲”(《王义门陶宾南两塾师各有赠答之什次韵赘其后》[①];“鬓丝”也是散原诗中常见的词语,如“年年窥我鬓丝白,无数坟头夕照山”(《清明日墓上》)、“鬓丝是何物,影我春风前”(《春晴步后园晚望》)等[②]。以上足见钱锺书对散原诗的熟稔,而《围城》中的这一段话不妨看做钱锺书“戏说”同光体诗。对于利用小说中人物来表达诗文见解,钱锺书并不陌生,他曾注意到林纾的这种手法:“林畏庐《京华碧血记》托邴仲光语,评钟谭合集,极中窾要,指责友夏,亦甚平实[③]。”同样,我们不妨说钱锺书《围城》托董斜川语评同光体诗而极中窾要。《围城》中的这段话颇具复调风格,一方面作者借方鸿渐之口,多少讽刺了同光体诗的艰涩难懂;另一方面,作者通过董斜川又表达了对宋诗风的喜爱,透露出一种执拗的孤芳自赏。当然,了解钱锺书的读者会联想到现实世界中的“董斜川”——冒孝鲁和钱锺书之间的惺惺相惜。从第二层意义上来看,钱锺书对宋诗的爱好是文中应有之义。从这段话中我们多少能够感受,直到20世纪40年代,陈三立、陈衍等宋诗派人士依然有着较大魅力,吸引了一批年轻诗人加入到“宋诗”队伍中来——钱锺书即为其中一员。

1911年沈瑜庆在写给陈宝琛的一封信中不无忧虑地谈到:“近来新旧痕迹太重。张文襄洋翰林之说颇有辟而外之之意。融洽之者,其在公乎?后生心醉东学,中东人反间之计。闻此次粤乱,各省世家子弟,残杀甚多……公与朱艾卿、刘幼云诸君,当延揽后进,扶国家元气,挽青年厄运[④]。”无独有偶,辛亥革命后,陈三立弟子胡思敬在写给陈三

---

① 陈三立:《散原精舍诗文集》,第12页。
② 陈三立:《散原精舍诗文集》,第66、107页。
③ 钱锺书:《谈艺录》卷二十九,北京:中华书局,1984年版,第308页。
④ 沈瑜庆:《涛园集》,第336页。

立亲家俞庶三的一封信中也谈到:“我辈已矣！霜居寡妇,岂犹抹脂涂粉再醮事人？科举既废,生计日坚,草茆亦难崛起。所望一二故家子弟,培养于危疑患难之秋,俟局势少定,徐出而图。天心好仁,不忍人类殄绝,既酿成一乱,必预备一辈救乱之人以拟其后,古今殆一辙也!”①他们都深切感受到随着科举制度的终结,士大夫即将退出历史舞台,但士大夫的精神犹望一二世家子弟得以承续,因此这批末代精英士大夫尤其重视子弟的培养,他们的子弟陈寅恪、陈衡恪、俞大维、林徽因、陈衡哲、林庚、俞平伯、钱锺书等都成为现代知识分子中的佼佼者——当然,也有像张志沂这样的藉藉无名者。

附录:钱锺书《中书君诗初刊》②

自序:二十二年秋七月始乞食海上三匝无依一枝聊借牛马之走贱同子长凤凰之饥感比少陵楼寓荒芜殆非人境试望平原蔓草凄碧秋风日劲离离者生意亦将尽矣境似白太傅草原之诗情类庾开府枯树之赋每及宵深人静鸟睡虫醒触绪抽丝彷徨反侧亦不自知含愁尔许也偶有所作另为一集吴市箫声其殆庶乎尔二十二年中秋前一日(自二十二年秋至二十三年春得诗六十余首凄戾之音均为付印此集所载断自二十三年春至二十三年秋择刊若干首)

跋:陈君式圭张君挺生怂恿刊拙诗忍俊不禁因撰次春来诸作为一编仍以旧序冠其首而付手民来海上前亦有诗数十首写定乞石遗诗老为序则留以有待譬之生天先者成佛反后耳旧作答颂陀丈有云不删为有真情在偶读如将旧梦温秋杪杂诗有云漫说前贤畏后生人伦诗品擅讥评拌将壮悔题全集尽许文章老更成逝者如斯忽焉二载少年盛气未有以减于畴昔也二十三年重阳后十日锺书记尾。

---

① 胡思敬:《覆喻庶三书》,《退庐笺牍》卷二,《退庐全集》,第489页,台湾:文海出版社。

② 钱钟书先生此早年诗集印数较少,存世不多,为研究便利姑附于此。虽有违先生本意,期有裨于学术研究。乞先生并杨绛先生谅解。

《北游纪事诗》

某山某水愿能酬敝舍焦唇汔小休乞取东风晴十日今年破例作春游(以春假赴平三月三十日行四月一日至)

春浅群花勒未开便知身已过江来泰山如砺河如带凭轼临观又一回

有地卓锥谢故人行尘乍浣染京尘如何欲话经时别駃舌南蛮意未申

七万二千分内粮秀才闻请意皇皇叩门乞食陶元亮与我一般为口忙(诸师友排日招邀饮食若流宋饶德操诗云百年七万二千饭)

风云气盛讳多情物果难求失亦轻铲削爱根如铲草春风吹着会重生(调大千)

执手灯前制泪垂低回一语郁千悲性情学说原无涉林老云亡说与谁(申甫师方遭太翁之丧林老谓畏庐翁孝友镜序也)

惟庸故妄昔曾闻妙语恰如我欲云计字索缣沽善价詅痴符抵送穷文(夫己氏)

同门堂陛让先登北秀南能忝并称十驾难追惭劣马千秋共勖望良朋(初识张君荫麟于雨僧师许)

诸先生莫误司迁大作家原在那边文苑儒林公分有淋漓难得笔如椽(源宁师为雨僧师作英文传或疑出予手故引卢氏杂记王杂语自解)

百年树木迟能待顷刻开花速岂甘各有姻缘天注定牵牛西北雀东南(雨僧师示空轩诗十二首予尤爱其未甘雨取任缘差一语以为未经人道)

毁出求全辨不宜原心略迹赖相知生平一瓣香犹在肯转多师谢本师(答公超师)

娇娇出群爱此才鹤凫长短世疑猜过江名士多于鲫争及济南名士来(道大千于公超师)

亦居魏阙亦江湖兔窟营三莫守株且执两端开别派断章取义一葫芦(公超师谈海派京派之争余言生从海上来请言海上事有马戏班名海京伯者大观也我曹执两用中比于首鼠便借名定义拔戟自成一队可乎师为莞尔)

遥山一角抹微云日暖风迟水欲纹只少花迎柳与送江南春色可平分(玉泉山中道)

松涛云片句神奇眼处生心历历追举似少游春日作底人知是女郎诗

庙寝荒凉法器倾千章黛色发春荣最宜杜老惊人句变雅重为古柏行(游太庙万

柏森森余谓溪山罨画宜中晚唐人绝句若此非得杜陵野老为七古不能尽兴亡转烛勿剪勿伐之感)

欢子懊侬略已谙嬉春女伴太痴憨干卿底事一池水送我深情千尺潭(泰台所遇)

话到温柔只两三薄情比勘弥增惭任卿投笔焚书后注定全神学定庵(羽琌山民诗云整顿全神注定卿)

最厌伤多酒入唇看人斟酌亦酩酊自惭蕉叶东坡量众醉休嗤学独醒(采之盛宴送行特为置密酒强饮)

朝朝暮暮日旋过世世生生事不磨临别爱深翻益恨恨时怎比爱时多

纷飞劳燕原同命,异处参商亦共天。自是欢娱常苦短,游仙七日已千年。(四月九日行留平七日)

溪流薄涨柳舒新春味醰醰如饮醇却恋江南归去也风光如此付何人

《春尽日雨未已》

不信今朝尚是春紫红如洗绿荫匀几番来雨兼新旧一样飞花判溷茵

逝日鲁戈挥莫驻漏天娲石炼难堙坏空成住寻常见休惜流光更怆神

鸡黄驹白过如驰欲绊余晖计已迟藏海一身沉亦得恋桑三宿去安之

茫茫难料愁来日了了虚传忆小时确待明朝荐樱笋送春还与订归期

《寓楼小斋》

广厦万间楼百尺古人意气一何豪亦知世界随心幻转悔形神撄物劳

拔宅升霄终乏术浮家入海欲安逃陋居不少回旋地默契鸢鱼计最高

《得风琢太原书文章憎命有引刃自裁之志怆心酸鼻余尝云
有希望死不得而无希望又活不得东坡曰且复忍须臾敢断章取义复于君》

惯迟作答忽书来怀抱奇愁郁莫开赴死不甘心尚热偷生无所念还灰

升沉未定休尤命忧乐编经足养才埋骨难求干净土且容蛰伏待风雷

《答公侠丈归隐吴江留别之作》

就传胜衣曾识面十年重晤白盈头别公几见沧桑改知己真同水石投

余绪得闻迟尚及斯文未丧老能遒鲈鱼乡味尝新后倘有鲤鱼还寄不

《哭管略(并序)》

君和光同尘被褐怀玉神旨圣解人无知者惟余略窥胸中之泾渭皮里之阳秋而已生

平谈交君为第一乃年未四十而殁未了者百端待食者八口风流顿尽述作无存裴说

搜坟郑庄掘地齐心同愿莫知我哀

竟难留命忍须臾谈艺归来愿已虚待哺诸儿黄口小丧明一老白头初

覆巢所幸能完卵涸辙犹希可活鱼见惯存亡无涕泪殷忧尚为泣沾裾

胸有千秋只字悭相知惟我许追攀回牛笔可穿重札窥豹文才睹一斑

平日笑谭都益恨故乡魂魄淌知还发言莫赏嗟臣质谁与微词作要删

《季二十二岁生日奉贺》

霜欺雪压逞风华修到寒梅未足夸赤白摩诃长不坏铃旛何用护天花

(法华经序品天花四种曼陀罗摩诃曼陀罗曼殊沙摩诃曼殊沙华言白大白赤大赤花也)

长日娇痴晕颊涡白从相识转愁多衷肠百结凭卿解莫更工颦蹙翠娥

《立秋夜作》

蒲扇生衣施簟床月钩星带坐来长新凉一种秋滋味不是愁人不解尝

《大铁汪先生风雅宜人大隐在市与余望门对宇而居》

买邻端欲卖藏书喜有高人此结庐十劳清闲生白室百函充积草玄居

渐沦风雅君难得能隐尘嚣我不如何日江湖偿债了还乡下泽许同车

《秋望高吟黄河水绕汉宫墙者见之当齿冷也》

楼前无复旧葳蕤天似穹庐四望垂感逝直须招远魂伤离一并作秋悲

荒坟草尽高低出野水潦清即渐亏此是郊寒岛瘦境诗囚吟赏剧相宜(大招云魂魄归来无远遥只)

《苇伊出示秣陵行卷五言往体追踪二谢书后一首》

飘然君有秣陵行袖里新篇纪客程为爱六朝容小往偶吟五字得长城

落花无语司空品翻水成文吏部评逐臭何须来海上柴烟粪火损诗情

《苇伊出示朝鲜闵妃小像静女其姝蜕出尘外袁忠节尝叹为美人第一良非虚说元秘史注卷一文芸阁识语谓有元重高丽女子如妃方为不负感其惨死有同杨玉环而薰莸迥异因作诗索苇伊和焉》

马嵬玉碎事同符转烛兴亡岁月徂自坏长城危莫救相传倾国语终诬

直疑秋水为神态犹识春风一画图麦饭年时谁办得遗黎偷活到今无

《季示西园晚眺诗有云疏树无栖鸟残荷有胜香触拨旧游不能自已今秋仍羁海上亦非始料所及也》

西园有我游踪在子独幽寻到落晖涸尽陂塘荷已老凋残木叶鸟无依

虚期月满双双至只待花开缓缓归身似玉皇案吏谪西山日对愿终违

《无题》

义山有感云楚天云雨尽堪疑解人当以此意求之

传言玉女未全讹各蓄相思孰最多人定金环深院叩梦回珠屦曲廊过

身无羽翼惭飞鸟门有官防怯吠猧待与十年留后约荫成子满奈卿何

《季示西园新辟小池诗有云月影萍开见波纹鱼跃圆和作一首》

知卿结想在濠濮新凿方池看聚萍风定涵天平妥贴波摇浴月碎零星

垂垂列宿疑能摘谡谡秋林最喜听倘得芥舟堪共载不须问价向山灵

《夜闻蟋蟀和苇伊》

蟋蟀语何烦足清筝琶耳丝竹不如肉羽鸣尤尽美
随风为疾徐搀鱼含宫徵所得是秋心夏虫语羞比
视予吟更苦憔悴霜露里微物何不平咏叹勿自己
忽忆遗山言东野差相拟庭草生意尽尔亦安所止
来日苦无多鸣哀知将死良宵供佳睡客梦归乡里
衡门甫在望繁响惊之起开户不知处星疏天如洗

《季示忆旧诗云爪痕今渐灭鸿去倘来归感和一首》

天阙扶摇叩未应归来铩羽学鸿冥留痕踏雪销终尽过影沉潭流岂停
常自转头惊岁月那能鼓翼起风霆鸥盟鹄举吾何择并命升沉要共经
(东坡云人生到处知何似应似飞鸿踏雪泥天衣怀禅师云譬如雁过长空影沉寒潭)

《红柳曲》(存目)

《晓起雨止默念秋将尽矣》

过却重阳漏未干阶翻簷滴峭生寒连宵苦雨秋如送独夜惊魂梦易残
节物渐移宁有迹愁思突起总无端痴云不散阴晴幻一幅楼前水墨看

《傍晚意行至一家园贫儿三四拾枯枝败叶见人来皆惊起》

水穷云起足盘桓秋色丹黄秀可餐落叶翩翻铺径厚微躯掇拾满筐难
一炊不作来朝计百结还怜乡晚寒扑枣馈桃遗意在未须惊怪数相看

结 语

“最繁复者社会,最不可信者人事之清伪,涉及政治或文学,则歧而又歧。此中消息至微,纪事者仅得其轮廓耳[①]。”这是宋诗派后起之秀黄濬在被陈寅恪极为推崇的《花随人圣庵摭忆》中的感慨。这段话之前,是他对晚清士风消长与政治关系的论述,尤其阐述了清流党与晚清政局的复杂关系。笔者在“清末民初宋诗派文人群体”这一课题的研究中亦有此感慨。一位历史学家谈到:“人类伦理活动过程,就横剖面看,是由极其复杂的各种状态、各种利益、各种冲突、各种情绪以及各种事业共同组成的[②]。”1895 到 1921 是一段不短的历史空间,尤当中国社会转型的关键时刻,研究对象又为出处选择不一的一群末代士大夫,故所论只能为轮廓,并非适用于此群体的每一个体。

20 世纪中对这批人进行“同情之了解”的评说的,多是和他们有过亲密接触的一批知识分子,其中有王国维、陈寅恪、钱锺书、胡先骕、吴宓、汪辟疆、钱仲联等。这批人中不乏文化精英和杰出的文学批评家、文学史家:钱锺书的《石语》,让我们知道了有这样一个对其产生重要影响的陈衍的存在;胡先骕对此一群体的思想,更是有着整体性的解读;王国维所作沈曾植七十寿序,才让一位学者带着疑惑去仔细阅读

① 黄濬:《花随人圣庵摭忆》,转引自《沧趣楼诗文集》,上海古籍出版社,2006 年版,第 686 页。

② [德] 德罗伊森:《历史知识理论》,北京:北京大学出版社,2006 年版,第 59 页。

沈曾植的著作,发出了"世间原未有斯人"[①]的慨叹……

从这些学者的评述中,我们可以感知宋诗派文人群体的精神脉络从未中断,只不过我们被新文学一统天下的假象迷惑而已,或根深蒂固的新文学视角遮蔽了我们的视角而已。宋诗派文人群体给我们提供了一个从反面观察新文学的视角,对"诗界革命"、"南社"、"学衡派",笔者也多少采取了站在宋诗派立场上言说的口吻,偏至之处在所难免,姑且看做一种矫枉过正吧。

本文的论述,始终围绕陈三立、郑孝胥这两位核心人物进行。一方面因为他们文学造诣最高,影响最著,成为这一群体的精神领袖;另一方面也是因为他们的思想最复杂,最足以作为个案来剖析末代士大夫的尴尬处境。陈三立"来作神州袖手人",义无反顾地疏离政治但又体现出强烈的社会关怀;郑孝胥"万人如海一身藏",最终却以"人定胜天"的心态迈出海藏楼,走向污浊的政治泥坛,这似乎是20世纪最典型的两种知识分子人格了。有意味的是,在30年代以前,陈、郑二人保持着密切的联系,两人惺惺相惜、相知甚深,他们还有共同的事业——中国公学。陈、郑所从事的教育事业,一方面说明了他们的维新梦想从未中断,一方面也说明了他们在晚清民国士大夫中的崇高声望。研究他们,不仅是研究一种文学现象,也是在研究一个伦理群体。他们的道德观念、思维方式和我们虽然隔了不到一个世纪,但仿佛已在远古时期了。多亏有了王国维、陈寅恪、钱锺书、胡先骕、吴宓、汪辟疆、钱仲联这些学者在不断念叨他们,我们才有了接近他们、研究他们的冲动。当然,由于历史资料的不足,更由于笔者才孱力弱、学识有限,只能就目前所知加以初步描绘了。深入研究他们的历史活动和精神面貌,重估其对20世纪中国文学的贡献,要等到更多的学者加入研

---

① 葛兆光:《世间原未有斯人——沈曾植与学术史的遗忘》,《读书》,1995年第3期。

究队伍来以后了。

本文也尝试对宋诗派领袖人物在整个群体中所起的作用进行了分析。通过细致的资料清理和初步分析,笔者认为在1895—1921这个区间内,陈衍并非宋诗派文人群体的精神核心。1894年之前,陈三立在湖湘、郑孝胥在京师均和精英文人群体建立的密切联系,而陈衍只是一个藉藉无名的地方诗人。他当时和林纾等在地方上结福州支社唱和,而福建又远离文化的中心,因此陈衍才会在《与梁众异黄秋岳书》中感伤地说:"衍治诗四十年,其始第以纪游览,志聚散,兄弟唱和,友朋不过二三人,皆寂寂无闻者。二十余岁,自游四方,稍识一时贤俊,然赠答至寡[①]。"陈衍与同时名贤结交,是在1898年入张之洞幕府之后,而当时幕府中诗坛俊彦甚多,陈衍也没有太大名气。直到1907年到京师后,尤其是在《庸言》杂志上发表《石遗室诗话》以后,陈衍名气才越来越大,然而他在宋诗派文人群体中影响还远远不如陈三立和郑孝胥。陈衍在1902年所作的《海藏楼诗叙》中说:

> 余与君治诗皆二十余年,相与商略为诗亦二十年。初时持论,若南山秋气之相与高,所谓否,不稍假借,用辄引为药病……乙酉归自金陵,访余于西门街,则亟称孟东野。诣君,案有手钞东野诗四册,题五言古数章于上,有精语足资诗学……己丑、庚寅入都,君寓可庄所及官学,案上手钞本有晚唐韩偓、唐彦谦诸家,北宋梅圣俞、王荆公诸家。君诗已一变,再变为姚合体,为北宋,服膺荆公……一日遇君与季直于骡马市,相将入浴堂。君解衣探夹袋,出残稿数纸,则《游摄山》诗,皆七言。余以为神似樊榭,君乃为此!……戊戌,君来

---

① 陈衍:《与梁众异黄秋岳书》,《石遗室诗话》,第796页。

鄂，所居隔一江，岁暮约相督为律诗……子培工为诗而不常为，尝言吾遇苏堪，诗思自生，为之亦多工[①]。

这段话实际上描述了一个小群体中宗宋诗风的形成。从陈衍的描述来看，1885 年（乙酉）时郑孝胥还诗宗孟郊；到 1889 年（己丑）、1890 年（庚寅），郑孝胥开始"为北宋，服膺荆公"。陈衍遇郑孝胥、张謇于骡马市浴堂是在 1890 年 3 月，此时郑孝胥诗已"神似樊榭"；1898 年（戊戌），郑孝胥、陈衍、沈曾植在武昌张之洞幕府朝夕论诗，这一个小群体的宗宋诗风逐渐形成。从陈衍上面这段话也可以看出，入张之洞幕府之前还是一个地方诗人的陈衍，极为留心郑孝胥每一时期的诗学兴趣，结合《石遗室诗话》初版本中连篇累牍引用郑孝胥的诗作，可见陈衍所受郑孝胥影响甚大。直到 20 世纪 20 年代以后，随着陈衍《石遗室诗话续编》在《东方杂志》上的刊登和《近代诗钞》的出版，陈衍才逐渐成为和陈三立、郑孝胥并驾齐驱的人物，而此时陈三立创作锐减，郑孝胥也因越来越热衷于复辟而无意于诗文了[②]。如果看不到这样一种动态的过程，就无法对陈衍的地位作出一个合理的判断，也就无法合理评价宋诗派人物之间的关系。

清末民初，宋诗派文人群体是一个介于传统文学流派和现代文学社团之间的组织。这一群体的特点是过渡性，其复杂性无法用相对松散的传统文学流派或相对紧密的现代文学社团的概念来涵盖。也许这一群体的最大研究价值就在于这种无法用"新"或"旧"来命名的复杂性吧！连接他们之间关系的，既有传统的文人雅集与结社，亦有在现代媒体上的聚拢。

---

① 陈衍：《海藏楼诗叙》，《石遗室诗话》，人民文学出版社，2004 年版，第 798 页。

② 张宏生在《诗史的发展与汪辟疆的近代诗学成就（代序）》中也谈到了这一点，可以参见。汪辟疆：《汪辟疆说近代诗》，上海古籍出版社，2001 年版，第 14 页。

雅集、结社等活动是这一群体的外围活动形式,也是扩散群体影响、扩充群体文化资本的有效形式,通过与当时文坛最优秀诗人的经常性交往,宋诗派人物获得较充裕的文化资本(陈衍在京师与优秀诗人的频繁雅集是最突出的表现)。而维系宋诗派文人群体的,既有雅集、结社、亲缘、地缘、学缘等传统要素,亦有报纸期刊等现代要素。报纸期刊等现代传媒的出现,深刻改变着中国文学的风貌。正如一位学者指出的那样,报纸和平装书的出现,"实际上成为与中国传统线装书不同的传播媒介,并且促使中国传统文学观念发生变革①"。在1915—1920年间,随着宋诗派文人群体对《东方杂志》、《小说月报》等公共领域的占据,说明了这一群体已进入成熟状态,在民初文学场域中占据绝对优势。对《东方杂志》上诗人身份及诗作内容的分析可以看出,这一群体有着强烈的"身份认同",属于这一群体的诗人被隆重推出,其诗作以可观的数量出现在刊物上;不属于这一群体的诗人或被排斥、或被限制在刊物上出现。即使像樊增祥、易顺鼎、康有为、赵熙这样的重要诗人,出现在刊物上的诗作也少得可怜。因此,《东方杂志》"诗文栏"并不是一个属于全部古典诗歌的传播空间,根据诗人的影响大小来决定其发表诗作的数量,而是一种被宋诗派文人群体控制的文化资源。宋诗派影响在民初的扩大,和类似这样的刊物的占有和控制有关。

宋诗派之所以能够占据这样的公共空间,与此群体的领袖人物的自觉意识有关。这一群体的核心人物陈三立、郑孝胥、陈衍、沈曾植等在晚清都属于较为通达的开明士大夫,和维新群体有着藕断丝连的瓜葛,维新的梦想虽然遭受沉重打击,维新的脚步却从未停止。郑孝胥

① 袁进:《中国文学观念的近代变革》,上海社会科学院出版社,1996年版,第31—32页。

和汪康年情深意笃，两个人在维系变法前夜有过密切合作，郑孝胥还差点接替梁启超成为《时务报》主笔；陈衍早年在上海办《求是》报，后来在张之洞幕府办《商务报》，1912 年又在梁启超主编的《庸言》上发表诗话而受益匪浅；陈三立的商业意识也非一般保守士大夫可比[①]，这一切都决定了它们对传媒的力量和如何利用传媒来扩大影响都有充分的认识。而郑孝胥在清末参与立宪、投资商业所带来的社会资本，并没有随着辛亥革命的爆发而消失，相反，他倒是在两个政治制度截然不同的社会中游刃有余。而他投资的商业项目之一——商务印书馆，无意中给宋诗派文人群体带来了巨大收益。

除了文中谈到的结社、雅集、在期刊上的聚合外，也有一些社会活动说明这是一个"群体"。如 1917 年陈三立、俞明震、陈曾寿几人游杭州，意外发现了一株千年樟树，有感于因这个古树而引发的"遁世无闷、独立不惧"的人生体验，他们决定为这株樟树修一个亭子，次年亭子就建成了。哪些人参与这个活动了呢？有陈三立、郑孝胥、俞明震、陈曾寿、夏敬观、金蓉镜、朱祖谋、王乃徵、胡嗣瑗、蒋苏盦十人，内中多数为宋诗派诗人群体的核心成员，其他几人也是他们的好友。从这件小事上，也可以看出这是一个私交很密切的群体。宋诗派文人群体是一个"文化习性"相近的团体，而"文化习性"就体现在生活风尚和爱好上[②]。从这样一个有关"樟树亭"的象征性实践活动中，我们也可看出这不仅仅是一个简单的文学联盟，而是建立文化习性相似基础上的社会群体。从某种意义上来说，这个群体比很多新文学社团更为牢固。

---

① 陈三立在《钱塘胡君墓表》中批判了重农轻商之说："惟中国数千年政俗，类持务本抑末之说，贵农而贱商，若周时寡妇清、汉时卜式有裨国家之急，儒者亦忽视之，群安于陋简，终以自弊"。见《散原精舍诗文集》，第 939 页。

② [法]高宣扬：《布尔迪厄的象征性实践和权力运作》，《后现代主义哲学讲演录》，商务印书馆，2003 年版，第 218 页。

在近代宋诗运动中,宋诗派文人分别扮演了一场“交响乐式表演”[①]中的不同角色。所谓“交响乐式表演”,是法国社会学家布尔迪厄用以描述“习性”相似的一个群体的活动时所使用的概念。个人在社会中,就像在交响乐演奏中那样,是被区分为不同的群体的。因而,尽管个人间爱好、才能和社会角色方面的差别是不可化约的,但是,各个人的地位和活动毕竟为其所属的群体和区分化的类型所决定。这种“交响乐式表演”只是象征性地演奏,它如历史之无意识运作那样,不以交响乐队的任何一个个别演奏者的主观意志为转移,只遵循着演奏过程中综合得出的总力场的方向,始终无意识地自我运作。清末民初宋诗文人群体的每个个体在近代宋诗运动中所起的作用,也可用这种观点来分析。虽然当事人不认账,不承认有所谓的“派”,但事实上他们协调运作,发起了20世纪初期的一场大规模的文学运动。这其中,陈衍是理论家,陈三立和郑孝胥是创作上的代表,还有其他诗人通过亲缘、地缘、学缘以及同事等复杂关系加入进来,进行了一场“交响乐演奏”。比如陈三立,他一直在关注着陈衍诗话的写作,早在陈衍刚刚萌生写诗话的念头时,他就极为关切,“遇则急询诗话[②]”。《石遗室诗话》出版后,他也十分关注。有一次他和沈曾植向陈衍提出抗议,认为诗话中对他们的诗赞誉太少[③]。这则小故事反映了其他宋诗派同人对陈衍诗话的关注,陈衍的诗话已经不仅仅是个人写作,还是整个宋诗派群体“交响乐演奏”中的一部分。这种意识实际上多多少少也渗透在陈衍的写作意识里。他对“同光体”的建构,是近代宋诗运动的一个

---

① [法]高宣扬:《布尔迪厄的象征性实践和权力运作》,《后现代主义哲学讲演录》,商务印书馆,2003年版,第221—223页。

② 陈衍:《石遗室诗话》卷一,第4页。

③ “久不与子培相见,今夏寓沪访之。登楼伯严先在,坐未定,子培与伯严大哗,责余近来诗话,不甚誉其诗”。陈衍:《石遗室诗话》卷二十六,第400页。

有机组成部分。在宋诗派文人群体合作的这场“交响乐演奏”中,幕后力量最容易被忽视。郑孝胥、李宣龚、夏敬观在出版上做了大量工作,使得宋诗派有了一个稳定而连续的发表作品的阵地,成功地利用现代媒体传播。而其中的运作机制,当有更复杂的因素在内,笔者只是进行了初步的分析。

正像布尔迪厄所说,我们无法确定场域的边界,但这里也可以用场域的“区分化”原则来排除哪些人不属于这一群体。清末民初,宋诗派文人群体是建立在相似文化习性基础上的群体,群体成员之间存在着理解与默契,冲突也较少。即使有冲突,也能够很快化解[①]。而对于群体之外的人物,则容易发生冲突,且冲突一旦产生,会引起关系决裂的后果。严复和沈曾植的冲突,郑孝胥和易顺鼎的冲突,说明了这一点[②]。还有,场域的区分化原则,也能够排除一些和群体中的某一成员关系密切但却不属于这个群体的人物。如黄遵宪,和陈三立的关系很好,但和郑孝胥则交情一般;还有赵熙,和陈衍关系非同一般,但他和陈三立、郑孝胥的交情也属平常;再如张謇,辛亥革命以前与郑孝胥、沈曾植、范当世的关系都极其亲密,但私下却有点看不惯陈三立的“名士气”。这说明他们在习性上存在着差异。类似的人物还有很多,我们都不将其视为宋诗派文人群体的成员。相反的例子说明,即使和群体中的某一位重要诗人相识甚晚,但会迅速被其接受并建立稳固联系,我们亦可将其视为宋诗派成员。如俞明震和陈衍、郑孝胥都相识较晚,但迅速建立了联系,以后的关系也比较密切;还有陈衍的弟子黄濬、梁鸿志、陈三立之子陈衡恪等,均能迅速被群体其他重要成员接纳,进入此一体系,成为网络中的一员。这些例子说明,包含诗学宗趣

① 如陈衍和郑孝胥、沈瑜庆之间的冲突。

② 严复在安徽办新式学堂和时任安徽学政的沈曾植之间发生了冲突,见《严复集》中的有关描述;郑孝胥和易顺鼎在广西发生了严重冲突,影响到两人以后的交往。

在内的"习性"的相似是这一群体的身份特征,而能否被网络核心人物(陈三立、郑孝胥、陈衍)共同接受,是融入这一群体的必要条件。什么是宋诗派文人群体的共同特性呢?笔者认为有这么几点:1.科举体制所造就的传统文化的思想背景;2.积极参维新运动与维新运动后对激进思维的反思与批判;3.乱世中士大夫操守的坚持;4.自下而上改革的民间努力和自上而下革新的政治努力。其中,1使他们区别于以留学生为主体的新文化力量;2使他们区别于康有为、梁启超等激进维新力量;3使他们有别于比较迂腐的士大夫和纯粹的官僚;4使他们区别于张元济、张謇、蔡元培从士大夫蜕变而来的现代知识分子。而1使他们吸引诸如黄节、诸宗元这样的南社精英的原因;2和梁启超等在辛亥革命后对激进思维有相似之处,因而能得到后者认同的原因;3是他们能吸引如胡先骕、吴宓这样有过留洋经历的现代知识分子的主要原因;4则是他们的子弟中既有绝缘于政治的超脱者也有陷身政治泥潭而不能自拔者的原因。当然,上述所论只是大概而言,也有交叉的部分,以上所总结的文化习性约略可以将此一群体标识出来。当然,个人被界定为网络成员的同时,不仅不能抹杀个人的个别性和特殊性,而且恰恰相反,每个个人在同一群体中的和谐行动中表现的角色和作用,正是通过每个个人的个别性、特殊性和互相差别性而实现[①]。比如陈三立和郑孝胥的关系,两人个性差别很大,但却一见如故、莫逆于心,未尝不是陈三立折射出郑孝胥内心深处"静"与"隐"的一面,而郑孝胥则投射出陈三立意识深层"动"与"仕"的一面。"习性"的相似之处,并不能抹杀个性的巨大差别。

陈三立在谈到乱世中"士"的遭遇时说:"士之怀抱幽异,学道观

---

① 可参见布尔迪厄对"习性"交响乐式表演的无意识性和自律性的表现的描绘,见冯俊等著《后现代主义哲学讲演录》,商务印书馆,2003年版,第222页。

化，求自重于己，诚不期表襮于天下后世，然使有志于学者，因其言益得其人之真，又幸能矫厉末俗，示所向往，而坚其坚贞树立……[1]”，使我们从中感受到一种坚硬的“士”品质。作为“最后的古典”[2]，这批末代精英士大夫似乎没有我们想象得那么脆弱，在新文学力量的冲击下不堪一击。相反，他们的内部孕育了现代文学阶段的保守主义力量，陈寅恪、王国维、钱锺书、严复、吴宓这样一批在20世纪末期不断引起人们关注的人物和这一群体有着藕断丝连的关系。南社、学衡以及后来的一些新文学家，感受到他们身上裹挟的近代以来开明士大夫的忧患意识和道德承担意识的力量而亲近他们，陈寅恪、黄节、诸宗元、胡适、吴宓、胡先骕、柳诒徵、钱锺书等均属此列，而他们各自所属的阵营，反而不那么重要了。

目睹近世文化巨变，一位士大夫感慨道：“士之不朽于时者，首立德，次立功，立言则其余事。言中之诗，尤其余事也。顾言为心声，而诗以言志，才不大者其志庸，识不充者其志馁，学不富者其志鄙。其于诗也，靡而不振，陋而不达，驳而不纯，使人一望而知其中之所有，又安问其德若工然？则诗故余事乎？所系轻重于其人者，亦不少也[3]。”宋诗派文人本不期以诗文名于世，治国平天下才是他们的终极目标。但身处千古未有之变局的这群精英士大夫，屡次遭受沉痛的政治打击，也只好在诗文中表达他们的忧国忧民之心了。正像有的研究者指出的那样，清末民初宋诗派文人多以学人、改革者、幕僚等身份出现，并非达官贵人[4]。宋诗派文人多为末代士大夫中道德担当意识最强的一

① 陈三立：《关季华遗集跋》，《散原精舍诗文集》，第895页。

② 此处借用刘纳《陈三立：最后的古典诗人》中的概念，见《文学遗产》，1999年第6期。

③ 郭柏荫：《春溟诗集序》，《天开图书楼文稿》卷三，《侯官郭氏家集汇刻》，台北：文海出版社，1975年版，第219页。

④ 涂小马：《“同光体”研究综述》，《苏州大学学报》，1998年第1期。

批人,以文化承续者自命,有很强的文化忧患意识和文化危机感,是文化转型时期的痛苦思索者。

一位现代学者在日记中抄录了一篇题为《陈三立的诗》的文章:“读一九三八年《天下月刊》上 H. H. 胡所写的《陈三立的诗》。令人爱读。H. H. 胡写道:‘他与民族的命运如此血肉相连,因而显得崇高与卓越。这同一八九八至一九〇〇年这段历史相似。他的诗堪与伟大诗人杜甫脍炙人口的诗作相提并论[①]。”这位学者就是新文学家朱自清。可见越是到了民族危机严重、知识分子心情沉重的时候,就越是能够从陈三立的诗中读到让人感动的成分。吴宓一直不大喜欢宋诗派的诗,但在 1964 年,他认真阅读了郑孝胥的诗,写下这样一段话:“当辛亥秋冬,与郑君同其思想、态度之人士,实甚多多。迨宓历一九四九以至今一九六四年之国变、世变,乃深佩爱郑君此诸诗为能先获我心耳[②]。”足见作为古典诗歌的最后守望者的宋诗派的作品,有着 20 世纪其他文学无法取代的价值。

---

① 朱自清:《朱自清全集》卷九,日记,江苏教育出版社,1998 年版,第 520 页。

② 参见吴宓 1964 年读《海藏楼诗》笔记,见《吴宓诗话》,商务印书馆 2005 年版,第 300 页。

参考文献

一、期刊报纸类：

《庸言》、《东方杂志》、《青鹤》、《小说月报》、《学衡》、《民国日报》(上海)、《万象》(沈阳)

二、日记、年谱类

郭嵩焘.郭嵩焘日记[M].长沙:湖南人民出版社.1983

曹伯严言整理.胡适日记全编[M].合肥:安徽教育出版社,2001

缪荃孙.艺风老人日记[M].北京:北京大学出版社

马卫中、张修龄.陈三立年谱[M],近代诗论丛.合肥:安徽文艺出版社,1995

冒怀苏.冒鹤亭先生年谱[M].上海:学林出版社.1998

司马朝军、王文晖.黄侃年谱[M].武汉:湖北人民出版社.2005

孙应祥.严复年谱[M].福州:福建人民出版社,2003

吴宓.吴宓日记[M].北京:三联书店,1998

王闿运.湘绮楼日记[M].长沙:岳麓书社,1997

恽毓鼎.恽毓鼎澄斋日记[M].南京:江苏古籍出版社,2004

李慈铭.越缦堂日记[M].扬州:广陵书社.2004

翁同龢.翁同龢日记[M].北京:中华书局.1992

张晖.龙榆生先生年谱[M].上海:学林出版社.2001

张謇.张謇日记[M],张謇全集(第6卷).南京:江苏古籍出版社.1994

中国国家博物馆编、劳祖德整理.郑孝胥日记[C].北京:中华书局.1993

张元济.张元济日记[M].石家庄:河北教育出版社.2001

张树年主编.张元济年谱[M],北京:商务印书馆,1991

三、作品、著述类

卞孝萱、唐文权.辛亥人物碑传集[M].北京:团结出版社.1991

[美]布鲁姆.影响的焦虑[M].北京:三联书店.1989

曹伯严.胡适日记全编[M].合肥:安徽教育出版社.2001

曹聚仁.文坛三忆.北京[M]:三联书店.1999

陈思和.试论"五四"新文学运动的先锋性[J].复旦学报.2005(6)

陈思和.陈思和自选集[M].桂林:广西师范大学出版社.1997

陈思和.新文学整体观[M].上海:上海文艺出版社.2001

陈思和.草心集[M].广州:广东教育出版社.2004

陈衍.石遗室师友诗录[M].民国石印本

陈衍.近代诗钞[M].1923年商务印书馆刻本

陈衍.石遗室诗话[M].北京:人民文学出版社.2004

陈宝琛著,刘永翔、许全胜校点.沧趣楼诗文集[M].上海:上海古籍出版社.2006

陈广宏.竟陵派研究[M].上海:复旦大学出版社.2006

陈离.在"我"与"世界"之间——语丝社研究.上海:东方出版中心.2006

陈声聪.兼于阁诗话[M].上海:上海古籍出版社.1990

陈声聪.兼于阁杂著[M].上海:上海古籍出版社.2002,陈诗.尊瓠室诗.民国刻本

陈三立.散原精舍诗文集[M].上海:上海古籍出版社.2003

陈三立.散原精舍诗集[M].商务印书馆民国十一年刊本。

陈三立.散原精舍文集[M].沈阳:辽宁教育出版社.1998

陈涛.审安斋遗稿[M].台北:文海出版社

陈诗.尊瓠室诗话[M].民国诗话丛编·二.上海:上海书店出版社.2002

陈衍.石遗室集[M].福州:福建人民出版社.2001

陈衍.石遗室诗话.人民文学出版社,2004

陈寅恪.金明馆丛稿二编[M].上海:上海古籍出版社.1980

陈寅恪.寒柳堂集[M].上海:上海古籍出版社.1980

陈寅恪.陈寅恪集·诗集[M].北京.三联书店.2001

陈玉堂.中国近现代人物名号大辞典(全编增订本)[M].杭州:浙江古籍出版社.2005

陈万雄.五四新文化的源流[M].北京:三联书店.1997

陈平原.中国现代学术之建立[M].北京:北京大学出版社.1998

陈平原、王枫(编).追忆王国维[G],北京:中国广播电视出版社,1997 陈夔龙.梦蕉亭杂记[M].北京:北京古籍出版社,1985。陈曾寿.苍虬阁诗[M].台北:文海出版社,1977

陈子展.中国近代文学之变迁·最近三十年中国文学史[M].上海:上海古籍出版社.2000

戴正诚(编).郑叔问先生年谱[M],北京:北京图书馆出版社,1998。

[美]德罗伊森.历史知识理论[M].北京:北京大学出版社.2006

丁文江.梁启超年谱长编[M].上海:上海人民出版社.1983

范当世.范伯子诗文集[M].上海:上海古籍出版社.2003

范旭仑、牟晓朋整理.谭献日记[M].石家庄:河北教育出版社.2001

范旭仑.容安馆品藻录·陈衍[J],万象.2005(1)

范旭仑.容安馆品藻录·冒广生[J],万象.2005(2)

范旭仑.容安馆品藻录·胡先骕[J],万象.2005(4)

范旭仑.容安馆品藻录·陈寅恪[J],万象.2005(6)

范旭仑.容安馆品藻录·李宣龚[J],万象.2005(12)

樊增祥.樊樊山诗集[M].上海:上海古籍出版社,2004年版

方宝川.林旭行实系年[J].福建师范大学学报(哲学社会科学版).1991(3)

费正清.剑桥中国晚清史[M].北京:中国社会科学出版社.1985

冯俊等.后现代主义哲学讲演录[M].北京:商务印书馆.2003

傅杰.王国维论学集[M].北京:中国社会科学出版社.1997

傅道彬、王秀陈.海藏楼内外的郑孝胥.北方论丛[M].2005(1)

福州支社诗拾[M].民国刻本

关爱和.近代文学论集[M].北京:中华书局.2006

耿云志、欧阳哲生(主编).胡适书信集[M].北京:北京大学出版社,1996。

郭长海、金菊贞.高旭集[M].北京:社会科学文献出版社.2003

郭则沄纂,卞孝萱、姚松点校.十朝诗乘[M].福州:福建人民出版社.2000

郭则沄.郭则沄遗稿三种[M].天津:天津古籍出版社,1987。郭曾炘.邴庐日記[M].民国二十三年侯官郭氏刊本。

顾廷龙(校阅).艺风堂友朋书札[M].上海:上海古籍出版社,1980

黄侃. 黄季刚先生手写日记[M]. 台北:学生书局. 1977

黄侃. 黄侃日記[M]. 南京:江苏教育出版社,2001

黄濬. 花随人圣庵摭忆[M]. 太原:山西古籍出版社、山西教育出版社. 1999

黄霖. 近代文学批评史[M]. 上海:上海古籍出版社. 1993

黄节. 黄节诗集[M]. 北京:中国人民大学出版社. 1989

黄遵宪. 黄遵宪集[M]. 天津:天津人民出版社,2003

贺国强. 近代宋诗派研究[D]. 苏州大学. 2006

何宗美. 明末清初文人结社研究续编[M]. 北京:中华书局. 2006

胡思敬. 退庐全集[M]. 台北:文海出版社,1961。胡颂平. 胡适之先生年谱长编初稿[M]. 台北:联经出版公司. 1984

胡先骕. 胡先骕文存[M]. 南昌:江西高校出版社. 1995

江瀚. 慎所立斋文诗集[M]. 台北:文海出版社. 1972 年,据 1924 年太原排印本

蒋天枢. 陈寅恪先生编年事辑(增订本)[M]. 上海:上海古籍出版社,1997。姜涛. "新诗集"与中国新诗的发生[M]. 北京:北京大学出版社. 2005

蒋英豪. 黄遵宪诗友录[M]. 上海:上海书店出版社,2002

江庸. 江庸诗选[M]. 北京:中央文献出版社. 2001

[日]吉川幸次郎. 我的留学记[M]. 北京:光明日报出版社,1999。

[美]杰罗姆 B. 格里德尔. 知识分子与现代中国[M]. 天津:南开大学出版社. 2003

金理. 从兰社到《现代》——以施蛰存、戴望舒、杜衡及刘呐鸥为核心的社团研究[M]. 上海:东方出版中心. 2006

金蓉镜. 滮湖遗老集[M]. 民国刊本,上海图书馆藏

金天羽. 天放楼文言(附诗集)[M]. 台北:文海出版社,沈云龙主

编《近代中国史料从刊》第三十一辑

[德]卡尔·曼海姆.保守主义.南京:译林出版社.2002

康有为.康有为全集[M].上海:上海古籍出版社.1987—1992

柯劭忞.蓼园诗钞[M].上海:中华书局,1924。孔庆茂.林纾传[M].北京:团结出版社.1998

鲲西.林旭之死[J],万象.2005(5)

蒯光典.金粟斋遗集[M].台北:文海出版社,沈云龙主编《近代中国史料从刊》第三十一辑

梁鼎芬.节庵先生遗诗[M].民国刻本

栾梅健.民间的文人雅集——南社研究[M].上海:东方出版中心.2006

梁鸿志.大至阁诗[M].1934 年梁鸿志排印本

梁启超.饮冰室诗话[M].长春:时代文艺出版社.1998

梁启超.饮冰室合集[M].北京:中华书局,1989

梁启超.清代学术概论[M].上海:上海古籍出版社,2000

梁鸿志.爰居阁诗[M].民国二十八年刻本

梁淑安主编.中国文学家大辞典·近代卷[M].北京:中华书局.1997

[美]勒内·韦勒克、奥斯汀·沃伦.文学理论[M].南京:江苏教育出版社.2005

李伯元.南亭笔记[M].南京:江苏古籍出版社.2000

李洪岩.钱锺书与近代学人[M].天津:百花文艺出版社.1998

李家骧(等整理).林纾诗文选.[J],北京:商务印书馆,1993

李剑农.中国近百年政治史.上海:复旦大学出版社

缪荃孙.艺风老人日记[M].北京:北京大学出版社,1986。李瑞清.清道人遗集[M].台北:文海出版社,1961

李肖聃(著)绛希(点校).星庐笔记[M].长沙:岳麓书社,1983。李泽厚.中国近代思想史论(修订本)[M].合肥:安徽文艺出版社.1994

李详.七月窳作[M].南京:江苏古籍出版社.1997

李详.药里慵谈[M].南京:江苏古籍出版社.2000

李详.李审言文集[M].南京:江苏古籍出版社.1989

李宣龚.硕果亭诗[M].民国刻本

林毓生.中国传统的创造性转化[M].北京:三联书店,1988

林庚白(著)、周永珍(编).丽白楼遗集[M].北京:中国人民大学出版社.1996

林纾.畏庐三集[M].上海:商务印书馆,1927。林纾.畏庐文集[M].上海:商务印书馆,1923。林纾.畏庐续集[M].上海:商务印书馆,1927。林纾.畏庐诗存[M].民国刻本

林旭.晚翠轩集[M].1936年闽县李氏铅印本

林畏庐先生年谱[M].台北:文海出版社

柳曾符、柳佳(编).劬堂学记[G].上海:上海书店出版社,2002。罗志田.再造文明之梦——胡适传[M].成都:四川人民出版社.1995

刘成禺:世载堂杂忆[M].北京:中华书局,1960。刘成禺、张伯驹(等著).洪宪纪事诗三种[M].上海:上海古籍出版社,1983

刘建萍.同光派闽派诗人何振岱的诗歌[J],闽江学院学报,2003(12)

刘师培.中国中古文学史讲义[M].上海:上海古籍出版社.2000

刘衍文.双照楼主[J].万象,2004(1)

柳亚子.南社丛刻[M].江苏:广陵古籍刻印社,1996

柳亚子.南社丛刻第二十三集第二十四集未刊稿[G].北京:社会科学文献出版社.1994

柳亚子.磨剑室诗词集[M].北京:人民文学出版社.1985

柳亚子.磨剑室诗文录[M].上海:上海人民出版社.1993

柳无忌(编).南社纪略[M].上海:上海人民出版社,1983 柳无忌(编).柳亚子年谱[M].北京:中国社会科学出版社,1983

柳无忌、殷安如.南社人物传[M].北京:社会科学文献出版社,2002

柳无忌、殷安如主编.南社人物传[M].北京:社会科学文献出版社,2002

黎仁凯.张之洞督鄂期间的幕府[J],史学月刊.2003(7)

刘世南.清诗流派史[M].北京:人民文学出版社.2003

柳诒徵.中国文化史[M].上海:大百科全书出版社.1988

罗惇曧.瘿庵诗集[M].民国刻本

龙榆生.龙榆生词学论文集[C].上海:上海古籍出版社.1997

龙榆生.中国韵文史[M].上海:上海古籍出版社.2002

缪荃孙.艺风堂文集[M].台北:文海出版社

缪荃孙.艺风老人日记[M].北京:北京大学出版社.1986

马勇.严复学术思想评传[M].北京:北京图书馆出版社.2001

马一浮.马一浮集[M].杭州:浙江古籍、浙江教育出版社.1996

马卫中.光宣诗坛流派发展史论[M].苏州:苏州大学出版社,2000

马卫中、张修龄.近代诗论丛[M].合肥:安徽文艺出版社.1995

马亚中.近代诗歌史[M].台北:学生书局.1992

冒怀苏.冒鹤亭先生年谱[M].上海:学林出版社.1998

冒广生.冒鹤亭词曲论文集[M].上海:上海古籍出版社,1992

毛大奉、王斯琴(编注) 近百年诗钞.[M],长沙:岳麓书社,1999

[日]木山英雄.文学复古与文学革命——木山英雄中国现代文学思想论集[M].北京:北京大学出版社,2004

牛仰山、孙鸿霓.严复研究资料[C].福州:海峡文艺出版社.1990

[美]庞百腾.沈葆桢评传[M].上海:上海古籍出版社.2000

钱基博.现代中国文学史[M].北京:中国人民大学出版社.2004

钱锺书.石语[M].北京:中国社会科学出版社.1996

钱锺书.管锥编[M].北京:中华书局.1979

钱锺书.谈艺录[M].北京:中华书局,1994

钱锺书.槐聚诗存[M].北京:三联书店.2002

钱锺书.宋诗选注[M].北京:人民文学出版社.1958

钱锺书.围城[M].北京:三联书店.2002

钱仲联.近代诗钞[M].南京:江苏古籍出版社.2001

钱仲联.陈衍诗论合集[G].福州:福建人民出版社.1999

钱仲联.梦苕庵论集[M].北京:中华书局.1993

钱仲联.梦苕庵诗话[M].济南:齐鲁书社.1986

钱仲联.人境庐诗草笺注[M].上海:上海古籍出版社.1981

钱仲联.广清碑传集[G].苏州:苏州大学出版社.1999

钱仲联.清诗纪事[M].南京:江苏古籍出版社.1989

钱仲联.沈曾植集校注[M].北京:中华书局.2001

秦孝仪.中国近代史辞典——人物部分[M].台北:近代中国出版社.1985

瞿鸿禨.瞿文慎公诗选遗墨[M].民国石印本

任访秋.中国近代文学史[M].开封:河南大学出版社.1988

商务印书馆.1897—1992商务印书馆九十五年:我和商务印书馆[G].北京:商务印书馆.1992

桑兵.清末新知识界的社团与活动[M].北京:三联书店.1995

尚小明.学人游幕与清代学术[M].北京:社会科学文献出版社,1999

沈大德、吴廷嘉.梁启超评传[M].南昌:百花洲文艺出版社,1996

沈瑜庆.涛园集[M].台北:文海出版社,1967

沈卫威.胡适周围[M].北京:中国工人出版社,2003

沈卫威.回眸"学衡派"——文化保守主义的现代命运[M].北京:人民文学出版社,1999

沈曾植.海日楼札丛·海日楼题跋[M].沈阳:辽宁教育出版,1998

沈曾植.海日楼诗集[M].民国刊本

释敬安.八指头陀诗文集[M].长沙:岳麓书社.1984

四川省地方志编纂委员会、省志人物志编纂组.四川近现代人物传(第三辑)[C].成都:四川人民出版社,1987

孙雄.旧京诗文存[M].民国十九年排印本

孙之梅.南社研究[M].北京:人民文学出版社,2003

唐晏.海上嘉月楼诗集[M].1921年排印本

唐晏.涉江先生文钞[M].民国十年(1921)刊本

汤志钧.戊戌变法人物传稿.北京:中华书局,1961

太常袁公行略.上海图书馆手抄本

王伯沆.王伯沆〈红楼梦〉批语汇录[M].南京:江苏古籍出版社,1985

王培军.汪辟疆〈光宣诗坛点将录〉笺证[D],华东师范大学,2006

王尔敏.中国近代思想史论[M].北京:社会科学文献出版社,2003

王尔敏.中国近代思想史论续集[M].北京:社会科学文献出版社,2005

王森然.近代名家评传(初集)[M].北京:三联书店,1998

王树枏.陶庐文集[M].民国刻本

王揖唐.今传是楼诗话[M].沈阳:辽宁教育出版社,2003

王晋光(编著).1919—1949旧体诗文集叙录[M].南京:江苏教育出版社,1998

王庆祥、肖立文(校注),罗继祖(审定)、长春市政协文史和学习委員会(编).罗振玉王国维往来书信[G].北京:东方出版社,2000

王孝绳编.王苏州(仁堪)遗书[M].台北:文海出版社,沈云龙主编《近代中国史料丛刊》第十四辑

王仲镛(主编).赵熙集[M].成都:巴蜀书社,1996

汪辟疆.汪辟疆文集[M].上海:上海古籍出版社.1988

汪荣祖.史家陈寅恪传[M].北京:北京大学出版社,2005

汪荣祖.从传统中求变——晚清思想史研究[M].南昌:百花洲文艺出版社,2002

汪松涛.梁启超诗词全注[M].广州:广东高等教育出版社,1998

汪诒年.汪穰卿先生年谱[M].上海图书馆藏本

汪叔子、张求会.陈宝箴集[M].北京:中华书局.2005

吴闿生.晚清四十家诗钞[M].杭州:浙江古籍出版社,2006

吴宓著、吴学昭整理.吴宓自编年谱[M].北京:三联书店,1995

吴宓.吴宓自编年谱[M].北京:三联书店,1995

吴宓.吴宓诗话[M].北京:商务印书馆.2005

吴宓.吴宓诗集[M].北京:商务印书馆,2004

吴庆坻.蕉廊脞录.北京:中华书局,1997

吴士鉴.含嘉室文存[M].1941年叶景葵钞本。

魏中林整理.钱仲联讲论清诗[M].苏州:苏州大学出版社,2004

夏敬观.忍古楼诗[M].民国二十六年刻本

夏敬观.忍古楼诗话.民国诗话丛编·三[M].上海:上海书店出版社.2002

夏敬观.忍古楼诗续[M].民国刻本

夏承焘.夏承焘集[M].杭州:浙江古籍出版社、浙江教育出版社,1997

夏孙桐.观所尚斋文存[M].民国二十八年(1939年)排印本。萧一山.清史大纲.上海:上海古籍出版社

[日]小川环树.风与云——中国诗文论集[M].北京:中华书局.2005

[美]萧邦奇.血路——革命中国中的沈定一(玄庐)传奇[M].南京:江苏人民出版社,1999

徐友春.民国人物大辞典[M].石家庄:河北人民出版社.1991

徐世昌.晚清簃诗汇[M]

徐一士.一士类稿[M].沈阳:辽宁教育出版社,2003

徐珂.清稗类钞[M].北京:中华书局,1984

徐凌霄、徐一士.凌霄一士随笔[M].山西古籍出版社,1997

许临江.郑孝胥前半生评传[M].上海:学林出版社,2003

许俊雅.黑暗中的追寻——栎社研究.上海:东方出版中心,2006

新会梁氏藏.梁任公(启超)先生手札[M].台北:文海出版社

咸立强.寻找归宿的流浪者——创造社研究[M].上海:东方出版中心.2006

许纪霖.20世纪中国知识分子史论[M].北京:新星出版社.2005

徐复观.中国文学精神[M].上海:上海书店出版社.2004

姚鹓雏.姚鹓雏剩墨[M].北京:社会科学文献出版社,1994

沃邱仲子.当代名人小传[M].北京:北京图书馆出版社,2003

杨圻(著),马卫中、潘虹(校点).江山万里楼诗词钞[M].上海:上海古籍出版社,2003

杨天石、王学庄.南社史长编[M].北京:中国人民大学出版社,

1995

叶参、陈邦直、党庠周(合编). 郑孝胥传[M]. 上海:上海书店,1989(据满洲图书株式会社1938年版影印)。

易宗夔. 新世说[M]. 太原:山西古籍出版社,1997 易顺鼎(著)、王飚(校点). 琴志楼诗集[M]. 上海:上海古籍出版社,2004

严迪昌. 清诗史[M]. 杭州:浙江古籍出版社. 2002

袁思亮. 蘉庵文集[M]. 台北:文海出版社,1975

袁昶. 浙西村人初集[M]. 光绪刻本

袁英光、刘寅生等编,王国维年谱长编[M]. 天津:天津人民出版社,1996

袁进. 近代文学的突围[M]. 上海:上海人民出版社,2001

袁进. 中国文学观念的近代变革[M]. 上海:上海社会科学院出版社,1996

曾克耑. 涵负楼诗. 民国二十五年上海铅印本

赵铁寒编. 文芸阁(廷式)先生全集[M]. 台北:文海出版社

张晖. 龙榆生先生年谱[M]. 上海:学林出版社,2001

张健. 清代诗学研究[M]. 北京:北京大学出版社,1999

张杰、杨燕丽. 追忆陈寅恪[M]. 北京:社会科学文献出版社,1999

张灏. 梁启超与中国思想的过渡[M]. 南京:江苏人民出版社,1993

张灏. 危机中的中国知识分子[M]. 太原:山西人民出版社,1988

张俊才. 林纾评传[M]. 天津:南开大学出版社,1992

张朋园. 湖南现代化的早期进展(1860—1916)[M]. 长沙:岳麓书社. 2002

张求会. 陈寅恪的家族史[M]. 广州:广东教育出版社,2000

张人凤. 智民之师——张元济[J]. 济南:山东画报出版社,2001

浙江省政协文史资料委员会编. 浙江近现代人物录[C]. 杭州：浙江人民出版社，1992

张树年编. 张元济友朋书札[M]. 上海：上海古籍出版社，1987。张树年、张人凤编. 张元济书札（增订本）[M]. 北京：商务印书馆，1997。张哲俊. 吉川幸次郎研究[M]. 北京：中华书局. 2004

张仲礼. 中国绅士[M]：上海：上海社会科学院出版社. 1991

张元济. 张元济诗文[M]. 北京：商务印书馆. 1986

张之洞. 张之洞全集（第 12 册）[M]. 石家庄：河北人民出版社

章培恒、骆玉明：中国文学史[M]. 上海：复旦大学出版社，2004

章梫. 一山文存[M]. 台北：文海出版社，1969（据 1918 刘氏嘉业堂刊本影印）

赵尔巽等. 清史稿[C]. 北京：中华书局，1998

闵尔昌编. 碑传集补[M]，台北：文海出版社，1971（据 1932 年北平燕京大学国学研究所排印本影印）

郑逸梅. 文苑花絮[M]. 北京：中华书局. 2005

郑逸梅. 清末民初文坛轶事[M]. 北京：中华书局，2005

郑逸梅. 书报旧话[M]. 北京：中华书局，2005

郑逸梅. 近代名人丛话[M]. 北京：中华书局，2005

郑逸梅. 南社丛谈[M]. 上海：上海人民出版社，1981

周策纵. 周策纵自选集[M]. 济南：山东教育出版社. 2005

周广秀. 萧剑诗魂——柳亚子评传[M]. 北京：中国社会科学出版社，2002

周汉光. 张之洞与广雅书院[M]. 台北：中国文化大学出版部. 1983

周家禄. 寿恺堂诗序[M]. 1923 铅印本

周树模. 沈观斋诗[M]. 民国二十二年周氏原抄影印本

周裕楷.宋代诗学通论[M].成都:巴蜀书社.1997

周延祁(编).吴兴周梦坡(庆云)先生年谱[M].台北:文海出版社,1972

周质平.胡适与中国现代思潮[M].南京:南京大学出版社.2002

朱义胄.林琴南先生学行谱记四种[G].台北:世界书局,1965

诸宗元.大至阁诗[M].民国刊本

中国近代学人像传[C].扬州:江苏广陵古籍刻印社.1997

后 记

为什么要写“宋诗派文人群体”这个题目呢?很多朋友问我,其实我也在问自己。

是出于对历史的爱好吧?我高考那一年历史成绩很好,报的也是大学的历史系,结果阴差阳错,进了中文系的大门,但对历史的兴趣一直极为浓厚。进入复旦后,发现自己住在一个“文史结合部”,在这个宿舍楼里居住的“群体”,五楼以上是中文系,五楼以下是历史系,而我就和一个中文系、两个历史系的同学住在501。我的学号并不在开头或结尾的地方呀?真奇怪。几年来这个问题一直在困惑着我。同室张笑川兄是上海史专业的,经常和他谈论一些历史问题,让我受益匪浅,也因此在一年级时选了戴鞍刚老师的“晚清史”的课,跟着听了两个学期,开阔了思路。最终选择宋诗派这个题目,这也是一层缘由。

是老师们的鼓励吧?陈思和师有一次课上谈到我们研究现代文学的要“大气”,不能局限于一个几十年的小圈子,这句话深深印在我的脑海中,给了我进入原本属于“古典文学”或“近代文学”领域的信心。而他对河南大学近现代文学研究密切结合的学术传承也颇为推许,建议我选择宋诗派来进行研究。关爱和师知道我要研究宋诗派,将自己未发表的相关论文拿给我看,悉心指导研究途径。师辈的支持与鼓励,使我有了对付宋诗派这块“硬骨头”的信心和勇气。

是自幼养成的浓厚的历史兴趣吧?我的家乡在洛阳市和龙门山

之间，龙门石窟在离家几公里的地方，小时候经常到龙门去玩。龙门有东西两山，西山是石窟，东山就是唐代诗人白居易的长眠之处。只记得那时颇荒凉，墓前左右只有几块碑而已，不像现在被新修的亭台楼阁、小桥流水环绕，好像这位大诗人生前就居住这样的环境里似的。在研究这群近代诗人的时候，我才知道福建诗人江瀚做过河南学政，白居易的墓就是他筹资修的！而且他曾请同乡、宋诗派领军人物郑孝胥题过“诗人白居易之墓”的碑文！在单调枯燥的研究中发现这样的小“常识”是我最开心的时刻了。也许历史观的改变，就是由这样点滴的感受汇聚成的吧。

这样给别人、也是给自己的回答够令人满意了吗？

衷心感谢陈思和师，两年多的时间里，一边听他讲当代文学，一边思考上一个历史时空中发生的事件，激发了我的不少灵感。陈老师虽然较少涉足近代文学领域，但他敏锐的文学史感觉让我在研究过程中深深钦服。他要求我从读原始史料开始一本本集子的读、从人事关系切入、以详细的年表为基础等方法使我少走了许多弯路。之所以在不到两年的时间里有点研究眉目，离不开陈老师的精心指导。

感谢关爱和师，工作繁忙的他一直关注着这篇论文的写作。论文的提纲、初稿他细细审阅，提出了一些宝贵意见。很惭愧未能达到他的要求，只有在以后的时间里慢慢改善了。

感谢解志熙师，现在我还保存着的硕士论文初稿上有他密密麻麻修改的痕迹，一些论文写作的方法与技巧深深印在我的脑海中。每次拿起话筒，电话那边总是传来他和蔼、轻柔的声音，使我浮躁的心情顿时平静下来，每次和他聊天，总有很多意想不到的收获。

感谢刘增杰、刘思谦老师，一直以来他们所给予的生活和学习上的关怀使我终生难忘！感谢精心指导论文写作和参与答辩的袁进、栾梅健、郜元宝、张新颖、陈子善各位老师，他们提出了许多重要建议与意见,使我受益良多。感谢近代文学研究界前辈们的支持,马亚中、马卫中、黄霖几位老师都给予过资料上的帮助和写作上的建议,论文的写作离不开他们的关怀。也要感谢上海古籍出版社的聂世美老师,他将尚未出版的《沧趣楼诗文集》让我预先过目,对论文的写作大有裨益。

感谢同门诸位学友,和他们在课后到南区或东门小饭店中边吃饭边聊天,是单调枯燥的学习生活中最令人难忘的记忆。感谢杨站军、李玲、郭战涛、楼晓凯为校阅本文所付出的辛勤劳动。感谢张笑川、孙士聪、叶宗宝、付建舟、侯长生各位学兄,所学专业、方向不同,但和他们的交流都使我受益匪浅。感谢刘进才、魏春吉、李国平、刘涛、侯运华、孟庆澍、武新军诸位教研室同仁,他们在博士论文写作过程中都给予了大量的关心和支持。

感谢我的妻子井晓雪,自从在一次短暂的旅行中邂逅,我们已经携手度过了十四个寒暑,学业的顺利完成,离不开她的理解和支持。

本书是在我的博士论文的基础上修改而成的,论文答辩中,马亚中、袁进教授提出了一些修改意见。参照这些意见进行了修改补充,论文的部分章节在《复旦学报》、《齐鲁学刊》、《中州学刊》、《兰州学刊》、《苏州科技学院学报》、《洛阳师范学院学报》上发表。博士学业结束后,我回到河南大学工作。2008 年 6 月进入河南大学中国语言文学博士后流动站工作,对宋诗派的课题进行深入思考。论文有很多不尽人意的地方,有待专家学者的指导批评了。

杨萌芽

2007—5—8 复旦北区 121 号楼 502

2009—1—1 古城开封仁和小区寓所